W0415241

Kohlhammer

Manfred Gerspach

Wohin mit den Störern?

Zur Sozialpädagogik der Verhaltensauffälligen

Verlag W. Kohlhammer
Stuttgart Berlin Köln

Die Deutsche Bibliothek – CIP-Einheitsaufnahme

Gerspach, Manfred:
Wohin mit den Störern? : zur Sozialpädagogik der
Verhaltensauffälligen / Manfred Gerspach. - Stuttgart ; Berlin ; Köln :
Kohlhammer, 1998
ISBN 3-17-015413-3

Meinem Oosterend/Texel zugedacht.
Nur hier konnte ich *ungestört* diese Arbeit vollenden.

Stuttgart Berlin Köln
Verlagsort: Stuttgart
Satz: Manfred Gerspach
Gesamtherstellung:
W. Kohlhammer Druckerei GmbH + Co. Stuttgart
Printed in Germany

Inhalt

1. Störer in pädagogischen Institutionen - ein leidiges Thema. Einführung in die Problemstellung

Der Berufstand des Sozialpädagogen[1] sieht sich in der Praxis durch vielfältige Belastungen charakterisiert, die im umgekehrten Verhältnis zu seiner öffentlichen Reputation stehen. Diese Belastungen werden durch den Druck der öffentlichen Haushalte verstärkt, insbesondere im sozialen Sektor zu immer drastischeren Sparmaßnahmen zu greifen. So sehen sich die professionell erzieherisch Tätigen vor die Aufgabe gestellt, unter erschwerten Bedingungen mit mehr Klienten[2] arbeiten zu müssen. Selbst nach dem Zufallsprinzip heißt mehr Klienten aber: mehr auffällige Klienten.

Gleichzeitig tut sich das Problem auf, daß etwa schwierige Kinder kleinere Gruppen brauchen, in denen sie sich und wir sie aushalten können. Mehr Kinder in einer Kindertagesstättengruppe aber bedeutet einen größeren Anteil verhaltensauffälliger Kinder, und verhaltensauffällige Kinder sind immer Kinder mit besonderen (emotionalen) Bedürfnissen. Sie beanspruchen mehr Zuwendung wie Orientierung, testen mehr die Grenzen und damit die Zuverlässigkeit der erwachsenen Bezugspersonen, und sie sind sehr eifersüchtig gegenüber anderen Kindern mit besonderen Bedürfnissen, wie etwa behinderten Kindern. Dadurch wächst der innere Druck auf die Sozialpädagogen und also ihr Impuls: *Den will ich los sein*. Da dieser Impuls aber berufsethisch sanktioniert ist, muß er mannigfaltig rationalisiert werden:

- dafür bin ich nicht ausgebildet;
- wenn ich mit Verhaltensauffälligen hätte arbeiten wollen, hätte ich mir gleich das entsprechende Arbeitsfeld gesucht;
- uns fehlen die personellen Mittel, um diese Kinder angemessen fördern zu können;
- Verhaltensauffällige werden am besten in speziellen Sondereinrichtungen gefördert.

---

[1] Selbstverständlich weiß ich, daß es angezeigt wäre, stets die weibliche *und* männliche Form zu wählen, ich weiß aber auch um die Umständlichkeit und teilweise auch Absurdität dieses Unterfangens. Die Verdopplung läßt sich nicht stringent durchhalten. Und obwohl ich mich zum Abwägen des Umstandes in der Lage sehe, daß es sich hier meist um weibliche Angehörige dieser Profession handelt, werde ich es der Einfachheit halber mitunter bei (m)einer männlichen Version belassen.

[2] Im folgenden werden ausschnittweise vor allem Praxisfelder der Kinder- und Jugendarbeit fokussiert, so daß dementsprechend anstelle von Klienten häufiger von Kindern und/oder Jugendlichen die Rede sein wird.

Das pädagogische Kunststück liegt also darin begründet, die emotionale Belastung durch Verhaltensauffällige nicht zu verleugnen, ohne sogleich dem drängenden Impuls nach ihrer 'Entsorgung' nachzugeben. Um es bewerkstelligen zu können, bedürfen wir einer praxisnahen methodischen Hilfestellung. Drei Fragestellungen stehen dabei im Mittelpunkt:

- Mit welchen Problemen und Problemfällen sieht sich der pädagogische Alltag konfrontiert?
- Mit welchem Konzept können die Institutionen dieser Situation effektiv begegnen?
- Welche Anforderungen an die sozialpädagogische Ausbildung ergeben sich daraus[3]?

Wenn man in die Praxis geht, dann wird man feststellen, daß vor allem solche Kinder und Jugendliche die pädagogischen Institutionen vor erhöhte Anforderungen stellen, die sich in ihrem Verhalten auffällig, antisozial und gewaltbereit präsentieren. Dazu zählen in erster Linie männliche Kinder und Jugendliche aus den Kriegsgebieten des ehemaligen Jugoslawien. Bei ihnen kulminieren sprachliche Verständigungsschwierigkeiten, psychosoziale Defizite und die Erfahrung von Gewalt sowohl im Herkunftsland als auch in der Familie. Dazu addieren sich die „normalen deutschen auffälligen Kinder", so daß „das normale Handlungsmuster nicht mehr greift". Fazit einer Kindertagesstättenleiterin: „Das Störungspotential ist angewachsen". Wen nimmt es da wunder, daß ohne geeignete Unterstützung und Begleitung des Fachpersonals die Fluktuation stetig wächst und die Kontinuität der Arbeit gefährdet. Wenn sich aber verhaltensauffällige Kinder, die auf Verläßlichkeit elementar angewiesen sind, beständig auf neue MitarbeiterInnen einlassen müssen, wird ihr Störungspotential regelrecht am Kochen gehalten. Das verschärft die Situation für die PädagogInnen und belebt ihren Wunsch zu gehen - ein Teufelskreis. Diese Schwierigkeit trifft man meines Erachtens im gesamten sozialpädagogischen Praxisspektrum an, unabhängig davon, daß dort unter durchaus divergierenden strukturellen Bedingungen, mit unterschiedlicher Zielsetzung und eingedenk großer Unterschiede hinsichtlich der auftretenden Störungen bzw. Auffälligkeiten gearbeitet wird. Allesamt sind sie mit dem Thema 'Ausgrenzung der Störer' - d.h. am besten Überweisung an Sondereinrichtungen - konfrontiert und sehen sich gleichzeitig mehr oder weniger explizit dem pädagogischen Auftrag zur deren Integration verpflichtet.

---

[3] Ich möchte erwähnen, daß ich als Dozent am Fachbereich Sozialpädagogik einer Fachhochschule diesbezüglich in erster Linie die von mir selbst zu vertretene Lehre im Auge habe. Allerdings verfolge ich auch die Diskussion innerhalb der universitären Sozialpädagogik (vgl. etwa Hamburger 1995, 1997). Überdies sind mir nicht zuletzt aus meiner langjährigen Supervisionstätigkeit ebenfalls die Nöte der Erzieherinnen bekannt. In der Praxis mischen sich diese Berufsgruppen ohnedies recht bunt.

Da haben wir etwa die folgende Situation in einer Kindertagesstätte: Ein kleines Mädchen von sechs Jahren entwickelt am Morgen plötzlich und für die Erzieherinnen völlig überraschend einen epileptischen Anfall. Zum Glück handelt es sich nicht um einen sogenannten großen Anfall. Nach dem ersten Schock lagern sie das Kind in Seitenlage und achten darauf, daß es sich nicht auf die Zunge beißt. Nach wenigen Augenblicken ist der Anfall vorüber[4].

Oder jene 'Alltäglichkeit' trägt sich zu: Da produziert ein Junge in einer als tolerant geltenden Schule die massivsten Verhaltensauffälligkeiten. Dieser Zwölfjährige, so eine Lehrerin, „mischt nicht nur seine eigene Klasse, sondern die ganze Schule auf". Kurz vor Ostern ist er, nachdem er zwei Jahre beim Vater auf dem Balkan gelebt hat und dort von ihm paramilitärisch gedrillt wurde, zur Mutter nach Deutschland zurückgekehrt und in diese Schule aufgenommen worden. Jetzt wäre sie ihn gerne wieder los. Den Lehrern gegenüber tritt der Junge geradezu eloquent und unglaublich hart auf und verbirgt perfekt all die seelischen Wunden, die ihm in den letzten zwei Jahren zugefügt wurden. So wurde er vom Vater mit einem Holzbrett auf den Kopf geschlagen, wenn er nicht anständig salutierte, oder er mußte, nur mit der Unterhose bekleidet, durch den tiefsten Schnee waten. Nur am Umstand, daß er im Bett der Mutter schläft, läßt sich in Umrissen das Ausmaß seiner unbewältigten Erlebnisse erahnen.

Jedesmal erleben sich die PädagogInnen ohnmächtig gemacht und in ihrem Handlungsspielraum über Gebühr eingegrenzt[5]. Die Frage erhebt sich

---

[4] Eigentlich paßt dieses Ereignis nur bedingt zu meiner Fragestellung. Ich will doch eher wissen, mit welchen sozialen Auffälligkeiten die verschiedenen pädagogischen Einrichtungen zu kämpfen haben. Eines macht dieses Beispiel, das mir berichtet wurde, deutlich: Die Pädagogik einer Kindertagesstätte sieht sich heute mit einer verwirrenden Gemengelage von individuellen Verhaltensauffälligkeiten, medizinischen Diagnoseschemata und sozialem Problemdruck konfrontiert und verlangt den dort Tätigen viel Sachverstand, Flexibilität und Belastbarkeit ab. Man landet nie dort, wo man hinwill. Daher bedarf es einer differenzierten Vorgehensweise. In Hessen etwa ist im Grunde jede vorschulische Tageseinrichtung für Kinder von seiten des überörtlichen Sozialhilfeträgers zur Aufnahme behinderter und von Behinderung bedrohter Kinder verpflichtet. Behinderung und Störung sind aber beileibe nicht in eins zu setzen. Die größeren Integrationsprobleme verursachen ganz unzweifelhaft die verhaltensauffälligen Kinder. Das betroffene Kind war übrigens nicht als behindert angemeldet. Nicht selten kommt es vor, daß Eltern aus Scham die pädagogische Institution im Unklaren über ihr Kind lassen.

[5] Gerade am zweiten Beispiel sehen wir, daß mit rein schulpädagogischen Zugängen das Problem des Jungen nicht verstanden werden kann. Aus diesem Grund wird eine Einrichtung in den Fall eingeschaltet, die als Kooperation von Schule und Jugendhilfe fungiert und den Auftrag hat, im Bereich der Erziehungshilfe ein adäquates Förderkonzept zu entwickeln und in die Praxis umzusetzen, das schulische, familiäre und Jugendhilfeangebote vereint. *Verhaltensstörungen sind das genuine Feld der Sozialpädagogik.* Erklärtes Ziel dieses Zentrums für Erziehungshilfe ist es, eine Aussonderung soweit es geht zu

sofort, welche Hilfestellung wir den Praktikern tatsächlich anbieten können. Insofern erscheint mir eine gründliche Auseinandersetzung mit dem aktuellen Wissensfundus der Sozialpädagogik bitter nötig. Das Angebot der methodischen Interventionsmöglichkeiten ist darauf hin abzuklopfen, inwieweit es einen praktikablen wie entwicklungsfördernden Umgang mit den als schwierig identifizierten Kindern und Jugendlichen parat hält.

Zudem sind wir in eine verwirrende Situation gestellt. Der sozialpädagogische Auftrag zur Arbeit mit Verhaltensgestörten begründet sich zunächst durch ein allgemein festgestelltes Anwachsen sozialer Auffälligkeiten. Gleichzeitig sehen wir uns mehr und mehr mit der Auflösung klarer 'Krankheitsbilder' konfrontiert. Viele aktuell protokollierten Gewaltexzesse, oft schon von Kindern begangen, lassen sich medizinisch-psychiatrisch nicht mehr klassifizieren. Ohne besonderen Anlaß werden Menschen grausam mißhandelt und gemordet, ohne daß die Täter noch mit klinischen Diagnosen belegt werden könnten. Sie leiden an keiner Störung oder Krankheit, die sie vor Gericht entschuldigen könnte. „Heute sind Ärzte und Psychotherapeuten unübersehbar und massenhaft mit sozialen und psychischen Problemen und Störungen konfrontiert (in der Kinder- und Jugendpsychiatrie nach meinem Einblick in etwa zwei Dritteln der 'Fälle'), die nur (...) zudeckend 'behandelt' werden können, weil eine Gesellschaft keine Krankheit und folglich jeder Therapie entzogen ist“ (vgl. Sigusch 1997, 860). „Weltweit vegetieren etwa vier Milliarden Menschen in Armut und Krankheit, in Kriegen und auf der Flucht, in Angst und Hoffnungslosigkeit dahin. Diese Menschen haben keine Zukunft, leben also nicht wirklich“ (Sigusch 1997, 845).

In unserem kleinen Reich dünken wir Sozialpädagogen uns noch bedeutend, und das ist auch gut so, sonst wäre im einzelnen keine gescheite Arbeit mehr denkbar. Dennoch tut, wenn wir über den Tellerrand unserer institutionellen Insel blicken, Ernüchterung not, um die Dimension wie Möglichkeit unserer Bemühungen um die Klienten nicht zu überschätzen. In der falschen Erwartung liegt das Scheitern begründet. Aus der Ent-Täuschung aber gewinnen wir neue Kraft.

Die skizzierten globalen Verhältnisse holen letztendlich mehr oder weniger diskret unsere eigene Praxis ein. Daher wäre es pure Leichtgläubigkeit zu nennen, sich auf ein normatives, in sich widerspruchsfreies Modell der Verhaltensgestörtenpädagogik verlassen zu wollen, so als müsse man nur am

---

vermeiden. Mit Hilfe diagnostischer, koordinierender und begleitender Vorgehensweisen soll das Förderangebot gezielt auf den Einzelfall zugeschnitten und möglichst rasch umgesetzt werden. Auch wenn dieser bei uns noch immer ungewöhnliche Versuch, schulische und außerschulische Förderangebote zu vernetzen, sehr zu begrüßen ist, wird doch an obigem Fall deutlich, vor welch komplizierte Situation wir oft gestellt sind, die all unsere Bemühungen ein ums andere Mal zum Scheitern verurteilt.

richtigen Rädchen drehen, damit der Auffällige von seiner Auffälligkeit geheilt sei. Auch kann es wohl nicht mehr darum gehen, akribische Symptomzählerei zu betreiben, um zu eindeutigen Diagnose- und Verhaltenskategorien zu gelangen; die Welt als solches entpuppt sich als Störung. Gleichwohl sind wir vor die pädagogische Aufgabe gestellt, auf ein handlungsleitendes Konzept zur Arbeit mit auffälligen Klienten zurückgreifen zu müssen. Allein, wenn wir ein solches Konzept zu den umspannenden sozialen Problemen in Beziehung setzen, lassen sich auf den Einzelfall bezogene Diagnose- und Interventionsverfahren noch legitimieren. Starrten wir nur auf das „Leiden des einzelnen", übersähen wir, „was gang und gebe ist" (S. 851).

Sogleich stoße ich an dieser Stelle auf eine nicht unerhebliche Schwierigkeit, die ich meinen Lesern meine zumuten zu dürfen. Um einen praxisbezogenen Vorschlag zur Arbeit mit als problematisch erlebten Klienten entwerfen zu können, sehe ich mich gezwungen, sie auf eine Reise mitzunehmen, die sich etappenweise immer wieder einmal etwas beschwerlich ausnehmen wird. Denn es hieße nicht nur, gefährlich selbstanmaßend aufzutreten, sondern auch falsche Versprechungen zu machen, wollte ich uns mir nichts dir nichts eine Rezeptur zusammenbrauen, wie wir die Störung im Handumdrehen und quasi magisch zum Verschwinden brächten.

Weil das, wie alle Erfahrung zeigt, nicht funktionieren kann, müssen wir andere Wege gehen. Zunächst sei das (wissenschaftliche) Selbstverständnis der Sozialpädagogik unter die Lupe genommen. Immer wieder ist dort vom sozialpädagogischen Handeln die Rede, wo ich doch just zu spüren bekam, wie sich eine düstere Handlungsunfähigkeit schwermütig auf uns legt. Wie weit es mit unserm Handeln wirklich her ist muß also geprüft werden. Dieser Frage gehe ich im nun folgenden Abschnitt nach. Erst wenn wir die Differenz zwischen den Nöten vor Ort und den theoretischen Konstrukten inhaltlich abgearbeitet haben, so meine ich, lassen sich anwendungsorientierte Konzepte für den praktischen Umgang mit auffälligen Klienten entwickeln.

Dabei sei an dieser Stelle bereits einem großen Mißverständnis vorgebeugt. Ich werde keine Handlungsanweisungen entwerfen, mit welcher Methode man auf welche Störung zu reagieren habe. Mein Zugang orientiert sich an verstehenden und prozeßorientierten Vorgehensweisen, die den Zusammenhang suchen zwischen der Verhaltensauffälligkeit und den Lebensumständen, in denen sie hervorgebracht werden. So verrückt es jetzt vielleicht klingen mag, aber ich möchte aufzeigen, wie der manifesten Störung eine stabilisierende Funktion zukommt, die es zu entschlüsseln gilt. Erst wenn wir den tieferliegenden Sinn der so unsinnig wirkenden Verhaltensstörung verstanden haben und daraufhin das Kind mit unserer Hilfe zu einer angemesseneren Bewältigung seiner sozialen wie kognitiven Anforderungen befähigt wird, wird die Verhaltensauffälligkeit aufgegeben werden können.

So gesehen wird in der aktuellen pädagogischen Situation, so meine These, eine nicht bewältigte Problematik wiederaufgelegt, die eigentlich in einen lebensgeschichtlichen Zusammenhang gehört. Sofern wir deren subjektive Bedeutung verstehen, wird sie einer angemessenen Bearbeitung zugeführt werden.

Diese Betrachtungsweise, so steht womöglich zu befürchten, wird die Verwirrung nur noch vergrößern. Denn sie konfrontiert die Sozialpädagogen sehr deutlich mit ihrer Irritation, die sie doch eigentlich loswerden wollen. Der jeweilige Alltag lehrt uns, daß sie sich vor Aufgaben gestellt sehen, die sie überfordern, sie handlungsunfähig zu machen drohen und die gleichzeitig ihren Handlungsdruck, reagieren *zu müssen,* offenbaren:

1. Das Kind mit den Krampfanfällen bedroht die Erzieherinnen nicht zuletzt über ihre Aufsichtspflicht; was wäre, wenn ihm etwas Schwerwiegendes zustieße? Und wie 'gescheite' Pädagogik machen, wenn die Eltern in keinster Weise zur Kooperation bereit sind?
2. Die LehrerInnen einer durchaus toleranten Regelschule wissen nicht mehr weiter und wären einen auffälligen Jungen am liebsten so schnell wie möglich los. Gleichzeitig wird in Konturen ausschnittweise eine lebensgeschichtliche Tragödie sichtbar, die deutlich macht: Hier stößt Schule an ihre Grenze. Ob weitergehende *sozialpädagogische* Hilfen greifen können, hängt ebenfalls von vielen Unwägbarkeiten ab.

Damit will ich es als Einstieg erst einmal bewenden lassen. Noch ehe ich Gelegenheit hatte, meine Vorschläge zur Arbeit mit Verhaltensauffälligen inhaltlich zu begründen, bin ich sogleich mitten hineingeraten in das Dilemma der Praxis, handeln zu müssen und nicht genau sagen zu können, *wie* und *ob* es überhaupt geht.

2. Das Problem mit der Sozialpädagogik als Wissenschaft oder: Wissen wir wirklich, was mit den Störern zu tun sei?

2.1. Zur Handlungsrelevanz in der Sozialpädagogik

2.1.1. Vorüberlegungen zur Handlungs- und Zielperspektive

Wer nimmt sich der Störer an?

Gehen wir gleich in medias res. 'Störung' ist uns in der pädagogischen Arbeit gemeinhin wohl weniger präsent als 'Störer'. Ihn/sie gilt es - das entspricht einem nach Befreiung drängenden inneren Impuls des Pädagogen oder der Pädagogin wie auch einer lange Zeit unkritisch betriebenen aussondernden Praxis - loszuwerden. Die Tendenz zur Ausgrenzung der Störer läßt sich nicht allein den 'bösen' Institutionen in die Schuhe schieben. Ich möchte nun aufzeigen, wie stiefmütterlich sie in der sozialpädagogischen Theorie wegkommen. Entweder erklärt man sich nicht für zuständig und delegiert das Thema an andere Disziplinen, oder aber es wird flugs nach ihrer möglichst raschen, möglichst reibungslosen Einpassung gerufen. Wer nimmt sich der Störer eigentlich wirklich an?

An dieser Stelle sei eingeflochten, daß mit dieser Vorgehensweise die Trennung von allgemeiner und Heil- bzw. eher: Sonderpädagogik[1] zementiert wurde. Letztere war dafür da, erstere im Dienste der Qualifizierung einer quasi schweigenden, d.h. also zur Konzentration auf Erziehungs- und Bildungsinhalte fähigen Mehrheit zu entlasten. Wie wir aber gerade am obigen Beispiel des Zentrums für Erziehungshilfe sehen, ist diese traditionelle Sichtweise, nicht zuletzt unter dem Einfluß integrativer Pädagogik, zumindest tendenziell, in Auflösung begriffen. Heute versuchen wir mehr und

---

[1] Die Heilpädagogik ist jene pädagogische Disziplin, die sich um die Erziehung behinderter, gestörter und benachteiligter Menschen bemüht (vgl. Gerspach 1996a, 7 f). Bis vor gut zwanzig Jahren nahm man an, daß Behinderung hauptsächlich biologisch festgelegt sei und es in diesen Fällen wenig Aussicht auf individuelle Entwicklung gäbe. Inzwischen aber hat sich weitgehend die Erkenntnis durchgesetzt, daß erst unter dem Einfluß unangemessener Reaktionen der Umwelt biologische Normabweichungen zu den eigentlich isolierenden und beschämenden Erfahrungen von Behinderung führen. Vordringliche Aufgabe in der pädagogischen Arbeit mit Behinderten ist es, jenes vermittelte Leiden und seine Folgen so weit wie möglich dadurch abzuwenden, daß wir Einfluß nehmen auf ihre Sozialisations- und Lebensbedingungen. In diesem Sinne steht Heilpädagogik für das Anbahnen eines "förderlichen Dialogs". Vielfach sind hier Lebens- und Entwicklungsmöglichkeiten verschüttet, die wie "Schätze gehoben, d.h. 'gefördert' werden müßten" (Leber 1988, 42).

mehr, von Aussonderung bedrohten Kindern und Jugendlichen diejenige Hilfe zukommen zu lassen, die sie benötigen, um an ihrem angestammten Lernort verbleiben und sich entwickeln zu können. Jüngst sprach Hovorka vom „Naheverhältnis von Sozial- und Sonderpädagogik", weil es eine Nachbarschaft der Zielgruppen durch „wirtschaftliche Armut sowie 'andere' Weisen der Daseinsbewältigung, die von der herrschenden Kultur unserer Gesellschaft abweichen", gebe (vgl. 1996, 1402 f).

Auf alle Fälle ist der Begriff der Störung im Grenzgebiet von Allgemeiner bzw. Sozialpädagogik und Heilpädagogik angesiedelt, ohne daß die jeweilige fachinterne Theoriediskussion dem Rechnung getragen hätte. Erst mit der Ausweitung der integrativen Pädagogik, die Schulen oder Tageseinrichtungen für Kinder mehr und mehr die Eingliederung auffälliger Kinder abverlangt und folglich eine Annäherung beider Bereiche unabdingbar nötig macht, hat hier ein allmählicher Sichtwechsel eingesetzt. Die Regelpädagogik benötigt mehr und differenziertes Wissen um den schwierigen Einzelfall, die Heilpädagogik muß sich zunehmend der Dynamik von Gruppenprozessen öffnen.

In Bezug auf den Störungsbegriff offenbaren beide Seiten theoretische Ausblendungen. So kommt in der Heilpädagogik Störung noch immer einem biologisch eingeengten Schaden nahe, wie er insbesondere in der Medizin Verwendung findet. Soziale Bezüge sind aus dieser Betrachtungsweise weitgehend eliminiert (vgl. Gerspach 1989). In der Sozialpädagogik gehen wir von einem Begriff des autonomen, zur Normalität tendenziell fähigen Menschen aus (vgl. paradigmatisch Scherr 1992). „Wer vom Subjekt spricht, meint ein autonomes, aber auch verantwortliches Wesen" (Winkler 1988, 143). Dieser Vorstellung muß hernach Störung als basale Beschädigung des Subjekts, die seine rational organisierte Verantwortlichkeit aushebelt, suspekt bleiben. Kann also der noch den Subjektstatus für sich reklamieren, der dieser Bringschuld nicht nachkommt? Interessanterweise wird in der neuen Euthanasiedebatte des sogenannten Präferenzutilitarismus, in der das Lebensrecht behinderter und insbesondere Schwerstbehinderter zur Disposition gestellt ist, eben diese Verknüpfung hergestellt. Es wird dort nur dem zugesprochen, der in diesem Sinne die charakteristischen Merkmale einer verantwortungsbewußten und rational denkenden Persönlichkeit vorweisen kann (vgl. Singer 1984, Siegenthaler 1993). In der Sozialpädagogik stellt sich die Notwendigkeit gemeinhin nicht unmittelbar, diese Diskussion zu führen. Die durchscheinende Normativität ihrer rationalen Vorstellung vom Subjekt liefert bei genauerem Hinsehen mißbräuchliche Argumente. Die von der universellen Position des verstandesgeleiteten Erwachsenen her gedachten, einheitlich rationalen Denkmuster entpuppen sich in ihrer kategorischen Verbindlichkeit als totalitäre: *Einzig der sich rational Verhaltende ist Mensch*. Der Rückgriff auf diese Denkmuster liefert uns der Gefahr aus, daß wir immer weitere nicht-normativ gepaßte Menschen aus unserer sozialpädagogischen Praxis ausschließen.

Die besondere Sicht der Heilpädagogik auf das Problemfeld von Störungen blieb den anderen pädagogischen Disziplinen wiederum weitgehend verschlossen. Umgekehrt wird der heilpädagogische Auftrag noch immer gerne vordringlich als Schutzauftrag Behinderter gesehen, was häufig mit dem Verlust der Fähigkeit einhergeht, deren mehr oder weniger ausgeprägten autonomen Willen zur Eigeninitiative anzuerkennen. Dieser Wille zeigt sich beispielsweise darin, *keine* von den 'Schutzmächten' oktroyierte Entwicklung zu nehmen (vgl. Milani-Comparetti 1986, 1987, Klein 1996).

Ich will hier einen Beitrag leisten, diesen beiden Mängeln abzuhelfen. Es erscheint nicht unsinnig, einmal den umgekehrten Weg zu gehen und ausgehend von der Arbeit mit den 'Verhaltensauffälligen' zu generalisierten pädagogischen Überlegungen zu gelangen. Was sie im Besonderen benötigen, kann den Klienten der Sozialpädagogik im Grundsätzlichen zugute kommen. Erst die gelungene Sensibilisierung für den schwierigen Einzelfall offenbart unsere pädagogische Kompetenz. Wären diesbezüglich nicht massive Zweifel für die allgemeine Begegnung im pädagogischen Feld angebracht, wo sie sich unter gar keinen Umständen einstellen will? Insofern plädiere ich an dieser Stelle für eine engere Kooperation zwischen Regel- und Heilpädagogik, was noch immer nicht selbstverständlich ist. In den einschlägigen Publikationen ist sie jedenfalls nicht oder nur am Rande zu finden. Erziehungswissenschaft ist noch stets hauptsächlich um Begriffe aus der Ära der Bildungsreform zentriert wie Emanzipation, Erziehungsstil oder Professionalisierung. Damit gerät aber implizit eine Klientel in den Blick, die ihre Bildungs- und Entwicklungschancen zu nutzen weiß, was sicherlich auch ein Hinweis ist auf das pädagogische Feld, in dem und für das geforscht wird, und daher darf die dominante Bedeutung dieser Begriffe als allgemeiner Konsens unter den KollegInnen vorausgesetzt werden (vgl. Lenzen 1983, 19).

Was aber, wenn wir es mit Kindern und Jugendlichen zu tun haben, die als Bildungsversager und Störenfriede gelten und damit zwangsläufig aus dem Blick einer an traditionellen humanistischen Perspektiven orientierten Erziehungswissenschaft verschwinden (vgl. dazu Herrmann 1983)? Mit der Ausgrenzung dieser Gruppe wurde sogleich die Ausgrenzung der Heilpädagogik aus der scientific community der Erziehungswissenschaftler zementiert (vgl. Speck 1990, Ellger-Rüttgardt 1990, Hinz 1989, Gerspach 1997a, 118 ff). Insofern ist es nicht verwunderlich, daß konzeptionelle Überlegungen zum Umgang mit auffälligen Kindern und Jugendlichen ein eher dürftiges Bild abgeben. Nach dem Motto „sie gehören nicht zu uns" wurden und werden sie bereitwillig aus den Regeleinrichtungen ausgesondert.

Gleichzeitig mit der Abwertung der Heilpädagogik als der Disziplin jener drop outs, die keine gesellschaftliche Reputation erfahren, kam es zu einer mystifizierten Überhöhung ihrer (unbekannten) Konzepte. Reiser spricht vom „sonderpädagogischen Mythos der besonderen Fördermethoden" (vgl. 1997, 273), mit dessen Hilfe sich die Überstellung von Störern an diese *Sonder*pädagogik leicht rationalisieren läßt.

Auf Grund ihrer geringen Bedeutung konnte die Heilpädagogik allerdings ihre pädagogischen Freiräume nutzen (vgl. Baier 1990). Als Ergebnis dieses (selbst-)reflexiven Prozesses können wir konstatieren, daß sich die Heilpädagogik in der Form einer abgespaltenen und vor sich hin dümpelnden Sonderpädagogik inzwischen überlebt hat (vgl. Grohnfeldt 1990)[2]. In dem Moment, da die HeilpädagogInnen begannen, sich eines autonomen Selbstverständnisses zu versichern, das nicht in der Separierung von jeglicher anderen Pädagogik lag, erfolgte ihre erkenntnis- und wissenschaftstheoretische Aufwertung.

Damit wurde es möglich, über angemessene Hilfen für Störer im Rahmen der Regelpädagogik nachzudenken und sich der Heilpädagogik als einer ambulatorischen Unterstützung der allgemeinen pädagogischen Bemühungen zu versichern, sie aber nicht länger als Hilfskonstruktion zur Ausgrenzung mißliebiger Klienten zu mißbrauchen.

So waren es zwei Ereignisse, die hier einen Sinnes- und, wie ich meine, vor allem Wertewandel ausgelöst haben. Auf der einen Seite hat die Heilpädagogik seit gut fünfzehn bis zwanzig Jahren ihre eigene Sichtweise behinderter, gestörter und benachteiligter Kinder und Jugendliche weiterentwickelt. Nunmehr sehen wir, daß eine Behinderung oder Störung in einem umspannenden Kontext von Lebensbedingungen und individuellen somatopsychischen Voraussetzungen steht. Noch in jede organisch bedingte, z.B. geistige Schädigung fließt die Erfahrung mit den jeweiligen Interaktionspartnern ein. So sind Eltern oft sehr enttäuscht, wenn sie ein Kind mit einer solchen geistigen Behinderung bekommen. Das Kind spürt dieses meist unbewußt gehaltene Gefühl, das ihm entgegengebracht wird, und erlebt: „Ich bin nicht richtig". Erst auf diese Schiene ambivalenter Beziehungsmuster gesetzt wird eine Schädigung zur Behinderung.

In der Erkenntnis solcher affektiven Zusammenhänge hat sich die Heilpädagogik in den letzten Jahren differenziert weiterentwickelt. Mit der Renaissance ihres Denkens *„vom Kinde aus"*, im Sinne etwa von Kay und Montessori (vgl. Merkens 1988, 86 ff), hat sie sich neue Möglichkeiten im praktischen Umgang mit ihrer Klientel geschaffen. Dieser Prozeß hat erfreulicherweise zu einer Stärkung des heilpädagogischen Selbstverständnisses

[2] In diesem Kontext sei auf das Bestreben der KollegInnen des Instituts für Sonderpädagogik der Freien Universität Berlin verwiesen, dieses in eine „interdisziplinäre Einrichtung der Universität zu überführen" (vgl. Myschker 1990, 113; Eberwein 1988b).

geführt (vgl. Speck 1990) und gibt die unabdingbare Voraussetzung für den anschließenden Schritt ab, essentielle Inhalte 'nach draußen', d.h. in Richtung der allgemeinen Pädagogik, zu transportieren.

Auf der anderen Seite ist, und das auch und zuerst durch HeilpädagogInnen initiiert, die sich nicht länger mit einer fadenscheinigen wie inhaltlich falschen Argumentation der Aussonderung 'ihrer' Kinder zufrieden geben wollten, mit der integrativen Erziehung eine neue Reformbewegung entstanden, die den Schnittpunkt 'normaler' Pädagogik mit der Heilpädagogik bildet und eine fundamentale Veränderung des der erzieherischen Praxis vorgeordneten Menschenbildes hervorgebracht hat (vgl. Eberwein 1988a, Gerspach 1988b, Klein u.a. 1987, Muth 1986).

Aus der Idee der Integration läßt sich unmittelbar ein „Recht auf Verschiedenheit“ als elementares pädagogisches Prinzip herleiten (vgl. Furrer 1994). Damit wird Auffälligkeit beileibe nicht gutgeheißen, sie wird aber nicht sogleich zu eliminieren gesucht, was uns Zeit läßt, ihren geheimen Absichten nachzuspüren. Der Störer wird nicht unmittelbar aufgefordert, sein störendes Verhalten zu unterlassen. Seine Individualität wird von Anbeginn an unmißverständlich respektiert. Der Respekt vor dem Fremden, vor dem Anderen, zuletzt vor dem Besonderen darf danach mehr Geltung beanspruchen als jede formaldemokratische Gleichmacherei, die in Wahrheit nur einen altbekannten Anpassungsdruck produziert. Kann man ungleiche Menschen wirklich gleich behandeln? Furrer folgert: „Wirkliche Integration sollte darum nicht mit der Gleichheit des Allgemeinen begründet werden, sondern durch Rücksichtnahme auf das Ungleiche, das Besondere“ (S. 82). In diesem Sinne wäre „Normalität vom Rande her“ neu zu definieren, eine Aufgabe, die, wie ich zeigen möchte, um so lohnender erscheint, je offensichtlicher in den Lehren der Sozialpädagogik unterschwellig eine rationale Bringschuld ihrer Klienten eingefordert wird. Anleihen bei der Diskussion innerhalb der Heilpädagogik sind da folgerichtig sehr sinnvoll.

Seit der Mitte der siebziger Jahre ist in der Heilpädagogik eine Paradigmendiskussion in Gang gekommen, die durch die Notwendigkeit gekennzeichnet ist, den Begriff der Behinderung in all seinen beziehungsdynamischen Schattierungen zu betrachten und ihn von der Bürde des reinen Nützlichkeitsdenkens - wieviel Abweichung ist zulässig, und wie kompensieren wir den Rest? - zu befreien. Auch die Diskussion um den Störungsbegriff geriet dabei in den Sog dieser inhaltlichen Grundsatzdiskussion (vgl. u.a. Krawitz 1992, Reiser 1993). Damit wurde eine prinzipielle Diskussion über Klassifikations- und Etikettierungsschemata eingeläutet, in deren Fortgang der Hang zur undifferenzierten Biologisierung psychodynamischer Deformationen immer mehr in Zweifel gezogen wurde. Auf diesem Wege wird aus Störung unter der Hand rasch eine (organische) Behinderung. Die Störung wird ihres sozialen wie bedeutungsgebundenen Bezuges entkleidet und der Störer selbst damit einer operationalisierten Behandlung überstellt.

Im Gegensatz zu dieser gängigen Lesart, die den Kontext einer Störung geschickt zum Verschwinden bringen will, macht Thimm auf ein wesentliches und konstitutives Merkmal von Pädagogik aufmerksam: den dialogischen Aspekt des humanen Miteinanders. Nicht eine vom betroffenen Individuum losgelöste Diagnostik, die sich auf die „Vorhersage bestimmter Schäden" verläßt (vgl. Thimm 1990, 281), kann Richtschnur für praktische Interventionen sein, denn sie abstrahiert soweit vom 'Eigentlichen' des Subjekts, bis von ihm nichts mehr nachbleibt. Die Fragwürdigkeit solcher linearer Kausalketten ist längst nachgewiesen (vgl. Gerspach 1981), so daß für jede Wissenschaft, die mit dem Menschen zu tun hat, der Gedanke einer dialogischen Beziehung nicht unterschlagen werden darf. Im Gegenteil ist der Dialog das unabdingbare Medium professioneller Kompetenz. Nur über ihn kann uns ein Zugang zur tieferen Bedeutung einer Störung gelingen. Alles andere ist enteignende Manipulation zu nennen.

Anstatt uns von der ebenso verdinglichten wie naiven Vorstellung leiten zu lassen, daß normative Erwartungen unverblümt den Auftrag der Erziehung beherrschen und Sozialpädagogik demnach nicht viel mehr sei als Befriedung von Randgruppen (vgl. dazu Winkler 1988), sollten wir sie in ihre Rechte einsetzen, denn es ist an der Zeit, die anstehenden Fragen unserer Zivilisation wieder sinnorientiert zu beantworten zu suchen. Nicht länger sind diese folgenlos den technokratischen Konzepten und sogenannten 'harten' Wissenschaften zu übereignen, die mit ihrer eingeschränkten Fachperspektive im Detail immer weiter fündig werden mögen, dabei aber das große Ganze aus dem Auge verlieren, so wie es Holzkamp für die positivistische Richtung aus den Punkt gebracht hat, wenn er zu dem Urteil kommt, „daß die experimentelle Forschung in immer wachsendem Maße mit exakten Methoden Belanglosigkeiten und Trivialitäten zutage fördert, so daß viele Forschungsresultate eigentlich nur noch deswegen von einschlägig spezialisierten Forschern beachtet werden, (...) weil jene Forscher durch leicht abgewandelte Perpetuierung bestimmter Tendenzen innerhalb des Chaos psychologischer Einzelbefunde das Publikations-Soll im Interesse ihrer akademischen Karriere zu erfüllen hoffen" (vgl. Holzkamp 1972, 10).

Auf dem Wege solch phantasieloser Erbsenzählerei, festzumachen an einer akribisch durchgeführten Auflistung von Störungsmerkmalen, kommen wir diesem Thema niemals bei. Wer sich im Detail verliert, dem entgeht die grundsätzlich hinter der Störung waltende Kraft ungelöster Lebensthemen. Deshalb erscheint es nötig, sich zunächst grundsätzlich mit dem eigenen Selbstverständnis auseinanderzusetzen, mit dem wir an die Sache herangehen, denn dieses bestimmt, zunächst mehr diskret als klar benannt, über Sinn und Methode unserer pädagogischen Bemühungen.

Was also kann bzw. will die Sozialpädagogik für die Störer leisten?

Um diese Frage zu beantworten, ist es an der Zeit, einige Hinweise auf den Stand jener wissenschaftlichen Anstrengungen innerhalb der Sozialpädagogik einzufügen, die sich noch nicht endgültig aus der Diskussion um eine grundsätzliche Sinnorientierung verabschiedet haben. Störer sind Menschen mit offensichtlichen Problemen, die sie aber nicht 'sachgemäß' zu lösen suchen. Ohne den Versuch, sie in ihrer subjektiven Befindlichkeit zu verstehen, müssen uns ihre Probleme bzw. ihre basale Unfähigkeit zu deren Bewältigung verborgen bleiben. Wer so fragt, macht sich ein subjektzentriertes methodisches Vorgehen zu eigen. Die Methode zielt auf den Menschen, nicht auf seine Störung. Auf den Menschen zu zielen, nicht auf seine Störung, setzt voraus, daß es *nicht* sogleich um die Frage nach der 'richtigen' Methode oder Technik gehen kann, diese Störung zu beseitigen. Ich werde zeigen, wie diese Störung ihm hilft, so paradox sich dies auf den ersten Blick ausnehmen mag, sich sozial zu orientieren. Was also geben wir ihm an ihrer Stelle? Oder anders herum: Unter welchen Voraussetzungen wird er bereit sein, sein dissoziales Verhalten aufzugeben und durch erwünschtes zu ersetzen? Diese Betrachtungsweise gilt nicht generell in der Sozial- noch Sonderpädagogik. Dezidiert weist Winkler darauf hin, daß ein auf „Methoden und Handlungskonzepte gerichtetes Denken der Sozialpädagogik nicht gerecht wird. Ihre Theorie ist komplexer angelegt, insofern instrumental nicht tauglich" (vgl. 1988, 21)[3].

Überdies wird der Anspruch, ein griffiges Konzept für die Arbeit mit Verhaltensauffälligen zu entwerfen, durch den Umstand erschwert und in Teilbereichen gar konterkariert, daß eine unzweifelhafte Unterscheidung sozialpädagogischen vom alltäglichen Handeln nicht ohne weiteres gelingen will. Der landläufig zu hörende Ruf nach dem „Weg mit den Störern", weil es zu teuer komme, sich ihrer anzunehmen, ist von pädagogisch verbrämten law-and-order-Appellen im Gewand eines „Weg mit der libertären Erziehung" nicht allzuweit entfernt.

Da alltägliche Handlungen das methodische Verfahrensrepertoire der Sozialpädagogik darstellen und diese in ihrer praktischen Konsequenz von der „Form des Alltags" abhängt, welche in einem sozialen Zusammenhang gegeben ist, muß ihre Tätigkeit selbst „diffus und nicht objektivierbar" bleiben (vgl. Müller 1988, 78 ff). Schließlich ist dieser Alltag selbst von

[3] Winkler ist seit Mollenhauer (1964) einer der wenigen, die eine geschlossene Theorie der Sozialpädagogik vorgelegt haben, aus der das Moment der (gesellschafts)kritischen Reflexion des eigenen Tuns noch nicht vollständig gelöscht ist. Neben ihm sind meines Erachtens hauptsächlich noch Engelke mit seinen Ausführungen zur sozialen Arbeit als Wissenschaft (1993) und Müller in seinem beziehungsgerichtetem Denken (1989, 1994, 1995) zu nennen.

„Wahrheit und Lüge zugleich bestimmt". Mit dieser Kennzeichnung legt uns Winkler ein überaus vorsichtiges, um nicht zu sagen vorläufiges Selbstkonzept ans Herz. Die sozialpädagogische Theorie formuliert demnach kein „positives System des Wissens, sondern eine Methode des Nachdenkens". Hier fügt Winkler eine überaus weittragende Erkenntnis an, wenn er von der „doppelten 'Ungewißheitssituation'" spricht: Der Sozialpädagoge muß stets mit unterschiedlichen Individuen in kaum typisierbaren Zusammenhängen arbeiten. Sozialpädagogisches Handeln hat „kein sicheres Fundament", stets haben wir es mit einem „offenen Ausgang" zu tun (S. 121). Wenn wir nun einrechnen, daß gerade verhaltensgestörte Kinder offene Situationen nur ganz schlecht aushalten und den Sozialpädagogen mit ihren Spielchen unbemerkt zwingen wollen, sie einzugrenzen und so geschlossenere Strukturen zu schaffen, wird das ganze sozialpädagogische Dilemma offenkundig: Der Sozialpädagoge benötigt die Offenheit für die Dramaturgie der Störung - *was teilt mir das Kind verschleiert mit?* - und muß dennoch konsequent handeln können - *was braucht es an Struktur, um wachsen zu können?*

Um diesen Widerspruch auszuhalten und weil er authentisch an der Situation teilhat und sich zugleich des methodischen Moments, welches in dieser Teilhabe liegt, zu versichern hat, ist er notwendig auf Selbstreflexion angewiesen. Er benötigt die „Offenheit seines Handelns", um sich als Person in die Situation einbringen zu können (vgl. Winkler 1988, 85 ff). Soviel steht jetzt schon fest: Rein kausale Handlungsstrategien - *dieses Verhalten erfordert exakt jene Intervention* - würden demgegenüber eine Einsicht in eine komplexe Problemstruktur verhindern. Interventionen machen erst dann Sinn, wenn wir verstanden haben, auf welches Thema *hinter* der Störung sie sich richten.

Der Störung kommt nicht allein eine weit übers individuell Pathologische hinausreichende Bedeutung zu - man könnte jetzt schlußfolgern: die Störung stellt die Gesellschaft in Frage. Wir werden auch aufgefordert, mit pädagogischen Mitteln die subjektiven Motive der Störung zu bearbeiten. Weder Ausgrenzung noch Therapeutisierung des Problems bleiben als Ausweg. Überdies entdecken wir die Aporie, daß Erziehung das Subjekt sozial verläßlich machen soll und es gleichzeitig gehalten ist, die Widersprüche der Welt auszuhalten, die diese Verläßlichkeit tendenziell ins Schwanken bringen. So sieht sich der Mensch beständig mit seiner anthropologischen Aufgabe konfrontiert, einen Ausgleich zwischen unterschiedlichen und oft sogar gegenläufigen Kraftfeldern herstellen zu müssen, sich an äußere Anforderungen anzupassen, ohne dabei seine inneren Ansprüche vollends preiszugeben. Es gehört aber auch zu seinem anthropologischen Erbe, daß er zum Brudermord taugt. Der Mensch ist eben äußerst *störanfällig*. Und in dem Maße, wie die ökonomische, soziale und politische Machtverteilung innerhalb einer Gesellschaft in Schieflage gerät, wird es allen pädagogischen Bemühungen immer schwerer gemacht, die Verläßlichkeit der zu erziehenden Subjekte auch nur mehr halbwegs zu garantieren. Generell müssen wir, wie schon Bernfeld (1929) wußte, akzeptieren, daß es immer Mächte gibt, die stärker sind als die Pädagogen (vgl. auch Müller 1992). Läßt sich dieser Umstand nicht als eine Art Grundstörung verstehen?

Dem Subjekt werden einerseits enorme Integrationsleistungen abverlangt, anderseits sieht es sich unter dem Diktat system- und machtzentrierter Wirkmechanismen mehr und mehr überflüssig und wertlos gemacht. Nicht mehr die menschlichen Fähigkeiten entscheiden über den Gang der Dinge, sondern „das Feld, die Struktur, (...) die Codes, (...) Systemimperative (...) oder wie die Begriffe (...) gerade heißen" (vgl. Sigusch 1997, 847). Deshalb müssen wir einen kritischen Begriff von Erziehung in der Sozialpädagogik verankern, dem dieser Widerspruch eine grundlegende Erkenntnis ist. Da, wo das Subjekt heillos überfordert ist, diese Integrationsleistungen noch erbringen zu können, reagiert es beinahe zwangsläufig mit Verhaltensauffälligkeiten.

Vielleicht wird an keinem Punkt besser als an diesem deutlich, wie wichtig ein dialektischer Bezug zum Subjektbegriff ist. Das Subjekt sieht sich den inneren wie äußeren Widersprüchen beinahe ohne Gegenwehr ausgeliefert und ist doch zu deren Bearbeitung und Veränderung imstande. Interessant ist in diesem Zusammenhang, daß *Subjekt* für beide gilt - den Sozialpädagogen wie seinen Klienten. Und auch hier existiert eine eigentümliche Paradoxie: Beide gleichen sich in ihrer Subjektivität unterschiedslos wie sie sich darin von allen anderen Subjekten unterscheiden: „Sozialpädagogisches Handeln muß also mit der Normalität des Unterschiedes rechnen" (Winkler 1988, 271).

Niemand ist vollständig immun gegen Störanfälligkeiten. Nur wer eine Ahnung davon hat, kann dem anderen seine Hilfe anbieten. Einzig die jeweilige Fähigkeit, solchen Widrigkeiten des Lebens angemessen zu begegnen, zählt. Diese Fähigkcit begründet die professionelle Kompetenz zum Helfen. Und diese Hilfe kann sich allein in einem dialogischen Prozeß entfalten. Damit ist stets aufs neue das eigene Selbstverständnis herausgefordert. Will ich die störende Symptomatik wegmachen oder mein Gegenüber motivieren und in seinen Bemühungen unterstützen, seine Probleme auf anderem Wege als ihrer unmittelbaren Delegation an andere, was letztendlich der affektive Antrieb einer Störung ist, zu lösen? Klient wie Sozialpädagoge müssen erkennen: Leidlosigkeit gibt es nicht. Aber sie können vielleicht das Leiden gemeinsam besser aushalten und so den Schrecken allmählich lindern. In diesem Sinne wird nun die Bedeutung des dialogischen Prinzips innerhalb beider Interaktion bedeutsam, schließlich verweisen Reflexivität und Selbstreflexivität auf (Selbst-)Spiegelungsphänomene, wie sie nur in der

Beziehung von Ich und Du aufbewahrt sind[4]. Allein eine gründliche Selbstbetrachtung der professionellen Absichten rettet uns vor falschen Schlußfolgerungen bezüglich der Arbeit an und mit den Störungen. Folgt man der Debatte in der Sozialpädagogik, so wird man finden, daß dieser Anspruch allerdings nur partiell eingelöst wird[5].

Engelke bemängelt, daß die soziale Arbeit über viele Theoriefragmente, aber keine ausgeformte Theorie verfüge (vgl. 1993, 130 ff). Es gebe zwar eine Reihe von sozialpädagogischen Ansätzen - er nennt den technologisch-normalisierenden, den hermeneutisch-alltagsorientierten, den ökosozial-managend ausgerichteten und den prozessual-systemischen -, aber bis heute sei „im Grunde keine umfassende und abgeschlossene Theorie" vorgelegt worden (vgl. S. 141 ff). Hinzu käme, daß sich die Protagonisten dieser Ansätze - Rössner, Thiersch, Wendt oder Staub-Bernasconi - einander nicht oder wenig beachteten.

Aus dieser Gemengelage heraus folgert Engelke, daß sich soziale Arbeit als Wissenschaft wie Praxis nicht methodologisch, d.h. über spezifische Erkenntnismethoden begründen ließe. Allenfalls könne sie als praktische Wissenschaft ethisch fundiert werden (vgl. S. 308 ff). Schließlich sei das professionelle Handeln an Werten und Normen orientiert. Sogleich taucht da ein Widerspruch auf: Werte und Normen seien notwendige Kriterienvorgaben, um entscheiden zu können, ob ein soziales Problem vorliege oder nicht. Je konkreter aber der anzustrebende Wert festgelegt werde, um so größer werde das Konfliktpotential. Und auch hier wird die Reflexion ins Spiel gebracht: „Je differenzierter die Reflexion, desto geringer ist die Gefahr, daß anders Wertende als 'Ungläubige oder Ideologen' diffamiert und ausgegrenzt werden". In diesem Sinne wendet sich Engelke gegen Bestrebungen zur Vereinheitlichung, die die „qualitative Vielfalt und Differenziertheit des Wirklichen" mißachteten.

Damit kann ich fast nahtlos an Müllers sozialpädagogisches Konzept (vgl. 1989, 1994, 1995) anschließen. Mit ihm ließe sich wie folgt argumentieren: Wer von Reflexion und Selbstreflexion in der Sozialpädagogik

---

[4] Bei von Foerster heißt es: „Ich und Du erzeugen sich gegenseitig; keiner wird ohne den anderen" (1994, 155). In Anlehnung an Bubers Satz, das „Ich werde am Du" (vgl. 1923) bedeutet Erziehung für Vierheilig, daß der Mensch erst durch die Beziehung zum Ich wird, um als „selbständiges Ich erneut eine Beziehung eingehen zu können" (vgl. 1987, 33).

[5] Diesbezüglich hat Engelke (1993) die gesamte Diskussion der letzten Jahre innerhalb der sozialen Arbeit in eine konsistente Form gegossen. Engelke selbst bietet keinen eigenständigen Theorieentwurf an, sondern bündelt die vorgegebenen, wobei er einige wichtige Grundsatzfragen ans eigene Selbstverständnis der sozialen Wissenschaften thematisiert, die sonst leicht vergessen zu gehen drohen (vgl. hierzu erste Ansätze auch bei Marburger 1981).

spricht, meint „'Beziehungsarbeit'“ (vgl. 1994, 14)[6]. Müller ist neben Körner (vgl. zuletzt Körner, Ludwig-Körner 1997) einer der pointiertesten Vertreter jener sozialpädagogischen Auffassung, die die „'Sinnfragen' der Arbeitsbeziehung unter Einschluß von deren emotionalen, ja unbewußten Dimensionen“ betrachten und dem „Aushandlungsprozeß zwischen SozialpädagogInnen und ihren Adressaten (...) den Charakter von 'Gefühlsarbeit'“ zuerkennen (vgl. Müller 1994, 14). Er unterstreicht, daß es in der Sozialpädagogik darauf ankommt, das „scheinbar Immer-Schon-Bescheid-Wissen“ in Frage zu stellen. Intervention kann nicht einfach Umsetzung vorher gefundener Lösungen meinen, sondern sie ist selbst als Erkundungsprozeß zu denken. Es geht nicht darum, dort anzufangen, „wo ich den anderen stehen sehe, sondern dort anzufangen, wo der andere *mich* stehen sieht“ (S. 83 f).

Gerade im Hinblick auf den Verdacht, daß beispielsweise der Aggressivität eines Jugendlichen vorab massive Störungen oder gar Mißhandlung unterstellt werden, warnt Müller davor, daß diese Vorannahme zu einer sich selbst erfüllender Prophezeiung werden könne. Daher sei es wichtig, alles zu registrieren, was sich bei dessen Konflikten als „'ganz normal'“ erklären ließe. Umgekehrt kann es sich als genauso problematisch herausstellen, seine schwierigen Verhaltensweisen zu Alltagskonflikten herabzubagatellisieren. „Da hilft nur: Aufmerksamer Umgang mit Nichtwissen“ (S. 87).

Mit diesen Argumenten formuliert Müller seine Kritik an Klassikerinnen der Fallarbeit wie etwa Alice Salomon, die unterstellten, daß schon bekannt sei, wer „'das Problem' *hat*: selbstverständlich der oder die KlientIn“ (S. 89). Verstünde man das Interesse an der Sozialpädagogik tatsächlich bloß als „Handeln aus dem 'guten Herzen'“, wie es vor beinahe einem Jahrhundert formuliert wurde, müßte sich unter obigen Vorzeichen genau dieser Habitus als entscheidendes Hindernis wirksamer Arbeit entpuppen. SozialpädagogInnen, so Müller, müssen „wirkliches Interesse an anderen Menschen haben, auch dann noch, wenn das eigene Selbstbild dadurch irritiert wird“ (S. 145). Nicht der „geschlossene Typ“ des Sozialpädagogen mit seinem notorischen Ausblenden anderer Sichtweisen und auch nicht der „autistische Typ“, der für sich das Recht in Anspruch nimmt, die Qualität seiner Arbeit nicht legitimieren zu müssen, können vor Müllers kritischem Auge bestehen (vgl. S. 147 ff). Er favorisiert den „offenen Typ“ mit einem

[6] Für den psychotherapeutischen Prozeß mit Kindern und Jugendlichen verlangt Paulsen nach der emotionalen Verfügbarkeit des Therapeuten und erläutert, daß es neben der „reflektierenden Haltung wesentlich auch um direkte Beziehungsgestaltung“ gehe. Diese Forderung läßt sich allein schon deshalb für den pädagogischen Prozeß übernehmen, weil, so Paulsen, auf der Grundlage dieser Voraussetzungen Lernen als „internale wie interpersonelle Informationsverarbeitung“ zu verstehen ist (vgl. 1996, 209 f). Auf den für die Sozialpädagogik diesbezüglich interessanten Zusammenhang von affektiver und kognitiver Entwicklung komme ich zurück.

multiperspektivischen Betrachtungsstandpunkt, der nicht auf eine spezielle Leitwissenschaft angewiesen noch ein spezielles Handlungsfeld begrenzt ist, sondern sich zieloffen präsentiert und „keine im voraus festgelegten Handlungsziele unterstellt“. Daher plädiert Müller für Besonnenheit im praktischen Handeln. Wir stehen immer in der Gefahr, ein irritierendes Verhalten einem sich unmittelbar aufdrängenden Erklärungsmuster einpassen, es einem der „'geläufigen Verstandesbegriffe'“ unterordnen zu wollen, ohne daß dies der Wirklichkeit unseres Klienten gerecht würde. Sehr genau haben wir zu unterscheiden zwischen dem, was wir auf der Verhaltensebene wahrnehmen, und dem, was wir daran interpretieren. Der Wahrheitsgehalt unserer Annahmen läßt sich nur anhand sich verändernder Reaktionen unseres Gegenübers verifizieren.

Deshalb kann es nicht um klinisch-psychologisches Wissen im Sinne von Wissen über „objektive Tatbestände, soziale, kulturelle, biophysische Verhältnisse etc., in denen Menschen leben“, gehen (vgl. Müller 1995, 11 f). Es wäre fatal, sollte etwa eine verstehende Disziplin wie die Psychoanalyse der Sozialpädagogik erklären, was in der Erziehung falsch gelaufen ist[7]. Vielmehr geht es um die „verborgenen Wurzeln des subjektiven Sinns der je individuellen 'Selbstauffassungen'“, die es im gemeinsamen Dialog zu entdecken gilt. In diesem Sinne kann allerdings die Psychoanalyse für die Sozialpädagogik als „Methodologie eines Erkenntnisprozesses“ einen interessanten Beitrag liefern (S. 34). Die Psychoanalyse kann und will nicht „Handlungswissen und Handlungsregeln“ vermitteln, sondern „Respekt vor 'Entwicklungstatsachen' und Entwicklungsschicksalen“ und damit den praktisch gewendeten Respekt vor „'den Grenzen der Erziehung'“ (S. 38).

Der Störer wird uns hernach immer ähnlicher und vertrauter - das macht auch die Angst und den Wunsch, ihn möglichst weit weg haben zu wollen. Die sozialpädagogische Kompetenz jenseits des Alltagshandelns liegt darin begründet

- diesen Impuls als zum Thema gehörend zu reflektieren, anstatt ihn zu agieren;
- empathische Nähe zur emotionalen Verletzung hinter dem Symptom zuzulassen;

[7] Vielfach sind Rezeptionen der Psychoanalyse allerdings von einer rein beschreibenden Auffassung geprägt, die nicht den Kern der Sache trifft. So spricht Schepping in ihrer Schrift „Verhaltensauffälligkeiten in Kindergarten und Hort“ vom „Fehlverhalten“, das auf eine „Schädigung in einer bestimmten Phase zurückzuführen“ sei und von „übertriebener Liebesbedürftigkeit“ (vgl. 1995, 37 f). Der moralisierende Impetus solcher Formulierungen weist darauf hin, daß das empathische, d.h. nicht (ver)urteilende Wesen der Psychoanalyse nicht verstanden wurde.

- professionelle Distanz zu wahren und die Beziehung so zu strukturieren, daß die Störung in einem überschaubaren Rahmen bearbeitet werden kann.

Dieser Anspruch verlangt uns einiges ab. Allerdings ist es noch allemal Aufgabe von Wissenschaft, auch und gerade weil es so antiquiert erscheint, die Sinnfrage zu stellen, anstatt stets und sogleich (verkürzte) Antworten parat haben zu müssen. Die Hauptaufgabe der (Verhaltens-)Wissenschaft läßt sich so formulieren, daß sie „die Analyse der Auffassung des Menschen von sich selber sei" (vgl. Devereux 1984, 25). Wenn damit der Forscher selbst Gegenstand der Forschung ist, muß er auch der Wahrnehmung der eigenen Gefühlsreaktionen Beachtung schenken - „Selbstwahrnehmung ist so Medium des Fremdverständnisses" (vgl. Leber 1985, 154).

Müller betont die Bedeutung der „methodischen Sicherung dieses Moments der Selbstaufklärung" für die Sozialpädagogik, um der affektiven Verstrickungen mit jenem Phänomen inne zu werden, auf das wir unsere Interventionsbemühungen konzentrieren (1995, 37). Ohne die eigene affektive Verstrickung selbstreflexiv aufzuarbeiten, die zwingend in jeder pädagogischen Wechselbeziehung enthalten ist, können wir keine verläßliche Antwort auf die Frage finden: „'Was soll ich jetzt tun mit diesem Jugendlichen, dieser Trinkerin etc.?'" (S. 57)[8].

Die Angst des Forschers vor seinem Gegenstand, die Devereux für die Verhaltenswissenschaften thematisiert hat, ist nicht als zu eliminierende Störgröße, sondern im Gegenteil als Erkenntnisquelle zu betrachten. *„Auf Sozialpädagogen/innen übertragen bedeutet dies: Ohne zu verstehen, was ihnen bei ihrer Arbeit Angst macht, verstehen sie überhaupt nichts"* (S. 60).

Selbst die Unsicherheit des Anfängers ist hernach nicht als beschämender Mangel zu sehen, sondern als eine solche Erkenntnisquelle. Beispielsweise kann man auf diesem Wege lernen, die eigenen (nicht erfüllbaren) Allmachtsphantasien mit ihrem generalisierten Anspruch, allen jederzeit helfen zu können, zu relativieren. Folgerichtig plädiert Müller dafür, daß sich die Sozialpädagogen auf „riskante Erfahrung" einlassen müssen und sich dabei einer „Pendelbewegung zwischen dem Verstehen und dem Nicht-Verstehen" ausgesetzt sehen (S. 60 f). Der Übergang vom Nicht-Verstehen zum Verstehen entwickelt sich stets entlang der Psychodynamik der professionellen Beziehung. Dort kommen die beunruhigenden und schmerzlichen Erfahrungen und Phantasien hinter der Störung zur Sprache, offenbaren all-

---

8 Whitebook befindet dezidiert, daß „wissenschaftliches Forschen gegen die Einwirkungen des erkennenden Subjekts oder der Forschergemeinschaft nicht in dem Maße abgeschottet werden kann, wie die Positivisten behauptet hatten", und diese Einsicht genutzt werden kann, „eine entidealisierte und gleichzeitig reichere Vorstellung von wissenschaftlicher Rationalität zu rekonstruieren" (vgl. 1995b, 212).

mählich ihren inneren Zusammenhang[9]. Der Sozialpädagoge muß auch die kränkende Situation aushalten lernen, daß er seinen Klienten nicht versteht. Verstehen ist eben kein rein kognitiver Vorgang (vgl. Wellendorf 1982). Die Störung, genauer: der Störer macht uns ohnmächtig und wütend. Wir spüren einen gewaltigen psychischen Druck, der über uns kommt und dem offensichtlich die Probleme unseres Gegenübers anhaften, ohne daß wir diesen Zusammenhang zunächst verstehen können. Das müssen wir aushalten. Jeder Zugang zur Störung, der nur die kognitive Dissonanz zum normalen Verhalten sucht, steht da eher für die unbewußte Abwehr dieser bedrohlichen Situation. Schließlich geht es auch um eine Sensibilisierung für die Wechselwirkungen zwischen interpersonaler und institutionalisierter Angstabwehr, um das eigene Nichtwissen besser zu verstehen und damit umgehen zu können[10]. Es bedarf einer Anleitung zur Fähigkeit, „'sich in Unsicherheit, rätselhaften Geheimnissen und Zweifeln zu befinden, ohne irritiert nach Fakten und Erklärungen zu suchen'" (vgl. Müller 1995, 67).

Störung als Prozeß gegenseitiger Verstrickung

Mit noch so gut gemeinten sozialpädagogischen Absichten laufen wir immer Gefahr, einem Trugbild des Machbaren aufzusitzen. In jeder sozialpädagogischen Methodik schlummert ein manipulatives Potential, welches uns in Versuchung führt, ein möglichst reibungslos funktionierendes Verhalten zu erzielen. Folgende Vorgehensweise ist vorstellbar: Zunächst klassifizieren wir die beobachtbaren Verhaltensauffälligkeiten (motorische Unruhe, mangelnde Konzentrationsfähigkeit, ungenügendes Sozialverhalten, gesteigerte Aggressivität, distanzloses, ungesteuertes Verhalten usf.) und bestimmen diagnostisch ihre Ursachen (minimale cerebrale Dysfunktion, Teilleistungsstörung, Wahrnehmungsstörung, sensorische Integrationsstörung, schwere Milieuschädigung usf.). Daraus leiten wir die nötigen pädagogischen Maßnahmen ab (Sozialtraining, strukturierte Hausaufgabenbetreuung,

---

[9] Die Psychoanalyse lehrt uns, daß jene Triebkräfte, die unsere psychischen Prozesse leiten, umso mächtiger sind, je mehr sie mit der Beschädigung der Subjektstrukturen einhergehen. Sie werden vor allem in der Phantasietätigkeit sichtbar. Phantasien sind jene mehr unbewußt als bewußt imaginierten inneren Vorstellungen, die wir uns machen und die im Schnittpunkt von Beziehungsarrangements und dort aufkommenden Gefühlen und Affekten zusammenfließen (vgl. Lorenzer 1973, 142). Schlechte Beziehungserfahrungen bringen Phantasien über andere Menschen hervor, die voller Wut und Mißtrauen sind.

[10] Selbstverständlich kann es nicht angehen, sich nur auf die Ebene der psychodynamischen Prozesse zu konzentrieren und den institutionellen Anteil (an der Störung) zu verleugnen. Jüngst hat Annemarie Bauer die angstbindende Funktion von Institutionen ausgeleuchtet. Deren unbewußte Abwehrleistung ist etwa hinter der „Kasernierung menschlichen Leidens" oder der „Einpassung von Kindern in die Gesellschaft über triebzügelnde und kognitive Institutionen" verborgen (vgl. 1996, 14).

Konzentrations- und Ausdauerschulung usf.). Ziel ist die Normalisierung des Verhaltens.

Dreierlei sei gegen ein so schneidiges Vorgehen eingewendet. Zunächst stellt sich die Frage: Was fällt mir bei der Beobachtung als herausragendes Merkmal einer Verhaltensstörung auf? Beobachtungen sind nicht objektiv, sondern beruhen auf diskreten, nicht immer reflektierten Vorannahmen. Außerdem stellen sie sich in einem interaktiven Zusammenhang zwischen Beobachter und Beobachtetem her. Fazit: Wir erkennen „niemals die Dinge an sich, sondern nur die Dinge, so wie wir sie erleben" (vgl. Muckel 1996, 62 ff, Heeg 1996). Dann sei der „diagnostische Blick" genauer beleuchtet, der zur Sammlung von Daten über andere instrumentalisiert wird und auf diese Weise seiner kommunikativen Bestimmung verlustig geht (vgl. Kleinbach 1993). Als drittes ist zu überlegen: Was geschieht mit dem Störer, wenn wir ihm sein Hilfs-Ich, die Störung eben, wegnehmen? Was bekommt er von uns dafür an stabilisierender Unterstützung?

Ich denke nicht, daß wir unser Interesse auf die pathogenen Strukturen des Einzelfalles richten sollten, von denen wir genau wüßten, wie sie zu korrigieren seien. Viel eher müssen wir uns auf denjenigen einlassen, der seine Störung im professionellen Beziehungsarrangement mit uns belebt, um deren Bedeutung vor diesem Hintergrund verstehen zu lernen. Erst dann wird eine Freisetzung der in der Störung gebundenen Kräfte möglich. In konstruktivem Sinne verändert sich somit die Störung, der Störer kann sie loslassen.

Wenden wir also die Summe der jetzt zusammengetragenen Einsichten auf den pädagogischen Dialog an, so wird evident, daß er niemals einer objektiven Intervention gleichkommt und nicht halt macht vor der Subjektivität des Sozialpädagogen selber. Dieser wird also nur so viel vom anderen verstehen, wie er von sich selber versteht. Störung ist ein Kennzeichen lebendiger Subjektivität, was wir allerdings nur begreifen können, wenn wir diese nicht, wie oft fälschlich angenommen, allein mit Maßstäben von Bewußtheit und Rationalität zu messen suchen (vgl. Brunkhorst 1983, Luhmann 1972). Subjektivität ist immer auch bestimmt von affektiven Impulsen, die sich der Verstandeskontrolle zu entziehen wissen. Das macht die Störung so effektiv. Letztendlich führt dieser unbewußte Antrieb, der als unsoziales Verhalten sichtbar wird, zu einer Beschädigung der Subjektivität: Das Subjekt wird zum Diener seiner Störung.

Erneut bietet sich ein Brückenschlag zur Heilpädagogik an. Gerade sie erfüllt, weil sie penibel auf das im Eingeschränkt-Besonderen mehr noch als auf das im allgemein Vertrauten aufscheinende Wesensmoment der humanen Existenz zu achten hat, den eingeforderten Anspruch auf empathisches Verstehen des Subjekts vortrefflich und kann so zum Kernstück einer sinnverstehenden Sozialpädagogik werden (vgl. auch Leber 1985).

Dort, wo sich diese sinnverstehende Sozialpädagogik als eine Interaktionstheorie ausweist, die sich (selbst-)kritisch ihres dialogischen Beziehungscharakters versichert, liefert sie uns wichtige Impulse für einen angemessenen Umgang mit Störern. Dies beinhaltet auch, nicht voreilig das Irrationale aus der Betrachtung zu eliminieren. Bei Adorno fand ich einen Begriff, der mir hier gut passen will: das *Nichtidentische* (vgl. 1990a, 149 ff).

Stets sieht sich das Subjekt in innere wie äußere Widersprüche verstrickt, die die Gebrochenheit seiner Identität hervorbringen. Dieses von konfligierenden Kräften bestimmte Verhältnis des Subjekts zu seiner inneren Natur, zu seiner Leiblichkeit und seinen Mitmenschen nötigt uns auf, das Unbegriffliche daran in Begriffe zu fassen, ohne es dabei „in Begriffe aufzulösen" (vgl. Wiggershaus 1993, 673). Es wäre fatal, wollten wir das, was sich uns mehr oder weniger deutlich als Störung präsentiert, für etwas halten, das sich in exakte Kategorien einteilen ließe. Ebenso fatal wäre es, anzunehmen, für die 'Behandlung' dieser Störung gebe es ebenso eindeutig bestimmbare Programme.

Immer bleibt ein unauflösbarer Rest. Der Mensch als im letzten unbestimmbares Wesen verlangt geradezu nach Erklärungen für etwas, das nicht erklärt werden kann (Brunkhorst 1990, 263). In diesem Sinne macht es Sinn, sich des Begriffes der Störung zu bedienen, um eine Problemsituation zu umschreiben. Gleichzeitig müssen wir ihn wieder in Zweifel ziehen, um einer falschen Problemzuweisung vorzubeugen. Im Nichtidentischen ist der Mensch von sich selbst verschieden wie er mit sich identisch ist. Die Störung verweist auf das Nichtidentische, in ihr ist sich der Mensch selbst entfremdet. Der Störer kann nicht bewußt erleben, wie er andere mit seinem Verhalten in *Mitleiden*schaft zieht. Er tut es, aber er weiß nicht, *daß* noch *warum* er es tut und wie sich die andern dabei fühlen. Gleichzeitig steht die Störung für eine typische menschliche Verhaltensweise, auf die er unter Belastung zurückgreifen kann, insofern ist er in ihr mit sich identisch.

Identität kennt also die Steuerung durch ein festes Ich - aufgehoben im vernunftgeleiteten Handeln - wie den archaischen „vor-ichlichen Impuls" (vgl. Adorno 1990a, 221) - nicht zuletzt aufgehoben in der Verhaltensstörung. Identität kann also mit vernunftgeleitetem Handeln nicht in eins gesetzt werden, wie uns in vielen sozialpädagogischen Konzepten weis zu machen versucht wird. Selbst wenn ein Mensch als weitgehend störungsfrei erscheint, bleibt er mit sich selbst in Teilbereichen immer entzweit. Er ist vielleicht nur besser imstande, die erlebte Widersprüchlichkeit auszuhalten.

Für die Sozialpädagogik heißt dies, daß sich uns in der Störung das Nichtidentische des Subjekts offenbart, seine unvergällte und gleichzeitig unverstandene Auflehnung gegen jene Anpassungsanstrengungen, welche ihm abverlangt werden wie es beschädigen. Zugleich weiß sich diese Störung, so sie tatsächlich als Auflehnung erkannt wird, jeglicher begrifflichen

Zementierung erfolgreich zu entziehen. Demnach bringt die Störung eine ganz besondere und einmalige lebensgeschichtliche Bedeutung an die Oberfläche. Wollten wir diese Störung im Rückgriff auf allgemeine Kategorisierungen bereinigen, wir schnitten uns den Weg zu ihrem Besonderen ab und beraubten unser Gegenüber eines Teiles seiner Identität. Sein Protest verhallte ungehört. Kurzum: Ohne einander kennengelernt zu haben, müssen wir uns fremd bleiben. Das Besondere der Störung muß in die Beziehung eingebracht werden, damit es bearbeitet werden kann.

Um diesen Mißgriff zu vermeiden wie gleichzeitig einen praktikablen Weg zu finden, wie in solchen Fällen zu verfahren sei, sind wir auf das Verstehen der Störung angewiesen. Erst wenn sich im beginnenden Dialog das wirkliche Problem hinter der Störung in seiner ganzen (gesellschaftlich vermittelten) schicksalhaften Tragweite zu kristallisieren beginnt, werden wir überhaupt Wirkung erzielen können. Störung ist bei weitem mehr als ein kognitiver Irrtum. Die Zähigkeit, mit der sie sich wider besseres Wissen am Leben erhält, spricht für eine tiefe emotionale Verankerung in der seelischen Struktur. Deshalb ist Sozialpädagogik in praxi weit mehr als eine argumentativ geführte Debatte. Deshalb müssen wir, um an die dahinter liegende Thematik heranreichen zu können, den Begriff des Dialogs selbst öffnen.

Zur Erläuterung dieses Verstehensvorgangs greife ich ein weiteres Mal auf das Gebiet der Behindertenarbeit aus. Gerade die Arbeit mit Menschen mit sogenannter schwerer geistiger Behinderung zeigt uns, wie elementar wir darauf angewiesen sind, eine „basal-dialogische Beziehung“ zu entwikkeln (vgl. Klein, Kübler 1997). Zwar mag man eine Ausflucht dahingehend suchen, jetzt einzuwenden, dieser Spezialfall sei mit Fug und Recht der Sonderpädagogik vorbehalten. Aber hier sind wir zu einem „basale(n) Leibdialog“ (S. 43) jenseits aller Sprechakte herausgefordert. Mit der Betonung dieser Paradoxie wird die Vorstellung vom rein rational geführten Dialog ins Reich der Mythen verdammt.

Uns wird in Erinnerung gerufen, daß menschliches Sein „im Zwischenbereich von Psyche und Soma“ angesiedelt ist. Nur mit Empathie werden wir uns in diesem „intersubjektiven Raum“ (S. 46) zurechtfinden. Das Leibliche also muß ins Spiel gebracht werden. Schon zwischen Mutter und Kind findet ein „'tonischer Dialog'“ statt, in welchem die jeweilige Befindlichkeit eine leibliche Resonanz im anderen schafft (vgl. Mattner 1987, 146 ff). Über diese sinnliche Nähe wird der Körper insofern zum bewohnten Leib, als ihm die Beziehung Bedeutung verleiht. Die Begegnung von Leib zu Leib beinhaltet stets „tiefes Verstehen des Anderen“ (vgl. Klein, Kübler 1997, 46). Diese Wechselseitigkeit gilt es für den pädagogischen Dialog hervorzuheben. Jede Störung hat auch eine zutiefst leibliche Dimension. Schließlich kennt jeder Praktiker regelrecht körperliches Unbehagen in der Begegnung mit Verhaltensauffälligen. Er spürt dieses körperliche Unbehagen, weil ihm der andere *zu nah auf den Leib* rückt, ohne daß er sogleich dessen Bedeutung oder Geschichte erfassen könnte.

Die Störung besitzt eine leiblich-sinnliche Gestalt. Sie läßt sich nicht allein in kognitiven Dimensionen denken. Aus vielen gängigen Konzepten ist diese vitale Bedeutung getilgt und eine lust- und affektlose Verarmung der Konstruktion vom Subjekt billigend in Kauf genommen worden (vgl. Buchholz 1993, 62). Leicht wird übersehen, daß eine Störung immer eine körperliche Intensivierung des Selbsterlebens mit sich bringt. Jedes aggressive Kind spürt sich selbst überdeutlich. Offenbar braucht es diese Sensation.

Heute sehen wir, welcher Erkenntnisverlust mit dem Perspektivwechsel hin zur rein kognitiven Betrachtung erkauft wurde. Ein neuerlicher Rückgriff auf Lorenzers Akzentuierung einer „Hermeneutik des Leibes" (1988) könnte diese Entwicklung korrigieren helfen. Alltagswelten und -routinen werden über Interaktionen sinnhaft hergestellt. Da sind sich alle Hermeneuten einig. Daß aber das Subjekt auch und in erster Linie ein sinnliches Subjekt ist, wird vielerorts stillschweigend unterschlagen (vgl. Buchholz 1993, 63 ff). Solange wir uns mit unseren Objektivierungsbemühungen einem körperlosen 'reinen Denken' verpflichtet zeigen, wird das Erleben des Erlebens nicht möglich sein - der Klient tritt hinter seiner Störung nicht in Erscheinung. So verhindern wir geradezu systematisch, daß seine Störung als Ausdruck einer sinnlich unmittelbaren Erfahrung beschädigter Beziehungszusammenhänge lebendig werden darf.

Wollen wir dies nicht, sind Alternativen zu den gegenwärtig ebenso blassen wie blasierten Konzepten zu entwickeln. Wir müssen dann den affektiv-sinnlichen Gehalt einer Störung anerkennen und sie als verschleierte Selbstmitteilung zu lesen beginnen. Unser Interesse ist darauf zu richten, die Störung in ihrer entäußerten Bedeutung ernst zu nehmen, aber nicht, sie per se abschaffen zu wollen. Damit wir sie verstehen können, müssen wir uns auf einen Prozeß mit dem Subjekt einlassen. Es kommt darauf an, daß wir selbst in das gestörte Interaktionssystem des Klienten, welches die Störung hervorgebracht hat, einsteigen.

Dazu benötigen wir die Bereitschaft, unsere vorgängigen Interpretations- und Interaktionsmuster einer kritischen Prüfung zu unterziehen und dabei unsere Vorannahmen mit den wirklichen Lebensbezügen unseres Gegenübers zu vergleichen. Das geht nur, wenn wir unseren eigenen „'emotionalen Ort'" bestimmen können (vgl. Buchholz 1993, 61). Denn das Fremdverstehen unseres Klienten ergibt sich nicht unmittelbar als Objektives, welches wir aus seiner Störung herauslesen könnten. Als wären wir imstande, bruchlos zu behaupten, daß schlechte Verhältnisse schlechte Manieren hervorbringen. Vielmehr weist uns der Klient in der entstehenden Beziehung einen „unbesetzten emotionalen Ort" zu. Ähnlich der psychoanalytischen Kur entfaltet sich zwischen Pädagoge und Klient ein „*Prozeß kontinuierli-*

cher, aktiver, gegenseitiger Verstrickung" (vgl. Treurniet 1996, 12)[11], in dessen gedeihlichem Fortgang sich erst eine zaghafte Annäherung ans Fremdverstehen bewerkstelligen läßt.

Wir werden in das Störungsgeschehen hineingezogen, und da dies mit affektiven Belastungen einhergeht, entsteht ein erheblicher Handlungsdruck, dem wir nur standhalten können, wenn uns dessen Reflexion gelingt. Auf diese Weise werden uns die latenten Sinnstrukturen, die in der Störung verschleiert enthalten sind, zugänglich. Erst von diesem Moment an vermögen wir, inneren Abstand zu gewinnen, den wir brauchen, um angemessen intervenieren zu können. Verläuft hernach dieser pädagogische Prozeß günstig, weil er „korrigierende emotionale Erfahrungen" zuläßt und stabilisiert (vgl. Treurniet 1996, 13), kann die Selbstmitteilung eine andere Gestalt annehmen. Der Sozialpädagoge wird als „neues Objekt gebraucht". Im Dialog verändern sich Selbst- und Fremdwahrnehmung und also das Störungsbild.

Diesen Wandlungsprozeß werde ich nun in zwei Schritten beschreiben. Zunächst verweile ich noch bei den theoretischen Vorannahmen, die ihn möglich machen oder verhindern. Danach werde ich mich unter Zuhilfenahme von Fallvignetten seiner praktischen Seite zuwenden.

Mehr und mehr geraten wir in Zugzwang, uns theoretisch, didaktisch und methodisch auf den 'schwierigen Fall' einzustellen. Gerade unsere kindliche Klientel zeigt sich in vielfacher und völlig unterschiedlicher Weise beeinträchtigt, und aus dieser äußeren Beanspruchung heraus sind wir gezwungen, ein angemessenes Konzept zu entwickeln, welches die Frage nach der pädagogischen Handlungsfähigkeit entsprechend zu beantworten weiß. Hüten sollten wir uns aber vor einer vorschnellen Verdinglichung pädagogischer Prozesse, so als wäre es uns möglich, ins reichhaltig ausgestatte Regal unseres methodischen Repertoires zu greifen und, noch bevor wir uns auf eine Beziehung mit unseren Klienten eingelassen haben, genau zu wissen, wie - nach dem Motto: „Bei Aggressivität nehme man..." - verfahrenstechnisch vorzugehen sei. Überdies sei vor überzogenen Erwartungen und vorschnellen Erfolgen gewarnt. Denn ob sie es nun will oder nicht - als 'Pädagogik der Versager' suspendiert die Sozialpädagogik in ihrer praktischen Konsequenz weitgehend jeden volkswirtschaftlich relevanten, techno-

[11] Es sei sogleich dem althergebrachten Vorurteil begegnet, als sei der Bezug zur Psychoanalyse illegitim, weil es sich dabei um einen therapeutischen Prozeß handelt, oder dies führe zu einer Therapeutisierung der Pädagogik. Derlei Einwänden wird seit langem energisch und mit genügend theoretisch fundierten Argumenten entgegengetreten (vgl. Trescher 1985a, Figdor 1989, Datler 1995). Kurz zusammengefaßt ist zu sagen: Wenn wir die pädagogische Praxis nicht von vornherein auf ein „instrumentell 'beziehungsblindes' Handeln reduzieren" (vgl. Figdor 1989, 138), läßt sich die Methode der Psychoanalyse, dem „*Subjekt zum Erkennen seiner unbewußten Strebungen und Konflikte zu verhelfen*" (S. 157), sehr wohl auf unser Gebiet übertragen. Einzig gegenüber der Anwendung der settingabhängigen Technik seien ernstzunehmende Bedenken vorgebracht.

logisch-effizienten Zielbegriff. Dennoch wird diese ernüchternde Realität nicht genügend zur Kenntnis genommen, oder es wird, entgegen besserem Wissen, eine Selbstsicherheit suggeriert, für jedes Problem eine akzeptable Lösung parat zu haben. Insofern auch ist es an der Zeit, die expliziten und impliziten Erwartungen, Zielstellungen und Handlungsperspektiven, wie sie sich mit der Verwissenschaftlichung der Sozialpädagogik eingestellt haben, einer eingehenden Prüfung im Hinblick auf ihre theoretische Stringenz wie praktische Anleitung zu überprüfen. Inwieweit sie auf diesem Wege zu einer wirklichkeitsnahen, von Empathie getragenen Zielstellung findet, steht auf einem anderen Blatt; diese Frage wäre im folgenden anzugehen.

Das intensive und zugleich verwirrende Beziehungsgeflecht der sozialpädagogischen Praxis verlangt vom einzelnen Pädagogen ein hohes Maß an Kompetenz. Er muß erstens emotional viel aushalten können, demgemäß zweitens viel wahrnehmen an bedeutenden Interaktionsmerkmalen, um drittens in der Lage zu sein, für seinen 'Zögling' befriedigend und förderlich zu reagieren. Die Aufgabe zu klären, was eine Störung sei, wie Ätiologie, Verlauf und Prognose einzuschätzen seien, läßt sich ohne die obigen Vorgaben nicht lösen. Die Sinnhaftigkeit unserer sozialpädagogischen Bemühungen ist dabei ebenso zur Disposition gestellt wie die Tatsache, daß alle Interventionen unserer eigenen 'Bildhaftigkeit' entspringen, wie wir uns etwa, von normativen Vorstellungen mehr getrieben als getragen, ein gestörtes Kind konfigurieren. Nicht mehr das pädagogische Ziel kann damit Maßstab unserer erzieherischen Anstrengungen sein. Vielmehr sind wir gehalten, bereits aus der Beurteilung dieses Kindes, und das heißt letzten Endes stets: aus der dialogischen Beziehung heraus, die Schritte zu konzipieren, die seiner weiteren Entwicklung am besten entsprechen (vgl. Feuser 1989, Schley u. a. 1989). *Es gibt keine Intervention vor der Interaktion.* An allen statischen Modellen, die davon losgelöst vom fertigen Produkt ausgehen, ist zu kritisieren, daß mit ihrer Hilfe die interaktiv hergestellten Selbstorganisationsprozesse des Individuums unterschlagen werden (vgl. Feuser 1991, 429 ff). Das Subjekt wird aber nur durch die und in der Beziehung sichtbar. Deshalb ist die Störung als Sozialisationserfahrung unter erschwerten Bedingungen zu verorten, die im aktuellen pädagogischen Spannungsfeld wiederbelebt wird. Daraus leiten sich prozeß- wie subjektorientierte Wege zu ihrer Veränderung ab.

Als unser größtes Problem, Antworten auf all die offenen Fragen zu finden, erweist sich offenbar die Krise der Pädagogik, denn sie befindet sich „in einer Sackgasse seit der Begriff 'Erziehung' nicht mehr normativ allgemein definierbar ist" (vgl. Speck 1990, 47)[12]. Welche pädagogischen Über-

[12] Nach dem Scheitern der antiautoritären Erziehungsmodelle und der Preisgabe daran geknüpfter Größenphantasien an das „pädagogisch Machbare" ging ein Riß durch die sogenannte fortschrittliche Richtung, die sich nicht mehr einigen konnte und wollte auf

zeugungen können wir noch guten Gewissens und glaubhaft in die Waagschale werfen? Ich kann mich des Eindrucks nicht erwehren, daß aufs Ganze gesehen eine inhaltliche, womöglich auch kontrovers zu führende Auseinandersetzung in der Sozialpädagogik aufgegeben worden ist. Zumindest wurden gesellschaftspolitische Problematisierungen nicht mehr in der ihnen gebührenden Weise aufgenommen. Am deutlichsten ist dies vielleicht bezüglich der grundsätzlichen Überlegungen bei Winkler (1988) zu spüren, die meines Erachtens nicht auf die ihnen gebührende Resonanz stießen. Dieser Verzicht auf einen kritischen Diskurs über Sinn oder Unsinn von Erziehung hat ein Vakuum entstehen lassen, in dem etwa die Methodendiskussion immer ungeschminkter eine technizistische Gestalt annimmt und sich allmählich gänzlich vor ihrem Gegenstand abkoppelt (vgl. Groddeck, Schumann 1994, Heiner u.a. 1995). Damit wurde ein subjektzentrierter Zugang zum Störungsbegriff, der das individuell Befindliche akzentuiert, ohne das gesellschaftlich Deformierende zu verleugnen, leichtfertig verschenkt.

Bezogen auf die sozial Tätigen mündet diese Diskussion zusehends ein in Steurerungsabsichten privatwirtschaftlicher Couleur, wie sie mit dem Begriff des Sozialmanagments verkoppelt sind (vgl. Schumann 1994). Es geht nun um „prozeß- und strukturbedingte Methoden des Leitens und Steuerns“ sozialer Dienstleitungsorganisationen zum Zwecke der (sic!) „Beherrschung ihrer internen Abläufe“, was im letzten auf ihre Effizienzkontrolle hinausläuft. Im Zuge der Privatisierung der öffentlichen sozialen Dienste wird sich der „Grundwiderspruch zwischen Ökonomie und Sozialer Arbeit, zwischen Markt und sozialer Norm“ in dem Maße verschärfen, wie das „Diktat der ökonomischen Effizienz auf jede einzelne Maßnahme durchschlägt“ (vgl. S. 53 f).

Auch wenn also vor dieser Gefahr gewarnt wird, so offenbaren sich die methodischen Vorstellungen hinsichtlich der Klienten gleichwohl mehr und mehr von dieser Denkungsart infiziert. Der Aspekt von Kontrolle und (Selbst-)Beherrschung dominiert jedenfalls die am höchsten gehandelten methodische Konzepte. Es gilt hernach, Methoden in Stellung zu bringen, mit deren Hilfe sich eine Störung möglichst rasch bereinigen läßt. Nicht mehr die Suche nach ihrer Bedeutung ist angesagt, um darüber Wege zur Veränderung zu finden. Was die scheinbar von allen Widersprüchen befreiten Funktionsabläufe der Gesellschaft stört, gehört ‘entsorgt’. Das Dysfunktionale ist das Unerlaubte. Vielleicht, weil eben darin sich der als nicht existent erklärte Widerspruch, wenn auch in entstellter Form, noch zeigt, wird alles daran gesetzt, ihn aufzulösen. Die Störung wird bereinigt, nicht das

---

gemeinsame Denkmodelle (vgl. Gerspach 1989, 40). Aber auch ihre veränderungsfeindliche Gegenströmung (vgl. Brezinka 1974, 1978) fand bis heute keine plausiblen Antworten auf die anstehenden und ungelösten gesellschaftlichen Rätsel angesichts der aufgelaufenen sozialen, wirtschaftlichen, technologischen, atomaren und ökologischen Nöte.

Leiden, das sie verursacht. Nur so läßt sich die allgemeine Verleugnung des Gefühls, sich in den Umständen vielleicht doch nicht so kommod eingerichtet zu haben, aufrecht erhalten. In der Sozialpädagogik entpuppt sich die Erziehung zur äußeren Verhaltenskonformität als Ersatz für die Hinwendung zu einer gestörten inneren Befindlichkeit.

Bereits in Weinschenks Standardwerk der sozialpädagogischen Didaktik und Methodik (1981) wird die Orientierung an der Verhaltenspsychologie und ihrem dazugehörigen Inventar von Fertigkeiten- und Verhaltenstraining unumwunden favorisiert (vgl. S. 78). So gerät die ganze Lernzielplanung zu einer Verschulung sozialer Prozesse, der diesbezüglich gravierende Unterschied von Schul- und Sozialpädagogik wird ohne Not eingeebnet. Was bleibt aber vom offenen, prozeßorientierten Dialog zwischen Sozialpädagoge und Klient, wenn wir beständig zur „effektiven Gestaltung der Erziehungs- und Bildungsaufgaben" vergattert werden und Methode zum „planmäßigen Verfahren zur Erreichung eines bestimmten Zieles" zurückgeschnitten wird (vgl. S. 71)?

An der Machtposition solcher Vorstellungen hat sich bis heute nichts geändert. Nehmen wir nur einmal die Überlegungen von Staub-Barnasconi (1995) her, so sehen wir, mit welcher Inbrunst sich die Methodiker noch stets den Verhaltenswissenschaften und ihren offenen wie geheimen Kontrollabsichten abweichenden Verhaltens an den Hals werfen. So werden nicht nur die „BerufsträgerInnen", sondern auch die Klienten bezüglich ihres methodischen Vorgehens zur „Wahrnehmung, Konzeptualisierung und Erklärung von Sozialen Problemen" aufgefordert (S. 47). Hauptziele sind deren „ressourcenmäßige Besserstellung", Bewußtseinsbildung hinsichtlich des „Zusammenspiels von niederen und höheren Gehirnfunktionen" sowie die „Erweiterung, Differenzierung und Integration von Begriffen, Aussagen, Bildern und Codes" (S. 61 ff). In klassischer verhaltensregulierender - i.e. verhaltenskontrollierender - Weise wird eine „Korrektur oder gar Ersetzung falscher Bilder" angestrebt nebst der Einübung anderer Verhaltensweisen (vgl. S. 65 ff).

Wer aber definiert, was falsche, was wahre Bilder sind, und warum? Ist jemand als störungsfrei, d.h. landläufig: gesund zu bezeichnen, der angesichts der verwirrenden Zeitläufe von sich behauptet, ihm gehe es gut und er habe keinerlei Probleme? Wäre das nicht ein Anzeichen tiefgehender Gefühlsverrohung? Wäre es nicht pädagogisch erstrebenswert, jemanden dahin zu erziehen, Widersprüche zu erkennen und aushalten zu lernen, seine Lebensgestaltung so zu bewerkstelligen, daß er sich nicht von unbändigen frustranen Erlebnissen überflutet sieht und also Störungssymptome produzieren muß? Zählt nur mehr der beherrschte, rational denkende Mensch? Es wäre wahrlich eine weltfremde Vorstellung, wollten wir die störrische Eigencharakteristik unserer Klienten an solchen kognitiven Fähigkeiten eines knallhart kalkulierenden Buchhalters seiner Gefühle und Beziehungen messen. Darüber ließe sich trefflich schmunzeln, böte diese Lesart in ihren Konsequenzen für die Erfahrung, die Klienten diesbezüglich mit ihren SozialpädagogInnen machen müßten, nicht allen Anlaß zur Sorge.

Daß es auch und gerade Aufgabe für SozialpädagogInnen ist, die Eigenart ihrer jeweiligen Klienten auszuhalten, welche sich nicht per se auf hohem kognitiven Niveau organisiert hat, spielt offensichtlich keine große Rolle mehr. Deren unreglementierte Erfahrung dient nicht mehr als Anreiz zur Reflexion, sondern wird einer mittelständischen Zensur unterworfen.

Es ist lange nicht mehr die Frage, warum und in wessen Interesse diese Verhaltensmodifikationen angestrebt werden. Weder das Erleben des einzelnen auf dem Hintergrund beschädigender Lebensverhältnisse kommt zur Geltung, noch wird seiner Störung, seinem „falschen (?) Bild" eine Bedeutung beigemessen, die es zu verstehen gilt, um überhaupt, so es denn sinnvoll erscheint, eine Änderung der Selbst- und Fremdwahrnehmung herbeiführen zu können.

Nicht mehr subjektives Erleben und Wahrhaftigkeit zählen, sondern nur mehr Wirksamkeit. Systematisch soll die Fehlerquelle Mensch eliminiert werden. Ein möglichst störungsfreies Durchschnittssubjekt wird konstruiert (in Zukunft womöglich geklont), das alle gesellschaftliche Norm in sich konzentriert, und diesem Fetisch wird am Ende Wahrheit zuerkannt. Die Sozialpädagogik ist nicht gefeit dagegen, auf einen selbst geschaffen Homunkulus und seine abweichungslose 'Normalbiographie' hereinzufallen.

Mit Hilfe solcher Modelle verschwindet der Subjektbegriff aus der Sozialpädagogik. Da wird dann dem Jugendlichen völlig kontextlos seine Passivität und Konsumhaltung vorgeworfen und dem Sozialpädagogen eröffnet, es sei seine Aufgabe, den Jugendlichen aus dessen Ziellosigkeit herauszuführen und zu eigenem aktiven Denken und Handeln anzuregen (vgl. Thiesen 1991, S. 69). Zum einen erzieht unsere Marktwirtschaft ja zur Konsumhaltung, zum anderen steht vielleicht, wenn wir es moralfrei sehen, hinter dieser Lethargie so etwas wie Eigenständigkeit, auch wenn dies unserem eigenen Verständnis nach nicht sein kann/darf. Noch stets, so will es mir scheinen, klagt eine jede Generation über die ihr nachfolgende, auf jeden Fall sind beider Perspektive auf die Dinge nicht identisch. Das müssen wir (Erwachsenen) in erster Linie aushalten. Nicht umsonst hat Möckel formuliert: „Erziehung ist die Erschütterung und schrittweise Wandlung der Erziehenden" (1987, 606). Was bleibt dann noch von der Selbstsicherheit, mit der wir Jugendliche auf 'anerkannte' Verhaltensweisen meinen festlegen zu müssen (vgl. Thiesen 1991, 74)?

Die Sozialpädagogik tut sich keinen Gefallen, mit sich und ihren Klienten derart streng ins Gericht zu gehen. Jedem planerischen Ziel eignet etwas Willkürlich-Artifizielles. Wir sollten es da lieber mit einem psychoanalytischen Hinweis halten und es unseren Klienten überlassen, „für sich selbst zu bestimmen, welches ihre besonderen Ziele sein werden“ (vgl. Lear 1996, 606). Diese Haltung ist mitnichten identisch mit einer systematischen Anleitung zur Verwahrlosung, sondern setzt lediglich den Respekt vor dem Subjekt in seine angestammten Rechte ein. Der Klient wird sich nur ändern, wenn er, auf dem Hintergrund annehmbarer Erfahrungen mit 'seinem' Sozialpädagogen, dies selbst will.

Solange wir, wie es derzeit üblich ist, im Sinne eines Verdopplungseffekts den vernunftgeleiteten Klienten im Blick haben, der nur wenig Unterstützung bedarf, um uns immer ähnlicher zu werden, solange werden wir einem Phantasma nachlaufen. Wir werden ihn, so zeigt es die aktuelle Fachdiskussion, zu „Ressourcenbeschaffung, Entwicklung von Eigenaktivitäten und lean managment“ und wie die modernen Schlagwörter alle heißen erziehen wollen, aus ihm einen „betroffenen Bürger“ (vgl. Schumann 1994, 52) machen, der mit uns wechelseitig Handlungschemata aushandelt (vgl. Schütze 1994, 206) und sich dabei eine alltagsweltliche Sicht mit „strukturpolitischen und fachlichen Argumenten“ (vgl. Schumann 1994, 52) anzueigenen weiß. Am Ende entdeckt er Sozialplanung als innovativen Ansatz für sich selbst (vgl. Nittel 1994). Unbemerkt schleicht sich ein Verwaltungs- und Organisationsdenken in die pädagogischen Abläufe ein, dem alle ungezügelte Lebenspraxis fremd bleiben muß. Sozialpädagogik verkommt zum Volkshochschulkurs.

„Du bist nichts, deine Organisation ist alles“ - diese Verballhornung einer alten Naziparole drängt sich geradezu auf, wo Klient wie Sozialpädagoge angehalten werden, „Aufbaustruktur einer Einrichtung mit den spezifischen Aufgaben- und Rollenverteilungen, das Ideologie- bzw. Wertesystem, die Arbeitsabläufe sowie wirtschaftliche, arbeitsrechtliche, kommunikationstechnologische u.a. Dimensionen“ zu berücksichtigen. Ausdrücklich sehen sie sich aufgefordert, der „(organisations)soziologische(n) Perspektive“ die Subjektivität zu opfern (vgl. Thiel 1994, 157 f).

Offenkundig werden der Sozialpädagoge und sein Klient über die ihnen abverlangte Anpassungsleistungen unverbrüchlich aneinandergeschweißt. Im Kontext tiefgreifender struktureller Veränderungen des gesamten sozialen Dienstleistungssektors zielt dies auf ihre Erziehung zur Organisationskonformität. Beide sollen lernen, den steigenden Anforderungen an Rationalisierungs- und Effektivierungsprozesse zu genügen. Einzig die geschmeidige Einpassung in die (zu verbessernde) Funktionsfähigkeit sozialer Systeme und Institutionen zählt, ohne daß, gegen den Strich gebürstet, deren gesellschaftspolitischer Stellenwert noch gegenwärtig wäre. Alles kritische Potential, einst Kernstück der Sozialwissenschaften, wird zum reinen Technologie-Defizit verdampft, auf dem Altar bürokratisch gestraffter Dienstleistungsangebote geopfert. Die Bedeutung der Notwendigkeit sozialer

Hilfsangebote, im Interesse des beeinträchtigten Erlebens der Subjekte, wird gar nicht mehr mitgedacht (vgl. Thiel 1994).

Wo hernach ein transzendierender Blick auf die eigene Mythenbildung, wie sie für den sozialen Sektor genau wie für alle anderen gesellschaftlichen Einrichtungen existiert, nicht gewagt werden darf, werden alle dazugehörigen Probleme in einen undurchdringlichen psychologisch-personalisierten Kokon eingesponnen. Auch wenn meist genau das Gegenteil behauptet wird, ignoriert ein solch technologisches Herangehen den subjektiven Faktor des explizit oder implizit an seiner Institution bzw. seinen Lebensumständen leidenden Menschen, so daß das Einsickern der objektiven gesellschaftlichen Widersprüche in die Subjektivität nicht einmal mehr empfunden, geschweige denn thematisiert wird. Das Subjekt darf sich nicht spüren, bleibt als ein isoliertes psychologisiertes 'Ding' zurück.

Fehlt dergestalt eine sorgfältige kritische Selbstvergewisserung über Sinn und Zweck des beruflichen Auftrags, erscheint alles und jedes mit Hilfe didaktischer und methodischer Schritte plan- und steuerbar. Genau so wird es vielen angehenden Lehrern und Sozialpädagogen in ihrer Ausbildung vermittelt, ohne daß auf die Schwachstelle, die sich an ihrer persönlichen Verletzlichkeit oder der belastenden Gefahr des permanenten Scheiterns festmacht, auch nur ein Gedanke verschwendet würde. Die Formalisierung der Methodenfrage, wie sie sich bei Thiels dreigeteilter Programmabfolge von „Gegenstand und Zielvorstellungen - didaktisch-methodische Gestaltung - evaluative Aspekte" paradigmatisch ablesen läßt, bringt auf zwanghaft-abgekühlte Weise alle fragliche Grundsatzthematik zum Verschwinden (vgl. Thiel 1994, 112 ff). Der Störung ist fortan nichts Menschliches mehr zu eigen, sie mißrät zur Bedrohung.

Am Ende steht als Zielvorstellung die „Balance von Menschlichkeit und Produktivität“ (Thiel 1994, 143), was sich in Wirklichkeit als Gefälle zuungunsten der Menschlichkeit präsentiert. Auf diese Gefahr der Technifizierung in den Sozialwissenschaften hat schon Adorno hingewiesen (vgl. 1990b, 492). Unter dem fetischisierten Primat der Nützlichkeit werden die Erscheinungen einer Störung klassifikatorisch dingfest gemacht. Es geht um „Interventionsanalysen“ und „Strukturierung sozialer Probleme“, wobei ausdrücklich „einfühlendes Verstehen“ ausgeschlossen wird (vgl. Kraimer 1994b, 138). Nicht zuletzt über die immer und überall zu beobachtende, generalstabsmäßig geplante methodische Zurichtung wird den Subjekten der letzte Rest an Freiheit genommen. Mit den Störern pfleglich umzugehen und ihnen praktisch ins eigene Antlitz zu sehen, wird dort unmöglich, wo Sozialpädagogik zur Reparaturfabrik degeneriert. Jede Nachfrage nach der ethischen Grundlage solchen Handelns läuft ins Leere.

2.1.2. Ist der zielorientierte Erziehungsbegriff erneuerungsbedürftig?

Was machen mit den Störern? Was ist ihr Schaden, was bleibt zu tun?

Fangen wir mit der zweiten Frage an, jener, die mir ganz offensichtlich die Formulierung einer Handlungsperspektive abverlangen will. Dabei sind nach den bisherigen Ausführungen zwei Prämissen gesetzt:

- kein technizistisches Trainingsprogramm gegen die Störung;
- statt dessen Aufbau eines dialogischen Prozesses, in welchem die Störung als Phänomen gestörter Interaktion entwickelt und bearbeitet werden kann.

Um nun aber sagen zu können, wie den Störern so zu begegnen sei, daß ich sie in ihrem subjektiven Erleben erreiche, langt es nicht aus, allgemeine methodische Handlungsvorschläge anzubieten. Diese atmen eher den rigiden Flair salzloser Rezepte (etwa nach Art des althergebrachten „Kinder brauchen Strenge"). Als Sozialpädagoge komme ich nicht umhin, mich auf eine Beziehung zu diesen Störern einzulassen, und nur wenn dies halbwegs gelingt, kann die Störung allmählich aufgegeben und durch andere Interaktionsmuster ersetzt werden. Ich muß also beim besonderen, lebensweltlich zum Eigenen gewordenen Persönlichkeitsprofil (als Störer) ansetzen.

Obgleich allenthalben das Handeln in der Sozialpädagogik ganz groß geschrieben wird, läßt sich daher diese Aufgabe nicht so einfach bewerkstelligen. Im Grundsatz sind einige gravierende Zweifel anzumelden. Wie steht's um mein Verhältnis zu den Störern? Sorge ich mich um ihr Wohl, um mein Wohl, um beider Wohl - wie etwa soll ein Arrangement aussehen, bei dem sich keiner vom anderen über Gebühr vereinnahmt sieht? Welches Arbeitsbündnis kann ich wahrhaftig mit meinem Gegenüber schließen, oder wird nicht vielmehr mehr oder weniger zu Recht jedes sozialpädagogische Angebot als Ausfluß einer bedrohlichen äußeren Macht phantasiert? Dies sind Knackpunkte einer handlungsorientierten Problemstellung, der ich mich im folgenden eingehender widmen möchte.

Wieder beginne ich mit und bei der Psychoanalyse. Wenn mich die Psychodynamik einer Störung interessiert, d.h. ihre verschleierte bzw. unbewußte Bedeutung, dann ist dieser Schritt notwendig. Freud selbst zeigte sich allerdings noch einer Vorstellung von Erziehung verhaftet, die sich ganz und gar der Beherrschung der Triebe verschrieben hatte, Verstehen ist der Psychoanalyse vorbehalten (vgl. 1916-17, G.W. B. 11, 322). Bei ihm ist vom „Nachdruck der Erziehung" (vgl. 1916-17, G.W. Bd. 11, 214) die Rede und davon, „unter dem Einfluß der Erziehung den Schauplatz des Kampfes von außen nach innen zu verlegen" (vgl. 1937c, G.W. Bd. 16, 80). Jedesmal scheint der Erzieher nichts als Triebunterdrückung in seinem Repertoire zu haben. Von einer gelungenen pädagogischen Beziehung, in der versagende Anteile mögliche werden, weil sie auf Verstehen gründet, hören wir nichts[13].

Allerdings liefert uns dieses letzte Zitat durchaus eine pädagogische Grundlage. Wer wie unsere Störer andere mit seinem Verhalten behelligt, verlagert seinen Kampf nach draußen. Er kann und will seine wahren Motive für dieses Manöver nicht spüren. Ziel ist es, ihm dazu zu verhelfen, diesen Prozeß wieder umkehren zu können. Er soll erkennen, wozu er den anderen benutzt. Da dies alles nach unbewußten Regeln verläuft, drängt sich der Bezug zur Psychoanalyse geradezu auf. Was also tut der Pädagoge, um sein Vorhaben in die Tat umzusetzen?

Um dies zu beantworten, frage ich zunächst: Was tut der Psychoanalytiker? Freud hat ihn seiner aufrichtigen Teilnahme versichert, da er bei der „Ausübung seiner Tätigkeit" so schwere Anforderungen zu erfüllen habe, und er führt den Gedanken wie folgt zu Ende: „Es hat doch beinahe den Anschein, als wäre das Analysieren der Dritte jener 'unmöglichen' Berufe, in denen man des ungenügenden Erfolgs von vornherein sicher sein kann. Die beiden anderen, weit länger bekannten, sind das Erziehen und das Regieren" (vgl. 1937c, G.W. Bd. 16, 95). Wie nebenher ist von der „Tätigkeit" des Psychoanalytikers die Rede.

Sitzt der nicht bloß im Sessel hinter seinem Analysanden auf der Couch und begleitet dessen Assoziationen mit kargen Deutungen? Freud legt sogar besonderen Wert auf äußerste Zurückhaltung: „Die analytische Kur soll, soweit es möglich ist, in der Entbehrung - Abstinenz - durchgeführt werden" (1919a, G.W. Bd. 12, 187). Die analytische Aktivität sei nicht dergestalt zu offenbaren, daß der Analytiker aus der „Fülle seines hilfsbereiten Herzens dem Kranken alles spendet, was ein Mensch vom anderen erhoffen kann". Damit würde er ihm nicht helfen, mit seinem Leben besser fertig zu werden. „In der analytischen Kur muß jede solche Verwöhnung vermieden werden" (vgl. 1919a, G.W. Bd. 12, 190).

Zwischen Analytiker und Analysand findet ein gleichermaßen intensiver wie intimer Dialog statt, ohne daß etwas 'passiert'. Dennoch spricht Lachauer vom „Handlungsdialog", weil neben den Deutungen auch die „allgemeine Atmosphäre der Therapie" einen gleichwertigen Beitrag liefere für die „Möglichkeiten eines Patienten, sich zu verändern" (vgl. Lachauer 1990, 1983). Bei genauerem Hinsehen passiert also doch etwas. Der Analytiker kann als „aktiver Teilnehmer an der gemeinsamen Szene" (vgl. Körner 1989, 394) gesehen werden. Wenngleich sich der Pädagoge keinesfalls in

---

[13] Daß Freud auf der anderen Seite ein schlechtes Gewissen offenbart, sich der Erziehung nicht genügend zugewandt zu haben, und seine Tochter Anna, wenn man seine eigenen Worte richtig liest (vgl. 1933a, G.W. Bd. 15, 157), den unbewußten Auftrag erhielt, dieses Versäumnis nachzuholen, rückt sein restriktives Verständnis von Pädagogik in kein besseres Licht.

Abstinenz ergehen kann oder darf, tut sich mir mit diesen neueren Definitionen der Rolle des Psychoanalytikers eine Analogie zur Pädagogik auf. Worin besteht nun die Tätigkeit des Pädagogen?

Ist es möglich, Pädagogik als „reine ‘Anwendung’ von wissenschaftlichen Erkenntnissen, eine Art Technologie der Menschenführung“ zu begreifen (vgl. Jouhy 1984, 252)? Können wir umgekehrt unser professionalisiertes Handeln unmittelbar und ohne weitere reflektierende Brechung aus der ‘Dringlichkeit des Handlungsproblems’ unserer Klienten ableiten (vgl. Dewe, Otto 1984, S. 800), so als sei es dermaßen klar strukturiert, daß es sich quasi von allein lösen ließe? Mit solchen Versatzstücken, die kaum einmal an adäquaten Praxisbeispielen festgemacht werden, wird uns eine falsche Sicherheit vorgegaukelt. Zunächst gilt es, Unsicherheit auszuhalten. Erst darüber läßt sich ein orientierungsstiftender Habitus entfalten. Viele Vorschläge richten mehr Verwirrung an, als daß sie zur Klärung beitrügen.

Während unter Psychoanalytikern der Konsens über die Kennzeichen ihrer Professionalität noch halbwegs herzustellen ist (vgl. Lohmann 1984), will selbiges bei den Pädagogen nicht gelingen. Die pädagogische Professionalität wird noch immer auf diejenigen kognitiven Elemente bezogen, die systematisches wissenschaftliches Wissen mit fallbezogenem intuitivem Wissen vereinigen. Sie werden als „Abkürzungsstrategien“ aufgefaßt, die dem Professionellen eine rasche Orientierung in der „Besonderheit des jeweiligen Falles“ ermöglichen sollen (vgl. Koring 1989, 75).

Einmal abgesehen davon, daß für unsere Fragestellung die mögliche formale Unterscheidung von Erziehung und Pädagogik als vernachlässigbares Sekundärphänomen erscheint, fällt viel mehr ins Gewicht, daß wir uns auf keinen universalistischen Anspruch mehr verlassen können (vgl. Lotz 1991, Groothoff 1983, Schwenk 1983). Aus dieser Tatsache werden kaum Konsequenzen für die Arbeit mit Verhaltensgestörten gezogen. Entweder wird dieses Thema ausgeblendet, oder man wiegt sich in fragwürdiger Selbstsicherheit, was, technisch gesehen, zu tun sei. Die in den sechziger Jahren nach fast einem halben Jahrhundert neu aufgelegte und seither immer differenzierter geführte Professionalisierungsdebatte[14] in der Sozialpädagogik hat zwar einerseits stabile Begründungszusammenhänge für die Legitimtität des Berufsstandes der SozialpädagogInnen geliefert, sich aber ande-

[14] Ich kann hier keine umfassende Einschätzung dieser Debatte vornehmen und muß zwangsläufig eine Reihe von Aspekten, etwa die diesbezüglich sich ergebende Diskussion um eine eigenständige Sozialarbeitswissenschaft vernachlässigen (vgl. dazu Wendt 1994 1995a und b, Puhl 1996). Mein Augenmerk gilt den impliziten wie expliziten Prämissen hinsichtlich umstandslos vorausgesetzter kognitiver Schemata, welche wiederum die Vorstellungen von der pädagogischen Professionalität in bestimmter Absicht prägen (vgl. Schaeffer 1992, 210).

rerseits nicht von einem akademisch gewirkten Fremdverstehen ihrer Adressaten emanzipieren können.

Entlang der Frage nach der „professionellen Handlungskompetenz" legt Ferchhoff (1993b) dar, wie sich das Selbstverständnis des Sozialpädagogen vom „professionellen Altruisten" über den „Sozialingenieur" bis hin zum „Lebenswelthermeneuten" erstreckt. Der erste fühlt sich einem pathetisch aufgeladenen, vorbildhaften Verhalten verpflichtet, der zweite definiert sich über klar umrissene Behandlungstechniken, der dritte erkennt die strukturell verursachten Konfliktlagen seiner Klienten und nähert sich diskursiv der Autonomie individueller Lebenspraxis an.

Störung im Kontext von Lebenswelt

Für unsere Absicht, Störung kontextbezogen zu denken, kommt uns Ferchhoffs Lebenswelthermeneut entgegen. Daher möchte ich jetzt auf das Konzept der Lebenswelt etwas näher eingehen, zumal dieser Begriff derzeit eine zentrale Rolle spielt. Er wurde von Husserl in die phänomenologische Soziologie eingeführt und später für die Professionalisierungsdebatte der Sozialpädagogik reklamiert (vgl. Schütz, Luckmann 1975). „Lebenswelt" bezieht sich auf die den Menschen wie selbstverständlich umgebende Wirklichkeit, die ihm aber nicht in naiver Weise gegeben ist, sondern deren Sinn es zu entschlüsseln gilt: Der Mensch interpretiert diese Welt. Interessanterweise bezeichnet Husserl das Denkschema, das diesem Verstehen zugrundegelegt wird, als Lebenswelt, womit deutlich gemacht ist, daß es sich immer um Konstruktionen über die Welt handelt, aber nicht um reine Abbildungen oder objektive Wahrheiten (vgl. Schubert 1993).

Vor allem die in der Lebenswelt gemachten Primärerfahrungen bestimmen maßgeblich den individuellen Werdegang. Sind sie vornehmlich vom Erleben affektiver Mangelsituationen geprägt, wird der Erkenntnisprozeß beschädigt angelegt. So kommt Störung in die Welt. Pädagogik ist demnach vor die Aufgabe gestellt, die lebens- und insbesondere alltagsweltlichen Hintergründe ihrer Zöglinge verstehen zu lernen. Nur so können sie darin unterstützt werden, sich in ihren individuellen Bezügen befriedigend zu entwickeln. Überdies sind Lebensräume zu schaffen, die es ihnen gestatten, sich nicht nur auszuhalten, sondern auch angemessene Lebensmöglichkeiten zu finden (vgl. Winkler 1988, S. 268)[15].

[15] Beim Konzept der Lebenswelt handelt es sich ursprünglich weniger um ein kognitives als eher um ein präreflexives Schema, wie es etwa in der Psychoanalyse als Unbewußtes Verwendung findet (vgl. Mattner 1987, Mattner, Gerspach 1997). Die Auseinandersetzung mit der sozialen und gegenständlichen Umgebung hat beim Kind nach und nach den Aufbau generalisierter Vorstellungen zur Folge. Dieser Vorgang ist indessen kein rein kognitiver, sondern hängt weitgehend ab von den affektiven Erfahrungen, die es mit sei-

Unsere Schwierigkeit liegt darin, daß das Verstehen von Bedeutungen immer kontextabhängig ist. Gesten, Worte und Verhaltensweisen können in verschiedenen Situationen eben ganz Unterschiedliches meinen (vgl. Wolff 1994, 45). In diesem Sinne läßt sich Verstehen nicht ohne weiteres formalisieren oder operationalisieren. Soziale Unauffälligkeit läßt sich trotz des modischen Bestrebens nach Kontrolle und Machbarkeit nicht einfach wie ein Industrieprodukt dadurch erzeugen, daß man eine immer wieder gleiche Lehr-Lern-Situation herstellt (vgl. Arnold, Faber 1997, 152). Jeder Fall ist einzig.

Allerdings schreit die Zeit nach einfachen und schnell umsetzbaren Entwürfen. Nehmen wir nur das neudeutsche Gerede über den Produktcharakter sozialer Leistungen her, deren Standards es analog der Vorgaben des Deutschen Instituts für Normung (DIN) unter dem Stichwort „Norm DIN ISO 9001 ff." zu prüfen und zu sichern gelte (vgl. Meinhold 1997). Soziale Arbeit soll im Sinne wirtschaftlichen Managements organisiert und über verbindliche Verhaltensregeln verwaltet werden. Die soziale Arbeit wird bar der Existenz ihrer heterogenen Praxisfelder genötigt, die Vielfalt ihres Angebots auf das Niveau standardisierter und lerntheoretisch überprüfbarer Tätigkeiten abzusenken. Es sollen Verhaltensregeln normativ festgelegt werden, denen ein allgemeinverbindlicher Charakter zugesprochen wird und dergestalt „relativ personenunabhängig ausgeführt" werden können (vgl. Meinhold 1997, 36). Wer dergestalt die Störung vom leidenden Subjekt abkoppelt, verspielt aufs effektivste seinen Zugang zu ihr. Die Praxis wird die Quittung liefern. Jedes Plädoyer für die Akzeptanz des und den Respekt vor dem Individuell-Besonderen, wie sie soziale Arbeit als prinzipiell offene und prozeßorientierte Beziehungsarbeit adelt, will ungehört verhallen. Es kann in der Verhaltensgestörtenpädagogik nicht um eine Objektvierung der Betrachtungsweise gehen, um zu effektiven Ergebnissen zu gelangen, sondern um eine Sensibilisierung für das subjektive Erleben des Störers.

Effektives pädagogisches Wissen ist in erster Linie ein *„Wissen über sich selbst"* (vgl. Nitzschke 1994, 21). Es gilt, zwischen dem Wissen „im szientistischen Sinne" und dem Wissen „im Sinne erlebter Einsichten" (S. 34) zu unterscheiden. Die erste Form beschränkt den Erkenntnisvorgang auf objektiviertes wissenschaftliches Wissen, die zweite geht vom erkennenden

---

nen Beziehungspersonen macht (vgl. Leber 1995). Entweder kann es wohlwollende Erwartungen in diese Welt setzen, getragen vom Erleben sich um sein gedeihliches Wachsen sorgender Erwachsener, oder es muß sich, hellhörig und auch verletzlich geworden durch brüchige, unzureichende oder gar gewalttätige Interaktionsmuster, abschotten gegen das äußerlich Bedrohliche und sich dabei vor allem mit aggressiven Verhaltensweisen gegen reale oder vermeintliche Gefahren zu schützen suchen. Der Begriff Lebenswelt beinhaltet weit mehr als eine bloß formal bleibende Abbildung von Lebenserfahrungen. Überdies verweisen diese im politischen Sinne immer auf den „sozialen Ort", an dem Kinder aufwachsen (vgl. Bernfeld 1929, 1935).

Subjekt aus, das mit der Störung unmittelbar in Berührung kommt und diese Berührung reflektiert. Indem sich das Wissen um die Störung von der Betroffenheit her speist und nicht von gefühlsentleerten Erklärungsmustern, wird die Störung selbst als beseelter Ausdruck einer inneren Misere, die sich aufs heftigste nach außen kehrt, offenbar. Wir verorten sie nicht in kognitiven, sondern zuvorderst in affektiven Sedimenten. Fazit: Als Kennzeichen unserer sozialpädagogischen Kompetenz muß gelten, daß wir uns ein Gespür für die Störung als emotionaler Katastrophe bewahren.

Leider passiert genau das Gegenteil. Sozialpädagogische Professionalität wird auf die Aneignung von rationalem „Problemlösungswissen" (Ferchhoff 1993b) eingegrenzt oder auf „wissensbasierte Handlungsysteme" (Scherr 1996) zurückgeführt. Der Sozialpädagoge wird angehalten, sich die Problemlage dadurch zu vereinfachen, daß er „den Einzelfall grob typisiert und etikettiert" (Schütze 1992, 148).

Wo dergestalt jedes Gespür systematisch aus dem Erkenntnisprozeß eliminiert wird, folgt meist ein zweiter fataler Trugschluß. Wenn nur die rationale Annäherung an die Störung erlaubt ist, muß zwangsläufig von einem rationalen Subjekt ausgegangen werden. In konsequenter Fortführung dieses Denkens wird den sozialpädagogischen Klienten generell Autonomie des Handelns, Diskursfähigkeit sowie die Einsicht in den Leidensdruck auf Grund bedrängender lebenspraktischer Probleme zuerkannt (vgl. Ferchhoff 1993b). Stets wird allgemein vorausgesetzt, daß sich jeder Mensch willentlich und bewußt verhalten könne (vgl. Scherr 1992).

Damit wird eine reife Form von Vernunft und Konfliktfähigkeit unterstellt, mit der wir im Falle basaler Beschädigungen nicht umstandslos kalkulieren dürfen, sondern die wir, wenn überhaupt, erst gewinnen wollen. Kraimer verlangt nach dem Respekt der Autonomie der Lebenspraxis Heranwachsender und definiert sozialpädagogische Hilfe als „'Aufforderung zur Selbsttätigkeit'" (1994a, 19). Es fragt sich, ob wir diesbezüglich dem Wunsch radikalisierter Jugendlicher nach 'Türken klatschen' allen Ernstes nachgeben müßten. Solange wir keinen kritischen Begriff vom Subjekt in die Diskussion einführen, der von sozialisatorisch breit angelegten Deformationsprozessen ausgeht, welche Autonomie und Handlungsfähigkeit systematisch zerstören oder verhindern, solange bleiben wir einem idealistischen Versatzstück individuell gelebter Freizügigkeit jenseits aller gesellschaftlichen Grenzziehungen verhaftet.

Die ganze Diskussion erscheint dem akademischen Diskurs vorbehalten und über weite Strecken praxisfern. Zunächst ist es erfreulich, daß sich die sozialpädagogische Diskussion in den letzten Jahren verstärkt der Lebenswelt ihrer Adressaten zugewandt hat. Indem wir uns ihrem subjektiven Erleben der sozialen Welt zuwenden und damit die Bedeutung des Einzelfalles aufwerten, können wir Abschied nehmen von der falschen Vorstellung, es gebe ein ges(ch)ichtlslos Eigentliches der Störung, das sich gleichsam unter Verwendung der richtigen Methode wegmachen ließe. Allerdings geht dieser vornehmlich soziologischen Betrachtungsweise sehr schnell das Eigentliche - das Pädagogische eben - verloren[16].

Zwar ist immerfort vom Anspruch an eine „reflexive Professionalisierung" die Rede (vgl. Dewe u.a. 1996), die den „Kontext gesellschaftlicher Veränderungsdynamiken", die „Auseinandersetzung mit ethisch-normativen Dimensionen" und „fallbezogener Selbstreflexion" zu verbinden habe. Indessen erscheint die so begriffene Praxis als eine „mäeutische", die es bloß damit zu tun habe, dem Klienten kognitionsregiert, qua verstandesmäßig zu leistender Einsicht, dazu zu verhelfen, sich seiner verschütteten Handlungspotentiale zu bedienen. Im Bild dieses Dampfkesselmodells braucht sozusagen nur der Deckel angehoben zu werden, damit die verborgenen Ressourcen zum Brodeln gebracht werden können. Daß Einsicht oftmals zunächst gebrochen wird an einer widerständigen Abwehr gegen jede Vernunft, daß erst ein langwieriger und schmerzhafter Beziehungsprozeß diesem protektiven Rückzug von Vernunft abzuhelfen weiß, bleibt einer Sichtweise verborgen, die sich in Anlehnung an Oevermann über die „stellvertretende Deutung des Falles" als sozialwissenschaftliche Hermeneutik definiert, dabei aber mit just diesem objektivierenden Moment den erkenntnisleitenden beziehungsdynamischen Aspekt nicht nur übersieht, sondern systematisch ausblendet.

Dem Diktat der Rationalität wird jeder Bezug zu Affektivität und schwierigen Objektbeziehungen geopfert. Stets begegnet uns im auffälligen Kind oder Jugendlichen ein vernunftgeleitetes Individuum, welches zu Einsicht und Verhaltensänderung ohne weiteres fähig ist (vgl. zuletzt Uhlendorff 1997). Wo bleiben jene Geschöpfe, wie der zehnjährige Siegfried, über den sein Lehrer schrieb: „Schon die ersten Schultage zeigten mir, daß sich S. nicht in die Klassengemeinschaft einfügen konnte. Er störte fortgesetzt den Unterricht. S. verließ einfach seinen Platz, spazierte in der Klasse herum, pfiff, sang und ärgerte die anderen Kinder. (...) Wenn es nicht nach seinem Kopf geht und er seinen Willen nicht durchsetzen kann, beschimpft er mich. (...) Wiederholt brüllte mich S. an: ‘Sie Scheißkerl, ich schlage Ihnen die Zähne ein'" (Ruhmer 1973, 8)?

---

[16] Institutionalisierte Pädagogik vermag auf Störungsmomente, die aus ungünstigen Sozialisationsbedingungen resultieren und Kindern die Entfaltung ihrer sozialen und Abstraktionsfähigkeiten erschweren, keine oder nur äußerst begrenzt Rücksicht zu nehmen. „Erziehung geschieht jedoch allen pädagogischen Vorstellungen zum Trotz in Institutionen, die ihrem eigenen Systemzweck folgend die Mündigkeit der Zöglinge *nicht* zum Ziele haben" (Reiser 1987a, 185). Die erzieherischen „Realbeziehungen" lösen die Dialektik von Anpassung und Förderung meist zur Seite der Anpassung hin auf. Deswegen sollten wir mit dem Postulat von der angestrebten Autonomie eher vorsichtig denn vollmundig umgehen. Die Gefahr liegt nahe, daß hinter unserer Zielvorgabe ein unaufgeklärtes Bild vom Menschen lauert, wohin wir ihn gerne erziehen möchten.

Der affektive Gehalt der Störung verschwindet aus der Theorie

Sich auf eine affektlose Theoriebildung jenseits aller lebensgeschichtlichen Tragödien zurückzuziehen, die hinter solch skizzierter Haltlosigkeit aufscheinen, verhindert, daß diese im professionellen Beziehungskontext wiederbelebt und das heißt: nacherlebbar werden. Es macht Erkenntnis unbrauchbar[17]. Allein das Junktim von Verstehen und Teilhabe vermag Erkenntnis zu sichern (vgl. Lorenzer 1977, 277): Auf der *vertikalen* Ebene interessiert die lebensgeschichtliche Bedeutung der Störung, auf der *horizontalen* Ebene tritt der Sozialpädagoge aktuell ins Drama ein (vgl. Lorenzer 1974, 114). Die sich entwickelnde Dynamik dieses Prozesses läßt eine Bearbeitung des Störungsthemas zu. Jetzt kann persönliche Kompetenz wachsen[18].

Das „sozialwissenschaftlich-hermeneutische Verfahren" verbleibt dagegen dem Mißverständnis verhaftet, sich ausschließlich auf der Ebene vertikaler Textinterpretation den vermeintlich objektiven Wahrheitsgehalt beschädigender Lebensumstände erschließen zu können. Die ermittelten biographischen Lebensdaten werden in vorgestanzte Raster eingeordnet. An die Stelle des Verstehens, welches entlang der dialektischen Verzahnung vertikaler und horizontaler Sinnzusammenhänge wachsen muß, um die subjektiv erlebte und nur individuell bedeutsame Lebensgeschichte erfahrbar zu machen, treten nichtssagende, erlebensferne Erklärungen.

Dabei kann es nicht um den schablonenhaften Vergleich von Daten und Hypothesen gehen. Im Fortgang des Verstehensprozesses zählt nur die subjektiv zu sichernde „*Stimmigkeit der Gestalt*" (vgl. Lorenzer 1974, 163 f). Die Vorannahmen des Sozialpädagogen über seinen Klienten werden aus dem aktuellen Geschehen gewonnen, in dem die Störung auftaucht (vgl. Lorenzer 1977, 150). Er bildet sich eine vorläufige Hypothese über ihren wahren Hintergrund, versucht zu verstehen. Die horizontale Beziehungserfahrung 'hier und jetzt', die Teilhabe an der Störung, ermöglicht deren Überprüfung und führt an die vertikale Bedeutungsebene der unbewältigten Lebensgeschichte 'dort und damals' heran (vgl. Lorenzer 1974, 277). Einzig die

---

[17] Lorenzer spricht diesbezüglich vom halbierten Szientismus (vgl. 1974, 74).

[18] Im Falle von Siegfried hieße das, seinen unflätigen Anwürfen und Störungsmanövern standzuhalten, ohne sich über Gebühr zu heftigen Gegenaggressionen provozieren zu lassen. Am Anfang wäre auf der vertikalen Ebene zu fragen: Welche Grenzziehung erträgt er bereits, und wie kann ich ihm vermitteln, daß er mich nicht zerstören kann? Gleichzeitig ist anzunehmen, daß Siegfried Schlimmes erlebt hat, wenn er andere Menschen derart entwerten muß. Auf der horizontalen Ebene wäre zu fragen: Für welche mißglückten Beziehungserfahrungen muß ich stellvertretend herhalten? Dringend geboten ist es dabei, die eigenen Reaktionen und Phantasien zu reflektieren, die der Junge in mir auslöst.

gemeinsame geteilte Erfahrung ist Gradmesser der Richtigkeit von Vorannahmen und Interventionen.

Erst, indem wir die wie ein Aha-Erlebnis gewonnenen Erkenntnisse sozusagen probeweise in den dialogischen Beziehungsprozeß einsetzen, können sie, sofern sie stimmig sind, ihre entwicklungsfördernde Wirkung entfalten. Ihre Überprüfung hängt ausschließlich vom Gelingen dieses Prozesses ab, gesteuert über den affektiven Austausch von Sozialpädagoge und Adressat und somit über dessen subjektive Befindlichkeit. Allein unter dieser Bedingung ist es auch möglich, unzutreffende Vorannahmen aufzugeben und durch stimmigere zu ersetzen.

Daß sich diese objektivistische Attitüde, von der Person des Sozialpädagogen abzulenken und seine Irritation zu verschleiern, so lange am Leben hält, hängt meines Erachtens mit der unbewußt abgewehrten Kränkung zusammen, die eine Selbstthematisierung auslöst und die Freud (1917a) schon vor achtzig Jahren in seiner „Schwierigkeit der Psychoanalyse" benannt hat: Daß nämlich das Ich nicht Herr in seinem eigenen Hause ist. Psychoanalytisches Verstehen bricht sich vornehmlich nicht an intellektuellen, sondern affektiven Barrieren.

Insofern paßt diese Lesart des sozialwissenschaftlichen Duktus in eine Zeit, die das Subjekt gerne widerspruchsbereinigt betrachten möchte. Es ist bedauerlich, daß das eigentliche Thema - die Störung - allzuoft auf dem Altar der Eitelkeiten geopfert wird. Solange die fachinternen Diskussion von soziologisch ausgerichteten Vertretern dominiert wird, deren makroskopisch vergröbernde Sprache sich ein ums andere Mal von der unmittelbaren Praxis entfernt hat, wird uns dieser Kardinalfehler sicher erhalten bleiben[19]. Ich kann mich des Eindrucks kaum erwehren, daß die Debatte um Wissenschaftlichkeit das hochschulinterne sozialpädagogische Standesdenken zu beflügeln weiß, ohne den real in gesellschaftliche, institutionelle oder auch persönliche Widersprüchlichkeiten verstrickten Praktikern vor Ort eine brauchbare Hilfestellung liefern zu können[20].

---

[19] Mit diesem Mangel geht Rauschenbach erfrischend hart ins Gericht. Er benennt das wissenschaftliche Vagabundieren und die disziplinäre Heimatlosigkeit des ganzen Faches und wirft vielen Hochschullehrern mangelnde eigene Praxisanbindung vor, die doch erst, wie etwa in der Medizin, die Stärkung der kasuistischen Ausbildungsanteile stärken könnte. Seiner Auffassung nach besitzt das Bemühen um Sozialarbeitswissenschaft eine identitätsstiftende Funktion gerade für die hochschulpolitische Eigenständigkeit der Fachhochschulen, ohne aber in der Lage zu sein, einen sozialarbeitsorientierten Referenzrahmen anzubieten (vgl. 1995, 81 ff).

[20] Eine Bemerkung am Rande. In der Fachhochschulausbildung mangelt es mehr noch als im universitären Bereich an einem unmittelbaren Traditions- und Kompetenztransfer. Die Lehre verlangt nach Vollakademikern, es sind dort keine SozialpädagogInnen beschäftigt. Die Studierenden können nicht so werden wie die sie Lehrenden, was den Prozeß des identifikatorischen Austauschs stört. Von der einen Seite her sind es Adoptiveltern,

Da verwundert es nicht, wenn der Wissenschaft von der sozialen Arbeit eine technokratisch geratene, seelenlose Kunstsprache zu eigen wird, was nicht nur mit der Praxisferne und der Einbindung in akademische Zirkel derer zusammenhängt, die sich ihrer bedienen, sondern wohl viel mehr noch mit einer uneingestandenen Statusunsicherheit, von KollegInnen benachbarter Wissenschaften nicht ernst genommen zu werden (vgl. Thiersch, Grunwald 1995)[21].

Eingedenk all dieser bösartigen Anmerkungen muß man ihr eines lassen: Die wissenschaftliche Sozialpädagogik hat es zu einer gewissen Reputation gebracht und verweist dabei alle vorurteilsgeschwängerten Sottisen übers für dieses Genre angeblich typische nichtssagende Gackern - aufgehoben im Bild des süffisant unprofessionellen Duktus vom „Ich find's gut, daß wir drüber geredet haben" - recht deutlich ins Reich der Mythen. Seit nunmehr gut zehn Jahren sieht sich die Sozialpädagogik einem inneren Umbau ausgesetzt, der ihre Struktur, ihre Methodik, ihre Selbstthematisierung und ihr wissenschaftstheoretisches Fundament einem eingehenden Reflexionsprozeß ausgesetzt hat (vgl. zuletzt Dewe, Otto 1996).

Indessen hat der immer wieder bemühte „sozialwissenschaftliche Diskurs“ ein Eigenleben entwickelt, der sich programmatischer Begriffe wie einem „Mehr an Erziehung" bedient, ohne diese jedoch inhaltlich-praktisch füllen zu können (vgl. Hamburger 1995b). Viel zu lange bleibt es ein blaublütiger Diskurs unter arrivierten Akademikern. Sehr oft wird, explizit oder implizit, die eingängige Frage gestellt, was denn unter Sozialpädagogik zu verstehen sei, aber nur selten eine befriedigende Antwort gefunden (vgl. Gängler 1995, Thole 1995, Treptow 1995, Winkler 1995). Entweder kommt man über das ironische Statement, Sozialpädagogik sei das, was SozialpädagogInnen tun, nicht wirklich hinaus (vgl. Gängler 1995), oder man versammelt bei der Sammlung inhaltlicher Qualifizierungsmerkmale ebenso gestelzte wie im letzten banale Formulierungen (vgl. Karsten (1995).

Die Befassung mit dem Einzelfall, womöglich noch durch abweichende Verhaltensweisen verkompliziert, erscheint daher in allen hierin sich gleichenden Aufarbeitungen seltsam anämisch und spiegelt niemals die tiefe Irritation des Pädagogen vor Ort. Dabei müßte uns jene Irritation über das so

---

von der anderen Adoptivkinder. Und um selbst einmal in der Lehre tätig zu werden, müßten sie ihre Identität wechseln. Darunter muß, worauf die ganze Professionalisierungsdebatte keinen Bezug nimmt, die Erziehung zur beruflichen Identität von SozialpädagogInnen leiden. Dies scheint mir ein Grund für den oftmals unzureichenden Praxisbezug zu sein. Aus diesem Blickwinkel fordert etwa Engelke diesbezüglich, daß „Soziale Arbeit als eigenständige *Disziplin im Rahmen der Sozialwissenschaften an wissenschaftlichen Hochschulen* einen Platz erhalten“ soll (vgl. 1993, 312).

[21] Auf die in der Tat wenig substantielle Forderung von Prange (1991), daß die universitäre Sozialpädagogik auf Fachhochschulniveau „herabgestuft“ gehöre, meldeten sich eine Reihe von Fachkollegen differenziert zu Wort (vgl. u.a. Hamburger 1997, Müller 1997).

scheinbar Unsinnige am Verhalten des Klienten - aber eben nur da, wo Praxisnähe über eigene leidvolle Erfahrungen oder Nacherleben in der Supervision vorhanden ist - der 'Königsweg' der Erkenntnis sein[22].

Wolff urteilt über die Unsitte, Praxis vorrangig aus der Perspektive der Wissenschaft zu thematisieren, es seien *„Debatten über Praxis ohne Praxiserfahrungen“* (1994, 42). Dieser Mangel an Betroffenheit wie Selbstthematisierung zieht sich durch die gesamte professionstheoretische Auseinandersetzung. Ein gut Teil dieser Auseinandersetzung der letzten Jahre war zwar von einer eindringlichen Beschäftigung mit der Professionalisierungsthese geprägt, was sich an einer differenzierten inhaltlichen und methodischen Abgrenzung vom lebensweltlichen Alltagsjargon festmachen läßt. Allerdings wurde damit nichts wirklich gewonnen im Hinblick auf habituelles Auftreten, konzeptionelle Vorstellungen oder das pädagogische Ethos. Der weit verbreiteten Statusunsicherheit, was Sozialpädagogen können, wissen und sollen (vgl. Ferchhoff 1993b, Scherr 1996), ließ sich so nicht abhelfen.

Allzu bereitwillig wird in der Diskussion um professionelle Identitäten der Begriff der Identitätsbildung des Pädagogen sogleich dahingehend eingegrenzt, daß dieser Sozialisationsarrangements entwickeln soll, welche es Adressaten ermöglichten, sich in der Gesellschaft zurechtzufinden (vgl. Klüsche 1993a). Wie dies aber geschehen soll und welche Kompetenzen dafür notwendig sind, bleibt offen. Überdies ist die Tendenz weitverbreitet, das Problem der „Identitäts-Risikogruppe“ auf die richtige Strategie zu reduzieren. Immer wieder wird Wissen rationalistisch halbiert und affektbereinigt auf den Umgang mit Systemen reduziert (vgl. Vogel 1993).

Der Sozialpädagoge gerät aber durch sein Doppelmandat von Hilfe und Kontrolle[23] (vgl. Ferchhoff 1993b) in einen mehr oder minder heftigen Ambivalenzkonflikt, der jeden Anspruch an seine ungebrochene Funktionstüchtigkeit torpediert. Verlagert er sein Angebot unbekümmert zur Seite des

---

[22] Dies befindet auch Kraimer, allerdings völlig anders pointiert, in seiner Abhandlung über die „Rückgewinnung des Pädagogischen“ (vgl. 1994a, 31). Die Beschwörung der hermeneutischen Sinnfindung versandet wieder in der "Datengewinnung“ und der Interpretation des "Aktenmaterials“. Pädagogik ist doch weit mehr als Gutachten für die Jugendgerichtshilfe zu erstellen. Sie ist ein mühsamer Prozeß voll emotionaler Belastungen. Allein über diese Erkenntnis gelingt die Rückgewinnung des Pädagogischen.

[23] Müller hat die Doppeldeutigkeit von Hilfe und Kontrolle herausgearbeitet. Mitunter sei diese Dichotomie zu ungenau. Im Falle einer psychischen Erkrankung drohe der Aspekt des ‘gemeinsamen Handeln’ in seiner Verzahnung von Eingriff und Freiwilligkeit unterschlagen zu werden, wenn der ‘informierten Zustimmung’ zu einem kontrollierenden Eingriff nicht genügend Berücksichtigung zuteil werde. Daher hebt er die Bedeutung des Rahmen eines gegenseitigen Aushandelns hervor (vgl. 1994, 108). Er verweist auf die Leidensquellen, die den Wirkungsgrad sozialpädagogischen Handelns bestimmen, und fragt: „Was verhilft der Sozialpädagogik zu jener Humanität, die ‘Hilfe’ und ‘Kontrolle’ nicht als Null-Summenspiel vermittelt?“ (1995, 41).

Helfens, muß ihm das gesunde Mißtrauen seines Klienten entgehen. Begreift er sich mehr als Kontrolleur, wird ihm eine vertrauensvolle Zusammenarbeit verwehrt werden, mittels der sich allein Veränderungen herbeiführen ließen. Nur über eine gründliche Selbstvergewisserung dieser Aporie wird sich eine lähmende Handlungsunfähigkeit überwinden lassen. Dies ist indessen kein äußerliches Strategieproblem, sondern gemahnt zwingend ans Moment des Nichtidentischen.

Fatal ist es dagegen, gelungene Identität *geradewegs* als Produkt gelungener Sozialisation zu betrachten (vgl. Kersting 1993, 9). Dieses Selbstmißverständnis verführt uns dazu, beim „Identitätsmanagment“ und bei sozialtechnokratischen Ratschlägen - „Vermeide ... jeden Stellungskrieg“ - anzukommen (Bardmann 1993, 55 ff). Daraufhin werden sogleich schematisch-erkaltete und scheinbar widerspruchsfrei in Tabellen zu gießende Zielstellungen entworfen (vgl. Klüsche 1993b). Vermag der Sozialpädagoge also doch zum Sozialingenieur zu mutieren? Wohin hat sich die Ambivalenz, die in seiner Rolle schlummert und Selbstzweifel auslösen *muß*, verflüchtigt? Viel eher ist zu überlegen, wie mit den Widersprüchen - dem Hin- und Hergerissensein zwischen (staatlicher) Macht und (pädagogischer) Ohnmacht - umzugehen sei, ohne daß die eigene Identität über Gebühr Schaden nehme.

Daß er sich von seinen Adressaten in Konflikte verwickelt sieht, ja daß dies vielleicht notwendig ist, bevor Veränderungen möglich werden, und wie er diesen Prozeß reflektieren und als (Selbst-)Erkenntnis am Ende adäquat in die Beziehung zurückfließen lassen kann, davon ist nimmermehr die Rede. Wenn wir die Lebenswelt unserer Störer primär über kognitive Konstruktionen und Erfahrungen zu fassen suchen, entgleiten uns die diskreten Motive ihrer Störung.

Was geschieht denn bei einer kognitiven Lernbehinderung? Ist da das - indessen qua miserabler Sozialisationsbedingungen beschädigt angelegte - Prinzip der Konstruktion von Wirklichkeit, welchem offensichtlich ein jedes Subjekt mit Hilfe des Aufbaus innerer Denk- und Erlebensstrukturen folgt, um sich darin orientieren zu können (vgl. Leber 1995), tatsächlich außer Kraft gesetzt? Oder verhindern hier, entwicklungspsychologisch gesehen, affektive Mangelkomponenten nicht eine andere Lösungsform, und die diesbezüglich einzig mögliche Form von Wirklichkeitscodierung besagt dann: „Hüte dich vor den äußeren Gefahren und bleibe deinen schützenden (aber regressiven) Erkenntnisstufen verhaftet“? Atmet Entwicklungsverzögerung nicht immer auch Entwicklungsverweigerung?

Der angebotene Rückzug auf rein kognitive „Verfahren zur Kompetenzförderung“, auf „Informationsgabe“ und „Kenntniserweiterung“ (vgl. Schubert 1993, 199) unterschlägt genau jene Momente, die als konstitutiv für den pädagogischen Dialog herauszuheben sind. Immer wieder die Bedeutung der richtigen Strategie zu betonen, wirkt da eher als eigenes Konstrukt von

Konfliktbewältigung denn als ernstzunehmender Versuch, die eigene Störung, die durch die Störung unserer Klienten in uns ausgelöst wird, wirklich begreifen zu wollen. Ausgehend von unaufgeklärtenVorgaben, was wir für wahr und vor allem richtig halten, neigen wir dazu, instrumentelle Handlungsorientierungen zu zementieren. Wir verwechseln „innere Bilder mit äußeren". Auf diese Weise tritt uns Störung nur mehr wie ein dinghaftes Phänomen der äußeren Natur entgegen, aber nicht mehr als solches menschlicher Geschichte und ihrer Widersprüche (vgl. Warsitz 1997, 131 ff). Anscheinend will es bald gar keine andere Art der Betrachtung mehr geben. Zum alleinigen Ziel wird erklärt, die „kognitive Identität" der Sozialpädagogik bewußt zu machen (vgl. Dewe, Otto 1996, 5). Diese Formulierung allein spitzt die gesamte Auseinandersetzung zu auf einen geschliffenen Diskurs, der die Möglichkeit bietet, zwischen mehreren Handlungsalternativen wählen zu können. Geflissentlich gehen sämtliche defizitären Merkmale der sozialpädagogischen Adressaten verloren, die in der Störung kulminieren und Handeln im Sinne einer gelungenen Auseinandersetzung gar nicht zulassen[24].

Sicherlich ist es völlig unzweifelhaft, daß sich die Sozialpädagogik, um einer technizistischen Produktion sozialwissenschaftlicher Problemdeutungen bezüglich ihrer anwendungsorientierten Umsetzung zu entgehen, davor hüten muß, auf die selbstreflexive Überprüfung ihrer Wirkungen zu verzichten. Dewe und Otto warnen zu Recht vor einer Parallelisierung zu den Steuerungsmechanismen der Naturwissenschaften und bestehen darauf, daß die Handlungswirklichkeit der Sozialpädagogik sinnhaft zu deuten sei. Fraglich bleibt aber, ob es demgemäß tatsächlich zentrale Aufgabe der Sozialpädagogik ist, aufklärende Situationsdeutungen „entlang kognitiver Notwendigkeiten" zu ermöglichen (vgl. 1996, 91). Das Moment der Nähe, wie es etwa in den affektiven Verstrickungen mit den Klienten offenbar wird, darf nicht wirklich sein - wir sehen uns zur kognitiven Selbst-Distanzierung aufgefordert.

---

[24] Demgemäß werden die Interventionen der „Handlungspraxis" auf soziale Deutungsmuster kognitiver, moralischer und expressiver Art zurückgebeugt (S. 39). Zwar ist Dewe und Otto zuzustimmen, die Rolle der Sozialpädagogen als "'Agenten der Sozialadministration'" (S. 52) zu reflektieren, schließlich verleitet sie diese häufig dazu, ihren Adressaten jede Handlungs- und Problemlösungskompetenz abzusprechen. Aber es hilft keiner kognitiv gestrickten Defizitorientierung ab, das lebensweltliche Alltagswissen der Adressaten zu heimlichen Ressourcen zu stilisieren. So wird der Adressat bloß in ein pädagogisches Menschenbild unter der Herrschaft des Verstandes eingebunden. Die „Akademisierung" der Sozialpädagogik (vgl. S. 61), geboren aus einem Gefühl der Inferiorität gegenüber den 'wirklichen' Professionen, wie sie für Mediziner oder Juristen Gültigkeit beanspruchen können, hat uns unter der Hand eine fatale Intellektualisierung unserer Klientel beschert.

Irritation als Mittel der Erkenntnis

Den allermeisten aktuellen Beiträgen zum Selbstverständnis der Sozialpädagogik gemein ist das stillschweigende Einverständnis über ein kognitiv gewirktes Ziel menschlicher Entfaltung. Meines Wissens wird dies nicht ernsthaft in Zweifel gezogen. Stets heißt es, daß Sozialisationsdefizite zur „mangelnden Herausbildung von Grundqualifikationen sozialer Handlungskompetenz“ führen (vgl. Kraimer 1994a, 126). Jedes Subjekt wird an seiner tendenziell defizitären Abweichung von kognitiv verwertbaren Fähigkeiten gemessen. Normatives Ziel ist der rationale Diskurs. Die „verhaltensstützende“ Aufgabenstellung der Sozialpädagogik wird dahingehend zugespitzt, „Lebensbewältigung als Management“ betreiben zu helfen und damit zur „Stützung und Vernetzung alltäglichen Normalisierungshandelns“ beizusteuern (vgl. Böhnisch 1993, 92 f). Nirgends scheint mehr begründet werden zu müssen, warum allenthalben eine lerntheoretische Auslegung der Sozialpädagogik gewählt wird.

Zwar wird davor gewarnt, in der Erwartung eines Allgemeinen generelle methodische Vorannahmen stereotyp in Stellung zu bringen, so daß die Intervention normativ erstarrt und die nötige Offenheit für die Situation verloren geht (vgl. Böhnisch 1993, 31 ff). Gleichwohl wird der Sozialpädagoge vergattert, seine emotionale Betroffenheit zu kontrollieren und keine persönlichen Gefühle und Empfindungen in den Prozeß einzubringen. Hinter dieser Erwartung lauert eine grandiose Verwechslung von Spüren und Ausagieren von Gefühlen im professionellen Beziehungsarrangement. Natürlich werden in der pädagogischen Begegnung Gefühle, Empfindungen und Phantasien wachgerufen. Sie sind sogar Träger von Erkenntnis, wenn ich weiß, daß die Irritation, die Wut, die Ohnmacht, die mich überfallen, einen Teil der unbewältigten Lebensthematik meines Gegenübers spiegeln, die er unbewußt an mich weitergereicht hat, um sich ihrer zu entledigen. Wenn es mir gelingt, diese eigenen Regungen zu reflektieren und ihnen nicht unkontrolliert nachzugeben, kann ich sie dorthin zurückgeben, wohin sie gehören - auf die Seite meines Klienten. Ich kann ihn so auffordern, sich ihnen im Schonraum unserer Beziehung zu stellen, sie auszuhalten und am Ende konstruktiv zu verändern. Das ist etwas ganz anderes als die kontextlose Verfügbarkeit von Fachwissen „bis hin zu Verhaltensroutinen“ (vgl. Geißler, Hege 1995, 227). Müßte es nicht gerade umgekehrt sein und wir angehalten werden, uns unsere Flexibilität zu erhalten, uns jenseits allgemeiner Vorannahmen auf das Besondere einlassen und uns dabei selbst noch spüren zu dürfen?

Daß entgegen aller propagierten methodischen Strenge laufend die eigenen Empfindungen ins Spiel kommen und, sofern sie nicht reflektiert werden, schlimme Folgen für den pädagogischen Prozeß haben, zeigt die folgende Sequenz (vgl. Schmidt-Grunert 1997, 265 ff): In einem Kinderheim entspannt sich zwischen acht jugendlichen Gruppenmitgliedern und ihren beiden PädagogInnen eine Diskussion über kaputte Fahrräder. Zwei von ihnen werden beschuldigt, die Räder der Gruppe zu Schrott gefahren zu haben. Auf die Aufforderung, diese zu reparieren, antworten sie unisono mit „Ja“. Allerdings ist aus ihnen weiter nichts herauszubekommen, eine konkrete Zusage, wann dies geschehen werde, bleibt aus. Sie flüchten sich in beharrliches Schweigen. Insbesondere der männliche Erzieher bemüht sich eloquent, aber ergebnislos um eine Klärung der Angelegenheit.

In ihrer „qualitativen Fallanalyse“ ist für Schmidt-Grunert das „absichtsvoll in Szene“ gesetzte Schweigen der beiden Übeltäter „ein sich äußernder berechnender Wille“ (S. 276). Diese Interpretation lehnt sich an an die Kritik des Pädagogen an ihrer fehlenden Tugend zur Ehrlichkeit. Beidemale wird der Ärger nicht mehr zur Kenntnis genommen, der durch die Verstocktheit der zwei Heiminsassen aufkommt. Der Pädagoge versucht sie rational von ihrer Verantwortung für die Fahrräder zu überzeugen. Was er nicht sieht, ist, daß er umso mehr auf die beiden einredet, je weniger er sie erreicht. Seine ‘Waffe’ ist die Vernunft, ihre ist das Schweigen. Seinen Ausführungen können sie nichts entgegensetzen, als den Mund zu halten. Dabei spüren sie sicherlich, wie sie ihn damit treffen und wie effektiv dies ist. Daß ihnen die „’besseren’ Argumente“ fehlen, ist aber kein Problem des rationalen Diskurses, sondern ein Beziehungsproblem: Sie fühlen sich unterlegen und ohnmächtig, mit Sicherheit eine sattsam bekannte Größe bei Heimzöglingen.

Der affektive Grund für die unergiebige Diskussion wird nicht erkannt, sondern am Ende gar mit dem Hinweis auf die mangelnde Tugend und den bösen Willen moralisierend übertüncht. Man spürt den verhaltenen Ärger, aber er wird verleugnet. Die Irritation darf nicht sein. Ich bin überzeugt davon, daß das Ganze einen anderen Verlauf genommen hätte, wenn der Pädagoge spiegelbildlich seine eigene Befindlichkeit wie die der beiden anderen benannt hätte:. „Wißt ihr, ihr macht mich jetzt wütend, weil ihr mit eurem Schweigen viel mächtiger seid als ich. Aber vielleicht habt ihr Angst davor, daß ich euch einfach unterwerfen will, wenn ich bestimme, daß ihr die Räder reparieren müßt“.

Um just solchen Fallen zu entgehen, kognitive Problemlösungsfähigkeiten grundsätzlich vorauszusetzen oder die eigene Aggression rational zu verschleiern, bietet sich eine Anleihe bei heilpädagogischen Überlegungen an. Sie müssen sich notwendig an den in dieser Hinsicht beeinträchtigten subjektiven Gegebenheiten ihres Gegenüber orientieren und also solche rationalistischen Konzepte von vornherein kassieren. Die Arbeit mit schwer geistig behinderten Menschen etwa verlangt paradigmatisch nach der „Bejahung des Gegenübers“ (vgl. Klein, Kübler 1997). Dies entspricht beileibe keiner von außen aufgezwungenen Reduktion erzieherischer Idealvorstellungen.

Der Umkehrschluß ist naheliegender: Die Arbeit mit schwer geistig Behinderten setzt unabdingbar die Akzeptanz des Leiblichen und damit der vor dem Bewußtsein liegenden Weltoffenheit des Subjekts voraus (vgl. Mattner 1987, Klein, Kübler 1997). Die Eigentümlichkeit genau dieses Praxisfeldes lehrt uns modellhaft, wie häufig Begrifflichkeiten und Erwartungen den Weg zum anderen Menschen verstellen. Tatsächlich aber wird der Andere unmittelbar erlebt, „er schreibt sich auf der präkognitiven Ebene in unser Bewußtsein ein“ (Klein, Kübler 1997, 51). Jeglicher verstehende Ansatz basiert zwingend auf der unmittelbaren Begegnung und offenbart den Rückgriff auf eine rein kognitive Logik als obsolet[25].

Was also kann die wissenschaftliche Sozialpädagogik leisten?

Wissenschaft ist nicht nicht mehr im Besitz metaphysischer Wahrheiten, ihr Objektivitätsverständnis ist nur mehr ein relatives. Der wissenschaftlichen Sozialpädagogik obliegt es, soziale Bedeutungszusammenhänge zu betrachten und zu interpretieren, wobei sich der Beobachter allerdings im klaren sein muß, daß er vom Eintauchen in die Lebensform seiner Adressaten abhängig ist. Eine Verkürzung auf die Aufklärung der sozialen Bedeutungszusammenhänge im Sinne einer objektiven Wahrnehmung aus einer „distanzierten Perspektive des Beobachters“ (vgl. Dewe, Otto 1996,137), der sie protokolliert und gemäß der vereinbarten Standards interpretiert, liefert den Praktiker der aseptischen Sterilität eines Hörsaals aus. Der Sozialpädagoge ist kein Beobachter, sondern er bringt sich aktiv ins Interaktionsgeschehen ein und wird Teil davon. Diese Verstrickung gilt es zu entdecken wie wertzuschätzen. Nur auf diesem Wege der Selbstreflexion der eigenen Verwobenheit ist der Anspruch von Dewe und Otto einzulösen, daß Wissenschaft als handlungsentlastend für einen von Handlungszwängen durchzogenen Alltag zu verstehen sei (vgl. 1996, 148). Soweit so gut.

Allein der ums richtige Wissen drapierte Begriff der kognitiven Identität läßt Zweifel aufkommen. Identität - dieses eins sein mit sich selbst - geht doch weit über die kognitionstheoretische, entlang „kognitiver Notwendigkeiten" (S. 91) entfaltete Dimension hinaus und schließt eben deshalb auch

[25] Wenn wir die Struktur des sozialpädagogischen Handelns in den Blick nehmen, so fällt es in der Tat schwer, auseinanderzuhalten, ob die unzweifelhaft vorzufindende Aufwertung der Sozialpädagogik auf das Konto von Verwissenschaftlichung oder Statusverbesserung geht (vgl. Dewe, Otto 1996, 123). Gleichwohl existiert noch immer ein Bruch zwischen Theoretikern und Praktikern. Wo die einen sich schwer tun, (auf Grund mangelnder eigener Erfahrung, wie ich meine) Praxis angemessen in ihre Überlegungen einzubeziehen, sind die anderen wenig geneigt, Theoriewissen für sich nutzbar zu machen. Allerdings hat dies offensichtlich mit dem Vorurteil zu tun, daß, anstatt Theorie im Sinne der Hilfe zur Selbstreflexion zu begreifen, sie als unmittelbar und rezeptartig handlungsgriffig zu gelten hat und diesen Anspruch selbstredend verfehlen muß.

das Nichtidentische mit ein. Diese Vorbehalte gelten allemal dort, wo der Adressat der sozialpädagogischen Intervention zu eben jenem verstandesgeleiteten Parforceritt (noch) gar nicht bereit ist. Es käme einem intellektuellen Sophismus gleich, wollten wir allein über Belehrungen, auch wenn sie noch so vorsichtig die Differenz lebensweltlicher Hintergründe betonen, Einsicht in die Notwendigkeit veränderter Problemlösungsstrategien vermitteln. Es sind die affektiv motivierten Barrieren, welche eine kognitiv gesteuerte Einstellungsänderung geradezu systematisch zu verhindern wissen. Sie kristallisieren sich an mißlichen Lebenserfahrungen, gegen die es sich fortan vermeintlich zu wappnen gilt.

Soziale Kompetenz bedarf eines gedeihlichen Beziehungsarrangements zwischen dem Sozialpädagogen und seinem Klienten, auf dessen Grundlage neue Einsichten allmählich Platz greifen können. Dies wird durch die Erfahrung einer Interaktion ermöglicht, die endlich die eigenen Wünsche, Interessen, kurz: die so gewachsene Identität respektiert. Damit sich der Klient zu seinen Gunsten entwickeln kann, muß sich der Sozialpädagoge - Stichwort: unterschiedliche Lebenswelten - erst einmal selbst affektiv in dessen unbewältigtes Lebensthema verwickeln, und das heißt doch allen Ernstes: affektiv anrühren lassen.

Dann erst wird der sozialpädagogische Reflexionsvorgang im Sinne des Verstehens des entgleisenden Dialogs und der durcheinander geratenen Gefühlslagen der daran beteiligten Interaktionspartner greifen können, um den jetzt als Möglichkeit aufscheinenden (kognitiv regierten) Wachstumsprozeß kraftvoll zu unterstützen. Alles andere wäre ex cathedra gelehrte Dogmatik, der indessen das Gütesiegel der Selbstreflexion abhanden käme[26]. Inzwischen wissen wir, daß es nachhaltige Wechselwirkungen zwischen der kognitiven und der affektiven Entwicklung beim Menschen gibt, und die Sozialpädagogik, gerade weil sie zuerst und vor allem schwierige Praxis ist, sollte sich diese Erkenntnisse der Genese beschädigter Subjektivität zunutze machen.

---

[26] Schon die Formulierung der auf "abweichendes Verhalten anwendbaren Wissensbestände" (Dewe, Otto 1996, 111) transportiert die alte, einer teuflischen Größenphantasie geschuldete Fehleinschätzung der SozialpädagogInnen, sie könnten ohne Verletzung ihrer Authentizität zu beliebigen neuen Methoden greifen, wenn die alten nichts genützt haben. Auf diesem *horizontalen* Niveau von Bewußtsein erscheinen "Deutungsmuster" der sozialen Wirklichkeit ohne weiteres als austauschbar. Viele dieser Muster, die uns unlogisch erscheinen, folgen einem affektiven inneren Drehbuch, welches der *vertikalen* Logik der eigenen Geschichte entspringt. Die Psychoanalyse spricht hier vom Wiederholungszwang und von der Reproduktion der frühen Erfahrung. Sie liefert uns damit eine Plausibilitätserklärung scheinbar unsinniger oder inadäquater Verhaltensweisen.

Wider einen instrumentell gewirkten Handlungsdruck

An dieser Stelle will insbesondere der verwandte Handlungsbegriff nicht überzeugen[27]. Soziale Praxis, so der allgemeine Tenor (vgl. etwa Kraimer 1994a, 29 ff, Dewe, Otto 1996, 14 ff), sei durch Handeln und Handlungsdruck gekennzeichnet, und es sei Aufgabe der Sozialpädagogik, jenseits reiner sozialtechnologischer Vorgaben, besseres Handeln zu ermöglichen. Wo wir aber auf dieser oberflächlichen, allein der Beobachtung zugänglichen Betrachtungsebene verharren, bleiben die inneren wie äußeren Gesetzmäßigkeiten des Handelns unaufgeklärt, müssen ob dieser gedanklichen Verkürzung alle Handlungsvorschläge zwangsläufig sozialtechnologische Züge annehmen[28].

Dreierlei ist demnach gegen eine solche Betrachtungsweise einzuwenden, die sich dezidiert von instrumentellen Zugängen in der Sozialpädagogik distanziert und sie dennoch wieder einholt. Zunächst suggeriert bereits der sozialwissenschaftlich bemühte Begriff des Beobachters, in Abgrenzung zum Handelnden, daß sich die Aufgabenstellung um einen gleichsam objektiven Tatbestand ohne jedes subjektive Zutun zentriere. Wohin gesellt sich die affektive Verstrickung, die aus dem Beobachter einen Mitspieler am inszenierten Drama des Klienten macht und ihn zu zahlreichen Ausblendungen und Selbsttäuschungen verführt? Des weiteren steht die Verklammerung ans offensichtliche Handeln für eine sklavisch an den produktiven Sektor gebundene Selbstauffassung - unumwunden ist von „Wissensproduktion" (vgl.

---

[27] Prinzipielle Überlegungen zur moralisch-politischen Verantwortung pädagogischen Handelns wurden von seiten der Handlungsforschung angestellt (vgl. Blankertz, Gruschka 1975, Haeberlin 1975, 1993, Klafki 1973, König 1990, Mollenhauer, Rittelmayer 1975, Wieser 1996). Meine Gedanken schließen zwar an die dort erhobene Forderung nach der Befähigung zum rationalen Diskurs an. Gleichzeitig sind die stillschweigend ins Spiel gebrachten präreflexiven Vorstellungen vom anderen auf ihre implizite Wirkung hin zu überprüfen. Erst dann finden wir Antworten auf die Frage: Wie kann eine basale Beschädigung des Subjekts (mangelhafte oder gänzlich fehlende Abgrenzung von Selbst- und Objektrepräsentanzen, mangelhafte oder fehlende Fähigkeit zur Selbstreflexion, damit mangelhafte oder fehlende Autonomie, Handlungsalternativen überhaupt denken, erkennen und sich verfügbar zu machen) in pädagogischen Handlungszusammenhängen - tendenziell - überwunden werden?

[28] Eine differenzierte Auseinandersetzung mit dem sozialpädagogischen Handlungsbegriff, die keiner sozialtechnologischen Verengung auf den Leim geht, findet sich bei Winkler (1988, 183 ff). Ob pädagogisches Handeln erfolgreich ist, hängt wesentlich von den Lebensbedingungen ab, die die Gesellschaft zur Verfügung stellt. Es soll dazu beitragen, daß Individuen ihre Rolle als Opfer von Verhältnissen überwinden und zu ihrer anthropologischen Bestimmung als handlungsfähige Subjekte finden. Pädagogisches Handeln beginnt mit der Reflexion jener Prozesse, die die Genese von Subjektivität beschädigen: Wie trägt Erziehung und Erziehungsinstitutionen selber zur Beschädigung von Subjektivität bei?

Dewe, Otto 1996, 62) die Rede - und verdeutlicht einmal mehr die Intellektualisierung des sozialpädagogischen Denkens. Drittens entgeht auf diese Weise der mehr unbewußt präsente als bewußt zugängliche Handlungsdruck - von seiten der Klienten, der Institution, des um seine Reputation fürchtenden Sozialpädagogen selbst - der Betrachtung. Fazit: Die einvernehmliche Basis des instrumentell geprägten Handlungsparadigma wird brüchig.

Dewe und Otto argumentieren in der Hauptsache wie folgt: Sozialpädagogik beinhalte wissenschaftlich, d.h. an Hand rationaler Kriterien begründete Entscheidungen, die im Widerspruch stünden zur Opportunität des Alltagslebens. Theorie könne sozusagen klappen, wenn die Praxis nicht wäre. Einerseits werden mit diesem Anspruch an die Machbarkeit bewußter Handlungsplanung die kognitiven Ressourcen des erkennenden wie auch handelnden Subjekts überstrapaziert. Andererseits unterbleibt die praxisleitende, nämlich erlebensrelevante Frage, warum Menschen sich wie verhalten und welche Beziehungen sie zueinander (auch zu 'ihren' Sozialpädagogen) eingehen. Die Arbeit an den scheinbar unbeabsichtigten Interaktionsverläufen und unbewußten Ausblendungen - *das ist Sozialpädagogik*[29].

Alles scheint dagegen nur mehr eine Frage des richtigen Handlings zu sein. Nicht nur wird so das zu reflektierende Beziehungsmoment kassiert, flugs landet wir auch wieder bei der Perspektive der Sozialwissenschaftler, denen in einer Argumentation pro domo bescheinigt wird, einen notwendigen Beitrag für Problemlösungsprozesse aller gesellschaftlichen Lebensbereiche geleistet zu haben. Die Kluft zu den Fragen der real existierenden Sozialpädagogik ist unübersehbar. Wer für sich reklamiert, subjektorientierte Sozialpädagogik zu betreiben, der kann beispielsweise nicht Konzepte zur Behandlung von Drogensucht umsetzen wollen. Der muß sich auf eine zugegebenermaßen Verwirrung stiftende Beziehung zum Drogensüchtigen einlassen und mit ihm einen förderlichen Dialog zu gestalten suchen. Ungesteuerter Drogenkonsum ist kein Beleg für rational falsch geplantes Leben, er verweist auf eine affektive Mangelsituation (einschließlich einer am Konsum orientierten Lebenswelt) und mißglückte Beziehungserfahrungen (am jeweiligen, meist mit massiver Deprivation verkoppelten sozialen Ort).

Allzuoft begegnet uns aber eine schematisierte und kognitionstheoretisch vereinseitigte Vorstellung sozialer Wirklichkeit von Sozialpädagogen und Adressaten, die nicht mehr weiß, daß das Wissen um Fehler und Defizite das Problem nicht lösen wird. Die Störung hat eine selbststabilisierende Funktion. Sie ist der Widerstand gegen das kränkende Eingeständnis mißliebiger Wahrheiten. Wie Sozialpädagogik als wissenschaftliche Disziplin

---

[29] Wir bedürfen hier einer klaren Umgrenzung des Gegenstandsbereiches: einer arbeitsfeld- und auftragstypischen Unterscheidung der Sozialpädagogik von Sozialarbeit und Sozialwissenschaft. Auch wenn sich die sozialpädagogische Praxis als heterogen präsentiert, ist sie durchgängig durch *Er*ziehungs- als *Be*ziehungsverhältnisse ausgewiesen.

für Praxis und Praktiker tatsächlich handlungsweisend weil entlastend wirken kann, ohne auf die Reflexion ihrer vorwissenschaftlich existenten und also erkenntnisleitenden Orientierungen gänzlich zu verzichten - diese Aufgabe muß erst noch bewältigt werden.

Begegnung mit der Störung:
Falsche Selbstsicherheit oder reflektierte Verunsicherung?

Wo sie sich hernach immer wieder in erkenntnistheoretischer Unschärfe verliert (vgl. auch Dewe, Otto 1984, S. 776), werden auch ihre Professionalisierungsmerkmale in der fachinternen Diskussion nicht einheitlich erscheinen. Dennoch fällt mir noch stets der allgemein übliche und überaus arglos hergestellte Bezug zum Handlungsparadigma auf. Die „Tätigkeit des Erziehers und Lehrers als einer Profession unter anderen leitenden Professionen" (vgl. Groothoff 1983, S. 385) wird zum pädagogischen Gütekriterium stilisiert. Der Grundwiderspruch liegt meines Erachtens im Verständnis von Handeln, das als „zielorientiertes wie 'sprach- und argumentationszugänglich zu machendes Tun'" erscheint (vgl. Lotz 1991, 3; Kittel 1980). Im Gegensatz zu der unumwunden Sicherheit vorgebenden Attitüde dieser linear vereinfachten Verfahrensweise ist aber die „postmoderne Pädagogik" in eine schwere Existenzkrise geraten (vgl. Baacke u. a. 1985), die es uns nicht mehr gestattet, sie als ein „instrumentell zu betrachtendes und zu lösendes Problem" zu behandeln (vgl. Lotz 1991, 16). Pfeift da nicht jemand im dunklen Walde?

So wird der Versuch unternommen, die „diffuse Allzuständigkeit" der Sozialpädagogen, die sie in den Verdacht bringt, 'Semiprofessionalisten' zu sein (vgl. Dewe, Otto 1984, 781), durch den Rückgriff auf ein „zentrales Strukturprinzip" zu neutralisieren - Professionalität wird zum „Handlungstyp" (S. 788) geadelt. Sozialpädagogen agieren nach dieser Lesart stellvertretend auf der Grundlage ihres „Sonderwissensbestandes" (S. 788). Den Sozialpädagogen wird ein Korpus an Kenntnissen und Können zugewiesen, der sie im Sinne eines intellektuellen Interesses an ihrer Tätigkeit auszeichne (vgl. Wendt 1995b, 23). Gleichzeitig wird von der reifen Erwartung der Klienten in eine vertrauensvolle Beziehung ausgegangen. Nicht nur wird durch diese Sichtweise das sozialpädagogische Feld auf die Arbeit mit (tendenziell vertragsfähigen und also vernunftgeleiteten) Erwachsenen eingegrenzt, die sich als Kunden aus freien Stücken ihren sozialpädagogischen Produktanbieter wählen. Überdies werden die „professio-nellen Absichten" der Sozialpädagogen ihrer „kognitiven Identität" (S. 28) unterstellt, gerät sachwaltendes Handeln zum informellen Helfen. Solcherart bleibt alles soziale Beziehungsgeschehen jenseits kognitiv steuerbarer Handlungsvollzüge ausgeklammert, erhält Sozialpädagogik einzig als Typus des rational geführten Diskurses ihre Legitimation (vgl. Belardi 1997).

Konsequent wird Handeln als „*Problembearbeitungsprozeß*" verstanden (vgl. Heiner 1995, 108 ff): Das Problem wird wahrgenommen, Handlungsmöglichkeiten werden geprüft, Alternativen bewertet, es erfolgt die Entscheidung für eine Alternative, die Durchführung der Handlung und ihre Evaluation. So einfach geht das. Das berufliche Handeln bleibt zurück als Planung und Auswertung, woraus sich fachliche Standards ergeben (S. 133 ff). Die Beziehung von Sozialpädagoge und Klient ist die autonomer und undeformierter Subjekte[30]. Wir können uns in der Pädagogik nie ganz sicher sein, ob sich ein Kind wegen oder trotz unserer Interventionen in einer bestimmten Weise verhält. Es geht nicht um das Richtige, sondern um das jeweils Sinnvolle (vgl. Bieber 1996).

Wir kommen niemals darum herum, uns selbst mit unseren Eingebungen, Empfindungen, Assoziationen und Phantasien zu betrachten und dabei unseren Anteil an der Interaktion angemessen zu berücksichtigen wie zu reflektieren. Bevor wir 'handeln', müssen wir uns hernach der Umstände versichern, in die selbiges eingebunden ist, um den Anspruch ans „professionalisierte Handeln" zu rechtfertigen. So soll der Analytiker „selbst die Bühne betreten", was nichts anderes bedeutet, als daß sein Verstehen grundsätzlich auf der „lebenspraktisch unmittelbaren Teilnahme" am Schicksal des Patienten beruht (vgl. Lorenzer 1983, 113). Gleiches gilt für den pädagogischen Dialog.

Habermas spricht davon, daß sich derjenige, der die Mitteilungen eines anderen interpretiert, „auf eine Teilnahme am kommunikativen Handeln einlassen muß" (vgl. 1988a, 170). Er nennt dies „dramaturgisches Handeln" von Interaktionsteilnehmern (S. 128). Pikanterweise unterscheidet er in „kommunikatives Handeln (Interaktion) auf der einen Seite, Diskurs auf der anderen Seite" (vgl. 1990a, 115), was meine Skepsis bezüglich eines unkritisch Handlungsbegriffes beflügelt.

Mit dem Verweis auf den Diskurs wird der sprachlich organisierten Interaktion eine entscheidende Machtposition eingeräumt, obschon noch zu klären ist, ob wir nicht gerade aus der Arbeit mit gestörten und benachteiligten Kindern lernen, neben der Ebene sprachlicher Verständigung eine vorgeordnete zu akzeptieren wie zu akzentuieren. Habermas' Auffassung vom kommunikativen Handeln kann dagegen als weitgehende Beschränkung auf eine rational gewendete Reflexion beschränkt gelesen werden (vgl. Dieckmann, Wuld 1996, 600), eine Vorstellung, die dem Bild des mündigen Bür-

[30] Weiß kommt bei seiner Evaluation der Frühförderung zum Ergebnis, daß unter ihrem Einfluß Fortschritte nur bedingt möglich sind. Je schwerer die Beeinträchtigungen eines Kindes sind, umso geringer sind nachweisbare Entwicklungen. Stets haben wir es mit einem „Geflecht von wechselseitigen und auch indirekten Wirkungen" (1995, 69) zu tun.

gers geschuldet ist und sich von jeglichem (allerdings rational verstehbaren) Moment des Irrationalen an Handlungsentwürfen verabschiedet hat. Am Ende wird „organisiertes bzw. freitätiges Helfen oder Verändern“ (vgl. Oppl 1990, 273) zur pädagogischen Aufgabe formalisiert, in die sich der Pädagoge auf verschiedenen handlungstheoretischen Ebenen aktiv eingebunden sieht, ohne daß im Rahmen eines solchen sozialplanerischen Konzeptes noch ein Gedanke an die Problematik des ‘Arbeitsbündnisses’ zwischen Sozialpädagoge und Klient verschwendet würde. Dabei wissen wir, daß eine Einsicht des Klienten „(wenn überhaupt) erst nachträglich entwickelt“ wird (vgl. Trescher 1985a, 169). Wenn wir uns diesen Widerspruch eingestehen, so läßt er keine zweifelsfreie Handlungsperspektive mehr zu.

Daß dennoch die Ansiedlung der Pädagogik auf der Handlungsebene stets als common sense vorausgesetzt wird, offenbart sich allerorten. In der Regel entpuppt sich die Pädagogik augenblicklich als lernzielorientierte Handlungskategorie. „Sinnvolles Lernen“, gelesen als ‘erfolgreiches’ oder ‘effektives’ Lernen, wird einer solch operationalistischen Betrachtungsweise stillschweigend zum Synonym (vgl. Blankertz 1975, 19 ff; Vogel 1991, 65, Boettcher u.a. 1976, 1 ff). Hier enthüllt sich die weitverbreitete professionelle Schwäche, eine offene pädagogische Beziehungssituation, in der wir vorab nicht wissen, was sich ereignen wird, ertragen zu können. Insofern sollten wir den „vorpädagogischen Sinn-Normen“ unsere Aufmerksamkeit schenken (vgl. Blankertz 1975, 19). Das Alltagswissen nicht nur von Pädagogen, sondern vor allem über Pädagogik bedarf einer eingehenderen Betrachtung, die jenseits aller bewußten Überprüfung von Arbeitsergebnissen und Arbeitszielen auch dem unbewußten Nicht-Wissen Raum geben muß. Ansonsten entkommen wir dem logischen Zirkel nicht, jedwedes erziehungswissenschaftliche Konstrukt aus sich selbst heraus zu interpretieren.

Die Frage nach der Handlungsrelevanz in der Pädagogik stellt sich aber dahingehend, inwieweit wir, jenseits eines technologischen „Zweck-Mittel“-Verhältnisses, mit der Paradoxie fertig werden, im Kontext der postmodernen „Krise der Lebenspraxis“ Orientierungsmuster zur Bewältigung der „existentiellen Themen“ anbieten zu können (vgl. Lotz 1991, 15 ff; Mollenhauer 1986, Flitner 1988, von Hentig 1987, Koring 1989, Meinberg 1988). Der Anspruch auf (Selbst-)Aufklärung über die ‘nicht-gewußten’ Vorgaben pädagogischer Konzepte findet in diesem Ansatz sicher seine Bestätigung. Winkler desillusioniert uns endgültig, wenn er von der „*Flüchtigkeit der Erziehung*“ spricht und davon, daß sie, wenn überhaupt, nur in Erinnerungsspuren erhalten bleibe. Alle normierten Absichterklärungen seien nur dem Versuch geschuldet, der „Nichtfeststellbarkeit von Erziehung“ zu entkommen (vgl. 1995, 57). Weil sich also Sozialpädagogik einer „doppelten ‘Ungewißheitssituation’“ ausgesetzt sieht - einerseits mit stets anderen Individuen, andererseits in kaum typisierbaren Zusammenhängen arbeiten zu müssen -, wendet sich Winkler gegen eine Verengung ihres Handlungsbegriffs auf technisch-instrumentelle Anweisungen. Die sozialpädagogische Theorie formuliert demnach kein positives Wissenssystem, sondern eine „Methode des Nachdenkens und Nachfragens" (vgl. 1988, 80 f).

Zur Bewältigung dieser krisenhaften Selbstthematisierung ist unter dem Aspekt der Aufrechterhaltung bzw. Wiederherstellung von Handlungsrelevanz die „Authentizität des Erziehenden" notwendig eingefordert (vgl. Lotz 1991, S. 22). Damit aber verabschieden wir uns endgültig vom mechanistischen Mißverständnis, pädagogisches Handeln als technologischen Transfer zu erachten. Pädagogik wird als interaktives Geschehen relevant.

2.2. Plädoyer für eine tiefenhermeneutische Fundierung der Sozialpädagogik

2.2.1. Methodische Anleihen bei der Psychoanalyse

Die Störung selbstreflexiv verstehen lernen

Solange wir Störungen als kognitive Dissonanz zur Normalentwicklung betrachten und sie damit allein auf der Ebene bewußter Zugänge abgehandelt werden, tragen wir effektiv zur Verstärkung der Ohnmacht auf seiten der Praktiker bei. Stets werden das bewußte Handeln und die exakte Planung vorgegeben[31]. Um dieser Falle zu entkommen, ist es sinnvoll, auf ein dynamisches Moment zurückgreifen, welches uns das Unverständliche des pädagogischen Geschehens verstehen läßt und also unsere Zielstellung präzisiert wie erleichtert: das Unbewußte.

Freud hat aufgezeigt, wie psychische Prozesse nicht allein auf das Bewußtsein reduzierbar sind und daß gewisse „'Inhalte' erst nach Überwindung von Widerständen dem Bewußtsein zugänglich werden" (vgl. Laplanche, Pontalis 1972, 563). Unser Seelenleben ist „erfüllt mit wirksamen, aber unbewußten Gedanken" (Freud 1912g, G.W. Bd. 8, 433), die eine lange Ge-

[31] Bis hin zur augenblicklich favorisierten Systemtheorie wird der Begriff von Erziehung faktisch verkürzt: „Erziehung tritt als absichtsvolle Kommunikation auf" (Luhmann 1987, 177 f). Eine Systematisierung sozialpädagogischen Planens erscheint dann ohne weiteres möglich, wenn davon ausgegangen wird, daß es „keine Wirklichkeit außerhalb unserer individuellen Kognitionen" gibt (vgl. Woltmann 1991, 89). Wohin verschwinden Irritation, Ratlosigkeit und emotionale Verstrickung, ganz zu schweigen von sämtlichen Fehlleistungen, die uns unterlaufen und in denen wir unbemerkt dennoch der Wahrheit ganz nahe kommen?

schichte haben. Diese unbewußten Gedanken sind Motor jeder Verhaltensauffälligkeit, und diese selbst läßt sich dann als „Symptom“ (Freud 1912g, G.W. Bd. 8, 433) bzw. „Klischee“ (Lorenzer 1973, 113) verstehen: Die Störung repräsentiert jenen Teil am eigenen Schicksal, der sich einem bewußten Umgang entzieht. Sie ist Ausdruck einer unbewußten Vorstellung, die eigentlich in einen anderen Zusammenhang gehört und damit den aktuellen Beziehungskontext verfälscht. Eine absichtsvoll geplante pädagogische Intervention bricht sich also an der unbewußten Macht einer Störung, auf die sie sich richtet. Schließlich kann und will der Störer darauf nicht so ohne weiteres verzichten. Überdies mißdeutet er auf Grund mißlicher Erfahrungen unsere Absicht leicht als gegen ihn gerichtete Aktion. Deshalb wird er sich gegen unser Konzept massiv zur Wehr setzen.

Solche unbewußten Vorstellungen machen übrigens nicht Halt vor unserer eigenen Planung. Wenn wir die pädagogischen Handlungs- und Zielperspektiven genauer betrachten, die uns vorgegeben werden, so will uns deren Nutzen oft deshalb nicht einleuchten, weil sie auf die praktischen Nöte vor Ort nicht so recht passen. Dies trifft vor allem dann zu, wenn wir uns unter Normalisierungsdruck gestellt und zum ‘Wegmachen’ einer Störung aufgefordert sehen, noch ehe hinreichend geklärt ist, um welche (und wessen) Störung es sich handelt.

Dieser Widerspruch zwischen abstrakten Handlungsvorschlägen und dem Erleben konkreter Handlungsunfähigkeit, der große Verwirrung stiftet, entspringt offensichtlich einem unbewußten Motiv, über das sich nachzudenken lohnt. Nur so können wir dem Dilemma entkommen, daß sich die vom Klienten ausgehenden Ohnmachtsgefühle durch die Erfahrung, daß sich das Konzept nicht umsetzten lassen will, nur noch verstärkt werden. Warum z.B. lassen wir uns von diesem Konzept unter Kuratel stellen? Eigentlich sollte es uns doch entlasten, nicht den Druck erhöhen. Es wäre an diesem Punkt ganz hilfreich, die eigenen Verblendungen zu beleuchten, die uns in Zugzwang bringen. Das mag auf den ersten Blick nicht immer leicht sein. Wenn wir uns aber uns unsere eigenen Ängste vorm Scheitern vor dem eigenen Anspruch wie vorm Klienten eingestehen können, werden wir uns von diesen inneren wie äußeren Zwängen zu befreien wissen. Wie leicht meinen wir, auf scheinbar global gültige Vorstellungen von Erziehung bauen zu müssen, die doch immer einem alltagssprachlichen und zuvorderst lebensgeschichtlichen Kontext entspringen, wir mir als Kind ‘die Pädagogik’ begegnet ist. Je verbissener wir uns auf „instrumentelles und zielorientiertes pädagogisches Handeln“ beschränken und darauf setzen, planmäßig und kontrolliert „Veränderungen an (...) Schülern oder Zöglingen herbeizuführen“ (vgl. Körner 1980, 738; vgl. auch Trescher 1985a, 173, Reiser 1987a, 181 f), desto mehr spricht diese Haltung für eine Abspaltung vom eigenen Erleben: Der mögliche Zusammenhang zur eigenen Erziehungsgeschichte darf nicht hergestellt werden. Mit der harschen Festlegung auf Pädagogik als einem bewußten Handlungsparadigma erweisen wir uns selbst einen Bärendienst. So jedenfalls gelingt es uns nicht, mit unseren eigenen wie im professionellen Beziehungsfeld entstehenden Phantasien einen reflektierten Umgang zu finden. Gegen ein solch anonymes Vorgehen, das keine Subjekte mehr kennt, sei eines gestellt, welches die Frage nach dem Sinn an oberste Stelle rückt. Dabei ist die Frage nach dem Sinn dreigeteilt. Es geht um

1. den Sinn der Störung;
2. den Sinn der pädagogischen Intervention;
3. den Sinn der eigenen Vorstellungen von Erziehung.

Nehmen wir zur Verdeutlichung die Situation in einer Kindergartengruppe her. Ein neu aufgenommener Junge besudelt sich über und über mit Kot und löst damit Entsetzen und heftige Ekelgefühle auf seiten der Erzieherinnen aus. Darf es einfach Ziel unseres planvollen Handelns sein, ihm diese 'Unart abzugewöhnen'? Oder können wir uns anschauen, was diese Aktion mit uns macht? Unversehens geraten wir sogleich in Konflikt mit dem eigenen analen Tabu: So etwas tut man nicht. Insofern ist der Junge erfolgreich, als sich die Erzieherinnen über sein provokantes Tun lauthals entrüsten, er macht sich zum Thema und will gleichzeitig verhindern, daß sie ihm zu nahe kommen. Seine Störung, was immer sie zu bedeuten hat, wird auf emotional äußerst wirksame Weise vorgetragen. Die Absicht möglichst planvollen Handelns ist auf jeden Fall *über den Haufen* geworfen.

Eine der Erzieherinnen aber kann ihren Ekel überwinden, sich dem 'Stinker' zuwenden und ihn säubern. In der Folgezeit stabilisiert sich beider Beziehung, er muß nicht mehr mit Kot schmieren. Und anstatt nur wortlos zu gestikulieren, kann er bald zu ihr sagen: „Gib mir Tee". Sie gesteht, daß es ihr am Anfang sehr schwer gefallen sei, sich diesem Jungen zu nähern, aber mehr und mehr habe sie das Kind hinter dem Schmierfink entdeckt.

Die Arbeit an den Vorstellungen, was wir mit dem Begriff Erziehung positiv verbinden, was wir uns aber auch *nicht* zumuten wollen, verlangt nach einer Öffnung der Betrachtung für die eigene Emotionalität. Im anderen Falle wäre die Integration dieses Jungen in die Gruppe gescheitert. Diese Öffnung ist Voraussetzung, mit einem verhaltensgestörten Kind eine Beziehung aufnehmen zu können. Damit auch erfährt der Begriff des subjektiven Sinns einer Störung eine Ausweitung. Vielfach wird der Sinn menschlichen Verhaltens mit Begriffen wie Zweck- oder Wertrationalität in eins gesetzt, die zum instrumentell-rationalen Handeln befähigen (vgl. Reis 1986, 387). Was bleibt davon bei unserem 'Scheißkerl'? Weil uns dieses *vernünftige* Konzept nicht weiterhilft, müssen wir fragen:

- Was ist der latente *Sinn* der manifesten Störung im Kontext problematisch erlebter Lebensgeschichte?

- Welches *intersubjektive* Beziehungsarrangement gehen Sozialpädagoge und Klient ein, in dem die Störung als handlungsleitendes Moment verankert wird?
- Wie läßt sich die Verwirrung stiftende augenblickliche Situation verstehen, und wo liegt der Ausweg?

Um den Anspruch aufs Sinnverstehen einzulösen, muß ein wichtiger Schritt hinzutreten: der Übergang von der Reflexion zur Selbstreflexion. Nun ist allenthalben in sozialpädagogischen Schriften vom Anspruch an Selbstreflexion die Rede, der allerdings sogleich wieder leichtfertig verspielt wird. Denn das Erleben der eigenen affektiven Beteiligung am pädagogischen Prozeß bleibt beständig ausgeblendet, wird konsequent jede Beleuchtung des Beziehungsgeschehens vermieden. Die „Beschreibung (...) zentraler gesellschaftlicher Bereiche" wird zur obersten Priorität erkoren, als sei der Sozialpädagoge zum Buchhalter mutiert (vgl. Dewe, Otto 1996, 132 ff). Die Beziehung zwischen sich emotional anrührenden Subjekten wird systematisch umschifft. Die Perspektive von „Lebensbewältigung" der Klienten wird sogleich auf Strategien der Individuen eingegrenzt, handlungsfähig zu bleiben (vgl. Böhnisch 1994, 11). Wäre es denkbar, daß auch und gerade das Einkoten dieses Jungen einer Überlebensstrategie entsprach, wenn auch selbstredend gegen den Strich rationaler Vernunft gebürstet? Erst unter Einschluß der Selbstreflexion unserer eigenen Phantasien zu dieser Unappetitlichkeit können wir die näheren Umstände verstehen. Das geht aber nur, wenn wir von der professionellen Beziehungsebene aus denken.

Diese Art subjektiver Betrachtung ist unpopulär. Ein ums andere Mal wird dagegen Subjektivität auf Bewußtsein und „Handlungsfähigkeit in gesellschaftlichen Kontexten" beschränkt. Wie denn die „Beförderung einer autonomen Lebenspraxis (vgl. Sünker 1995, 200 f) zu bewerkstelligen sei, wird nicht ausgeführt und kann es wohl auch nicht, solange der Begriff der Selbstreflexion nicht aufs unmittelbare Beziehungsgeschehen und seine unbewußte Dimensionierung angewendet wird, in welchem sich die Störung jener autonomen Lebenspraxis als subjektiv sinnvoll, wenngleich sozial unangebracht, herausstellen wird[32]. Kritik am Begriff der Selbstreflexion ist solange zu üben, als sie ihren Zugang auf das bewußt Verfügbare eingrenzt und die subjektive Eigengesetzlichkeit scheinbar unsinniger, auf alle Fälle abweichender Verhaltensweisen nicht auf das Erleben unzureichender Lebensumstände bezieht.

So vorzugehen bedeutet, sozialpädagogisches Wissen und Können primär reflexiv, nicht aber als instrumentell aufzufassen (vgl. Schülein 1986).

[32] Mit seinem Einkoten reklamiert der Junge vehement seine Autonomie. Gleichwohl ist dies kein Zeichen gelungener Lebensplanung, sondern von tiefer Deformation. Autonomie ist aber erst zu gewinnen, wenn wir den Jungen emotional erreichen. Dazu müssen wir uns von seinem unflätigen Benehmen erschüttern lassen.

Beziehen wir unser Wissen und Können auf den Störer als einem Objekt der Außenwelt, welches wir als von uns selbst getrennt erachten, bleibt unsere eigene psychosoziale Identität größtenteils unberücksichtigt. Wie sollen wir dann verstehen, was der Junge mit seinem Einkoten *ausdrücken* will?

Wenn wir dagegen unser eigenes Empfinden mitthematisieren und uns zur Wahrnehmung unserer eigenen Assoziationen eingeladen fühlen, werden wir sehen, wie in uns in Wahrheit ein inneres Echo ausgelöst wird. Somit kann zwischen uns und unserem Klienten eine partielle Identität entstehen, die uns hilft zu verstehen, was sein wirkliches Problem ist. Oft verläuft dieser Prozeß nur unter großen inneren Schwierigkeiten, wir wehren uns dagegen, dem Bedrohlichen und Unangenehmen gewahr zu werden, was sich in der Störung verbirgt. Immer sollte aber gelten: „Verunsicherungen müssen verarbeitet, die Konfrontation mit prekären Wahrheiten (und mit sich selbst) muß ausgehalten werden“ (Schülein 1986, III). Es steht zu vermuten, daß ein Kind, welches zu solch massiven Mitteln der Selbstmitteilung greift wie besagter Junge, mit ebenso massiven inneren Nöten zu ringen hat.

Die Massivität der Störungsbilder verweist auf tiefgehende seelische Deformationen und nötigt dem Praktiker erst einmal auf, dem ungebremsten Überflutetwerden standzuhalten. In einem zweiten Schritt wird er, indem er diese grauenvolle Beziehung aushält, den Grundstein dafür legen, daß die Beziehungsfähigkeit seines Klienten gestärkt wird; der Klient soll allmählich lernen, sein Gegenüber nicht über Gebühr zu belasten, und fühlen, was er ihm antut. Dann erst können reife Handlungskompetenzen wachsen. Daß wir dagegen, wie die theoretische Diskussion zeigt, diese ersten beiden Schritte gerne überspringen möchten, lieber auf die vernunftgeleitete Handlungsebene flüchten, mag daher rühren, daß uns die tiefe Verhaftung unserer Klienten an frühkindliche Erlebens- und Verhaltensweisen angst macht. Ihre Fixierung auf frühen Entwicklungsstufen offenbart sich im unvermittelten Auftreten völlig unschattierter Gefühlsregungen. Haß und der Wunsch nach Liebe erscheinen total, stehen oft völlig unverbunden nebeneinander. Wir werden abgöttisch verehrt und im selben Moment erbittert bekämpft. Das ist schwer auszuhalten. Dieses Verhalten, wie es uns aktuell begegnet, indessen für die frühe Kindheit noch typisch ist, macht uns angst, weil es noch wenig Kontrolle kennt. Die Hinwendung zur vernunftgeleiteten Handlungsebene bietet uns vermeintlich Schutz vor dem exzessiven Verhalten, weil es jetzt nicht mehr um die *uns* emotional aufrührende Begegnung geht. Mit dem Rückgriff auf die nüchterne Sprache der Vernunft gelingt es uns beinahe, das Problem ganz beim Störer zu belassen. Aber eben nur beinahe.

Da reicht es auch nicht hin, aus dem Auftreten einer bestimmten Störungssymptomatik mir nichts dir nichts auf deren tieferliegende Bedeutung zu schlußfolgern, frei nach dem Motto: Schlechte Verhältnisse machen schlechte Manieren. Entfaltung oder Beschädigung von Identität verläuft nicht nach dem Prinzip nackter automatisierter Reaktionen auf objektive Umstände: *die Familie, die Gesellschaft usf. sind schuld an der Störung*. Verließen wir uns auf eine derlei einfache Zuordnung, es würde uns unmöglich gemacht, die wahre Geschichte verstehen zu lernen. Denn der Mensch geht nicht auf in den Regeln gesellschaftlichen Lebens (vgl. Horn 1974, 162). Stets erfährt er eine mehr oder minder starke Brechung seiner selbst. Ob daraus Störung wird, ob Kreativität und Schaffenskraft, läßt sich nicht ohne weiteres sagen. Deshalb gilt es, nicht voreilig den Stab über andere zu brechen. Stets müssen wir uns dem Problem im einzelnen stellen.

Das Gefälle von entfalteter zu beschädigter Identität liegt in der Fähigkeit eines Menschen begründet, mit den ihm gesetzten inneren und äußeren Regeln und Eingrenzungen so zu Rande zu kommen, daß andere nicht über Gebühr behelligt werden müssen. Störungsfreiheit ist nicht gleichbedeutend mit dem Fehlen von Leidensdruck. Sie meint, diesem Leidensdruck aktiv begegnen zu können. Störungsfreiheit beinhaltet die Fähigkeit, die eigene Gebrochenheit zu ertragen, ohne daran zugrunde zu gehen. Wenn man so will, steht sie für das Vermögen, das Identische mit dem Nichtidentischen zu versöhnen. Damit sind wir zum einen gefordert, den Weg dieser Regeln und Eingrenzungen verstehend nachzuzeichnen, die dem Individuum im Laufe seiner vielfältigen Anpassungsprozesse zugemutet werden und womöglich Störungen auslösen. Zum anderen heißt dies, daß der Mensch prinzipiell imstande ist, diese Regeln zu verändern. Ohne dieses Gewißheit wäre jede Hoffnung auf eine pädagogische Intervention zunichte gemacht.

Gleichwohl ist jede dieser Interventionen, soll sie diese Hoffnung erfüllen, von einem gemeinsamen Prozeß abhängig, der das Subjektiv-Besondere bewahrt. Nur wenn wir pfleglich mit der Störung umgehen, werden wir sie verändern können. Allzu leicht neigen wir dazu, uns verallgemeinernden Vorstellungen vom anderen hinzugeben, und dies umso mehr, je mehr wir uns mit belastenden Verhaltensweisen konfrontiert sehen, die wir aus einem falsch verstandenen pädagogischen Ethos heraus meinen bekämpfen und unterdrücken zu müssen. Aus nicht reflektiertem Selbstschutz lassen wir uns häufig zu bösartigen Zuschreibungen verleiten. Ein größerer Fehler läßt sich gar nicht machen. Es ist an der Zeit, sich der eigenen (bebilderten) Phantasien zu versichern, die unsere Vorstellung vom Störer und wo wir ihn uns am liebsten hinwünschen bestimmen. Ansonsten laufen wir Gefahr, für objektiv zu halten, was wir aus subjektiven Gründen der psychischen Abwehr zum *Ding* Störung verfremden.

Insofern geht es in der dialogischen Begegnung mehr um eine innere Teilhabe an einem wechselseitigen Prozeß, der Gemeinsames und Trennendes in einen plausiblen Zusammenhang stellt. Indem wir uns auf das Irritierende einer Verhaltensstörung einlassen, erhalten wir eine Ahnung von der sie motivierenden 'schicksalhaften' Tragik. Wir lernen ihre subjektive Bedeutung verstehen, die vermeintliche Hoffnung, sich mit ihrer Hilfe vor weiteren Kränkungen schützen zu können, und ihren Wiederholungscharakter, der uns gleichzeitig den Schlüssel liefert für ihre Verarbeitung. Das Trennende der Störung wird in der schützenden Gemeinsamkeit der pädagogischen Beziehung im doppelten Sinne aufgehoben. Einen verstehenden Zugang zu suchen heißt nicht, eine Störung gutzuheißen. Es heißt allerdings, sie nicht sogleich nach moralischen Gesichtspunkten zu bestrafen. Indem sich der Sozialpädagoge als Dialogpartner unaufdringlich zur Verfügung stellt, sich verwenden läßt, „ohne den andern zu verwenden" (vgl. dazu Trescher 1993, 182 f), wird er zum interessanten Gegenüber, mit dem es lohnt, andere Verhaltensweisen als die bisher üblichen „antisozialen Tendenzen" (vgl. Winnicott 1990, 213 f) auszuprobieren. Man muß sich nun nicht mehr beständig von anderen Menschen benachteiligt sehen und sie bekämpfen. Der Sozialpädagoge wird als Ich-Stützung erlebt, mit dessen Hilfe allmählich ein stärker realitätsbezogenes Selbst-Bewußtsein wachsen kann.

Eine haltende Beziehung ist nicht als besondere Form affektiver Zuwendung im Sinne der „Erfüllung von 'Nachholbedarf'" mißzuverstehen (vgl. Leber 1988, 59). Der fördernde Dialog beinhaltet immer die Dialektik von „Halten und Zumuten" (Leber 1988, 53; vgl. Heinemann 1991). Halten meint dabei Unterstützung und Vertrauen, die der Pädagoge in seinen Reaktionen vermittelt. Zumuten meint das vorsichtige Abschätzen, was der Klient (bereits) an Problemlösung verwenden kann.

Verstehen heißt nicht alles verzeihen. Dazu muß der Sozialpädagoge „affektive Präsenz und Zuverlässigkeit" (vgl. Trescher 1993, 183) repräsentieren. Und er benötigt ausreichend Zurückhaltung gegenüber der eigenen Bedürftigkeit. Muß sein Klient für unbewußte Wünsche nach Nähe, Anerkennung oder Dankbarkeit herhalten? Und reagiert er gekränkt, wenn er diese Gratifikationen nicht bekommt? Eine solch abstinente Haltung aufrechtzuerhalten, ist besonders im Umgang mit schwierigen Klienten, die ihn immer wieder in emotionale Krisen stürzen und sich selbst häufig von heftigen ungestillten Bedürfnissen getrieben sehen, äußerst schwierig. Deshalb ist für die Arbeit in derlei Praxisfeldern günstig, wenn die Möglichkeit zur gründlich angeleiteten Selbstreflexion bereitgestellt wird. Welchem 'Gegenstand' aber gilt diese Selbstreflexion? Zielt sie ab auf den affektiven Eigenanteil am Beziehungsgeschehen und dergestalt auch auf die Selbstthematisierung oder schneiden wir sie zurück auf eine rein intellektuelle Sottise? Letzteres entspricht in gewisser Weise dem herrschenden common sense.

Benötigen wir aber keinen Abstand zu den eigenen Belastungen, nicht zuletzt, um der Reaktivierung persönlicher Kränkungen zu entgehen? Noch immer hält sich das hartnäckige Mißverständnis, aus der Selbstreflexion müsse man notgedrungen auf eine Therapeutisierung der pädagogischen Prozesse oder am Ende gar Therapiebedürftigkeit der eigenen Person schließen. Das Undenkbare scheint zu sein, daß Selbstreflexion in diesem Sinne befreiend wirken kann und damit die (gemeinsame) Entwicklung befördert. Erst der selbstreflexive Zugang übers Erleben erlaubt eine angemessene Einschätzung, wie das Wechselspiel von Halten und Zumuten zu dosieren ist. Diese Form von Selbstreflexion verhindert, daß sich der Klient durch unsere pädagogischen Interventionen bedroht oder gar vernichtet fühlt, was ihn zwangsläufig zu heftigem Widerstand antreiben muß. Gleichzeitig wird ein Weg aufgezeigt, wie wir selbst mit der krisenhaften Wiederbelebung seiner Traumen umgehen lernen können[33].

Begegnung mit Krise 'draußen' bedeutet immer Begegnung mit Krise 'drinnen'. Indem sich der Sozialpädagoge reflexiv wie selbstreflexiv auf seine Aufgabe einläßt, stellt er sich nicht mehr außerhalb des untersuchten Kommunikationszusammenhangs. Sein Störungsbegriff ist ein anderer geworden.

Störung als unbewußte Verfälschung von Bedeutungen

Wenn wir *nicht* objektivierenden Zuschreibungen einer Störung auf den Leim gehen wollen, kann dies nur heißen, zu den subjektiv stimmigen Bedeutungsfiguren vorzudringen, die in der Störung verborgen sind. Diese Bedeutungsfiguren haben eine Geschichte, die aktuell wiederbelebt wird. Die Störung ist Ausdruck gestörten Erlebens. Es macht einen Unterschied, ob ich den unbewußten Motiven auffälligen Verhaltens nachspüren möchte - dann gehe ich davon aus, daß ihm eine bestimmte Bedeutung zukommt, die sich enträtseln läßt - oder ob ich von äußerlichen Fehlsteuerungen des cerebralen Wahrnehmungs- und Reizverarbeitungsapparates überzeugt bin, für die das Subjekt *nichts kann* - dann gehe ich davon aus, daß es keinen Bedeutungszusammenhang gibt, der sich in einer Beziehung aufarbeiten ließe[34].

---

[33] Ernüchternd weist Schülein auf die Unfähigkeit vieler Angehöriger sozialer Berufe hin, mit Krisen der Klienten angemessen umzugehen (vgl. Schülein 1986, 192 ff). Seiner Auffassung nach hat dieses Manko bereits in der (Hochschul-)Ausbildung seinen Ursprung. Er unterscheidet drei Typen. Der arrogante Zyniker reagiert auf Krisen anderer „ausgesprochen phobisch und repressiv". Leiden wird zwanghaft an andere weitergegeben, ihm fehlt jegliche Voraussetzung für eine sensible Arbeit am Problem des Klienten. Der Vertreter der „Brechstangenpädagogik" reduziert alle Probleme auf mangelndes Engagement. Seine Hilflosigkeit wird mit „Hau-Ruck-Methoden" überdeckt, seine Interventionsstrategie orientiert sich ausschließlich an Techniken zur Krisenüberwindung. Der dritte Typus „bildungsbürgerlicher Liberalität" geht gerne auf sein Gegenüber ein, „ohne daß dabei Naivität und Dilettantismus vermieden würde". Sein Kardinalfehler ist es, irrtümlich ein „bereits kompetentes und autonomes Subjekt als Rezipient" vorauszusetzen.

[34] Ich halte diese *sachliche* Art der Betrachtung für einen Abwehrmechanismus. Wir Fachleute schützen uns vor dem, was Verhaltensgestörte in uns auslösen, dadurch, daß wir ihnen „unsere Verhaltensvorstellungen aufdrängen" und sie zum Objekt unserer Maßnahmen machen. „Solche Maßnahmen bestehen häufig in der Absonderung in Heime

Allein der Umstand, daß sich uns viele Erscheinungen gestörten Verhaltens auf ausgesprochen intensive Weise präsentieren, was uns zu stürmischen affektiven Reaktionen verleitet und es uns schwer macht, die Beherrschung zu behalten, legt nahe, den ersten Weg zu wählen. Denn offenbar kommt ihnen Signalcharakter zu. Es wird uns etwas mitgeteilt, dessen Sinn wir nicht sogleich begreifen. Nun gilt es zu prüfen, was es mit diesem Bedeutungsaspekt auf sich hat. Was meint überhaupt Bedeutung?

Gemeinhin sind wir uns über die Verwendung von Bedeutungen einig. Wenn jemand zu uns sagt „Ich habe Hunger", so geben wir ihm zu essen. Dabei ist uns meist nicht einmal mehr gegenwärtig, daß sich unser Gegenüber einer symbolhaften Sprache bedient. Er brüllt nicht einfach und deutet auf seinen Bauch, sondern kleidet sein Begehr in Worte. Diese Fähigkeit zur (sprach-)symbolischen Interaktion beginnt in der frühen Kindheit zu wachsen. Wir haben uns das so vorzustellen, daß der Säugling in eine Welt hineingeboren wird, die zum einen wie selbstverständlich und also wortlos bestimmten Kommunikationsregeln folgt, in der zum andern seine engsten Beziehungspartner in einer ihm fremden Sprache sprechen, kurz: das Leben ist in Bedeutungen organisiert, die das Kind am Anfang nicht versteht. Es muß diese Bedeutungen erfassen und damit umgehen lernen, um mit anderen Menschen in Kontakt treten zu können. Gelingt ihm dies, wird es sich problemlos sozial integrieren. Kommt ein befriedigender Austausch mit den Beziehungspartnern zustande, beginnt das Kind, die Welt realitätsgerecht zu begreifen. Es kann die Wünsche, Mitteilungen und Verhaltensweisen anderer immer klarer erkennen und somit angemessen reagieren. Mit dem Satz „Ich habe Hunger" kann es ein körperliches Bedürfnis in Worte kleiden in der Gewißheit, verstanden zu werden. Sein Wunsch wird erhört werden.

Manchmal aber treffen wir auf ein Verhalten, das uns ausgesprochen unangemessen ankommt. Wir feiern im Hort den Geburtstag eines Kindes, alles verläuft friedlich bis zu dem Moment, da ich ein anderes frage, ob es wirklich sein müsse, noch ein fünftes Stück Kuchen zu essen. Urplötzlich gerät dieses Kind in Rage, stößt den Tisch um, brüllt mich an, daß ich die letzte Drecksau sei und es würde nie, nie wieder kommen. Es rennt zur Tür, die krachend ins Schloß fällt, und ist weg. Vordergründig will diese jähzornige Reaktion nicht auf die recht harmlose Intervention passen. In Wirklichkeit aber mißverstand dieses Kind die Situation, unterlegte sie unbewußt mit einer anderen Bedeutung. Es fühlte sich zurückgesetzt, gekränkt, bloßgestellt, kurzum: es war neidisch auf das Geburtstagskind, dem ich vermeintlich mehr Zuwendung schenkte. Dieses Kind vermochte seinen Hunger nach Liebe nicht in Sprache zu fassen. Wenn wir jetzt wissen, daß das zentrale

---

und Sonderschulen. Im günstigen Fall wird eine oberflächliche Anpassung erreicht, die aber jederzeit - zum Beispiel in einer Belastungssituation wie dem Wechsel eines vertrauten Betreuers - wieder total zusammenbrechen kann" (Leber u.a. 1979, 75).

Thema in seiner vom sozialen Abstieg bedrohten Familie der Futterneid ist, daß es eine ungeliebte Mittelposition in der Geschwisterreihe hat und von Anbeginn an die *reale* Erfahrung machen mußte, zu kurz zu kommen, dann wird deutlich, wie hier eine nachhaltige Fälschung der Wahrnehmung am Werk war: *Ich weiß, daß ich von keinem etwas zu erwarten habe*.

Vor der geballten Macht solcher Kinder erlebt der Sozialpädagoge sich selbst oft hilflos und aggressiv. Damit wird es ihm emotional schwer gemacht, zu verstehen, was die Kinder zu ihrem exzessiven Verhalten bewegt. So kann es geschehen, daß er sich, obwohl er doch die besten Absichten hegt, aufs ärgste attackiert sieht und sich gekränkt zurückzieht. Er kann zunächst nicht erkennen, daß die Reaktion des Kindes einer falschen Annahme entspringt und nicht ihm persönlich gilt. So entwickelt sich eine eigenartige Beziehungsdynamik, die der Sozialpädagoge zunächst deshalb nicht versteht, weil sie seinen gewohnten Umgangsformen zuwiderläuft. Das Verhalten des Kindes läßt sich nicht mehr in den bekannten Alltagsregeln begreifen, es entzieht sich sowohl dem Fremd- wie dem Eigenverständnis. Nicht nur dem Pädagogen bleibt auf den ersten Blick die Bedeutung dieses Verhaltens verborgen, das Kind selbst weiß nicht, warum es sich so verhält.

Leber (vgl. Leber, Gerspach 1996, 498) berichtet, wie er eines Tages gebeten wurde, schnell zu kommen, weil ein Junge in einer Gruppe des heilpädagogischen Tagesheimes, das er leitete, so randalierte, daß seine mit ihm noch wenig vertraute Erzieherin keine andere Möglichkeit sah, als ihn in die Toilette zu sperren. Als Leber zu ihm kam, war er gerade dabei, in großer Wut die Holzwände zu zertrümmern. Glücklicherweise wußte Leber um die Problematik des Jungen und auch, daß an diesem Morgen sein Wellensittich entflogen war, an dem er sehr hing. Er gesellte sich zu dem Jungen, der ihn zunächst nicht zur Kenntnis nahm und weiter tobte. Nach einer Weile sagte Leber: „Ich glaube, Du bist deshalb so wütend, weil der Wellensittich vorhin weggeflogen ist“. Im selben Moment beruhigte sich der Junge und ging entspannt zu seiner Gruppe zurück.

Wir sehen an diesem Beispiel, wie wichtig es ist, ein Verständnis dafür zu entwickeln, warum manche Kinder in bestimmten Situationen so reagieren. Sie können den wirklichen Grund ihres Verhaltens nicht benennen, weil es zu schmerzlich für sie wäre, an all ihre schlimmen Kränkungen erinnert zu werden. Der Verlust des geliebten Vogels war für den Jungen *wie* der Verlust einer geliebten Person. Solch elementaren Verlusterfahrungen haben diese Kinder reichlich gemacht. Der Verlust des Vogels erhält eine tiefere, aber im letzten falsche Bedeutung. Wenn wir diese Assoziation verstanden haben, können wir sie stellvertretend in Worte fassen. Dann ist es nicht mehr nötig, den Schmerz mit massiven Verhaltensstörungen abwehren zu müssen.

Kern des sozialpädagogischen Auftrags zur Arbeit mit schwer gestörten Kindern und Jugendlichen ist es, ihre massiven Verhaltensauffälligkeiten ertragen zu können und diese als unbewußte Verfälschungen von Bedeutungen zu verstehen: Sie sind ein Irrtum in Zeit und Ort. Wir können diese Störer dann fördern, wenn wir ihrer Sehnsucht nach Zuwendung und Halt, die sich hinter der Auffälligkeit verbirgt, entgegenkommen und sie darin unterstützen, zu sozialer Kommunikation fähig zu werden. Dazu bedürfen wir der Zuversicht in ihre positiven und ordnenden Kräfte und der Toleranz, sie auszuhalten, ohne mit offener oder versteckter Feindseligkeit reagieren zu müssen (vgl. Leber, Gerspach 1996, 496).

Störung als Ausdruck gestörter Verhältnisse

Wir beziehen also die Störung auf eine ungelöste Beziehungsproblematik. Sie ist Anzeichen einer unzureichender Identitätsentwicklung. Da ihre Entstehung wie Bedeutung auf Indikatoren mißlungener Sozialisation verweist, wird in ihr immer auch eine gesellschaftlich Beschädigung offenkundig. Sozialisation ist nach allem, was wir wissen, vermittelter Einfluß von Gesellschaft. Sie soll den Erwerb "generalisierter Handlungsfähigkeiten" ermöglichen, um zu einer Abstimmung von "individuellen Lebensgeschichten und kollektiven Lebensformen" beizutragen (vgl. Habermas 1988b, 213). Hier ist nun der fundamentale Strukturwandel der Gesellschaft angemessen zu berücksichtigen, der gemeinhin mit Individualisierungs- und Pluralisierungstendenzen identifiziert wird. Auf der einen Seite soll dem Individuum, quasi als anthropologisch aufgetragenes Erbe, auf dem Wege der Sozialisation zur Entfaltung seiner Individualität verholfen werden. Auf der anderen Seite sieht sich ein solcher Individualisierungsprozeß nicht mehr auf tradierte Werte hin orientiert. Er fördert eine Erschütterung des Subjekts zutage, die nicht länger umstandslos den von Habermas skizzierten Erwerb von Handlungsfähigkeiten garantiert.

Der allgemeine Konsens über die verbindliche Inhalte von Erziehungsprozessen schwindet nicht zuletzt deshalb, weil er lange fragwürdig geworden ist. Insofern kommt es zu einer Selbstbefreiung des Individuums von normativer Fremdbestimmung, sofern es sich imstande sieht, diese Freiheit nicht mit grenzenlosem Egoismus zu verwechseln. Gleichzeitig aber bleiben Macht und Herrschaft erhalten, verwandeln sich in anonyme Mechanismen (vgl. Winkler 1995, 164). Stichworte wie Globalisierung der Märkte, Kommunikations- und Informationsgesellschaft oder Bürokratisierung des öffentlichen Lebens offenbaren, welch Gewalten sich das Subjekt ausgesetzt sieht, ohne sich ihres Einflusses im einzelnen noch versichern geschweige denn erwehren zu können. So gerät es mehr und mehr in Konfusion. Die Störung entpuppt sich als Gegenstück gestörter Verhältnisse. Das Subjekt sieht sich vor allem da überfordert, mit den konfusen Regelanforderungen zu Rande zu kommen, wo es ihm die frühen Sozialisationserfahrungen verwehren, sein

Handeln auf einer symbolgestützten inneren Ordnung zu gründen. So bleibt es der ungezügelten Regentschaft einer unbewußt-zeichenhaften Dramaturgie seines Verhaltens verhaftet. Alle Anpassungsbemühungen sind mehr oder weniger zum Scheitern verurteilt. Die Störung wird permanent.

Dabei ist das, was Störung sei, von historischen wie gesellschaftlichen Toleranzgrenzen abhängig. Jede Kultur gestattet gewissen Phantasien und psychischen Manifestationen den Zutritt ins Bewußtsein und verlangt, daß andere verdrängt werden. "Unbewußt muß all das werden, was die Stabilität der Kultur bedroht" (vgl. Erdheim 1984, 192 ff). Zum einen schwindet das Monopol familiärer wie öffentlicher Erziehung, weil sie sich an der verpflichtenden Weitergabe konsensfähiger Regeln gehindert sieht. Zum andern nimmt die anonymisierte Einwirkung aufs Subjekt in unüberschaubarer Weise zu - abzulesen etwa an der massenmedialen Mediatisierung der Gesellschaft (vgl. Ferchhoff 1994). Damit wird die Stabilität der Kultur selbst bedroht, und das muß zwangsläufig zu einer Labilisierung des Subjekts führen. So bewegt sich der Sozialpädagoge im Spannungsfeld zwischen schier unergründlichen Einflüssen auf den einzelnen und seinen subjektiven Störungsphänomenen. Er darf nicht das eine ohne das andere denken. Daher wäre es falsch, seine sozialpädagogische Interventionen allein darauf zu konzentrieren, eine Störung kontextlos zu beseitigen oder zumindest einzudämmen. Wir riefen verzweifelt „Anpassung, Anpassung", noch ehe wir deren wahre Bedeutung erfaßt hätten.

2.2.2. Das Verstehen des Anderen

Die Störung (auch) bei sich selbst suchen

Verstehen des zunächst Unverstandenen wird nur möglich, wenn wir uns auf eine Beziehung zu dem zu Verstehenden einlassen, aus der allein sich das sinnhaft Stimmige erschließt. Wir gehen in der Rolle der ersten Person mit einer zweiten Person eine Beziehung ein, die *Verstehen* auf dem Wege der *Verständigung* ermöglichen soll (vgl. Habermas 1988a, 157 ff). Erst innerhalb dieser sich konstituierenden Beziehung ist das Verstehen der Komplexität einer Störung gewährleistet. Es gibt kein Verstehen, welches vor dieser Verständigung läge. Der Verstehende bindet sich in eine Interaktion mit dem, den er verstehen möchte, ein und muß der Tatsache Rechnung tragen, daß beide auf dem Hintergrund ihrer eigenen lebensgeschichtlichen Erfahrungen ihre eigenen Vorannahmen mitbringen (vgl. Habermas 1973b, 213). Hinsichtlich unsinnig erscheinenden Verhaltens gilt es, die Distanz zu akzeptieren. Gleichzeitig wird mir eine geradezu aufdringliche Nähe zugemutet. Ich spüre durch die Störung Verwirrung in mir hochsteigen, sehe mich zum Handeln herausgefordert und weiß doch nicht wie. Verstehen wird nur möglich sein, wenn es zu einer gegenseitigen Verständigung kommt. Dazu muß ich meiner Verwirrung Ausdruck verleihen.

Wenn der noch unbegriffene lebensgeschichtliche Zusammenhang der Störung im Dialog widerscheint, bleibt der Verstehende davon nicht unberührt. Die Störung geht durch ihn hindurch. Die unvollständige oder verzerrte Manifestation des noch unverstandenen Sinns erfährt eine Wiederbelebung im dialogischen Geschehen. Ich und Du werden darin verwickelt: Selbst- und Fremderleben gehen eine unbewußte Allianz ein. Die Verschränkung von Handlungsmustern, die wir mit gestörtem Verhalten in eins setzen, mit Selbsttäuschungen und Fehlleistungen, wie sie von Freud (1900a) in die Diskussion geworfen wurden, öffnet das Verstehen einer tiefenhermeneutischen Dimension (vgl. Habermas 1973b, 267 f).

Das hört sich leichter an, als es ist. Denn in der Begegnung mit stark verhaltensauffälligen Kindern werden wir mit derart mächtigen Affektäußerungen konfrontiert, daß wir Gefahr laufen, selbst äußerst affektiv zu reagieren[35]. Das macht angst, und so mobilisieren wir viel Energie, um die eigene Krise abzuwehren. Wovor wir uns aber selber in acht nehmen, das können wir auch bei anderen „weder wahrnehmen noch akzeptieren“ (vgl. Leber u.a. 1979, 75). So verschließen wir uns oft den elementaren Belangen dieser Kinder, und mit dem Aufbau dieser Verständnisbarriere verhindern wir ihre Förderung. Wir vergessen, daß sie über eine geglückte Beziehung lernen können, sich von der Verhaftung an ihre primäre Bedürfnisbefriedigung zu lösen und weiterführende Interessen zu entdecken. So werden sie bereit, altersgemäße soziale und kognitive Fähigkeiten zu erwerben. Um dahin zu kommen, bedarf es in erster Linie der Reflexion unserer eigenen Reaktionen, Phantasien und Empfindungen. Diese Reflexion macht uns frei für eine Verständigung mit den verhaltensgestörten Kindern, die nicht durch harsche Grenzziehung - als Selbstschutz - gekennzeichnet sein muß. Erst darüber wird tieferes Verstehen möglich.

Ich möchte dieses Wechselspiel von Verstehen und Verständigung kurz erläutern. Wir befinden uns in einer Spiel- und Lernstube auf einem Wohnwagenstandplatz am Rande einer deutschen Großstadt (vgl. Leber u.a. 1979). Eine kleine Gruppe von SozialpädagogInnen betreut regelmäßig einen Kreis von Kindergartenkindern. Die meisten Kinder reagieren sehr schnell mit Aggressionen, wenn sie nicht sofort bekommen, was sie einfordern. Sie offenbaren einen enormen Zuwendungshunger und können es nur

---

[35] Ich denke, daß Gewaltdurchbrüche auf seiten der Pädagogen viel häufiger sind als zugegeben werden darf. Nicht zuletzt, um sich und die Kinder zu schützen, bedürfen sie supervisorischer Begleitung.

schlecht aushalten, Zuwendungen der Erwachsenen mit anderen teilen zu müssen. Häufig bespucken sie ihre Betreuer, schlagen, kratzen, werfen mit Gegenständen. Anfangs stehen die Betreuer diesem Verhalten ratlos gegenüber, können es nicht verstehen. Durch attraktive Angebote versuchen sie, die Kinder von ihren Aggressionen abzulenken. Es gelingt nur für kurze Zeit. Durch Vermeidungsstrategien lassen sie sich nicht beruhigen. Gleichzeitig bemerken die Betreuer, daß die Freiheit, die sie den Kindern gewähren, eher deren destruktiven Gefühle herausfordert. Manchmal steigern sie sich regelrecht in einen Rauschzustand, der für alle unerträglich wird.

Es gibt aber auch Momente der Harmonie. Dann glaubt man ein gutes Stück vorangekommen zu sein. Am nächsten Tag passiert dann aber Folgendes: Als Charlotte keine grüne Farbe bekommt, wirft sie sich trotzig zu Boden. Dann reißt Sabine Julia an den Haaren. Julia wird getröstet, woraufhin Fritz wütend wird und nach Hause will. Das geht nicht, weil seine Mutter nicht da ist. Er wird festgehalten. Schließlich hüpfen und rennen alle durcheinander, Spielzeug wird ausgeleert und fliegt durch den Raum. Die PädagogInnen geben entnervt auf und schicken die Kinder früher nach Hause.

Zunächst ist zu berücksichtigen, daß solche Kinder auf Dauer keine Harmonie aushalten, deren Lebensumstände durch ständigen Hader gekennzeichnet sind. Unbewußt stellen sie die Situation wieder her, die ihnen vertraut ist. Dann aber zeigt sich, wie die Betreuer selbst zum entstehenden Chaos beigetragen haben. Aus Furcht, die Kinder könnten Farbe im Raum verschmieren, sprechen sie ein Malverbot aus. Daraufhin fühlen sich einige Kinder zurückgestoßen und reagieren aggressiv. Als auch noch eines der 'Opfer' getröstet wird, kommt auch noch Eifersucht ins Spiel. Und indem Fritz mit Gewalt daran gehindert wird, sich der unerträglichen Situation durch Weglaufen zu entziehen, eskaliert die Situation vollkommen. Die Steigerung der Wut ist nicht mehr aufzuhalten. Weder Kinder noch Erwachsene können mehr ihre Affekte kontrollieren. Weil die Betreuer selbst an ihre Grenze stoßen, machen sie früher Schluß. Enttäuscht und weinend gehen die Kinder nach Hause. Auch die Betreuer sind enttäuscht und fühlen sich ohnmächtig, weil sie immer noch nicht wissen, wie sie sich verhalten sollen.

Dieses Problem wird sich erst allmählich lösen lassen. Die Kinder müssen über einen längeren Zweitraum die Erfahrung machen, daß ihre Betreuer und der Raum, in dem sie zusammenkommen, ganz auf sie eingestellt sind, wie eine „ständig verfügbare, immer befriedigende, von Spannungen entlastende Mutter“ (S. 81). Jedes dieser Kinder sucht engen Kontakt und erträgt nur schwer, daß noch andere Kinder zur Gruppe gehören. Sie müssen erleben, daß die großen Ansprüche, die sie stellen, nicht erfüllbar sind. Wird ihre Hoffnung enttäuscht, reagieren sie schnell mit Terror. Ihre Wut ist der Racheakt, weil sie sich verlassen fühlen. In der geschilderten Situation ist es wie zu Hause: Die Eltern sind da und trotzdem können sie keine Beziehung zu ihnen herstellen, die Geborgenheit böte. Indem sie weggeschickt werden, wiederholt sich dieses Drama.

Dennoch wird auf Dauer in der Gruppe eine andere Erfahrung vermittelt. Insofern kommt es zu einer Verständigung, die weit über die ständige Erfahrung frustrierter vitaler Bedürfnisse hinausgeht. Voraussetzung ist allerdings, daß wir unseren eigenen Anteil am Geschehen wahrzunehmen bereit sind, der zunächst den immer gleichen Ablauf produziert und, so er unaufgeklärt bliebe, Verständigung verhindert.

Hinsichtlich des Verstehens als einer sozusagen anthropologisch geforderten Bringschuld gilt es allerdings, auf die Gefahr einer Auffassung 'an sich' aufmerksam zu machen. Für die Persönlichkeitsentwicklung maßgeblich sind vor allem die frühen Interaktionserfahrungen. Hier auftauchende Störungselemente zu erkennen und entsprechend zu intervenieren ist Aufgabe einer sinnverstehenden Sozialpädagogik. Allerdings muß es um mehr gehen als um eine an der einzelnen Familienkonstellation klebende Betrachtungsweise. Die Frage lautet: *Was führt zur basalen Matrixstörung von Subjektivität?* Sie kann nicht mit der Fokussierung auf ein isoliertes familiales Beziehungsgefüge hinreichend beantwortet werden. Würde es als „letzte Wirklichkeit" genommen, erschiene jede Form leibseelischer Beeinträchtigung als „geschichtslose Natürlichkeit", hinter der nichts Gesellschaftliches mehr sinnlich greifbar wäre. Wir säßen einer gesellschaftsblinden Mystifizierung des familialen Arrangements auf, einer Verwechslung von Innen und Außen, von Ereignisrealität und Erlebensqualität, wo doch zwingend gilt, daß das lebensgeschichtlich Vereinzelte insofern interessiert, als sich darin ein bestimmter „kollektiv relevanter Prozeß abspielt" (vgl. Lorenzer 1979, 134 ff).

Subjektivität wächst im Prozeß der Sozialisation. Dieser Prozeß beinhaltet tendenziell immer gesellschaftlich vermittelte Beschädigung wie die Fähigkeit zum aktiven Umgang mit den eingeforderten Anpassungsleistungen (vgl. Gerspach 1984, 219). Weil wir uns aber nicht mit der bloßen Behauptung eines beschädigenden Zusammenhangs zwischen individueller Struktur und gesellschaftlichen Prozessen abfinden können, müssen wir in Erfahrung bringen, wie sich dieser Zusammenhang im Erleben des Individuums niederschlägt (vgl. Lorenzer 1977, 11). Daher dürfen wir unser Interesse nicht allein auf die bewußt verfügbaren Kommunikationsfiguren richten.

Auf diese Weise werden die Möglichkeiten des Verstehens, welche bei Dilthey noch an „bewußt Intendiertes" gebunden waren, auf unbewußte Motive ausgeweitet. Das Kernstück des pädagogischen Angebots ist weder im voraus didaktisch planbar, noch über bewußte Zielstellungen zu bewerkstelligen. Erst wenn wir uns um das Verstehen des Unverstandenen bemühen, läßt sich pädagogisches Handeln begrifflich präzisieren.

So zu arbeiten scheint oft unvorstellbar. Gröschke definiert pädagogisches Intervenieren aus dem Verstehen heraus, kommt indessen unumwunden auf ein „'hermeneutisch-pragmatisches Handlungsmodell'" zu sprechen: „Verstehen wird zum Kern eines Handlungsregulativs hin zu einem 'besseren' Alltag, der bestehende defizitäre Alltäglichkeiten aktiv überwindet" (vgl. 1989, 93 f). Wenn ich indessen an Freuds Auffassung von Abstinenz denke, so gerät der Pädagoge hier in Gefahr, sich anbiedernd wie vorschnell zu verstricken, anstatt seinem Klienten mit der nötigen Distanz zu begegnen. Vom Handlungsdialog bleibt nur eilfertiges Handeln über.

'Darf' sich aber der Pädagoge überhaupt einer solchen distanzierten Grundhaltung befleißigen? Freud hat, worauf Reiser hinweist, mit seinem angenommenen „Natur-Kultur-Antagonismus" den Erziehungsbegriff verkürzt auf eine „unpersönliche, kulturell erzwungene Versagung nach dem Muster 'Schule'" (vgl. Reiser 1987a, 182). In Freuds Auffassung scheint die bekannte, unabdingbar aktive Handlungsabsicht wie -notwendigkeit wider. Leber dagegen kehrt die Betrachtungsweise um und fragt, in welcher Weise der Pädagoge, indem er mit ihnen interagiert, seine Zöglinge unbewußt für sich verwendet. Er entdeckt nun eine dreifache Problematik: „1. wird er nach einem häufigen Muster der Bewältigung von affektiven Belastungen vielleicht dem 'Kind vor ihm' das antun, was er einst selbst erlitt (...). Oder er wird 2. die Rolle von Vater und Mutter, wie er sie sich gewünscht hätte, übernehmen und dem 'armen' Kind alles zuteil werden lassen, was er selbst vermißte (...). 3. kann er sich auch ganz großartig geben und das Kind an seiner Größe teilnehmen lassen" (Leber 1985, 156). Wollen wir den Störer verstehen, müssen wir unsere eigenen Reaktionen aufklären. Oftmals tragen wir selbst aktiv zur Produktion von Störungen bei[36].

Unter Berücksichtigung dieser Prämissen dreht sich der pädagogische Wind. Wenn nun die Aufgabe darin besteht, „'Entfaltung, Wachstum, Befreiung, Selbstfindung'" (vgl. Reiser 1987a, 195; Cremerius 1984, 795) herzustellen, kommt der Selbstreflexion des pädagogischen Interaktionsgefüges größere Bedeutung zu als einem ungesichert vertretenen Handlungsparadigma, dessen scheinbar eindeutige Zielvorgabe durch obige Einwände völlig obsolet erscheinen. Wir müssen die eigenen unbewußten Regungen überdenken, die unsere bewußten Absichten nur allzu gerne torpedieren. Nicht nur entdecken wir im pädagogischen Beziehungsarrangement nun eine Reihe von Gemeinsamkeiten mit jenem der Psychoanalyse - da der Erziehungs'akt' zwischen „Unterwerfung und Subjektbildung" (vgl. Reiser 1987a, 185) pendelt, macht er eine (selbst-)kritische Distanzierung geradezu notwendig.

[36] Aus diesem Grund legt Leber Wert auf eine postgraduale Weiterbildung, die auch Elemente der Selbsterfahrung mit einschließt, um auf diesem Wege „die eigene unbewußte Problematik soweit erkennen und verarbeiten" zu können, daß der „Zögling nicht zu ihrer (Schein-)Bewältigung herhalten muß" (vgl. 1985, 160 f).

Trescher präzisiert die Unterscheidung von psychoanalytischem und pädagogischem Setting dahingehend, daß die erste sich an der inneren, die zweite sich an der äußeren Realität orientiere, womit er die divergenten Arbeitsgrundlagen gegenüberstellt. Gleichzeitig öffnet er der Pädagogik damit neue Wege in bezug auf eine reflektierte Arbeit an den Objektbeziehungen. Er kommt zu dem Schluß: „Nicht um die Zurichtung eines Zöglings nach entsprechenden Zieldefinitionen durch den Erzieher kann es gehen, sondern um einen dialogischen Beziehungsprozeß, in dem die Beteiligten Subjekt und Objekt der gegenseitigen 'Beeinflussung' sind" (vgl. 1985a, 170 ff).

Einmal unterliegt die Auffassung, Pädagogik könne als wertfreie Disziplin, die von vorher getroffenen Wertentscheidungen unabhängig sei, zielorientiert betrieben werden, einem Selbstwiderspruch: Bereits mit ihrer Grundlegung wird notwendigerweise eine „'wertende' Entscheidung über die Norm eben dieser Wissenschaft getroffen" (vgl. Datler 1983, 60 f). Zum andern wird auf diese Weise jede bewußte erzieherische Handlungsabsicht, im Grunde das Primat des Handelns selbst, radikal in Frage gestellt. Die Subjekt-Objekt-Trennung von Erzieher und Zögling wird aufgehoben in ein dialogisches Beziehungsmodell, das sich der Selbstreflexion des eigenen Parts verpflichtet zeigt. Die Betrachtung seiner Dynamik beinhaltet, daß erst „zu verstehen sei, bevor zu handeln ist", ja offenbart, daß „Verstehen zugleich Handeln" ist (vgl. Trescher 1985a, 185 f). Leber u.a. formulieren ähnlich pointiert, daß „Verstehen nicht nur Voraussetzung für sinnvolles pädagogisches Handeln ist, sondern selbst schon als solches begriffen werden kann" (vgl. Leber u.a. 1989, 31)[37].

Es gibt mehr solcher Vorbehalte gegen vorschnelle Handlungsabsichten als oft wahrgenommen. „Pädagogisches Handeln, soll es zu einem gelingenderen Alltag beitragen (...), meint, diesen Alltag ernst nehmen, aushalten, teilen (...) Der Bezug zwischen Menschen, die sich so aufeinander einlassen, soll (...) ein prinzipiell reversibler Umgang wechselseitigen Lernens und Helfens sein" (vgl. Thiersch, Rauschenbach 1984, 1008)[38]. Dieses „Sich-einlassen" beinhaltet zuallererst, den Bedürfnissen des Klienten nachzuspüren, wie sie sich dem Pädagogen zunächst in verfremdeter Form offenbaren. Eine Teil der Geschichte der Klienten ist nicht bewältigt, die innere Gestalt ist gleichsam nicht geschlossen. Ein Puzzlestein fehlt im bewußten Zusammenhang. Im Rahmen seiner pädagogischen 'Codierung' (vgl. Luhmann 1987, 196 ff) sucht der Pädagoge nach dem eigentlichen Thema seiner Kli-

[37] In der Systemtheorie heißt es dazu:„Jedes Tun ist erkennen, und jedes Erkennen ist tun" (vgl. Maturana, Varela 1987, 31).

[38] Bei Lorenzer ergeht die Aufforderung an den Psychoanalytiker, daß er sich „aufs Spiel mit dem Patienten einlassen" müsse (vgl. 1983, 113), und er folgert: „Nicht das Verstehen bildet das Zusammenspiel, sondern die Wirklichkeit des szenischen Zusammenspiels konstituiert das Verstehen" (S. 113).

enten. Er bemüht sich um ein Verstehen dieser ungeschlossenen Gestalt und trägt so zu ihrer Vervollständigung bei. Gleiches gilt für den psychoanalytischen Verstehensprozeß, wo es um die „Komplettierung der Gestalt" geht (vgl. Lorenzer 1973, 160 ff)[39].

Trescher hat an Hand praktischer Beispiele belegt, wie Kinder und Jugendliche ihre unverarbeiteten „konfliktträchtigen Interaktionen" in der Beziehung zur Person des Pädagogen - als Beziehungsstörung - reproduzieren, der Pädagoge dabei selber in das dramatisierte Geschehen eingebunden wird und er auf diese Weise, aus einer „komplementären Position" heraus den Interaktionskreislauf schließt (vgl. Trescher 1985a, 139 ff).

Da ist der jugendliche Heimbewohner Erwin, der sich noch spät abends in der Diskothek aufhält und sich dort überaus wohl fühlt. Er hat ganz 'vergessen', pünktlich zu Hause zu sein. Sein Erzieher macht sich zunächst Sorgen und reagiert zusehends verärgert über diese Unverschämtheit und die Entwertung seiner Person, die hinter der Unpünktlichkeit aufscheint. Bereits hier wird die spätere Eskalation von Erwin provoziert. Unbewußt spielen die beiden Akteure schon jetzt in komplementären Positionen zusammen: Mit seinem Nichterscheinen zeigt Erwin an, daß ihm sein Erzieher momentan nicht wichtig ist, dieser reagiert entsprechend verärgert. Als Erwin endlich auftaucht, unterdrückt der Erzieher seinen Ärger und verweist lediglich auf die Konsequenzen des Fehlverhaltens. Damit aber reißt er Erwin aus seiner unbekümmerten Selbstzufriedenheit. Der Erzieher reagiert mit verschleierter Aggression, die eine tiefe Kränkung Erwins auslöst, ohne daß dies beiden bewußt würde. Daraufhin schließt sich Erwin in sein Zimmer ein und demoliert es. Der Erzieher steht hilflos vor der Tür. Auf Grund seiner scheinbar vernünftigen, in Wahrheit von unterdrückter Wut getragenen Reaktion komplettiert er das Geschehen. Am Ende ist er der Gelackmeierte. Wie leicht schleifen sich solche Interaktionsmuster in die pädagogische Beziehung ein.

In diesem Beispiel wird unbewußt und ohne böse Absicht eine lebensgeschichtliche Gestalt komplettiert - die beständige Erfahrung von Demütigung und Ohnmacht. Besser wäre es, der Pädagoge verstünde die Elemente ihrer zwanghaften und schmerzlichen Wiederholung und baute diese Erkenntnis so in den Dialog ein, daß ein reflektierter und also veränderter Bewältigungsmodus wachsen könnte. Daher liegt die Gemeinsamkeit von Psychoanalyse und Pädagogik in einer kontemplativen Grundhaltung jenseits jeder semiprofessionellen Eilfertigkeit. Wenn sich nämlich herausstellt, daß in derartigen Beziehungsprozessen, gleich ob in Psychoanalyse oder Pädago-

[39] Wenn er etwa, wie im Beispiel aus der Spielstube, die Rolle der guten Mutter übernimmt, so erfüllt er ungestillte Bedürfnisse nach Zuverlässigkeit und Konstanz in der Beziehung. Darüber kann die offene Gestalt der Sehnsucht allmählich geschlossen werden.

gik, keine grundsätzlich festgefügten Abläufe auszumachen sind, sie dagegen „notwendig am Besonderen" orientiert sind, dann kann keine allgemeine Erziehungslehre als verbindlich handlungsleitend erachtet werden (vgl. Trescher 1985a, 147).

Eine solche Lehre erscheint eher als Abbild des technokratisch-instrumentellen Handlungsdrucks, mit dem jede Reflexion verdrängt wird. Nicht nur wird damit die vordringliche Frage nach dem Sinn unseres Handelns suspendiert. Vielmehr offenbart dieser effektivitäts- und erfolgsorientierte Handlungs*zwang* gerade die Geringschätzung unseres pädagogischen Selbstverständnisses. Die Praxis hält mannigfaltige Kränkungen parat, die lieber projektiv agiert als reflektiert werden. Mittels einer regelrechten Aktivitätsmanie wird der frühe Verlust des inneren Gleichgewichts zu kompensieren gesucht. Ihr Resultat ist eine Illusion des pädagogisch Machbaren, mit deren Hilfe man angstmachende Gefühle von Leere und Depression meint abwehren zu können. Die Gleichung scheint aufzugehen, wonach nur zählt, was meßbar, d. h. sichtbar ist. Auch und gerade in der Pädagogik wird Tun unter dem Primat instrumentell begriffener Verfügungsgewalt zum Indiz verfehlter Reflexionsfähigkeit. Vor die Tat sei aber das Nachdenken gesetzt.

Wo umgekehrt bei unseren Störern eine basale Unfähigkeit vorliegt, reflektiert handeln und interagieren zu können, müssen wir einen Rahmen schaffen, der zunächst ein gemeinsames Sein ermöglicht[40]. Mit unserer Hilfe muß es ihnen gelingen, sich elementar wertgeschätzt zu fühlen, bevor planerisches Tun möglich wird[41]. Die Begegnung mit unseren basal gestörten Klienten lehrt uns, daß sie im Erleben ihres Selbst-Seins keine Stabilität gewinnen konnten, die ihnen ein realitätsgerechtes Tun erlaubte. Sie haben von Anfang an nie eine ausreichende Erfahrung von Übereinstimmung mit anderen Menschen gemacht. Diese Grundstörung erschwert es ihnen oder macht es ganz unmöglich, sich - vor allem unter Anspannung - angemessen im Lot zu halten. Ihr hektisches Tun ist nichts als die agierte Störung. Deshalb ist es unsere erste Aufgabe, ihnen eine mütterlich-haltende Beziehung anzubieten, die es ihnen gestattet, sich in ihrem Selbst-Sein spüren zu dürfen, ohne sich beständig von Vernichtung bedroht zu wähnen. Kurz: *Wir müssen mit ihnen sein.* Dann erst werden sie befähigt, sich den Zumutungen der Realität zu öffnen, sich selbst im Dialog mit anderen wahrzunehmen und darüber eigene

---

[40] Im obigen Falle hieße dies: Das Konflikthafte an der Beziehung benennen und nicht beschönigen, aber die Abweichungen so lange emotional auszuhalten, bis der Jugendliche sich zu angemesseneren Befriedigungsformen seiner Bedürfnisse imstande zeigte.

[41] Der Mensch begegnet seinen Mitmenschen auf zwei Ebenen: Zum einen sucht er nach emotionaler Übereinstimmung, zum andern möchte er zusammen mit ihnen Aktivität entfalten (vgl. Erlich, Blatt 1990). Wer aber ein frühes Stadium von affektiver Übereinstimmung nicht erleben durfte, dem fehlt die Fähigkeit, mit anderen entspannt sein zu können. Folglich kommt es mit ihnen auch nicht zu gemeinsamem Handeln.

Handlungsperspektiven zu denken. Kurz: *Jetzt können wir mit ihnen tun*[42]. Sein heißt: die Störung aushalten und eine verläßliche Beziehung anbieten.Tun heißt: aufbauend auf der Erfahrung von Konstanz und Kontinuität Handlungs- und Lebensperspektiven entdecken helfen.

Die Überbewertung instrumentellen Problemlösens auf Kosten des Verstehens von Beziehungsprozessen wird allerdings durch zwei Umstände begünstigt: Einmal sind wir mit dem momentan vorherrschenden Typus wissenschaftlicher Kurzsichtigkeit geschlagen. Zum andern begegnen uns Kinder, die auf Grund ihrer basalen Störungen vor beinahe jeder Anforderung kapitulieren. Dies bedroht unsere eigenen Normen und verleitet uns zu übereiltem Handeln. Auf diese Weise trennen wir das dialogische Verhältnis von Subjekten, welches zwar asymmetrisch, aber nicht hierarchisch angelegt ist, auf zugunsten eines instrumentell gewirkten Diktats. Jeglichen Anspruch, dem einzelnen in seiner „Existenz (seinem Dasein) und nicht seiner Essenz (Sosein)" gerecht werden zu wollen, setzen wir damit leichtfertig aufs Spiel. Pädagogik ist inzwischen leider „primär ein Tun, nicht ein Philosophieren" geworden (vgl. Kobi 1985, 281 f)[43]. Ohne Einblendung seiner Geschichte wird das (zu erziehende) Subjekt sich selbst entfremdet. Eine abstrakte Zielstellung bleibt demnach zu diffus, als daß sie ihm helfen könnte, seine eigengesetzlich hervorgerufene Isolation zu überwinden. Ohne Einblendung der Wechselwirkung von Lebenspraxis und Störung wird die Pädagogik sich selbst entfremdet. Denn sie besitzt keinerlei automatisierte mechanistische Wirkkraft, die die Bedeutung des Dialogs ersetzen könnte. Ohne Dialog keine Pädagogik, ohne Begriff vom Subjekt kein Begriff von Erziehung.

In Gefahr, die Störung selbst zu bebildern

Bevor ich mit meinen Überlegungen zum handelnden Umgang mit Verhaltensauffälligkeiten schließe, mute ich mir und meinen Lesern noch einen kleinen Ausflug aufs Gebiet der Philosophie zu. Am Ende wird er sich, weil er Entlastung von falschem Druck schafft, gelohnt haben. Je mehr wir uns auf eine differenzierte Betrachtung der Umstände einlassen, unter denen pädagogische Interaktionen stattfinden, um so mehr geht uns die knebelnde Sicherheit dessen verloren, was wir uns als unumstößliche Wahrheit vorgestellt haben mögen. Die Störung selbst entwindet sich endgültig ihrer Umklammerung aus unzureichenden Klassifikationsversuchen.

[42] In der Psychoanalyse sind diese beiden Haltungen übrigens eine harmonische Verschränkung eingegangen: die gleichschwebende Aufmerksamkeit für die Einfälle des Analysanden verbindet sich mit der stimmigen (Re-)Konstruktion seiner Lebensgeschichte (vgl. Gerspach 1988a, 282 f).

[43] Fundamental wird dieses Handlungsparadigma bei Ahrens verworfen. Vor allem kritisiert er seine „utilitaristisch am Nutzen orientierte Form" (vgl. Ahrens 1989, 826 f).

Von zwei Positionen aus erwachsen uns Vorbehalte. Eine psychoanalytisch geprägte Reflexion bringt uns auf die Spur unserer unbewußten Anteile an der Interaktion mit den Zöglingen. Dank ihrer Hilfe stellt sich jedes angestrengte Bemühen, die Störung zum Verschwinden zu bringen, als Parforce-Ritt im Dienste der eigenen Abwehr heraus. Dies legt ein gut Teil unserer pädagogischen Bemühungen als ureigene Größenphantasien blank.

Systemtheoretisch gesehen gibt es wiederum keine Trennung von Subjekt und System und demzufolge ebenfalls keine individualistische Dimensionierung einer Störung. Störungen erscheinen demzufolge als dem System dysfunktional, nicht aber als Erscheinungen an sich (vgl. Habermas, Luhmann 1971, Luhmann 1975a, Luhmann, Schorr 1979, Brunkhorst 1983, Rödler 1993). Folglich läßt sich ihnen weder mit einer isolierten noch isolierenden Vorgehensweise begegnen. Auch wenn die systemische Sicht mitunter die Gefahr birgt, daß sich "ganze Menschen als Elemente sozialer Systeme verflüchtigen" (vgl. Stierlin 1994, 79, Plänkers 1995) und der einzelne in seiner Besonderheit verloren zu gehen droht, so fördert sie doch eine kritische Sicht und offenbart das Postulat der pädagogischen Handlungsautonomie als Trugbild: Der Pädagoge ist kein Einzelkämpfer gegen die Störung.

Mit welchem Konzept ich es auch betrachte, immer tritt mir menschlicher Entwicklung als ein Beziehungsgewebe gegenüber. Darum ist die Kritik an der Illusion individueller Autonomie frühzeitig anzusetzen. Wenn Datler argumentiert, Pädagogik ziele auf die „Entfaltung von Mündigkeit" (vgl. Datler 1986; zit. n. Reiser 1987a, 185; Datler 1987) und es ihm um einen „möglichst gültigen Vernunftgebrauch" (vgl. Datler 1983, 68) geht, dann ist zu fragen, ob Kindern nicht unter bestimmten Umständen dieser Rückgriff auf Vernunft vorenthalten wird, den wir kategorisch voraussetzen[44].

Wir sollten uns vor dem Irrglauben hüten, als gehe der Andere in unserem Erkenntnisprozeß gleichsam ohne Rest auf. Jede Erkenntnis eines Gegenübers ruht zu großen Stücken auf eigenen Projektionen auf. Deshalb sind wir gehalten, die eigenen Wahrnehmungsfälschungen mittels der Selbstverpflichtung auf eine „offene Betrachtungsweise" abzumildern (vgl. Mattner 1997) - was über eine gewissenhafte Selbstreflexion zu erreichen sein wird. Wer meint, sicher zu wissen, was alles unter welches Störungsbild falle, der übersieht die reichhaltige Bebilderung seiner selbst produzierten Etiketten. Es erscheint notwendig, sich von einem leitenden Menschenbild zu befreien, das sich dem Prinzip der „Bildlosigkeit" verweigert[45].

---

[44] An dieser Stelle ist der Begriff der Vernunft zu differenzieren (vgl. Mattner 1997). Es gibt eine „instrumentelle" Vernunft im Gewand naturwissenschaftlich-technischer Regeln und eine "praktische" Vernunft, die sich am Sinn menschlichen Miteinanders ausrichtet.

[45] Damit ist nicht gemeint, auf alle Vorstellung vom Menschen zu verzichten. Wir liefer-ten unsere Pädagogik der Beliebigkeit aus. Die Kritik richtet sich gegen ein „geschlossenes Bild vom Menschen" (Bollnow 1975), welches kategorisch eine allgemeingültige

Vorschnell werden Begrifflichkeiten über Wirklichkeit konstruiert. Das Verstehen ist daher selbst zu verstehen (vgl. von Foerster 1994, 135). Es gilt, das Dafürhalten einer objektiven Realität zu hinterfragen und auf ihre intersubjektive Gestalt zu schauen (vgl. Neumann-Wirsig 1992, 11 f; Bardmann u.a. 1991a und b). Somit entlarvt sich die scheinobjektive Gestalt der Störung, mit der vielerlei Diagnoseschemata behaftet sind.

Nehmen wir die Situation, daß sich ein autistischer Jugendlicher beständig den Kopf anschlägt, bis er blutet. Wir unterbinden dieses Tun, weil wir es für stereotype Selbstschädigung erklären. Warum sind Stereotypien schlecht für einen Autisten? Vielleicht erleichtert ihm die immerfort wiederholte Handlung eine Orientierung in Zeit und Raum. Trifft der Begriff Selbstschädigung den wahren Sachverhalt? Vielleicht kann er sich erst spüren, wenn es weh tut. Was wissen wir überhaupt vom Erleben eines Autisten? Vielleicht wird es uns nie gelingen, uns in seine Welt einzufühlen. Wir sollten vorsichtig sein mit allzu schnellen Urteilen über andere.

Hier scheinen wir also in einen unauslöschlichen Widerspruch hineinzugeraten. Wie kann ein Plädoyer, sich dem Fremdverstehen sensibel zu öffnen, überzeugen, wenn der Andere im letzten unergründlich ist? Dieser Widerspruch läßt sich nicht gänzlich auflösen, aber doch aushalten. Zum einen begründet erst der Vorbehalt, den Anderen nicht vollends verstehen zu können, den Respekt vor ihm. Zum zweiten haben wir die Grenzen des Fremd- wie Selbstverstehens zu erkennen und damit die Grenzen unserer pädagogischen Bemühungen. Zum dritten beinhaltet Verstehen, sich anzunähern und dabei das Trennende erfahren wie akzeptieren zu lernen. Das Fremdverstehen muß bereits auf einer präreflexiven Ebene angesiedelt werden, d.h. schon den leiblichen Äußerungen ist eine Mitteilungsbedeutung zuzubilligen (vgl. Mattner 1997, Pfeffer 1987). Neben dem gesprochenen Wort vervollständigt die tonischen Basis von Körpersprache, Gestik, Mimik oder Tonfall den artikulierter Gesamtsinn von Gesprochenem und leiblich Vermitteltem. Obgleich der Andere unergründlich bleibt, geht von der Begegnung mit ihm ein unaufhebbarer ethischer Anspruch aus (vgl. Lévinas 1983, 209 ff)[46].

Die Relevanz dieser Erörterungen für das Störungsthema liegt darin, dieses Andere bzw. Fremde nicht an definierten Kriterien zu messen, sondern sich „in die Welt des Anderen hineinzuspüren“ (Mattner S. 109). Dieses Verstehen läßt sich nicht, und das ist ein starkes Argument gegen eine soziologisch gewirkte Hermeneutik, nach logischen, rationalen, empirisch

---

Erziehungsnorm unterstellt. In der Pädagogik gibt es keine endgültige Wahrheit (vgl. Mattner 1997, 46).

[46] Am Beispiel der Arbeit mit geistig Behinderten zeigt Kleinbach, daß Verstehen und Verstehbarkeit über gängige Vorstellungen hinaus auszuweiten sind (vgl. 1994, 13). Die Verwirrung, die durch den Anderen geschieht, ist nicht in Kategorien zu fassen. „Es bleibt ein Abgrund der Trennung“ (Rösner 1997, 50).

verifizierbaren Gesetzmäßigkeiten erzielen[47]. Der subjektive Sinngehalt, wie er uns im Dialog erfahrbar wird, ist in jenem vorwissenschaftlichen Erlebensbereich angesiedelt, wo der Mensch sich selbst und seiner Welt präreflexiv bewußt wird. Es genügt nicht einfach, sich anrühren zu lassen.

Die Annäherung an das Unnahbare im Anderen verlangt nach der Reflexion der eigenen Empfindungen. Sie erst setzt den Zugang zum Anderen frei. In uns wird der Impuls der Abschottung gegen das Andere und Fremde erweckt, welches uns abstößt, weil es uns nur allzu vertraut ist (vgl. Horkheimer und Adorno 1969). Wir grenzen uns ab, indem wir dieses Unheimliche heimlich in Begriffe - *Störung* - stecken. Die Störung des Anderen macht selbst angst[48]. Nur das unterscheidet sich, was sich ähnlich ist (vgl. Furrer 1994, 79). Mit unserem vermeintlichen, weil vorab definierten Wissen um die Störung verkennen wir das „*eigene Bild von den Anderen als deren Wesen*" (vgl. Dilcher 1997, 29). So geraten wir in Gefahr, Störungen nicht nur kategorisch mißzuverstehen, sondern selbst hervorzubringen.

Fatal ist es deshalb, Autonomie und instrumentelle Vernunft als Bringschuld anzusehen, die entweder bedingungslos vorausgesetzt oder ebenso blind als pädagogisches Lernziel formuliert werden. Das Bild vom autonomen und aktiven Subjekt führt in die Enge, weil es von einem normierten Begriff vom Anderen ausgeht. Allen Subjekten wird die gleiche intentionale Absicht unterstellt. Eine Verantwortlichkeit für den Anderen, die sich aus seinem Anderssein ergibt, bleibt systematisch ausgeklammert[49].

Wie also die Störung verstehen, ohne sie - und damit den Anderen - zugleich zu verdinglichen? Obgleich ich mich zum Respekt vor dem Anderen genötigt sehe, darf seine Störung nicht als Eigenart des Besonderen verklärt werden. Ich muß sie auch und gerade als die Deformation erachten, die sie ist. Schließlich mutet er mir recht viel zu. Der Störer spürt nicht, was er anderen zufügt. *Das ist das Wesen der Störung*. Um die wahre Tragik verstehen zu lernen, ist die ursprüngliche Bedeutung der Störung dort aufzusuchen, „wo sich der Sinn im Unsinn, die Vernunft in der scheinbaren Unvernunft enthüllt" (vgl. Bittner 1994, 9).

---

[47] Wissenschaftliches Denken sollte nicht aus der Position des Wissens, sondern aus der Position des Suchens nach Wissen erfolgen. Es kann nur dann offen sein für Neues, wenn es „die Enge geschlossener Systeme überwindet" (vgl. Klein 1993, Warsitz 1997).

[48] Furrer weist darauf hin, daß sich nur unterscheidet, was sich ähnlich ist, daß also die Differenz des Innen und Außen das Fremde hervorbringt. Er schlußfolgert: „Das Fremde wirklich vertraut werden lassen, hieße seine eigenen Triebe und Bedürfnisse zu- oder mindestens bewußt werden zu lassen. Nur so kann das Fremde akzeptiert und ins eigene Innen integriert und für uns zum Anderen und zum Anderen für uns werden" (1994, 79).

[49] Das Postulat formaler Interessengleichheit aller Menschen übersieht die Ungerechtigkeit gegenüber Ansprüchen von Menschen, die keine Interessen anmelden können (vgl. Rösner 1996, 1997). Ein Gerechtigkeitsbegriff, der vom autonomen Individuum ausgeht, ist für Störer nicht gemacht.

Die Probleme, die sich als Verhaltensauffälligkeit, Lernverweigerung oder Dummheit darstellen, dürfen wir nicht allein an ihrer individuellen Pathogenese festmachen. „Daß ich mich in der Schule häufig so ohnmächtig und hilflos fühle, ist nicht nur als Widerspiegelung der Befindlichkeit der Kinder zu verstehen, sondern auch als Folge handfester Herrschaftsstrukturen, gegenüber denen ich real machtlos bin“ (vgl. Clos 1987, 24). Wo Kindern soziale Gewalt (der Institution Schule wie im familialen und sozialen Umfeld) begegnet, wird Entfaltung von Autonomie etwas ganz anderes heißen als die Ausbildung intellektueller Sophismen. Was uns als Verhaltensstörung begegnet, ist nicht einmal mehr als eine „schulpädagogische Kategorie“ zu fassen, gibt nur den Grad der sozialen Abweichung an (vgl. Datler 1987, 32; Krebs 1991, 159). Ob der Störung ein „Sinn des Unsinnigen“ zukommt (vgl. Mattner 1989), wäre neu zu verhandeln.

Die pädagogische Zielstellung ist nur zu retten, wenn die „jeweils aktuelle Problematik des Seelenlebens“ der Zöglinge sorgsam berücksichtigt wird, sich „Lehrer und Erzieher aber auch um ihren eigenen psychischen Besitz kümmern“ (vgl. Datler 1983, 146 f). In Rechnung zu stellen ist, daß für manche Kinder eine operational verordnete Lernzielpädagogik zwangsläufig versagen muß. Wieviel ‘Autonomie’ verbleibt da beiden - dem in seiner Symbolisierungsfähigkeit eingeschränkten Kind und dem in seinen Vermittlungsbemühungen eingeschränkten Pädagogen? Eine penibel geplante pädagogische Zielperspektive im Sinne einer Handlungsanweisung läßt sich bei der Arbeit mit Störern aus zwei Gründen nicht aufrechterhalten:

- jeder Schritt, den das Subjekt tut, verändert es wie das ursprünglich anvisierte Ergebnis;
- da sich Ziele nur auf dem Wege der Interaktion von Subjekten realisieren lassen, unterliegt die Beziehung von Pädagoge wie Zögling einem wechselseitigen Einfluß.

Im Rahmen des Dialogs taucht die Störung auf und wird zur Bearbeitung freigegeben. Weil wir unser Augenmerk nicht sklavisch ans Symptom binden, sondern auf die zugrunde liegende Problematik horchen, verändert sie unbemerkt ihr Gepräge. Wenn wir wirklich erfolgreich arbeiten, wird der Zug immer in eine andere Richtung fahren als geplant. Nirgends mehr als an diesem Scheitelpunkt der Diskussion würden wir uns in die Tasche lügen, vergäßen wir unseren ureigensten Anspruch an ‘Pädagogik’. Zweifellos ist inzwischen hinreichend klar geworden, daß ihm dort mit einer „radikalen Skepsis“ zu begegnen ist, wo der eigene Standpunkt aus der Betrachtung ausgeklammert bleibt (vgl. Fischer 1990, 731 ff). Eine fraternisierende Gleichmacherei von Pädagoge und Klient kann aber nur auf Kosten der professionellen Kompetenz gehen. Gerade im Dienste der besonderen Entwicklungsbedürfnisse unseres Gegenübers brauchen wir einen Standpunkt. In diesem Sinne ist der Pädagogik ein wohltuend „dogmatisch-normatives

Moment“ zu eigen (vgl. Fischer 1990, 738). Bereits Tenorth regte an, für die Pädagogik den „Titel der Dogmatik“ zu verwenden, wenn sie auf sich selbst in ihrer Funktion für das soziale Leben reflektiert (vgl. Tenorth 1987, 698).

So erfrischend antiquiert und störrisch sich diese Thesen ausnehmen, so sicher ist es, daß wir damit in ein zunächst schier unauflösbares Dilemma geraten. Der aufs Schild gehobene Anspruch auf Selbstreflexion und Skepsis will sich damit so gar nicht vertragen. Hinzu tritt die Schwierigkeit, daß „nicht primär die Kompetenz der Pädagogen, sondern seine gesellschaftlich definierte ‘Aufgabe’ (...) den Ausgangs- und Bezugspunkt für die Erörterung der Berufsprobleme bieten“ (vgl. Tenorth 1989, 811). Diese zweiphasige Kränkung der Pädagogenrolle - er sei dogmatisch hie und gesellschaftlich fremdbestimmt dort - will verkraftet sein, unsanft holt sie jedwede Größenphantasie ein. Die eigene Position zu reflektieren heißt *nicht*, sie stehenden Fußes zu räumen. Die gesellschaftlichen Wirkmechanismen zu fokussieren heißt *nicht*, nur Befehlsempfänger zu sein. Normgebung erfolgt von zwei Seiten: von der objektiven wie der subjektiven aus, und diese Erkenntnis macht uns frei wie sie unser gesellschaftliches Eingebundensein offenbart.

Was lernen wir daraus? Zum einen ist jede pädagogische Normvorstellungen nicht aus sich selbst heraus zu erklären noch zu legitimieren. Unsere Vorstellungen von Störung sind niemals objektiv. Zum andern käme es einer fatalen und unprofessionellen Selbstaufgabe gleich, wollten wir die Existenz eines normativen, durch unsere Person authentisch vertretenen Anspruches abstreiten. Unsere Begegnung mit den Störern verlangt von uns Einfühlung und Verstehen, aber auch eine klar überschaubare Intervention. Das macht unseren Beruf ebenso interessant wie störungsanfällig.

Zum Glück habe ich eine versöhnliche Definition gefunden, die Reflexion und Handeln in Beziehung zu setzen vermag: „Der immer erneut vom Pädagogen selbst zu leistende Versuch, seine Zielkategorien kritisch zu bedenken und zu begründen, konstituiert Pädagogik als Handlungstheorie“ (vgl. Ahrens 1989, 825). Wenn darin eingeschlossen sei, auch zunächst unverstandene, weil unbewußte Motive unseres pädagogischen Interagierens zu erfassen, kann sich darauf getrost alle weitere Argumentation aufbauen.

3. Zur Praxisrelevanz des Störungsbegriffs oder: Wie können wir uns und den Störern helfen?

3.1. Grundsätzliches zum Auftrag der SozialpädagogInnen

Eindringliche Warnung vor scheinbarer Sicherheit

Nun also kommen wir zur Praxisbezogenheit des Störungsbegriffs. Offensichtlich wäre es nach meinen bisherigen Ausführungen höchst problematisch, wollten wir diesen mit Hilfe objektiver Kategorisierungen bestimmen und jetzt eindeutige Auffälligkeitsmerkmale hier wie pädagogische Verhaltensrichtlinien dort entwerfen. Allerdings darf nicht übersehen werden, daß es nicht wenige Bemühungen aus Forschung *und* Praxis gibt, faktisch genau nach diesem Muster zu verfahren (vgl. paradigmatisch Petermann, U. 1994).

Speziell ein vom Subjekt abgelöstes methodisches Operieren zur Eindämmung sozialer Auffälligkeiten will suspekt erscheinen. Mit Klafki sei dazu eine fundamentale Überlegung angestellt: Weil es nämlich keine geistigen „Kräfte" des Individuums ohne Inhalte gibt, gibt es auch keine vor diesen Inhalten liegende Methoden, welche deren Bewältigung dienen könnten (vgl. Klafki 1969, 73; Gerspach 1995a, 10). Ohne auf die tiefere Bedeutung einer Störung einzugehen, wird es entweder nicht gelingen, sie zu verändern, oder aber wir liefern mit unseren Interventionsangeboten unbeabsichtigt und unbegriffen einen Bedeutungsrahmen, der eine solche Veränderung mittelbar zwar möglich erscheinen läßt, die wir aber in übergroßer Selbstliebe für unseren unmittelbaren Erfolg halten wollen.

Für beide Fälle muß gelten, was Flitner schon 1930 erkannt hat: Daß man Methoden nicht rein technisch betrachten kann, sondern der Ausgangspunkt des Erzieherischen „die Fülle der Wechselwirkung der Personen" ist (vgl. Flitner 1930, 61; zitiert nach Prior 1985, 143 ff)[1]. Später wurde diese

[1] Es verwundert keineswegs, daß sich bei der mit viel Lob überschütteten *„konduktiven Förderung"* nach Petö keine ursächlichen Wirkmechanismen herausfiltern lassen, die für einen ursächlichen Erfolg dieser Therapieform für behinderte Kinder sprächen (vgl. Neuhäuser 1996, Rochel, Neuhäuser 1996, Speck 1996, Weber 1996). Mit Hilfe spezieller Übungen soll hier die verbliebene Kapazität eines geschädigten Gehirns aktiviert werden. Das Ganze ist ein Konglomerat verschiedener neuropsychologischer, neurophysiologischer und therapeutischer Konzepte, und offensichtlich liegt in deren Vernetzung das Geheimnis. Vor allem in Verbindung mit dem sich entwickelnden Beziehungsmoment entfaltet das Gesamt dieser Konzepte seine Kraft (vgl. Günter, Straßmeier 1996).

Betrachtungsweise dahingehend aktualisiert, daß die jeweilige Methode ebenso einem geschichtlichen Wandel unterworfen ist wie die pädagogischen Ziele und Inhalte, die bevorzugten Medien oder die beteiligten Personen und Institutionen. Jede Zuversicht ist scheinbar, für historisch sich wandelnde Aufgaben ein immer einsatzfähiges Repertoire wertfreier und optimierter Förderungstechniken zur Verfügung zu haben. Es ist leider - oder eher glücklicherweise - unmöglich, unseren methodischen Umgang mit Störungen auf ein „Moment bewußt erziehlichen und unterrichtlichen Handelns" zu reduzieren (vgl. Schulz 1985, 56). Die Komplexität des pädagogischen Arrangements, die in der Sinnfrage kulminiert, warum sich ein Klient auf uns einläßt und wir uns umgekehrt auf ihn, verbietet uns den Rückgriff auf solch vereinfachte Anwendungsregeln von alleine, außer, wir ließen es zu, daß unser pädagogisches Können auf Klippschulniveau herabsinke.

Ohne uns eingehender mit unseren ureigensten Vorstellungen über unsere Profession zu befassen, lassen sich hernach keine treffsicheren Aussagen über den Störungsbegriff und den praktischen Umgang damit machen. Ohne ein präzises Abstecken wie Reflektieren unserer pädagogischen Grundannahmen und -erwartungen kann niemals angemessen definiert werden, was einen Störer auszeichnet und wie ihm zu begegnen ist, es sei denn wir wollten, so wie es meines Erachtens in der uninformierten Öffentlichkeit noch immer klischeehaft über uns gemutmaßt wird (vgl. zuletzt die Leserbriefseite der ZEIT vom 9. Mai 1997), zum „sozialpädagogischen Zeigefinger" greifen und all jenen damit drohen, die in unseren Augen nicht richtig funktionieren. Je mehr aber die SozialpädagogInnen einen bemühten Eindruck machen, umso weniger glaubhaft wirken sie.

Ich habe mir zum Ziel gesetzt, eine praxisorientierte Vorgehensweise zur Arbeit mit schwierigen Klienten aufzuzeigen. Dazu bedurfte es zunächst

---

Ähnliche Vorbehalte müssen gegenüber der 'Wunderdroge' *„Neurolinguistisches Programmieren"* gelten, mit der von der Phobie über körperliche Beschwerden, Lernstörungen, Rauchen und Trinken bis hin zur Interaktion von Paaren, Familien und Organisationen 'Heilung' in kürzester Zeit möglich sei. Es handelt sich um ein Gemisch bekannter verhaltenstherapeutischer Techniken, angereichert mit einem Schuß Humanistischer Psychologie (vgl. Theis-Scholz, Thümmel 1995). Anstelle einer theoretischen oder empirischen Begründung wird suggeriert, NLP sei auf alle Probleme anwendbar, ohne daß man sich auf ihre jeweilige Spezifik einlassen müsse. Damit bietet es *„Nahrung für das Agieren von Allmachtsphantasien"* (vgl. Bremerich-Vos 1996).
Genau genommen finde ich das alles nicht einmal besonders schlimm, schließlich basiert die Sozialpädagogik zum Großteil auf einer eklektizistischen Zusammenschau benachbarter Konzepte. Die hauptsächlichen Vorbehalte gegen eine eigenständige Sozialarbeitswissenschaft basieren ja auf dem Eingeständnis dieser Tatsache, die es überflüssig macht, noch eine weitere Disziplin ins (künstliche) Leben zu rufen. Schlimm aber ist, wenn aus solchen Aufgüssen eine Heilslehre gemacht wird, und deren Vertreter es offensichtlich nicht mehr für nötig befinden, ihre Grundlagen zu benennen und ihr Selbstverständnis zu reflektieren.

einer eingehenden Auseinandersetzung mit dem Handlungsfundament der Sozialpädagogik. Nun ist die Perspektive in Richtung auf den konkreten pädagogischen Arbeitsauftrag zu öffnen. Beginnen wir mit einer eher harmlosen Betrachtung. Welches Kompetenzprofil meinen denn SozialpädagogInnen aufweisen zu müssen, die mit schwierigen Klienten arbeiten sollen/wollen? Um mich einer Antwort möglichst präzise anzunähern, möchte ich mich ihrem beruflichen Selbstverständnis zuwenden, welches häufig im Verborgenen wirkt, ohne genügend reflektiert zu werden. Vier Fragenkomplexe sind hier von besonderem Interesse:

- Wie sehen unsere normativen Vorstellungen von Erziehung aus, die die praktische Arbeit diskret dominieren?
- In welchem problematisch erlebten Zusammenhang der bisherigen Lebensgeschichte steht die Störung?
- Wie läßt sich die Bedeutung einer Störung aus der pädagogischen Situation herauslesen?
- Wie können wir angemessen handeln?

Sogleich sei ein prinzipieller Einwand gegen die erdrückende Vielzahl derzeit gängiger Erziehungskonzepte erhoben. Wir neigen dazu, die Ziele von Erziehung und Bildung sklavisch an eine formelhafte Vorstellung menschlicher Schaffenskraft zu binden, die es auf Teufel komm raus zu entfalten gelte. Dem instrumentellen Wissen, alle Angelegenheiten des Lebens planbar, steuerbar und beherrschbar zu machen, räumen wir oberste Priorität ein, ohne noch darüber nachzudenken, ob das alles wirklich nötig, ob es ethisch vertretbar sei und uns wirklich nütze. Mit dem Totschlagargument vom „Standort Deutschland“ wird jede Sinnfrage nach Lebensqualität auf dem Altar marktwirtschaftlichen Kalküls geopfert (vgl. Eißel 1997). Und, so steht zu fürchten, die Kultur gleich mit. Erziehung und Bildung werden unter Kuratel gestellt, die kindlichen Leistungsreserven bis aufs äußerste ausschöpfen zu helfen[2].

Nun ist es ein unverbrüchliches Wesenselement der menschlichen Gattung, daß nicht alle Mitglieder dieser Spezies bereit oder dazu imstande sind, die geforderten Höchstleistungen zu erbringen. Sei es, daß ihnen andere als die vorgegaukelten Werte wichtiger sind, sei es, daß sie auf Grund ihrer leibseelischen Ausstattung dies nicht vermögen, selbst wenn sie es wollten, sei es, daß man ihnen die nötigen Ressourcen vorenthält, derer sie bedürften, um sich gedeihlich entwickeln zu können. Lange Zeit hat man diese Menschen, die wir noch immer vorschnell über einen Leisten schlagen, als Behinderte und Störer bezeichnet, aus dem gesellschaftlichen Miteinander

[2] Billigend nehmen wir gravierende Abspaltungen an unseren Idealen in Kauf: Wir trennen Wissen von Moral, Geist von Körper und Seele, Vernunft von Gefühl (vgl. Preuss-Lausitz 1986, 31).

ausgegrenzt oder gar zur Vernichtung freigegeben. Da dies unserer heutigen allgemeinen Überzeugung einer humanen Gesellschaftsordnung nicht mehr entspricht, hat sich die Praxis eines anderen besonnen. Nicht zuletzt über den Anspruch auf gemeinsame Erziehung aller Kinder, wie er seit Mitte der siebziger Jahre bei uns als integrative Pädagogik bekannt wurde, hat sich ein Paradigmenwechsel durchzusetzen begonnen, mit dessen Hilfe der Begriff „Nichtaussonderung" in die pädagogische Debatte eingeführt wurde (vgl. Rosenberger 1988, Gerspach 1996b)[3].

Eine dieser Haltung gemäße Vorstellung von Erziehung und Bildung stellt also nicht von vornherein und ausschließlich die Optimierung der kindlichen Ressourcen über alle anderen Überlegungen. Im Gegenteil werden wir mit ihrer Hilfe auf die Verabsolutierung instrumentell gewirkter Intelligenzleistungen verzichten. Bildung ist ein unteilbares Gut. Der Mensch ist mit seinen Gefühlen, seinem Denken, seinen körperlichen Empfindungen, seinem Handeln und seinen sozialen Bezügen als Ganzes zu betrachten (vgl. Preuss-Lausitz 1993, 17). Das Wissen um technisches know-how ist dieser Lesart nicht wichtiger als die Fähigkeit zum sensiblen und ehrfürchtigen Umgang miteinander und mit dieser Welt. Außerdem, ob es uns nun paßt oder nicht, finden wir eine plurale, demokratische Gesellschaft vor, in der die Vielfalt von Lebensentwürfen und kulturellen wie individuellen Unterschieden zugenommen hat und demgemäß auch zu akzeptieren ist. Schlußendlich mündet diese Einsicht ein in eine „Pädagogik der Vielfalt in der Gemeinsamkeit" (vgl. Preuss-Lausitz 1993, 15; Prengel 1995) und macht ein Überdenken unserer pädagogischen Grundsätze nötig. Jede definitive Festlegung der Störung ex cathedra aber verfälscht ihre wahre Bedeutung.

Es sieht dann so aus, als seien alle Menschen anhand einer einheitlich genormten Meßtabelle in bezug auf ihre Entwicklungspotentiale wie Abweichungen eindeutig einzustufen. Diese Orientierung versagt dem jeweils gewachsenen individuellen So-sein jeglichen Respekt und übersieht geflissentlich, daß Behinderung, Leiden, selbst Störung, eben Anders-sein, ein unver-

---

[3] Das erwähnte Zentrum für Erziehungshilfe verdankt seine Existenz einer konsequenten Fortführung des Integrationsgedankens. Die Integrationsbewegung der siebziger Jahre war eine mittelständische Bewegung. Vor allem arrivierte (Bildungs-)Bürger protestierten gegen die Ausgrenzung ihrer behinderten Kinder. Den auffälligen Kindern und Jugendlichen aus sozial schwachen Familien fehlt aber bis heute eine starke Lobby. Um ihrem Ausschluß aus Einrichtungen öffentlicher Bildung und Erziehung vorzubeugen, bedarf es anderer methodischer Vorgehensweisen. Ein körperlich oder geistig behindertes Kind erfährt meist eine viel größere Akzeptanz als ein sozial auffälliges Kind. (Tragisch ist es, wenn beide Faktoren zusammenkommen.). Behinderung ist *eine* mögliche Form menschlicher Erscheinung, Störung steht für eine sozial verursachte seelische Deformation (vgl. Reiser 1987b). Wiewohl nicht jedes Kind mit der gleichen Pädagogik erreicht wird und es große Unterschiede zwischen behinderten und sozial deprivierten Kindern gibt, sei nicht die eine gegen die andere Gruppe ausgespielt.

brüchliches Wesensteil menschlicher Existenz sind. Nicht zuletzt die Erkenntnis ökologischer Kreisläufe hat uns hinsichtlich der Phantasie steter Entwicklung desillusioniert. Beständiges Wachstum kann es offensichtlich nicht bruchlos geben, sondern, wenn überhaupt, nur um den Preis von Vernichtung in anderen Teilbereichen. Die Vorstellung, solch linearen Wachstumsprozesse auf den Menschen zu übertragen, führt zu falschen anthropologischen Postulaten. Wir laufen Gefahr, die Prinzipien des gesellschaftlichen Ganzen, welche auf stete Kumulation hin angelegt sind, ungeschieden auf den Menschen zu übertragen, der von seiner Grundausstattung her eher einem nicht-kumulativen Prozeßtyp entspricht (vgl. Krovoza 1976, 73 ff)[4].

Mit dem Diktat, sich *wie* eine zur Kumulation fähige Maschine zu verhalten, stürzen wir ihn mehr oder minder in ein arges Dilemma, muß er doch nun gegen seine ureigenen Voraussetzungen anarbeiten. Auf der einen Seite sieht er sich mit seinem Sieg über die äußere Natur in seiner Allmacht bestätigt, auf der anderen Seite wächst in seinem Innern die Gewißheit von Ohnmacht, schließlich vermag er nicht mehr alles, was er sich schuf, gefahrenfrei zu verwalten, und so liefert er sich mehr und mehr als immer kleineres Rädchen ans große Räderwerk aus. Der Mensch wird fortschreitend ökonomisch funktionalisiert, und gleichzeitig liegt in diesem Prozeß seine endgültige Entwertung, weil sein Vermögen und seine Eigenschaften an die toten Dinge übergehen (vgl. Sigusch 1997, 844 ff). Die Unbewußtheit dieses Spannungsmoments trägt ein Gutteil dazu bei, daß seine Störanfälligkeit zunimmt - auf irgendeine Weise *muß* er rebellieren. Insgeheim liegt er im ständigen Hader mit einer gesellschaftlichen Ordnung, die sich der kumulativen Bewegung verschrieben hat. Sie fordert vom Subjekt immer mehr und denkt sich dabei „nicht mehr vom Subjekt her“ (S. 840). Die neue Gesellschaftsphilosophie ist nicht mehr subjekt- sondern systemzentriert. Aus diesem unauflösbaren Konflikt entstehen Unzufriedenheit, Ohnmachtsgefühle, Krankheit, der Verlust an Sensibilität und, wenn das bedrängte Selbst diese Belastungen nicht mehr zu bewältigen vermag: *Störung*.

Aus vielen pädagogischen Erörterungen sind derlei Überlegungen als nicht zum Thema gehörend getilgt. Implizit oder gar explizit und von jeder Einbindung in Konflikte bereinigt wird der Mensch als kumulativer Typ auf-

[4] Der kumulative Prozeßtyp häuft sukzessive an, während der nicht-kumulative keinem unmittelbar stetigen Zugewinn unterworfen ist und auch minimierende Vorgänge kennt. Der Mensch der Moderne sieht sich hauptsächlich mit kumulativen Ansprüchen konfrontiert. Das Primat der Mehrung in bezug auf unser Wissen, den technischen Fortschritt, Produktion und Produktivität, selbst in bezug auf den Anspruch an Effizienzmaximierung im sozialen Sektor, bestimmt die Regeln des öffentlichen Lebens.
Dabei entspricht die menschliche Konstitution dem nicht-kumulativen Typus. Bedürfnisspannungen, Gefühle und Affekte wechseln, aber wachsen nicht unablässig an. Mitunter geraten wir unter Druck, die Spannung steigt, gleich ob aggressiver oder sexueller Natur. Es gibt ein fortwährendes Auf und Ab von Spannung und Entspannung.

gefaßt. Demgemäß geht man dazu über, Kinder in getrennte Kategorien zu sortieren. *Die guten ins Töpfchen, die schlechten ins Kröpfchen*. Kinder mit organischen und/oder sozialen Auffälligkeiten werden am liebsten gemäß eines stillschweigend zugrundegelegten Defizit- und Defektmodells einer medizinisch-therapeutischen bzw. sonderpädagogischen Betrachtung anheim gegeben. Es werden außerpädagogische Kriterien und Klassifizierungsinstrumente bemüht, um ihre Störung in faßbare Begriffe zu gießen[5]. Scheinheilig tun wir so, als seien auffällige Kinder in besonderer Weise zu fördern. So transportieren wir, ob gewollt oder ungewollt, einen normativ gesetzten Erwartungsdruck, der ihnen zumindest stillschweigend vermittelt, daß sie anders werden sollen, weil sie anders sind. Im Klartext meint 'besondere Förderung': bitte an einem anderen Ort.

Solche Zuschreibungen bewirken eine soziale Stigmatisierung, die die Identität des als anders etikettierten Menschen insgesamt treffen (vgl. Goffman 1975). Einem als defizitär klassifizierten Kind wird unvermittelt nahegebracht, daß es nicht 'richtig' ist. Seine Selbstwahrnehmung, seine weitere Entwicklung wie auch Entwicklungsstörung wird von dieser Erfahrung, die das innere Gleichgewicht destabilisiert, mitbestimmt[6]. Jede Klassifikation entlang eines scheinbar objektiven Schemas läßt den Erfahrungshorizont des individuellen Lebens außer acht und wird dem Kind mit ihren „starren normativen Vorgaben" nicht gerecht (vgl. Krawitz 1992, 370 f). Vielfach verführt die Hilflosigkeit, was zu tun sei, dazu, anstelle pädagogischer Kategorien medizinische oder pseudomedizinische Begriffe zu verwenden. In den letzten Jahren ist die Flut der sozial- und sonderpädagogischen „Konstrukt-Begriffe" inflationär angewachsen (vgl. S. 374). Wir werden immer Begründungen für zunächst nicht verstehbare Verhaltensphänomene finden,

---

[5] Pädagogik ist von einem heimlichen aggressiven Impuls umfangen. Noch immer gilt, was Bernfeld über sie sagte: „Und ein Stück des uralten Sadismus, ein Schimmer jener Aggressionsorgie (...) verklärt sie noch heute" (vgl. 1925, 79).

[6] Bei Menschen mit kumulativ gehäuften Kindheitstraumen ist das ausgleichende Wechselspiel von Spannung und Entspannung massiv gestört. Sie ertragen keine Entspannung, können sich nicht fallen lassen aus Angst, wehrlos einer erneuten Verletzung ausgesetzt zu sein. Weil ein solches Kind Angst vor Entspannung hat, wird von ihm auch manch friedliche Situation in einer Kindergruppe scheinbar grundlos zunichte gemacht. Leber berichtet von einem sogenannten hyperaktiven Kind, das seinen Vater fragte: „Papa, wenn ich mit dem Ruderboot auf einem tiefen See bin und mal nicht rudere, gehe ich dann unter?" (vgl. 1989b, 26). Über seine motorische Umtriebigkeit versucht dieses Kind verzweifelt sein inneres Gleichgewicht aufrechtzuerhalten. Ruhe bedroht dieses Gleichgewicht. Erst wenn ihm durch die gewachsene Erfahrung einer möglichst ausgependelten Beziehung zunehmend sichergestellt ist, daß das erwachsene Gegenüber nichts Böses im Schilde führt, wird sich Entspannung einstellen können. Dazu muß der Sozialpädagoge bereit sein, die Spannung des gestörten Kindes, und damit das vermeintlich Böse im Kind selbst, auszuhalten. Es ist ein schmerzlicher gemeinsamer Weg.

„und sei es nur deshalb, um unser Nichtverstehen durch *irgendwelche* Erklärungen zu mildern" (vgl. Reiser 1993, 254).

Ähnliche Vorbehalte gelten gegen das Modell der sogenannten Teilleistungsstörungen, welches davon ausgeht, daß die kindliche Leistungsfähigkeit nicht als ganzes, sondern nur in bestimmten Segmentierungen beeinträchtigt ist. Über globale Beschreibungsversuche vor allem auf der Verhaltens- und Hirnebene wird nun versucht, Mängel der funktionalen und strukturellen Integrationsleistungen zu filtern. Ist es aber gestattet, von nicht direkt beobachtbaren Teilleistungen auf ein gutes oder schlechtes Funktionieren im Rahmen der zentralnervösen Verarbeitung zu schließen? Immerhin wissen wir inzwischen, daß nicht das Gehirn die unabhängige und das Verhalten die abhängige Variable ist und es eine wechselseitige Beeinflussung von Veränderungen des Verhaltens und der Funktionsweise des Gehirns gibt (vgl. Dietel, Kassel 1993, Fries, Weiß 1995). Überdies fällt noch folgender Aspekt ins Gewicht: Mit Hilfe beschreibender Verfahren werden funktionale 'Teil-Ausfälle' im Sinne einer schematisierten Input-Output-Analyse zu diagnostizieren gesucht. Solange wir diese Ebene nicht verlassen und die Dimension des subjektiven Erlebens in den Blick nehmen, werden wir weder verstehen, wie es einem Kind geht, „das trotz intensiver Bemühungen selbst nach zwei, drei oder gar vier Jahren Schule immer noch nicht lesen kann" (Dietel, Kassel 1993, 304), noch werden wir die heimliche Bedeutung seiner Störung auch nur erahnen.

Mit den Konstrukten Wahrnehmungsstörung - da können bestimmte Reize nicht verarbeitet werden - und Teilleistungsstörung - das Ganze funktioniert, nur ein bißchen nicht - geben wir dem irritierenden Phänomen solcher Verhaltensweisen, die von unseren gängigen Vorstellungen abweichen, einen Namen, mit dem es sich magisch bannen läßt. Ohne ihn genau lokalisieren noch herzuleiten zu können, unterstellen wir einen monokausalen Zusammenhang und verbleiben konsequent auf der 'nüchternen' Ebene hirnorganischer Funktionsstörungen. Vergessen geht, daß Persönlichkeit „keinen festgelegten zerebralen Ort" hat und daß wir uns mit Hilfe der Hirnforschung zwar formale Funktionen zu erklären vermögen, nicht aber die „konkreten Bedeutungsvollzüge" (vgl. Begemann 1996, 150 f).

Die Betrachtung des Bedeutungsaspekts wirft uns aber unentrinnbar auf den Beziehungsrahmen einer Störung zurück. Beschreibende und vermessende Erklärungsversuche verstehen nicht den subjektiven Sinngehalt und fragen auch erst gar nicht danach. Solche Konzepte erfreuen sich deshalb so großer Beliebtheit, weil sie alle Störungsphänomene auf Verschaltungsprobleme des Hirns reduzieren, damit alle beteiligten Affekte neutralisieren, ausgesprochen konfliktverleugnend operieren und also das eigene irritierende Erleben aufs effektvollste eliminieren.

Schon vor über zehn Jahren wurde angemahnt, keine Normabweichungen, keine Differenzen zum Mittelwert einer Bezugsgruppe und keine Defizite allgemein zu diagnostizieren. Vielmehr handele es sich um „'ins Stokken geratene Prozesse', Notsituationen" (Bundschuh 1985, 96). Der Maßstab für die Störung liegt demnach im Kind und seiner Geschichte begründet. Dagegen ist die nach wie vor vorherrschende Lehrmeinung von einer Haltung geprägt, die „angemessenes Lern- und Sozialverhalten" verlangt (vgl. Petermann, U. 1994, 14) und im andern Fall ein „kognitives und soziales Defizit" erkennt, verkoppelt mit „Wahrnehmungsverzerrungen, Mängel(n) der Selbstkontrolle und im Sozialverhalten" (vgl. Petermann, F. 1994, 19). Gemäß dieser normenkonformen Lesart werden „Verhalten und Leistungen eines Kindes" daran gemessen, was „im Ergebnis historisch entstandener Konventionen und konkret-gesellschaftlicher Erwartungen als alterstypisch angesehen wird" (vgl. Breuer, Weuffen 1995, 27).

Einwände gegen das Klassifizieren anhand eines Beispiels

Die trotz aller geäußerten Kritik nach wie vor gängige Lesart in der Verhaltensgestörtenpädagogik orientiert sich an statistisch gemittelten Verhaltensabweichungen, an kognitiven Defiziten der Reiz- und Wahrnehmungsverarbeitung und lerntheoretischen Trainingsprogrammen zur Verhaltensmodifikation. Exemplarisch möchte ich mich in meiner Auseinandersetzung mit diesem Ansatz auf die Bearbeitung kasuistischen Materials bei Schleider (1997) beziehen. Ihre Fallanalyse belegt zunächst den durchaus plausiblen Wunsch von PraktikerInnen, bezüglich kindlicher Störungsmuster, mit denen sie sich konfrontiert sehen, zu klaren Handhabungen mittels objektivierter Schadensfeststellungen zu gelangen. Deshalb sind sie immer dankbar, wenn ihnen die Psychodiagnostik eindeutige Belege liefert, was mit einem Kind los ist. Daß ein solch stringentes wie widerspruchsfreies Vorgehen aber nicht so ohne weiteres möglich ist, und wir hier die PraktikerInnen immer desillusionieren müssen - zumal sich aus diagnostischen Zuschreibungen noch lange keine rezeptartigen pädagogischen Richtlinien ableiten lassen -, möchte ich nun belegen.

Es geht um Alexander, einen siebenjährigen Jungen, der als Notfall in die Kinder- und Jugendpsychiatrie eingeliefert wurde, nachdem sein Elternhaus durch sein Zündeln beinahe vollständig ausgebrannt ist. Die Mutter berichtet ferner über „äußerst oppositionelles und aggressives Verhalten. Außerdem nässe er seit ca. einem Vierteljahr wieder nachts ein“ (vgl. Schleider 1997, 190). Hinzu komme eine immer schon erhöhte motorische Unruhe.

Alexanders Mutter ist 25 Jahre alt und Hausfrau, der Vater ist 24 Jahre alt und Kraftfahrzeugmechaniker. Die beiden Geschwister sind zweieinhalb und eineinhalb Jahre alt. Ein viertes Kind ist unterwegs. Vater und Mutter divergieren in ihrem Erziehungsstil: Die Mutter beschreibt sich als sehr streng und leistungsorientiert, ihren Mann (der offensichtlich nicht am Anamnesegespräch teilnimmt) als eher gewährend und verwöhnend. Ferner deutet sie „erhebliche Spannungen zwischen beiden Eltern sowie zwischen den Eltern und den Großeltern väterlicherseits“ an. Insbesondere sie selbst sei emotional sehr belastet. Schleider kommt zum Ergebnis, daß die Persönlichkeitsprofile der beiden Eltern „insgesamt nicht klinisch auffällig“ seien, wenn auch sehr unterschiedlich: Die Mutter erscheint eher extrovertiert, leistungsorientiert, leicht erregbar und äußerst angespannt, der Vater dagegen eher introvertiert, tendenziell bedrückt und mit psychosomatischen Beschwerden. Bezüglich des Jungen heißt es, vorläufige Verdachtsdiagnosen seien eine funktionelle Enuresis, eine hyperkinetische Störung mit Aufmerksamkeitsschwäche sowie eine fragliche Pyromanie. „Als vorläufige Maßnahme wird für eine gründliche Diagnostik und zur initialen Therapie, aber auch zur Entlastung der Familie ein stationärer Aufenthalt in einer kinder- und jugendpsychiatrischen Einrichtung vorgeschlagen“ (vgl. S. 191 ff).

Der Junge wird dann einer ganzen Batterie von Tests ausgesetzt. U.a. wird sein nächtliches Einnässen protokolliert und mit lerntheoretischen Verstärkern begleitet. Die Beobachtung gilt auch seinem Hang zum Zündeln sowie seiner „Hyperaktivität, Unaufmerksamkeit und allgemeine(n) Verhaltensprobleme(n)“. Hinzu kommen projektive Verfahren und Leistungsprüfungsmethoden. Hinsichtlich der „Bedeutung der Psychodiagnostik für heil- und sonderpädagogisches Handeln“ umreißt Schleider exakt aufeinander folgende Schritte: Situationsanalyse, Zielanalyse, Mittel-Weg-Analyse, Ausführung, Evaluation. Um über diese Aneinanderreihung zu klaren Handlungsregeln zu gelangen, sei zusätzlich detailliertes Fachwissen erforderlich: u.a. „Bedingungswissen darüber, wie soziale Probleme entstehen, Wissen über Veränderungsmöglichkeiten, Vergleichswissen über diagnostische Methoden sowie über Definitionen vom normalen und abweichenden Verhalten“ (vgl. S. 195 ff).

Den SozialpädagogInnen wird nun ein vollkommen strukturiertes Vorgehen im Hinblick auf die Abstimmung von Diagnostik und ein daraus abgeleiteten Handeln nahegelegt. Über die Entdeckung klarer Krankheitsbilder „entlang der Kriterien der Internationalen Klassifikation psychischer Störungen (ICD-10)“ (S. 195), die auf systematischer Verhaltensbeobachtung gründen, kommen wir zu operationalisierten Handlungsweisen bezüglich der Modifikation des ungewünschten Verhaltens.

Auf den ersten Blick wirkt dieses ganze procedere überaus vernünftig und, weil es klare Verhaltensmaßregeln vorgibt, entlastend. Soweit so gut. Ich würde genau so nicht vorgehen, sehe in dieser Empfehlung zur Operationalisierung eher die gefährliche Verkürzung einer vorhandenen Problemlage und möchte diese Bedenken nun begründen.

Indem wir mit Hilfe objektivierter Beschreibungen auffälliger Verhaltensweisen zur klassifikatorischen Einkästelung eines Störungsbildes gelangen, verlassen wir nicht die Position des äußeren Beobachters. Die uns ereilende Irritation oder Beunruhigung wird systematisch aus unseren Befunden gelöscht, und auch die Vorläufigkeit oder Wertungsabsicht unserer Vorannahmen wird nicht mehr transparent. Weder wird es auf diese Weise noch gestattet, eine mögliche Kränkung zu reflektieren, die uns ein Kind zufügt, weil es die Mitarbeit verweigert, und die dann als 'objektive Kriterien' in die Untersuchungsergebnisse einfließen (vgl. Hirmke 1983), noch wird berücksichtigt, daß bereits einer diagnostischen Situation immer schon Momente einer prozeßhaften Beziehungsdynamik zu eigen sind. Auch wenn wir uns einer objektiven Sprache mittels standardisierter Methoden bedienen, sind wir von Anbeginn an mit unserem eigenen subjektiven Erleben beteiligt. Deshalb auch wäre es viel sinnvoller, anstelle punktueller statusdiagnostischer Erhebungen die Diagnostik als Förderdiagnostik zu konzipieren, weil sie, dezidiert als prozeßorientierte verstanden, zu viel differenzierteren Ergebnissen gelangen kann und auch Veränderungen auf beiden Seiten ins Kalkül zieht. Denn jede Störung ist, unabhängig vom klinischen Bild, stets eingebettet in einen sie determinierenden Interaktionsrahmen. Kolt und Rother haben deshalb angeregt, „diagnostisches Handeln als integrierten Bestandteil pädagogischen Handelns" aufzufassen (vgl. Kolt, Rother 1984, 345). Diagnostik geht in Förderung über, weil sie das intersubjektive Beziehungsgeschehen von Pädagoge und Kind als bewegende Kraft ansieht, und also begreifen wir eine „Störung als Chance", weil sie die Probleme - „seien es nun affektive oder kognitive" - als solche wahrzunehmen und zu deuten versteht. Dieser Aspekt bleibt im vorliegenden Fall ausgespart.

Problematisch erscheint mir die völlige Auftrennung des familiendynamischen Hintergrunds von Alexanders Störung. Die Mutter macht mehrfach Andeutungen darüber, ohne daß diese Hinweise als versteckte Selbstmitteilung und heimlicher Wunsch, darüber zu reden, aufgegriffen würden. Es gibt offensichtlich viele ungelöste Probleme und eine insgesamt sehr angespannte Situation. Sie selbst, zudem hochschwanger, wirkt sehr belastet und unruhig. Wie wird ihre Zukunft aussehen mit vier Kindern, jetzt, da ihr Zuhause abgebrannt ist? Über all dies erfahren wir herzlich wenig. Geradezu penibel wird die Berührung mit aufscheinenden Affekten zu vermeiden gesucht. Wahrscheinlich wirken sie derart bedrohlich, daß, würden sie benannt, die Phantasie aufkäme, die Geister nicht mehr loszuwerden, die man rief. Man kann fast vermuten, daß das Ausmaß objektivierender Betrachtungen stets in einem umgekehrt proportionalen Verhältnis zu abgewehrten Affektlagen steht.

So bleibt der subjektive Faktor von Selbst- und Fremderleben, in dem ein bestimmter Erziehungsstil steht, unbeachtet, als könne man diesen frei wählen. Wir wissen, daß die Wahl des Erziehungsstils, wie man dem eigenen Kind begegnet, immer auch von unbewußten narzißtischen Projektionen mitbestimmt ist. Dabei schließt sich an die Frage nach der jeweiligen Färbung der elterlichen Affekte unmittelbar die nach ihrem Bild vom Kind an, welches ihrer affektiven Zuwendung zugrunde liegt. „Gerade die Eltern mit den sogenannten Problem-Einstellungen (...) lieben oder hassen doch im allgemeinen weniger das Kind, wie es wirklich ist, als vielmehr ein *illusionär verzerrtes* Bild des Kindes" (vgl. Richter 1972, 51). Das Kind kann auch unbewußt an die Stelle der eigenen Eltern treten oder mit anderen Beziehungspersonen 'verwechselt' werden. Die erzieherische Haltung von Mutter oder Vater wird dann von Reminiszenzen alter Verhaltensmuster überlagert.

Hier aber werden solche Realitätsfälschungen nicht eingerechnet. Eine Überlegung, warum die Mutter fordernd, der Vater verwöhnend auftritt und was das mit der gesamten Beziehungsdynamik zu tun habe, wird gar nicht erst angestellt. Alles Nachdenken über den Fall verbleibt auf der Ebene technischer Regeln. Mich würde dagegen viel mehr interessieren, ob meine Vermutung stimmt, daß zentral ein ungelöster und noch schwelender Autoritätskonflikt mit dem Großvater den Vater introvertiert und bedrückt erscheinen läßt. Spannende Fragen wären diesbezüglich: Wie nahe stehen sich die Familien (auch räumlich)? Müssen wir davon ausgehen, daß die Dominanz des Großvaters ungebrochen ist? Hat sich der Vater nie wirklich abgelöst von seinem Elternhaus? Welche Akzeptanz erfährt da die Mutter? Hält sie, eine leistungsbetonte starke Frau, ihren Mann für einen 'Schwächling'? Ist da Feuer unterm Dach?

Kurz: *Was handelt Alexander mit seinem Zündeln stellvertretend für den Vater (oder auch die Mutter) ab?*

An diesem Familiengeheimnis wird nicht gerüttelt. Wie häufig zu beobachten, erfolgt keine Identifizierung mit dem Kind und seinen inneren Nöten, was es auch nötig erschienen ließe, aus seiner Perspektive auf die Gesamtsituation mit den Erwachsenen (und den Geschwistern) zu schauen. Aus dem Scenotest erfahren wir übrigens ein nicht unwichtiges Detail über Alexanders Selbstwahrnehmung: Er verwendet nur Figuren für Vater und Großvater und baut dicke Mauern auf, die ihn von den anderen trennen (vgl. Schleider 1997, 192). Leider wird dieser Hinweis auf gestörte Beziehungsmuster und ihre Bedeutung für eine gestörte Subjektgenese leichtfertig verschenkt. Dagegen läßt sich die schon beinahe klassisch zu nennende Identifikation mit Über-Ich-Positionen ausmachen: Die Erwachsenen werden nicht mit ihrer Eigenbeteiligung am Geschehen konfrontiert, aus ihrer Sicht erscheint einzig das Kind als Problem, und so verfährt die Diagnostik. Über die stationäre Unterbringung wird die Familie vorm Kind geschützt und nicht umgekehrt.

Demgemäß bleibt es bei einer individualistischen, konfliktbereinigten Sichtweise, der dann der Konstruktbegriff Hyperaktivität wie von selbst in den Schoß fällt. Daß die Mutter selbst sehr angespannt und unruhig wirkt, der Junge in der ersten Untersuchungssituation zu ihr weder Blick- noch Körperkontakt aufnimmt, liefert erste Anhaltspunkte für eine gestörten Dialog zwischen beiden. Und wir wissen, daß nicht selten eine solche basale affektive Fehlabstimmung mit der Mutter beim Kind motorische Unruhe hervorbringt. Wenn es keine ausreichende emotionale Stimulation von außen erfährt, muß es zu einer Erhöhung seines motorischen Selbstaktivierung greifen, um sich noch spüren zu dürfen.

Wie so oft einigt man sich stillschweigend darauf, all diese heißen Eisen nicht anzufassen und das Problem einzig im Kind - und hier noch am besten in biologische Faktoren gegossen, für die keiner etwas kann - zu lokalisieren. Erst, wenn Alexanders Störung - sein sich und andere gefährdendes Zündeln - als sinnvolle Selbstmitteilung über nicht bewältigte innerfamiliäre Konfliktthemen verstanden würde, wäre ein Weg gebahnt, daß er nicht mehr auf derlei (selbst-)zerstörerische Inszenierungen zurückgreifen müßte. Hier liegt meines Erachtens die Grundaufgabe sozialpädagogischen Intervenierens darin, sich nicht in den Fallstricken jener „manipulativen Technokratien, die Subjektivität verwalten" (vgl. Schülein 1986, 197), zu verfangen[7].

Ich habe mich bei der Erörterung dieses Falles etwas länger aufgehalten, weil sich hier eine gute Gelegenheit bot, geradezu modellhaft methodisch gänzlich unterschiedliche Vorgehensweisen deutlich zu machen. Ich bin mir sehr sicher, daß erst, wenn wir den Blick auf Störungen ablösen vom unergiebigen Versuch, sie klassifikatorisch dingfest zu machen, und ihn öffnen in Richtung der psychodynamischen Dimension hinter dem beobachtbaren Verhalten, wir imstande sein werden, angemessene Bewältigungs- und Veränderungsmöglichkeiten aufzuzeigen.

---

[7] Uns ist das Phänomen, welches wir als ‘abweichendes Verhalten’ umschreiben, zunächst meist unbekannt, weil wir SozialpädagogInnen und WissenschaftlerInnen auf Grund günstigerer Objektbeziehungskonstellationen in unserer eigenen Geschichte andere Wirklichkeitskonstuktionen aufbauen durften, die nicht per se von einer permanenten Bedrohung unserer Person ausgehen. Gleichzeitig aber haben wir sicher alle im Hinblick auf die Erfahrung früher biotraumatischer Hilflosigkeit eine leise Ahnung davon behalten, was geschieht, wenn unglücklicherweise das Schicksal doch *„all seine Drohungen gleich verwirklicht"* (vgl. Lorenzer 1972a). Insofern ist unseren wissenschaftlichen Konstruktionen - hier von abweichendem Verhalten - durchaus eine objektivierende Distanzierung im Sinne unbewußten Selbstschutzes inne. Erst nach der Überwindung mehr oder weniger heftiger Widerstände wird uns deren verzerrender Charakter aufgehen. Das gilt für in störendes Verhalten gegossene Beeinträchtigungen subjektiven Erlebens ebenso wie für in Theorien *über* störendes Verhalten gegossene Beeinträchtigungen.

Die zukünftige Integrationsaufgabe von Störern

Daß es sich bei jedweder klassifikatorischen Bemühung der Eingrenzung von eindeutig bestimmbaren Störungsbildern um eine scheinobjektive handelt, macht noch ein völlig anderer Umstand deutlich: Mit dem Ausbau des integrativen Unterrichts ging, wie Wocken (1996) etwa für die Situation in Hamburg der letzten zehn Jahre expliziert, eine paradoxe Entwicklung einher, nämlich der expansive Anstieg der Meldezahlen von Schülern für die Förderschulen. Wocken folgert: „Die gestiegene Meldungsquote ist mit unmißverständlicher Kritik als eine höhere Selektionsbereitschaft der Allgemeinen Schulen anzusprechen" (1996, 271). So haben integrative Maßnahmen nicht zu einem Absinken des Prozentsatzes der Schüler, die Sonderschulen besuchen, geführt (vgl. Opp 1996, 357). Offensichtlich korreliert die Klassifikationsskala von sozialen Auffälligkeiten mit den pädagogischen Unterbringungsmöglichkeiten bzw. der Toleranz der Regeleinrichtungen. So erleben wir den heftiger werdenden Widerstreit zweier unvereinbarer Kraftfelder: Auf der einen Seite ist die innere Bereitschaft größer geworden, von einer ausgrenzenden pädagogischen Praxis abzurücken und Kinder mit den klassischen Behinderungsformen im Regelverband zu belassen. Auf der anderen Seite wird mit einer Rückschneidung der zur Verfügung gestellten Mittel für deren Integration diese Toleranz wieder sinken, weil damit vor allem die Möglichkeiten zur Duldung verhaltensgestörter Kinder über Gebühr beschnitten werden.

Damit handeln wir uns weiteres Ungemach ein: Wo uns auf Grund fehlender oder nur mangelhaft entwickelter Kategorisierungsraster keine klare, operationalisierbare Handhabe zur Verfügung steht, nach welchen Kriterien verhaltensauffälligen Kinder besondere erzieherische Hilfen zu gewähren sei, wird man eher, um die Belastung zu minimieren, zur erneuten Ausgrenzung der Behinderten aufrufen. Für die gibt es schlußendlich solche (medizinischen) Raster. Ab mit ihnen in die Sondereinrichtung. Im Grunde ist dem Klassifikationsmangel von Verhaltensstörungen etwas Positives zu eigen, verhindert er doch eine einfache statusdiagnostische Etikettierung. Gleichzeitig wird damit eine effektive Unterstützung erschwert: Ohne Stempel keine Hilfe. Und weil wir offensichtlich nur in schablonierten Alles-oder-Nichts-Prinzipien zu denken gewohnt sind, sind derzeit Bestrebungen erkennbar, die vom BSHG ins KJHG gewanderte „seelische Behinderung“ - womit wohl in vager Umschreibung das Phänomen Verhaltensaufffälligkeit gemeint ist - mit Hilfe medizinischer Deskriptionsversuche in erkaltete Formen zu gießen. Störungsmomente, bei denen wir endlich dahin gekommen sind, vornehmlich eine psychodynamische Ätiologie zu vermuten, werden erneut aus ihrem psychosozialen Kontext gebrochen und zur Krankheit verfremdet[8]. All diese Entwicklungen lassen nichts Gutes ahnen hinsichtlich der Bereitschaft zur Integration auffälliger Kinder und Jugendlicher.

Gleichzeitig stellt sich, wie Opp (1996) mit dem Hinweis auf die zunehmende Verarmung von Familien mit Kindern belegt, die Integrationsfrage der Zukunft an ganz anderer Stelle als am Schnittpunkt mit dem Schweregrad der Behinderung eines Kindes. Hanesch u.a. führen den Beweis, daß die Kinderarmut in Deutschland als feste Größe zu begreifen ist. 14 % der Kinder im Westen und über 20 % im Osten leben unterhalb der Armutsgrenze (vgl. 1994, 143). Dort liegt die wirkliche Integrationsproblematik. Die Integration aller Schüler mit Behinderungen ist dagegen unbestritten möglich und im Grunde auch die weitaus lösbarere Aufgabe. Es gibt aber eine größer werdende Grauzone von Schülern mit Lern- und Verhaltensauffälligkeiten, deren personale und soziale Integration von erheblichen Risiken und Belastungen bedroht ist, die sich unmittelbar aus der krisenhaften Zuspitzung der Verkehrsformen innerhalb ihrer Lebenszusammenhänge ableiten lassen. Auf der Grundlage dieser gesellschaftlichen Tendenzen müssen sich sämtliche medizinisch gewirkten Klassifikationsversuche zur Indikation integrativer Erziehung als nachgerade unbrauchbar erweisen. Ich denke, daß, wer die Integration behinderter Kinder zurückschrauben will, im letzten die sozial auffälligen meint. Und weil es für die erste Gruppe scheinbar eindeutigere Klassifikationsmerkmale gibt, erspart man sich eine inhaltlich differenzierte Diskussion über den Störungsbegriff. Behinderung, Störung, Auffälligkeit

---

[8] Dieser Vorwurf zielt etwa auf das umstrittene Konzept der sogenannten *Minimalen Cerebralen Dysfunktion*, das diskrete hirnorganische Ursachen für massive *„'Störungen des Sozialverhaltens'“* wie Albernheit, Triebhaftigkeit, Hemmungs- und Grenzenlosigkeit, Aggressivität oder starke Ichbezogenheit verantwortlich macht, auch wenn diese nicht zu belegen sind. Die Hauptkritik richtet sich gegen den „'psychosemantischen Trick'“, eine Krankheit auch ohne nachweisbare histopathologische Befunde zu einer Krankheit zu machen (vgl. Mattner 1988, 67 ff). Das gestörte Kind kann zum Symptomträger einer Familienproblematik werden. Seine Motorik ist dann als „Ausdruck von Kommunikation“ zu lesen. Diesbezüglich motorische Auffälligkeiten liefern uns Hinweise auf einen gestörten Dialog (vgl. von Lüpke 1988, 29 ff; 1989).

Bezüglich *autistischer Kinder* geht Haag von einem frühen und hypersensiblen Bewußtsein der Getrenntheit vom primären Objekt aus, die eine derart starke Angst auslöst, daß dieses Objekt nicht hinreichend verinnerlicht werden kann. Der Wahrnehmungsapparat bricht zusammen, und die Kinder bleiben einem primitiven Anklammerungswunsch verhaftet, verkoppelt mit dem „*Nichtwahrnehmen* von Beziehungen“ (vgl. 1996, 163 ff). Diese psychogene Form des Autismus läßt sich als eine Art Überlebensmechanismus betrachten, um die „traumatische Erfahrung der körperlichen Getrenntheit nicht wahrzunehmen“. Unabhängig von möglichen medizinischen Ursachen finden wir hier, ausgelöst durch eine wechselseitige Irritation, häufig einen „Verschmelzungsclinch zwischen Mutter und Kind“, der eine unangemessene Nähe produziert und die „Entwicklung von Objektbeziehungen sowie eine kognitive und emotionale Entwicklung verhindert“ (vgl. Stork 1994, 223). Den Aspekten gestörter oder belasteter Beziehungen ist stets genügend Rechnung zu tragen.

werden in eins gesetzt. Mit Hilfe benachbarter Fachdienste wird das anwachsende soziale Störungspotential rebiologisiert. Wer krank ist, ist nicht verantwortlich für sein Tun (was nicht zuletzt die Eltern entlastet[9]), für den ist aber im Grunde auch keine Sozialpädagogik mehr zuständig. Die althergebrachte Sonderpädagogik wird fröhliche Urständ' feiern.

Den verwendeten Konzepten liegt ein Verständnis kindlicher Entwicklung zugrunde, welches bestimmte Funktionen und Verhaltensweisen entlang als unzweifelhaft definierter altersgemäßer Parameter für objektiv meßbar erklärt. Demgemäß sollen Abweichungen von dieser Norm mittels funktionsorientierter Trainingsprogramme beseitigt werden. Entwicklung schreitet aber erst voran, wenn wir diese vergessen und sich bei den Kindern Phasen der Lust und Freude einspielen. Ein starres Entwicklungsverständnis rechnet nicht mit der Eigenaktivität des Kindes. „Diese Anzeichen von Eigenaktivität gilt es zu entdecken, sie sind die Ansatzpunkte für die Spielförderung und nicht die Defizite" (vgl. Klein 1996, 378).

Mit dem pädagogisch begründeten Festhalten am Klasssifikationsmodell abweichender Entwicklung geraten wir in arge Bedrängnis, wie sich am Beispiel der sonderpädagogischen Förderung eines behinderten Kindes zeigen läßt. Indem auf dieses Kind, über die Bereitstellung von personellen und pädagogischen oder therapeutischen Ressourcen, intensive Bemühungen um seine individuelle Förderung zugeschnitten werden, erhält es einen Sonderstatus. Schließlich bewegt es sich in einem Gruppenverband. Mit individualisierten Maßnahmen wird aber auf diesen Gruppenprozeß mehr oder weniger massiv eingewirkt, ohne daß dies bewußt würde[10]. Die Praxis der integrativen Erziehung legt dafür beredt Zeugnis ab.

Das Problem stellt sich für jedes als 'anders' definierte Kind. Entgegen der allgemeinen erzieherischen Praxis, Hilfen nur für individualdiagnostisch 'durchgecheckte' Kinder vorzusehen, wäre nach indirekter Förderung und nach nicht oder zumindest nachrangig kategorisierenden Hilfen zu verlangen (vgl. Reiser 1995). Hilfen sind viel wirksamer, wenn sie nicht kind-, sondern einrichtungsbezogen zur Verfügung gestellt werden.

---

[9] „Auf diese Weise werden 'krankmachende' Faktoren wie Elternhaus und Schule vorab von ihrer Verantwortung für die Entstehung einer 'gesunden' Reaktion (Verhaltensstörung) freigesprochen" (Mattner 1988, 71).

[10] Büttner weist in seinen Überlegungen zur pädagogischen Gruppenarbeit darauf hin, daß sich der Bezug eines Kindes zur *"Gruppe Familie"* als permanenter Kampf um die Wahrung der eigenen Bedürfnisse gegen die *„elterlichen 'Programme'"* gestaltet (vgl. 1995, 54). Gleichzeitig folgt die Entwicklung einer pädagogischen Gruppe - von hoher Abhängigkeit zu zunehmender Ablösung - diesem familiendynamischen Konzept einschließlich unbewußter Wiederholungen wesentlicher Primärerfahrungen (S. 43 ff). Man kann sich lebhaft ausmalen, wie es ohne Kenntnis dieser Zusammenhänge zu heillosen Verwirrungen kommt, wenn wir uns um eine gezielte Förderung bemühen, ein Kind dies aber mißdeutet und sich massiv gegen dieses Programm zu wehren beginnt.

Man könnte also ohne weiteres, ausgehend von einem gewissen Basisanteil an behinderten oder verhaltensauffälligen Kindern und Jugendlichen, jeder pädagogischen Einrichtung eine bedarfsorientierte Budgetierung zuweisen, die es ihr gestattete, im Gruppenkontext individuelle Förderung zu praktizieren. Dies wäre die Vollendung des integrativen Anspruchs in der Praxis. Leider sind wir von solchen unbürokratischen Überlegungen noch weit entfernt. Die Niederungen der Wirklichkeiten halten ganz andere Fallstricke parat. So müssen die PraktikerInnen beständig nach Legitimationen ihrer pädagogischen Bemühungen suchen und verheddern sich dabei nur allzu leicht in widersprüchliche Argumentationen (vgl. Opp 1996). Auf der einen Seite wurde und wird mit dem Hinweis auf die Besonderheit, die auffälligen Kindern zu eigen sei, die Notwendigkeit besonderer Erziehungsmaßnahmen eingefordert. Auf der anderen Seite wird in bezug auf das Plädoyer für eine Ressourcenausweitung mit integrativer Zielrichtung die Gemeinsamkeit aller Kinder beschworen und damit das Argument einer ubiquitären kindlichen Entwicklung instrumentalisiert. Wenn wir vollmundig behaupten, daß jedes Kind einen Anspruch auf eine ihm gemäße Bildung und Erziehung habe, dann ist dieser indessen nicht dem Prinzip der Gemeinsamkeit zu opfern. Er ist auch nicht dem süßlichen Pathos zu opfern, als müßten wir alle gleichermaßen lieben und als gäbe es nicht auch solche Kinder, die uns wirklich stören. Für die sozialpädagogischen Arbeitszusammenhänge hat zu gelten: „Integration hat nichts, aber auch gar nichts mit dem Verzicht auf Sonderpädagogik zu tun" (vgl. Wocken 1995, 113).

Sozialpädagogik ist immer gehalten, Einfluß zu nehmen auf Sozialisations- und Lebensbedingungen, insbesondere wenn diese massive Störungen hervorbringen. In diesem Sinne muß sich die Arbeit mit auffälligen Kindern und Jugendlichen verstehen als Angebot zu einem fördernden Dialog, der einen Weg zeigt, sich davon tendenziell wieder befreien zu dürfen.

Störung als Zeichen von Eigeninitiative

Als Sozialpädagogen sind wir vor die Aufgabe gestellt, die Existenz von Anders-sein - nämlich als Privileg eines jeden Kindes, anders sein zu dürfen - zu akzeptieren und dabei Gemeinsames und Trennendes, Allgemeines und Besonderes in ein ausgewogenes Verhältnis zueinander zu setzen, ohne dabei die strukturelle Beschädigung von Subjektivität, wie sie uns in der Verhaltensstörung begegnet, zu bagatellisieren noch auszugrenzen. Das wird uns allerdings nur gelingen, wenn wir der landläufigen Vorstellung von Erziehung, die sich ausschließlich oder doch überwiegend an der optimierten Ausschöpfung kindlicher Leistungsressourcen orientiert, eine andere Vorstellung vom Menschen entgegenzusetzen haben. Erst dann wird jegliche aussondernde Praxis überwunden sein[11]. Nur die sozialpädagogische Praxis ist gut zu nennen, die noch nicht jede Form individuell gelebter Subjektivität geschluckt hat. Auf alle Fälle muß die pädagogische Hilfe immer zum Kind kommen „und niemals umgekehrt" (vgl. Wocken 1995, 112).

Den Pädagogen sei die Fähigkeit zugestanden, mit der nötigen inneren Distanz empathisch auf Kinder einzugehen. Der reflektierte und subjektiv verantwortete Umgang mit Paradoxien und Widersprüchen steht an oberster Stelle ihrer Kompetenz (vgl. Reiser 1996, 183). Daher ist die Kritik an entseelten Funktionstrainingsprogrammen vor allem für den Umgang mit gestörten Kindern und Jugendlichen zu erneuern. Nicht von ungefähr nannte Milani-Comparetti die Vorgehensweise, für jeden Defekt eine Behandlung vorzunehmen, „auch wenn es gar keine Behandlungsmöglichkeiten gibt" (1987, 229), Reparaturtherapie. Insgeheim, so können wir mit ihm schließen, wird damit eine Aggression gegen das Übel 'Störung" transportiert, die für die Ablehnung der Andersartigkeit und ergo des Andersartigen steht und in seiner totalen Institutionalisierung mündet. Der Heilpädagoge Paul Moor verlangt, etwas für das Fehlende und nicht gegen den Fehler zu tun (vgl. 1963, 20).

Es ist niemals die am Reißbrett akribisch entworfene sogenannte optimale Förderung, die ein Kind zur Aufgabe seiner Störungsmuster und damit zu Fortschritten bewegen wird, weil sie im Grunde nichts mit ihm persönlich zu tun hat. Eine erwachsenenorientierte Förderung im Sinne des technologischen Machens, mit dem ein Schaden behoben werden soll, ist strikt abzulehnen. Derartige Programme dienen nur dazu, Eltern, Erziehern und Therapeuten Handlungssicherheit zu vermitteln. Dagegen ist der Respekt vor der Eigenaktivität des Kindes zu fordern. „Respekt vor dem Kind, auch dem behinderten Kleinkind als dem Subjekt seiner Handlungen, heißt immer auch, sich auf ein Risiko einlassen" (vgl. Klein 1996, 380).

Entwicklung ist eingebettet in ein dialogisches Geschehen, welches prozeßhaft verläuft und dessen Ausgang als prinzipiell offen zu verstehen ist. Die Beziehungssituation, die sich zwischen dem Kind und seiner Erzieherin einstellt, ist als handlungsleitend ins Kalkül zu ziehen. Die Wechselseitigkeit des professionellen Arrangements bemißt den Wert unserer pädagogischen Bemühungen. Jedes erzieherische Angebot kann seine Erfolge oder Mißerfolge nur im Zusammenspiel der jeweiligen Methode mit der Interaktion von Pädagoge und Kind verifizieren. Nur wenn wir ein Kind wirklich erreichen -

---

[11] Dieses Plädoyer für die Beachtung des Besonderen verbietet eine Heroisierung der Erziehung in und durch Gemeinschaft. Es gibt tiefgehende psychische Deformationen - ich denke in erster Linie an autistische und psychotische Erscheinungsweisen -, die ein pädagogisches Arbeiten unter optimalen Bedingungen hinsichtlich der Relation von Kind und Betreuer zwingend nötig erscheinen lassen (vgl. Becker 1995, 1996). Nicht jede Störung ist *unter allen Umständen* zu ertragen.

emotional anrühren, sein Interesse wecken, seine Angst mindern, sich auf uns einzulassen -, wird seine Entwicklung befördert. Erst jetzt wird die Störung zum Beziehungsmoment, welches sich in andere soziale Arrangements verwandeln läßt.

Entwicklungsförderung läßt sich nicht als reines Reiz-Reaktionsschema, wo die Kreativität des Individuums nichts verloren habe, vorstellen (vgl. Milani-Comparetti 1987, 231 f). Wenn wir anraten, ein Kind solle fünfmal am Tage an einem Fläschchen riechen, in denen die Reize von verschiedenen Gerüchen enthalten sind, dann erscheinen solche „Reizbombardements" überaus problematisch. Befindet sich dagegen ein Parfüm hinter dem Ohr der Mutter, ist es für dieses Kind viel verständlicher, dieses zu riechen, wenn es auf den Armen der Mutter sitzt. „Dann geht die Mutter in die Küche und macht ein Sago mit Zwiebeln, und der Geruch kommt zusammen mit der Beziehung zu der Mutter". Milani-Comparetti betont die Bedeutung von kontextuellen Reizen, und es ist vornehmlich Aufgabe der sozialpädagogischen Praxis, einen ungezwungenen Lebensalltag zu offerieren, der die Vermittlung solcher kontextuellen Reize ermöglicht. Nicht von ungefähr heißt es: „Keine Übungen, man soll Erfahrungen erlauben" (S. 232). Die Störung ist ein Zeichen von Eigenaktivität. Ihre Heftigkeit zeigt, daß dieses Kind noch nicht resigniert hat, sondern kämpft. Dies wird gerne übersehen. Es ist eine Berufskrankheit der Pädagogen, wie das Kaninchen auf die Schlange auf ihre angestrebten Lernziele zu stieren, einzig die zu behebende Störung im Blick. Solcherart von sich selbst entfremdet strahlt Pädagogik nur mehr das Flair eines altbackenen Brötchens aus.

Kinder spüren sehr genau, wenn auch diskret in Trainingsprogrammen verborgen, daß sie so, wie sie sind, keine Anerkennung finden. Dann bleibt ihnen nur, sich entweder einem solchen Lerndiktat stillschweigend zu unterwerfen oder aber sich den entfremdend anmutenden Ansprüchen zu verweigern, was dann als Beleg ihrer Störung mißverstanden wird. Schließlich sind wir alle nicht gefeit gegen Kränkungen. Sozialpädagogische Praxis heißt, sich möglichst ungezwungen und ohne daß ein falscher Zungenschlag zu bemerken wäre vom andern in einen gemeinsamen Prozeß verwickeln zu lassen. Entwicklung bedarf des spielerischen Elements und der freiwilligen Bereitschaft, sich auf Neues einzulassen. Vielleicht ist das der wahre Grund, warum isoliert konzipierte und betriebene pädagogische Förderung Entwicklung eher verhindert, als daß sie sie wirklich unterstützt.

Solange wir Kinder mit Techniken überhäufen, um sie „blindlings zu konfirmieren und rehabilitieren", verhindern wir systematisch, sie als handelnde Subjekte, die für ihre eigene Entwicklung verantwortlich sind, ernst zu nehmen (vgl. Deppe 1969). Menschliches Leiden muß als Erscheinung „objektiv bedingter Subjektlosigkeit" (vgl. Lorenzer 1977, 128), die zur Störung geronnen ist, deutlich werden. Halten wir an äußeren Zielvorstellungen und funktionszentrierter Förderung fest, kommt uns abhanden, was den Betroffenen in ihrer subjektiven Wirklichkeit bedeutsam ist. Solange die Störung als äußerlich-naturhaftes oder zufälliges Ereignis auftritt, zu dem uns jeder empathische Zugang fehlt, bleibt uns ihr wahrer Sinngehalt verschlossen, werden wir den Störer nicht wird wirklich erreichen.

Allerdings sehen sich die PädagogInnen häufig unter enormem Handlungsdruck. Dieser Druck ist der Struktur ihres Berufsfeldes geschuldet, wird ihnen aber meist, weil es ihnen sonst ihre eigenen Ohnmachtsgefühle offenbarte, als leitender Impuls nicht bewußt. Lieber machen sie deshalb das Problem als individualisiertes am Kind fest. In der Folge neigen sie zu pädagogischem Aktionismus, um das Kind dahingehend zu trainieren, ein bestimmtes Verhalten zu unterlassen. Meist arten diese Bemühungen in eine wahre „Erziehungsschlacht" aus (vgl. Leber u.a. 1989, 35). Die PädagogInnen übersehen, daß ihre vermehrte eigene Aktivität eher zur Passivierung ihres Gegenübers führt. *Seine* Entwicklung wird auf diese Weise blockiert. Ob dieser Erfolglosigkeit steigt der Druck weiter an. Vielleicht ist mein Vorschlag nicht von vornherein der dümmere.

Wir sollten also abrücken von dem untauglichen Versuch, eindeutige Defekte zu orten, die dann mit übenden Kompensationsverfahren zu bearbeiten seien, und uns stattdessen auf einen offenen Dialog mit den gestörten Kindern einlassen. 'Offener Dialog' heißt auch, dem anderen, möglichst mit der nötigen professionellen Distanz, meine eigene Befindlichkeit zu zeigen, um auf diese Weise eine Neubestimmung der gemeinsamen Grundlagen vornehmen zu können. Ich zeige ihm, daß er mich erreicht und er mir demzufolge wichtig ist. Und ich zeige ihm, weil ich mir auch wichtig bin, daß ich nicht alles zu ertragen gewillt bin. Nur wenn ich mich selbst schützen kann vor Übergriffen, so meine leise Botschaft, werde ich auch ihn schützen können. Anstatt den Gestörten mit gefühllosem Funktionstraining zu traktieren, mit dessen Hilfe er entstört werden soll, könnten wir ihm eine ebenso authentische wie verbindliche Rückmeldung liefern, auf der sich eine verläßliche Beziehung aufbauen ließe. *Ich muß mich zeigen vor dem Störer.* Damit wird eine Grundlage geschaffen, ihm einen mehr oder minder schmerzlichen, langwierigen und niemals störungsfrei verlaufenden Prozeß inneren Wachstums zuzumuten, in dem auch kognitive Funktionen der Lebensbewältigung ausgebildet werden. Aber das sollte niemals oberstes Ziel sein.

Als Sozialpädagoge benötige ich eine innere Haltung, die es mir ermöglicht, mich liebevoll jener Beeinträchtigung der sozialen Identität anzunehmen, welche sich als Störung laviert, ohne daran zugrunde zu gehen. Erst wenn ich die Feuertaufe bestanden habe - und ich werde von meinen gestörten 'Partnern' zunächst massiv auf die Probe gestellt -, werde ich ihnen wert erscheinen, sich auf mich einzulassen. So zu arbeiten, birgt auf den ersten Blick die Gefahr, daß mein Selbstschutz löchrig wird. Die Praxis zeigt mir überdies, daß die dort erfahrene Verunsicherung durch schwierige Kinder dergestalt zu einer inneren Distanzierung und Objektivierung führt, daß sich die SozialpädagogInnen in die Rolle der TherapeutInnen hineinzuretten versuchen, um ihrer Erschütterung Herr zu werden. Klammheimlich spielt hier natürlich die normative Erwartungshaltung ans eigene Können, oft gepaart mit jener der KollegInnen, des Trägers, womöglich der betroffenen Eltern, eine große Rolle. Diesen inneren Zwiespalt gilt es - im entlastenden Schonraum der Supervision - zu reflektieren, um nicht blindes funktionsbezogenes Agieren an Stelle des genuin pädagogischen Dialogs zu setzen[12].

Zu warnen bleibt vor einem übertriebenen Förderoptimismus (vgl. Weiß 1995). Niemals können wir von unmittelbar funktionszentrierten Wirkungen einer Intervention ausgehen, sondern müssen diese stets im Kontext einer haltenden Beziehung lesen[13]. Mit der Erkenntnis dieser Problemlage rückt eine mehr umfeld- und familienorientierte Sichtweise der Störung in den Mittelpunkt. Die Fördereinheit mit dem Kind wird aufgegeben zugunsten des Aufbaus einer tragfähigen Beziehung zu seinem Umfeld. Dieser Wechsel der Betrachtung eröffnet der Sozialpädagogik neue Möglichkeiten. Er läßt es geboten erscheinen, das Umfeld etwas genauer unter die Lupe zu nehmen[14]. Deshalb soll im Anschluß die Lebenswelt auffälliger Kinder näher beleuchtet werden.

Eines ist klar geworden: Weder geht es um eine besondere Förderung auffälliger Kinder noch um eine nivellierte Sicht allgemeiner kindlicher Entwicklung. Wir bedürfen einer Akzeptanz persönlicher, sozialer, kultureller Unterschiede, der Reflexion der eigenen wie gesellschaftlichen Maßstäbe, schließlich der Trauerarbeit über nicht erreichte Ziele im Dienste der Aussöhnung mit den eigenen Begrenzungen. Besonders das letzte ist unser aller Thema, auch und gerade, weil wir nicht alle über Gebühr gestört sind.

---

[12] Deshalb auch ist aus meiner Sicht Supervision elementar wichtig. Nur wer sich selbst von einem Dritten gehalten sieht, wird imstande sein, schwierigen Kindern gegenüber selbst als haltender Dritter zu fungieren (vgl. Gerspach 1991a).

[13] Pädagogische Förderung kann sich nicht im Absolvieren bestimmter Programme erschöpfen oder am isoliert betrachteten Störungsphänomen ansetzen. Stets sind die Bezugsgrößen Kind, Auffälligkeit, Familie und pädagogische Institution zu berücksichtigen (vgl. Weiß 1989).

[14] Nicht zuletzt über systemische Sichtweisen werden die verschiedenen Einflüsse offenbar, die individuelle Verhaltens- und Lernschwierigkeiten verursachen (vgl. Ortner, Ortner 1995). Nur ein einfühlender Verstehensprozeß, der der Lebensgeschichte des betroffenen Kindes oder Jugendlichen Rechnung trägt, kann uns deren wechselseitige Verstärkung deutlich machen.

3.2. Gestörte Verhältnisse - gestörte Kinder

Welche Sozialisationsbedingungen bringen Störungen hervor?

Wenn wir davon absehen wollen, eine Störung als individualisiertes Problem zu nehmen, müssen wir sie in den übergeordneten Rahmen von Lebenswelt stellen. Auf die entscheidenden Einschlüsse des Begriffs 'Lebenswelt' jenseits reiner Abbildungsklischees habe ich bereits aufmerksam gemacht. Nun will ich einige Aspekte zusammentragen, die zur Lebenswelt von Kindern gehören, und hierbei insbesondere ihrer Erlebensdimension meine Aufmerksamkeit schenken.

Beginne ich mit der Unterscheidung von Behinderung und Störung. Es ist bereits angeklungen, daß sich die weitere Diskussion um die Integration *besonderer* Kinder sicher nicht entlang gängiger Definitionen von medizinisch faßbaren Behinderungsarten entspannen wird, sondern Bezug nehmen muß auf die risikobehaftete Lebenswelt sozial auffälliger Kinder und Jugendlicher. Deren Integration wird das Thema der Zukunft sein. Beide Gruppen sind nicht über einen Leisten zu schlagen. Dennoch begegnet uns eine jede unter der universalistischen Prämisse einer nichtaussondernden sozialpädagogischen Praxis. Der Verzicht auf eine methodische Differenzierung bringt am Ende Argumente *gegen* die Integration behinderter Kinder zum Schwingen, weil die eigentlichen Integrationsprobleme von der weitaus größeren und schwierigeren Gruppe der Verhaltensauffälligen ausgehen.

Deren Einpassungsschwierigkeiten korrespondieren mit dem sozialen Ort, an dem Kinder aufwachsen, dessen Beschaffenheit indessen nicht ein für allemal feststehend ist. Eng verknüpft mit dem Begriff der Lebenswelt ist daher jener des gesellschaftlichen Wandels. Auf die damit gesetzten neuen Herausforderungen muß sich unsere Pädagogik zwangsläufig einstellen. Kindheits- und Jugendforscher sprechen heute von Kindheit als „Kindheit in der Krise" (vgl. Preuss-Lausitz 1988, 5; Rauschenbach, Gängler 1992, Ferchhoff 1993a und b, 1994, Dewe, Otto 1996). Einerseits erleben wir unter dem Schlagwort Konsumgesellschaft noch immer eine ungebrochene Freisetzung enormer ökonomischer Potentiale, andererseits haben der Verlust und die Auflösung tradierter Normen vielfach zu einer tiefgehenden psychosozialen Orientierungslosigkeit geführt. Traditionelle Erlebnisgemeinsamkeiten, Weltanschauungen und Wertvorstellungen verlieren ihre „lebensorientierende Prägekraft" (Ferchhoff 1994, 111). Stichworte wie Verstädterung, Technokratisierung des Alltagslebens, Veränderung und Auflösung tradierter Lebensformen wie Ehe und Familie, Bürokratisierung des Alltagslebens, Erweiterung der Normalitätsmaßstäbe oder Pädagogisierung vieler Lebensbereiche kennzeichnen dieses dramatischen sozialen Wandel. Völlig neue Lebensbedingungen und -möglichkeiten des Aufwachsens werden geschaffen. Kindheit wird zur individualisierten Kindheit.

Zahlen, so müssen wir uns fragen, die Kinder die Zeche? Zum einen werden sie früher selbständig, finden sich in der Welt schneller und besser ohne Erwachsene zurecht. Zum andern vergrößert sich ihre Isolationsgefahr. 40 % aller Kinder wachsen ohne Geschwister auf, 40 % haben nur ein Geschwister (Ausnahme: ausländische Familien). Intime Erfahrungen mit jüngeren oder älteren Kindern in der Familie schwinden massenhaft, auch frühe Erfahrungen mit dem anderen Geschlecht. Gerade die Erfahrung der geschwisterlichen Zwangsgemeinschaft - auch als Bollwerk gegen die Welt der Erwachsenen - fehlt zusehends, die früher soziale Integrationsprobleme zu lösen half und das in der Enge der kleinfamilialen Beziehungen libidinös und aggressiv aufgeheizte Treibhausklima zu mildern wußte.

Überdies werden Kinder heute stärker mit häuslichen Auseinandersetzungen konfrontiert. Im Schnitt wird jede dritte Ehe binnen fünf Jahren geschieden, in den Großstädten ist es gar jede zweite. Die psychischen Belastungen dieser Trennung sind erheblich - wie mir jede Erzieherin eines Kindergartens oder Horts bestätigen wird. Und die 'Glücklichen', denen eine Trennung erspart geblieben ist, erleben dennoch mehr offene Konflikte bzw. werden durch die Erfahrungen und Berichte ihrer Freunde zu angstmachenden Phantasien angeregt.

Noch nicht geklärt ist, ob wir tatsächlich von einer Krise der Familie auszugehen haben oder ob es sich bei dieser Vorstellung nicht (wieder einmal) um einen Mythos handelt. Die 'Krise' resultiert nicht aus einer fundamentalen Kritik an der Familie als solcher, sondern eher aus der faktischen Unfähigkeit dazu. Von daher verwundert es nicht, daß andere Lebensweisen hinzugetreten sind: von der ganz und gar nicht mehr so 'wilden Ehe' über Wohngemeinschaften bis hin zu den 30 % single-Haushalten (vgl. Alt 1991, 521; Peuckert 1996). Aus der gewachsenen Pluralität von Familienformen darf jedoch nicht rückgefolgert werden, die normative Kraft des Eltern-Familien-Ideals sei verloren gegangen (vgl. Nave-Herz 1988, S. 89).

Der sich ausbreitenden Scheidungskultur zum Trotz gehen viele der Geschiedenen neue Verbindungen mit und ohne Trauschein ein, so daß immer mehr Kinder mit einem nicht-biologischen Elternteil in sogenannten Patchworkfamilien aufwachsen (vgl. Beck-Gernsheim 1994). Aussagen über die sogenannten Ein-Elternteil-Familien sind daher nicht sehr aussagekräftig in bezug auf signifikant neue Lebensbedingungen der betroffenen Kinder. Und obgleich nur ein Drittel aller Haushalte in Deutschland Familienhaushalte sind - der Rest umfaßt singles und Kinderlose -, ist und bleibt die Elternfamilie die dominierende Form: 90 % aller 14jährigen und immerhin noch 85 % aller 18jährigen leben zu Hause. Zusammenfassend läßt sich festhalten: „Über 80 Prozent aller Kinder wachsen während ihrer gesamten Kindheit und Jugend in einem Eltern-Kind-Verhältnis auf, das dem Normalitätsentwurf in vollem Umfang entspricht“ (Nauck 1991, S. 403).

Wenn es daran geht, diese empirischen Befunde der familiensoziologischen Forschung einzuschätzen, erhebt sich die Frage nach dem Standard: Wenn über 80 % der Kinder und Jugendlichen zu Hause wohnen - ist das viel oder wenig zu nennen? Nicht nur wird damit der Wert solch objektiver Meßergebnisse einem subjektiven Interpretationsspielraum überstellt. Überdies sagen demographische Statistiken, die familiale Lebensverhältnisse abbilden, nichts darüber aus, „wie gewollt oder ungewollt, freiwillig oder unfreiwillig die Menschen in diesen Lebensverhältnissen leben“ (Beck-Gernsheim 1994). Allerdings erleben Kinder heute in ihrem familialen Umfeld weniger Heuchelei und dafür mehr offen ausgetragene Konflikte und also auch mehr unharmonische Beziehungen auf seiten ihrer Eltern, verknüpft mit einer größeren Bereitschaft, die bestehende Lebensgemeinschaft aufzulösen. Mit dieser neuen ‘Streitkultur’, die zudem vielerlei Trennungsprobleme parat hält, müssen sie sich auseinandersetzen, was nicht immer einfach ist. Ihre unbewältigten Erfahrungen und Ängste bringen sie mit in die pädagogischen Einrichtungen und suchen dort, offen in sprachlicher Form geäußert oder mehr übers auffällige Verhalten chiffriert, nach Antworten. Manchmal fragt es sich, wie wir damit umgehen sollen, wo uns diese Erfahrungen vielleicht selbst nicht erspart bleiben.

Die Realität der Praxis verschärft dieses ‘Alltagsproblem’. Das Gros der Verhaltensgestörten , die die pädagogischen Einrichtungen besuchen, wächst an. Ihre Zahl wird inzwischen auf über 15 % eines Jahrganges geschätzt (vgl. Leber u.a. 1989, 10). Auffällige und insbesondere aggressive Kinder haben große Probleme, sich in ein soziales Gruppengefüge zu integrieren. Sie haben auch große Probleme, die Zuwendung zu behinderten Kindern zu akzeptieren und reagieren dann neidisch. Auf Grund ihrer eigenen Mangelsituation wollen sie ebenso versorgt sein wie diese und gebärden sich dann mitunter sehr wütend (vgl. Kron 1988a, 103). Hinzu kommt ein häufig zu vermissende Kooperationsbereitschaft ihrer Eltern, was Ausdruck von (sozialer) Unsicherheit ist. All dies erleichtert nicht gerade das pädagogische Geschäft. Aber wir dürfen nicht unterschätzen, wie wichtig gerade für solche auffälligen Kinder *ihre* Institution ist. Sie ist Ersatz dafür, daß ihre Umwelt als haltende Umwelt ausfällt (vgl. Winnicott 1990, 71).

Die erfahrenen Sozialisationsmängel gereichen zur Beschädigung ihrer Subjektivität, was sich nachher als Störung offenbart. Die Entwicklung der Persönlichkeit, gleichzusetzen mit dem Aufbau innerer psychischer Strukturen, ist an hinreichend gute Interaktionserfahrungen mit der primären Umwelt gebunden. Der von Empathie getragene Austausch mit ihr ist ein unabdingbare Grundvoraussetzung für eine gesundes Wachsen. Schlägt dieser schon früh fehl, wird der Boden bereitet für spätere Verhaltensstörungen[15].

Nimmermehr geht es mir um einen rein beschreibenden Zugang zu diesen Verhaltensstörungen, aus dem sich bestimmte Klassifikationsmerkmale ergeben, die dann wiederum eine bestimmte verhaltensändernde Interventionstechnik zur Folge haben. Für mich hat die Störung eine Bedeutung, die ich verstehen möchte. Diese Bedeutung entsteht meines Erachtens aus der Erfahrung eines unzureichenden affektiven Austauschs mit den primären Beziehungspartnern. Später wird diese Mangelsituation mit anderen Beziehungspartnern - also vor allem uns Sozialpädagogen - nachgestellt. Die frühe problematische Beziehungserfahrung wird dort unbewußt wiederholt. Das verhaltensgestörte Kind signalisiert mir, gut versteckt in seiner Störung, was sein wahres Problem ist.

Offensichtlich sind es hochsensible Prozesse, die von Anfang an im Menschen ablaufen. Inzwischen wissen wir, daß schon das ganz junge Kind in der Lage ist, sich kompetent und ganzheitlich in seiner Umgebung zu orientieren. Es nimmt schon sehr viel mehr wahr als lange angenommen und kann auch bereits früh mit anderen kommunizieren. Wer aber Impulse seiner Interaktionspartner aufnehmen kann, der wird auch anfällig für Störungen. Vor allem, wenn die primäre Umwelt nicht imstande ist, zum Ausgleich seines inneren Gleichgewichts beizutragen, bleibt ein tiefes Mißtrauen zurück. Solche emotional von Anbeginn an unterversorgte Kinder bringen ihre traumatischen Erfahrungen immer wieder in den verschiedenen pädagogischen Institutionen, die sie durchlaufen, mittels mehr oder weniger massiver Auffälligkeiten zum Ausdruck. Vielfach sind ihre Erzieher aus Überlastungsgründen nicht bereit oder fähig, die verschleierte Darstellung des eigentlichen Problems richtig einzuordnen, so daß ihnen ein angemessener Umgang damit verschlossen bleibt.

Lange glaubte man übrigens, daß Säuglinge und Kleinkinder den Verlust oder Wechsel geliebter Objekte noch nicht spüren. Man schloß in diesen Fällen aus dem Ausbleiben manifester Verstörung, daß eine solche Situation keinen Schaden anrichte. Heute gehen wir davon aus, daß Kinder von über zwei Jahren, die auf eine erzwungene Trennung mit Protest reagieren, damit aktive Trauerarbeit leisten, so daß sie diese besser bewältigen können. Jüngere Kinder, die noch kein so gut entwickeltes Ich besitzen, sehen sich einem solchem Trauma schutzloser ausgesetzt. Ihr Protest äußert sich viel später, zumeist auf dem Wege ausgeprägter Störungsmuster. Dann erkennen wir in ihrer mangelnden Beziehungsfähigkeit oder auch in abrupten Bezie-

---

[15] Diese Erkenntnis ist pädagogisch äußerst bedeutsam. Zum einen werden wir in die unbewußte Reinszenierung des frühen Scheiterns verwickelt. Zum anderen kann, was in einem beziehungsdynamischen Kontext entstand, in einem *anderen* beziehungsdynamischen Kontext verändert werden.

hungsabbrüchen, die sie oft ganz unvermittelt herbeiführen, wie sich diese Erschütterung nachhaltig eingegraben hat, ohne daß sie als bewußte Erinnerung zur Verfügung stünde. Dies zu wissen ist insofern für uns von Belang, als in jeder Störung diese frühen hochsensiblen Prozesse als Engramme aufbewahrt sind. Zum besseren Verständnis möchte ich eine kurze Erläuterung anfügen (vgl. Gerspach 1985c).

Beate, ein zehnjähriges Mädchen, wurde von Lehrern und Mitarbeitern des Jugendamtes als verhaltensgestört eingestuft, weil sie häufig die Schule schwänzte oder zu spät zum Unterricht kam, und es wurde eine teilstationäre heilpädagogische Maßnahme empfohlen. Beate wirkte zunehmend verwahrlost und wurde wegen ihres ungepflegten Äußeren von ihren Mitschülern abgelehnt. Da sie noch einkotete, fiel sie durch unangenehmen Körpergeruch auf. Mehrfach hatte sie Geld entwendet und dafür Süßigkeiten gekauft, die sie unter den anderen Kindern verteilte. Ihre Lebensgeschichte offenbart von Anfang an eine Tragödie fehlender Objektkonstanz, was von ihr mit ihren ausufernden Manövern immer wieder neu in Szene gesetzt wurde. Dies geschah in der leisen Hoffnung, eine feste Bezugsperson zu finden, die ihr half, ihre stets virulente, aber unverstandene Verzweiflung zu meistern. Endlich wollte und mußte sie innere Stabilität finden.

Als sie geboren wurde, war ihre Mutter ganze fünfzehn Jahre alt. Diese lebte im elterlichen Haus und überließ die Erziehung hauptsächlich der eigenen Mutter. Beate wuchs in dem Glauben auf, ihre Großmutter sei ihre leibliche Mutter, die eigene Mutter eine Schwester. In den ersten drei Lebensjahren war sie mehrfach stationär in Kliniken gewesen, da sie wegen einer Hüftanomalie behandlungsbedürftig war. Überdies waren in der Kleinkinderzeit häufig Fieberkrämpfe aufgetreten. Erst mit zweieinhalb Jahren lernte sie laufen, mit drei Jahren sprechen. Ihr Autonomiebestreben war nicht sehr ausgeprägt, sie reagierte eher ängstlich und retardiert auf ihre Umgebung. Der Kontakt zur leiblichen Mutter war von Anfang an mehr als brüchig. Oft war diese verschwunden und kümmerte sich nicht um das Kind. Sie lernte einen neuen Lebenspartner kennen, als Beate sieben Jahre alt war. Deshalb wurde Beate für ein halbes Jahr in einem Dauerheim untergebracht, dann aber von der Großmutter wieder nach Hause geholt. Dennoch war es für Beate gewiß: Sie war ins Heim abgeschoben worden, weil sie der Mutter lästig war. In dieser Zeit traten vorübergehend Absencen auf. Vielleicht waren sie der Versuch, sich aus einer Welt zu schaffen, die einen nicht liebt.

Als sie neun wurde, zog sie zu ihrer Mutter und deren Partner, die inzwischen zwei gemeinsame Kinder hatten. Die Mutter schilderte Beate als verstockt und ungehorsam. Sie zerstöre den Geschwistern die Nahrung und laufe häufig weg. Die Eifersucht ihrer Tochter auf die beiden ungeliebten Rivalen wollte und konnte sie nicht gelten lassen. Wer wegläuft, möchte erfahren, ob er seinen Eltern so wichtig ist, daß sie ihn zurückholen. Auch diesen Gedanken konnte die Mutter nicht ertragen und wies ihn brüsk zurück.

Dieses Mädchen kennt nicht den Schutz einer *guten* Mutter, die es ihm erlauben würde, aus der Geborgenheit heraus Distanz zu entwickeln. Ihre Traumatisierung ist so umfänglich, daß in ihrem Erleben Anforderungen der Außenwelt immer den Charakter erneuter Traumatisierung besitzen. Allerdings reicht diese Erfahrung so tief, daß sie nicht sprachlich kommunizierbar ist. Was diesem Kind fehlt, ist eine einfühlende Bezugsperson, die sich imstande sieht, ihre 'Schlimmheit' auszuhalten und ihr dennoch die unbefriedigt gebliebenen emotionalen Bedürfnisse zu spiegeln. Erst dann könnten die traumatischen Erfahrungen besser ertragen werden, könnte eine gedeihliche Identitätsentwicklung einsetzen.

Um also die Bedeutung einer Störung erfassen zu können, müssen wir lernen, sehr differenziert zu registrieren, wie sich diese Störung äußert und in welches Beziehungsszenario wir uns plötzlich gestellt sehen. Da dies alles unbewußten Mustern folgt, erscheint es mir nötig, zum besseren Verständnis jener Prozesse, in die wir unvermittelt hineingezogen werden, einen Blick auf die frühe Sozialisation zu werfen. Dabei interessiert zunächst, was eine geglückte Interaktion kennzeichnet, die das Kind zum Erobern der Welt einlädt. Danach betrachten wir uns, welche Persönlichkeitsstörungen eine scheiternde Interaktion mit sich bringt.

Gemeinhin ist dem Dialog zwischen Mutter und Kind[16] von Anbeginn an ein zyklischer Charakter zu eigen (vgl. Paulsen 1992, 47). Das Neugeborene unterbricht beispielsweise die Nahrungsaufnahme, um das Gesicht der Mutter zu suchen. Spricht diese es an, so beginnt es seine Arme synchron zu ihrer Stimme zu bewegen und ihren jeweiligen affektiven Gesichtsausdruck zu imitieren. Besonders in neuen, angstmachenden Situationen bietet der Affektausdruck der Mutter ihrem Kind handlungsleitende Orientierung. Die gemeinsam geteilten affektiven Zustände helfen dem Kind, mit seinem Selbstempfinden besser vertraut zu werden. Die Bedeutung solcher Momente geht weit über die bloße Teilnahme der Mutter am Erleben des Kindes hinaus. Sie verändert es, indem sie ihm etwas gibt, was es zuvor nicht besessen hat, wobei diese Affektabstimmungen überwiegend unbewußt und eher ohne rechte Absicht erfolgen (vgl. D. Stern 1992, 207). Bereits bei ganz

[16] Mit einer gewissen Häme wirft man der Psychoanalyse, und nicht ganz zu Unrecht, vor, sie mythologisiere die Mutter-Kind-Beziehung. Vielfach ist *ihre* Mutter ein treu sorgendes Wesen, ohne daß bei ihr andere Bedürfnisse sichtbar würden. Durch die empirische psychoanalytische Säuglingsforschung wie auch Untersuchungen zur Rolle des Vaters hat in den letzten Jahren ein Wandel der Betrachtung eingesetzt. Für unsere sozialpädagogische Fragestellung ist wichtig zu erkennen, daß viele unserer Verhaltensgestörten auf Grund mangelnder Erfahrung von Nähe niemals die Sehnsucht nach symbiotischer Verschmelzung mit einem Mutter-Objekt aufgegeben haben und psychisch noch nicht in der Lage sind, sich einer Mehr-Personen-Perspektive zu öffnen.

kleinen Kindern läßt sich beobachten, daß sie Unzulänglichkeiten in der Befriedigung ihrer Bedürfnisse mit erhöhter Aktivität beantworten. Handelt es sich um chronische Unzulänglichkeiten, schlägt die Aktivität nach Phasen der Verzweiflung bald in Apathie um (vgl. Bowlby 1976). Diese Kinder haben noch keine konturierte Vorstellung von sich und ihrer Umwelt, kennen nicht ihre Grenzen, aber spüren sehr genau die Insuffizienz. Wir dürfen nicht unterschätzen, wie nachhaltig eine solch schmerzende frühe Erfahrung das gesamte weitere Leben beeinflußt. Und *wir* müssen später als Ersatzpersonen herhalten für das Versagen der primären Umwelt. Wenn wir dann selbst von heftigen Gefühlen von Ohnmacht, Wut oder Verzweiflung überflutet werden, was uns häufig gewaltig ängstigt, dann steckt eben darin die ganze Misere der ersten Lebensphase unseres Gegenübers. Je mächtiger uns die Gefühle erscheinen, umso früher müssen sie lebensgeschichtlich verortet werden. Denn ihre Integration ins Selbst setzte ja halbwegs intakte psychische Strukturen voraus, die in den ersten Lebensmonaten sicherlich noch nicht vorhanden waren.

Dabei verläuft die erste Lebenszeit des Menschen völlig im Zeichen von Nähe zu seinen primären Objekten. Um physisch wie psychisch zu überleben zu können, ist das Kind auf affektive Resonanz aus seiner Umgebung angewiesen. Der ursprüngliche somatische Mangel, sich selbst in keinster Weise behelfen zu können, macht es fast völlig von seiner primären Umgebung abhängig. Vor allem auf Grund seiner physiologischen Unreife konzentriert es sein Bindungsbedürfnis in erster Linie auf die Mutter. In dieser „biotraumatischen Situation" entsteht schnell Angst vor dem Verlust des mütterlichen Objekts (vgl. M. Stern 1972, 1974). Diese basale Verlustangst kennzeichnet das Gros unserer Verhaltensgestörten. Sie wird in der aktuellen Beziehung in vielerlei Facetten immer wieder aufgelegt. Aus einer tiefen Regression heraus werden wir in die Rolle des primären Objekts gedrängt. Darin, daß es für diese frühe Lebenszeit typisch ist, mit Gefühlen und Objekten noch nicht differenziert umgehen zu können, liegt unser Belastungsmoment. Es gilt das Alles-oder-Nichts-Prinzip - „entweder bist du *ganz* gut oder *ganz* böse“ -, und es bedarf größter Anstrengungen unsererseits, uns nicht mit Haut und Haar auffressen zu lassen.

Ohne die mütterliche Pflege wäre der Mensch am Anfang überhaupt nicht lebensfähig. Eigentlich gibt es den Säugling gar nicht, weil er die Mutter braucht, um nicht zugrunde zu gehen (vgl. Winnicott 1990, 50). Winnicott spricht von der Besorgnis der Mutter für ihr Kind, und er nennt diese Haltung „primäre Mütterlichkeit" (vgl. 1976, 157). Die „genügend gute Mutter" versucht, den Bedürfnissen ihres Kindes gerecht zu werden, womit sie seine Ängste bannt und seine Bemühungen um Individuation und Selbst-Werden unterstützt. Im gelungenen Wechselspiel beider kommt es zu einer „Einigungssituation", in der sich befriedigende und versagende Momente die Waage halten und sich keiner vom andern dominiert sieht (vgl. Lorenzer 1972b, 45; Finger 1977, 5).

Wir selbst geraten auf Grund einer unbewußten Verwechslung in die Situation, die Funktion der genügend guten Mutter übernehmen zu sollen. Darüber hinaus wird nun ersichtlich, warum mache Kinder in uns Gefühle beinahe totaler Angst oder Wut auslösen: Die Intensität dieser provozierten Affekte steht für eine Wiederbelebung der biotraumatischen Gefahr vor Vernichtung auf Grund unzureichender physischer wie psychischer Versorgung. All diese geheimen Zuschreibungen gilt es zu erkennen. Gleichwohl bedeutet diese Erkenntnis *nicht*, die Erwartung der alle ungestillten Wünsche erfüllenden Mutter tatsächlich befriedigen zu müssen. Wie wir uns partiell zur Identifikation mit dieser Rolle und zu einfühlenden Reaktionen imstande sehen sollten, so ist auch eine Distanzierung und Kenntlichmachung unserer *realen* Pädagogenrolle vonnöten.

Auch ist hier wichtig zu wissen, daß der Säugling sein Interesse nicht nur auf eine Person richtet. Die Mutter ist zweifellos das wichtigste primäre Objekt, und eine sichere Bindung an sie garantiert Geborgenheit, Konstanz und Kontinuität. Sich an ihren warmen Körper ankuscheln zu dürfen, von ihr in den Arm genommen zu werden und mit ihr einen innigen Blickkontakt auszutauschen, wird für den Säugling zu einem elementaren Moment früher Selbsterfahrung. Aber wie die neuere Säuglingsforschung gezeigt hat, ist dieses Bindungserleben zwar als Gradmesser einer gelungenen Beziehung ungemein wichtig, es steht indessen nicht für die Beziehung insgesamt. Bereits für den Säugling gibt es zahlreiche Erlebensweisen der Interaktion mit anderen, die sich außerhalb des eigentlichen Bindungsbereiches bewegen (vgl. D. Stern 1992, 149)[17].

Der Säugling ist kein völlig passives und undifferenziertes Wesen, sondern verfügt über eine Reihe - wahrscheinlich angeborener - Fähigkeiten, mit seiner Umwelt in Kontakt zu treten. Er benötigt aber die adäquate Bereitschaft seiner Bezugspersonen zum Dialog. Der Schwerpunkt der gegenseitigen Anpassung liegt diesbezüglich beim Erwachsenen, in der Regel zunächst hauptsächlich bei der Mutter, wie sich etwa am unwillkürlichen Gebrauch der Ammensprache ablesen läßt (vgl. Schnoor 1997, 68 f). Die mütterliche Fähigkeit zur Kommunikation im Zusammenspiel mit der kindlichen Aktivität und Sensibilität für den sozialen Kontakt erschafft den Dialog. So stellen sich beide Partner schon in den ersten Wochen nach der Geburt aufeinander ein. Zwischen dem zweiten und siebten Lebensmonat bilden sich bereits regelrechte Interaktionsspiele zwischen Mutter und Kind heraus, werden Dialogregeln, und dies lange vor der Einführung von Sprache, vom Kind im ge-

[17] Auch der Vater wird inzwischen als bedeutende Bindungsfigur des ersten Lebensjahres angesehen (vgl. Abelin 1971, Mertens 1994, Romer, Sossin 1991, Rotmann 1978, 1981).

genseitigen Austausch erlernt. In Abhängigkeit von der Mutter erfährt der Säugling eine Regulation seiner Bedürfnisse, seiner Affekte und seiner Wünsche zur Kommunikation, „aber er weiß noch nichts davon“ (vgl. Tönnesmann 1995, S. 326). Die 'genügend gute Mutter' spiegelt dem Säugling seine innere Befindlichkeit und verhilft ihm auf diese Weise, mit seinen Affekten und seinem Selbstempfinden besser vertraut zu werden (vgl. D. Stern 1992, 206 f, Lichtenberg 1991, 160 ff, Baumgart 1991, Dornes 1993a und b)[18].

Gleichzeitig ist aber dieser frühe Dialog anfällig für mancherlei Fehlabstimmung. Gut abgestimmte Interaktionsprozesse gelingen nicht immer, zumal der Dialog offensichtlich nur „innerhalb der Grenzen eines optimalen Erregungsniveaus ablaufen“ kann (vgl. Schnoor 1997, 70). Bei Unter- oder Überschreiten dieser Grenze sowie mangelnder Einigungsprozesse, die mit dem Erleben eines ‘Nicht-zu-einander-Passens’ (vgl. Balint 1970, 33) zusammenfallen, stellt sich ein Trauma als Folge „starker, nicht mehr konstruktiv bewältigbarer Krisen“ ein. In späteren Lebensphasen wird dieses Trauma beständig neu belebt (vgl. Schnoor 1997, 73)[19].

Nicht zuletzt, weil der Dialog in die Dynamik einer familialen Beziehungskonstellation eingebettet ist, zeigt er sich störanfällig. Gründe für den

---

[18] An dieser Stelle sei ein leiser Hinweis angebracht hinsichtlich der Frage, was der Säugling *wirklich* schon kann. Als sicher muß gelten, daß der Säugling am Anfang nicht nur an Lustmaximierung bzw. Unlustmaximierung interessiert ist und sich nicht allein in die symbiotische Verschmelzung mit der Mutter versenkt. Er ist kontaktfreudig und zu rudimentären kognitiven Leistungen imstande. Allerdings sei vor einer zu großen Euphorie bezüglich seiner frühen Wahrnehmungs- und Beziehungsfähigkeiten gewarnt (vgl. Dornes 1994). Diese Vorbehalte gelten insbesondere gegenüber dem erst allmählich reifenden kindlichen Vermögen, Erinnerungen an Objekte zu speichern und damit von der Gewißheit beseelt zu sein, daß das ‘gute’ Objekt auch dann existiert, wenn es nicht sichtbar ist. Mit Piaget wissen wir, daß die Wirklichkeit beim Kind über den Erwerb von Symbolsystemen „aufgebaut“ werden muß (vgl. von Uexküll u.a. 1996, 1023). Der Säugling aber denkt noch nicht symbolisch, sondern sensomotorisch (vgl. Paulsen 1996, 206 f, Zuriff 1993). Das Erleben spielt sich anfangs nur auf der sensomotorischen Ebene ab, wobei im intermediären Raum der Mutter-Kind-Beziehung an der Grenze zwischen äußerer und innerer Realität bereits die ersten Schritte zur Symbolbildung vorbereitet werden (vgl. Tönnesmann 1995, 326). Diese Überlegungen verdeutlichen für die Sozialpädagogik, wie eine haltende Atmosphäre, in der man sich auf der sensomotorischen Ebene der Wahrnehmung wohl fühlen darf, nötig ist, damit symbolische Fähigkeiten, die zur Entwicklung von Eigeninitiative und sozialem Verhalten nötig sind, wachsen können.

[19] Hier haben wir einen Hinweis, daß der frühe Dialog bei Verhaltensauffälligkeiten, wie sie sich in der pädagogischen Praxis darstellen, gestört verläuft. Da aber diese Störung häufig in einer Zeit entsteht, in der das Subjekt noch keineswegs über die notwendigen autonomen Fähigkeiten verfügt, wäre es unsinnig, mit einem Konzept auf diese Störungen reagieren zu wollen, welches die Entwicklung seiner Autonomie unterstützen will. Viel eher müssen zunächst die Grundlagen geschaffen werden, die den genuinen Aufbau von Autonomie ermöglichen, bzw. müssen wir uns um andere Zugänge zu unserem Dialogpartner bemühen, wenn dieser Aufbau nicht oder nur bedingt vorstellbar ist.

Mangel der Mutter zur emotionalen Abstimmung mit ihrem Kind sind: „Partnerschaftskonflikte, psychosoziale Probleme, 'Kopflastigkeit', Erschöpfungszustände, Schlafdefizit, Depressivität, Versagensgefühle, aber auch Akzeptanzgefühle" (vgl. Schnoor 1997, 71). Vor allem im Falle der Geburt eines behinderten Kindes kann dieses Gefühl, das Kind annehmen zu wollen, nicht von vornherein vorausgesetzt werden.

Weiß die Mutter Annäherung und Abgrenzung angemessen zu dosieren, kommt es zu einem gelungenen Wechselspiel von Bindung und Loslösung, bildet sich langsam ein stabiles kindliche Selbst(bewußtsein) aus. „Zuwendung und Trennung sind einander entgegengesetzte Seiten derselben Medaille" (D. Stern 1979, 158; Paulsen 1992, 48). Und hier stoßen wir auf ein zentrales Thema der Arbeit mit Verhaltensauffälligen: Meist sind bei ihnen gescheiterte Trennungsversuche ausschlaggebend für ihre Störung. Auf Grund mangelnder emotionaler Sicherheit haben sie sich nie vom (nicht wirklich vorhandenen) guten Objekt lösen können. Unsere Aufgabe ist es dann, Annäherung herzustellen - was oft nur unter Schmerzen auf beiden Seiten zu erreichen ist - und dann Abgrenzung, und das heißt letztendlich: Selbstfindung möglich werden zu lassen.

Mit gutem Grund können wir schon beim Säugling die Absicht vermuten, einen Dialog aufzubauen, in den dann die Mutter einsteigt und woraus sich schließlich die immer komplexere Beziehung zwischen beiden entwikkelt. Diese Absicht bleibt glücklicherweise vorhanden, auch wenn sie oft tief vergraben wird, und darin liegt das pädagogische Faustpfand auf Entwicklung und Veränderung. Zunächst beinhaltet dieser frühe Dialog vor allem das Geheimnis des Nicht-Gesagten, sozusagen eine gemeinsame Träumerei von Mutter und Kind, in der Subjektivität sprachlich nicht mehr faßbar ist. Wir müssen behutsam umgehen mit dem gesprochenen Wort, um es nicht zur Worthülse entwertet zu sehen. Ein gestörtes Kind spürt sehr genau, ob Dinge so dahin gesagt oder als wirkliche Beziehungsangebote gemeint sind. Das heißt, daß wir diesem Kind vor allem einen *Raum* zur Verfügung stellen müssen, in dem es sich geborgen und verstanden fühlt und in dem sich Beziehung mit uns leben läßt. Der Raum *zwischen* uns wird zum Medium der Entwicklung, wo basale Bedürfnisse nach Zuwendung Platz haben und die Einführung schöpferischer Kompetenzen vorbereitet wird.

Winnicott stellte sich die frühe Entwicklungsphase als eine Mutter-Kind-Einheit vor, und zwar als einen „intermediären Raum" an der fließenden Grenze zwischen diesen beiden Akteuren (vgl. 1993)[20]. Es ist jener Raum zwischen Illusion und Wirklichkeit, der dem Kind, etwa wenn es spielt, zugestanden wird, wo es zwischen seiner primären Kreativität und ei-

[20] 'Mutter' ist nie konkretistisch mißzuverstehen. Stets geht es um die „spezifische Qualität der *Beziehung* zwischen Mutter und Kind, die Möglichkeit des 'Spielraums' (...) zwischen beiden ist Subjekt der Entwicklung" (vgl. Buchholz 1993, 117).

ner auf Realitätsprüfung basierender Wahrnehmung wandeln darf. Hier entsteht allmählich der Aufbau von Symbolbildungen, etwa wenn das Kind mit dem Zipfel seiner Decke spielt, die nicht die Brust der Mutter ist, sie aber *bedeutet*. Mit Hilfe solcher Symbolbildungen, die in diesem intermediären Raum zu wachsen beginnen, sind die Anforderungen der Realität - zum Beispiel die Trennung von der Mutter - nach und nach zu bewältigen. Dabei erhält, beginnend etwa zwischen dem vierten und zwölften Lebensmonat, besagter Zipfel zunächst die Bedeutung eines Übergangsobjektes: Das Kind wird zunehmend selbständig, aber es braucht anfangs noch die Illusion der Einheit mit der Mutter, repräsentiert über diesen Zipfel[21].

Das Übergangsobjekt ist der Vorläufer eines inneren Objektes. Noch braucht das Kind es wirklich, während der Vorgang der Verinnerlichung eine Gewißheit mit sich bringt, die den Besitz überflüssig macht. Das Übergangsobjekt geht der gesicherten Realitätsprüfung voraus. Wenn allerdings, und da erhalten wir einen ganz wesentlichen Hinweis auf eine mögliche Fehlentwicklung, das äußere Objekt mehr und mehr versagt, wird auch das Übergangsobjekt seine Lebendigkeit verlieren und sinnlos werden. Hier bleibt ein Kind auf Grund intensiv erlebten affektiven Mangels an das Phantasma der nicht vollzogenen Trennung von seinen primären Objekten verklammert, seine förderliche Entwicklung stagniert, es kommt zur Ausbildung sozialer Auffälligkeiten. Häufen sich solche Krisen in der mütterlichen Fürsorge, führt dies zu einer „frühen Dissoziation". Zurück bleiben schlimme, „eingefrorene Erinnerungen" (vgl. Tönnesmann 1995, 327 ff).

Dieses Konzept vom intermediären Raum gewinnt für die sozialpädagogische Praxis dort, wo sie sich als 'Entwicklungshilfe' der Objektbeziehungen versteht, immer mehr an Bedeutung (vgl. Maass 1993). Verhaltensgestörte Kinder können als Kinder mit frühen Beziehungsstörungen gesehen werden, die nie ausreichend die Möglichkeit hatten, aus der sicheren Bindung an ihre primären Objekte heraus eine 'normale' Entwicklung zu nehmen. Es hätte bedeutet: Im frühen intermediären Raum die sensomotorische Erfahrung affektiver Übereinstimmung zu machen, das primäre Objekt konturiert wahrzunehmen und als gutes Objekt zu verinnerlichen, sich von ihm über das probeweise Einsetzen von Übergangsobjekten allmählich abzu-

---

[21] Der Dreijährige, der in seiner Anfangszeit im Kindergarten nicht von seinem Teddybär läßt, benötigt ihn zu seiner inneren Stabilisierung. Der Kindergarten selbst wird zum intermediären Raum. Wir kennen aber auch eine Reihe von gestörten Kindern, die sich an solche Übergangsobjekte stürmisch anklammern. Zuweilen nimmt dieses Phänomen, insbesondere bei ganz frühen Störungen, den zwanghaft-magischen Charakter eines Fetisches an, mit dem überschießende Ängste gebannt werden sollen. Einem solchen Fetisch fehlt die entwicklungstreibende Kraft eines Übergangsobjektes, er steht eher für eine massive Fixierung an archaische Bewältigungsversuche (vgl. Winnicott 1993, 15 ff).

lösen, Autonomie zu entfalten, kognitive Strukturen auszubilden und am Ende sozial gelungene Beziehungen eingehen zu können.

Von einer Stufe zur nächsten Stufen wurde die Erfahrung emotionalen Mangels weitergegeben, was sukzessive zur Ausbildung manifester Verhaltensstörungen führen mußte. Deshalb sind die SozialpädagogInnen aufgefordert, einen intermediären Raum anzubieten, in dem Entwicklung korrigiert und partiell nachgeholt werden kann. Sie selbst müssen sich als Objekt anbieten, mit dem Einigung wie Trennung weitgehend gefahrlos möglich wird. Im Prinzip werden sie damit selbst zum Übergangsobjekt.

Die frühen Störungen werden in der Praxis dergestalt erneut virulent, daß die Person des Sozialpädagogen oder der Sozialpädagogin dafür verantwortlich gemacht wird. Unbewußt wird sie an die Stelle des frühen Objektes gesetzt, von dem keine Trennung möglich wurde, das aber ebenfalls als massiv versagend erlebt wurde. So kommt es, daß sie sich immer wieder in heftige Händel verstrickt sieht: Auf der einen Seite soll sie die Sehnsucht nach der guten Mutter stillen, auf der anderen Seite wird sie aus Angst vor erneuter Enttäuschung wie der unbewußten Wiederholung der schlechten Erfahrungen mit ungestümen Aggressionen bombardiert. Ohne um die affektiven Blockaden fehlgeschlagener Entwicklung zu wissen, die den Hintergrund dieser Wechselbäder abgeben, ist ein Ausweg aus dem Dilemma nur schwer zu finden.

Störung als mangelnde Symbolisierungsfähigkeit

Daß wir in heftige affektive Turbulenzen geraten, hängt oft mit einer weitgehenden Unfähigkeit unseres Gegenübers zusammen, sich sprachlich über seine Befindlichkeit auszulassen. Vielmehr wird unbewußt in agiertes Handeln umgesetzt, was an unbewältigter Thematik vorliegt. Ein solch tief verletztes Kind erzählt uns nicht von seinen narzißtischen Blessuren, die ihm zugefügt wurden. Es dreht den Spieß um und fügt uns nun diese Blessuren zu. Wenn wir dies nicht verstehen, nehmen wir selbstverständlich jeden dieser Angriffe, jede dieser Entwertungen persönlich und müssen nun unsererseits jede Menge Abwehrpotential mobilisieren, um nicht selber zugrunde zu gehen. Diesem Kind fehlt die Fähigkeit, für sich die Welt symbolisch zu ordnen und auf dieser Ordnung aufbauend mit ihr in Kontakt zu treten.

Seine Störung kann als charakteristisches Merkmal gestörter Symbolbildung angesehen werden. Symbol bedeutet zunächst, eines durch ein anderes zu ersetzen. Insbesondere die Verfügungsgewalt über die Sprache als dem zentralen Symbolsystem verhilft dem Menschen dazu, seine psychische Struktur auszubilden, sich in der Interaktion mit anderen verständlich machen und behaupten zu können. Sprache begründet die symbolische Beziehung von Zeichen und Bezeichnetem, sie vereinigt Vorstellung und Lautbild (vgl. Pagel 1989, 42). Der Aufbau einer reifen Persönlichkeit ist an die Verfügung über Sprache geknüpft (vgl. Lorenzer 1977, 162 ff)[22]. Die wesentliche Leistung des Menschen besteht darin, sich mit Hilfe von Symbolen ausdrücken und so seine Beziehung mit anderen regeln zu können. Dieser Prozeß der Symbolbildung ist in Interaktion eingebunden. Kurz gesagt wird Beziehung in Sprache gefaßt. Die noch vorsprachliche Interaktion von Mutter und Kind wird mit einem Namen belegt, Sprache und Symbol erfahren ihre erste Verknüpfung: „So ist es nicht zufällig, daß das erste Wort eines Kindes meist Mama heißt. Mit ihm kann es der Freude über die Befriedigung und Sicherheit vermittelnde Beziehung zur Mutter (...) Ausdruck verleihen. Durch Mama-Rufe kann es sich diese begehrte Beziehung real herstellen. Es kann sich aber auch mit dem Wort jenes Mama-Erlebnis vergegenwärtigen und damit deren vorübergehende Abwesenheit immer besser ertragen" (Leber 1981, 36). Nach und nach entwickeln sich daraus immer reifere symbolische Interaktionsformen.

Wenn also das kleine Kind auf Grund längerer Erfahrung sicher davon ausgehen kann, daß die Mutter, das gute Objekt, zurückkehrt, wird es allmählich eine Vorstellung von dieser Mutter als einem inneren guten Objekt abbilden. So lernt es nach und nach immer besser, ihre reale Abwesenheit zu ertragen, ohne von Angst überwältigt zu werden. Die Symbolbildung hat begonnen. Sie befähigt das Kind zunehmend, auch die zwangsläufig negativen Erfahrungen in sein Erleben zu integrieren. Ist die Mutter überwiegend gut, können gute und böse Objektrepräsentanzen unter der Regentschaft der guten Anteile versöhnt werden. Ein Symbol ist eine Art „'Erinnerungssymbol'" (vgl. Pilz 1995, 95), mit dessen Hilfe sich beim Kind allmählich Vorstellungen vom eigenen Selbst und von den Objekten herausbilden.

Macht dieses Kind dagegen überwiegend schlechte Erfahrungen mit einer unzuverlässigen, hartherzigen primären Umgebung, kommt es nicht oder nur bedingt zur Verinnerlichung eines guten Objekts, so bleibt der Zugang zum Symbolischen weitgehend verschlossen[23]. Immer wieder muß es erleben, sich kein Gehör verschaffen zu können. Sein Wünschen bleibt unbeantwortet. Die Welt erscheint bedrohlich, und bald wird jede weitere Begegnung mit anderen Menschen als ebenso gefährlich phantasiert. Die Vorstellung von den Objekten ist von Mißtrauen, Wut und Angst vor erneuter

---

[22] In seiner typisch erwachsenenbezogenen Art unterstreicht Habermas, daß derjenige, der mit anderen kommunizieren will, deren Mitteilungen interpretieren und ein diskursives Einverständnis herstellen können muß (vgl. 1988a, 170; 1990a, 115). Für die Sozialpädagogik sind derlei Voraussetzungen allemal nicht gesichert gegeben.

[23] Diese Unfähigkeit wird deutlich, wenn ich ein solches Kind auf ein Gebot verpflichten möchte, es zustimmend nickt und hinter meinem Rücken genau das Gegenteil tut. Die Regel gilt nur so lange, wie ich gegenwärtig bin. Sie ist unmittelbar mit meiner Person verschmolzen. Als symbolische Geste ist sie (noch) bedeutungslos. Dieses Kind kennt es nicht, daß Abmachungen jenseits offen erfahrener Macht und Gewalt Gültigkeit besitzen.

Zurückweisung geprägt, die vom eigenen Selbst von Wertlosigkeit, Ohnmacht und der Überzeugung, auf die Objekte nur Einfluß ausüben zu können, wenn das eigene Begehren ganz massiv vorgebracht wird. Generalisiert werden diese Vorstellungen schließlich auf alle Menschen angewendet. Hier regiert das schlechte Objekt, das gute bleibt als unrealistisches Phantasma zurück, mit allen ungestillten Sehnsüchten verkoppelt, die es eines Tages doch noch befriedigen soll. So kommt später der Pädagoge in die schwierige Situation, sich als böses Objekt bekämpft und als gutes Objekt mit grandiosen Ansprüchen überhäuft zu sehen und auf beides zunächst keine hinreichende Antwort zu finden.

Eigentlich ist dieses Verhalten nicht gar so unverständlich. Wir kennen viele sinnlich greifbare Darstellungsweisen von Erlebnissen, die sich nonverbal artikulieren. Jenseits der Sprache gibt es eine „präsentative Symbolik" - etwa bei Traumsymbolen als einer Art innerer Wahrnehmung -, in der eine größere Nähe zu den Affekten deutlich wird (vgl. Lorenzer 1973, 110). In die präsentativen Symbole fließen noch sehr viel körper- und erlebensnähere Empfindungen ein. Sie entsprechen jenen affektgetragenen Beziehungsformen, die *vor* der Einführung von Sprache handlungsleitend sind.

Wo Sprache nicht dazu dient, sich auszutauschen und die gegenseitigen Beziehungen zu regeln, wird zwar auch sprechen gelernt, aber nur sehr eingeschränkt. Weder taugt sie zur erlebensnahen Mitteilung noch zur selbstkritischen Betrachtung des eigenen Standpunktes. Die Sprache bleibt leer und unbeseelt. Wutgefühlen oder Angst vor erneuter Kränkung ist der Weg, über Sprache benannt zu werden, versperrt. So kann Sprache auch nicht zur inneren Entlastung dienen. Um auf sich aufmerksam zu machen, bleibt einzig, sich maßlos in Szene zu setzen. In einer grandiosen Wendung von innen nach außen wird mit der Verhaltensstörung Terror über andere ausgeübt, so wie es einem früher selbst erging. Daher ist der sprachlich geregelte Diskurs, wie er vielfach favorisiert wird, hinsichtlich unserer praktischen pädagogischen Fragestellungen ergänzungsbedürftig. Denn in der unmittelbaren Begegnung mit unseren gestörten Dialogpartnern meinen offenkundig Sprache und Handeln nicht dasselbe. Das, was sie verbal äußern, ist oft vom Gebrauch leerer, *unbedeutender* Zeichen bestimmt und steht in krassem Gegensatz zu ihrem Beziehungsverhalten[24].

[24] Lotz hat an einem Beispiel aus der Arbeit mit schwer verhaltensauffälligen Jugendlichen die Nähe dieser präsentativen Symbole zu den unbewußten Vorgängen und einer noch diffusen Gefühlswelt verdeutlicht. Diese Gruppe von Schülern einer Lernbehindertenschule neigte dazu, den Unterricht dadurch zu torpedieren, daß sie 'den Affen machten'. Lotz beschreibt, wie es ihm gelang, dieses Thema zu einem gemeinsamen zu machen und über seine „präsentative Veranschaulichung“ Interesse für die Erstellung eines Zeichentrickfilms zu entwickeln (vgl. 1987, 167 ff).

Es existieren zwei Grundformen von Störungen. Zunächst kennen wir neurotische Konfliktlagen, die mit sehr viel Schuldangst einhergehen und die Vermittlung von inneren und äußeren Ansprüchen nicht mehr gewährleisten. Wenn die Konfliktangst zu groß ist, um noch symptomfrei bewältigt werden zu können, müssen die dazugehörigen Wünsche verdrängt, d.h. dem Zugriff symbolischer Verfügbarkeit wieder entzogen werden. In einer Phobie z.B. wird das Symbol durch ein Klischee ersetzt. Es kommt zu einer sogenannten Desymbolisierung, bereits erworbene Fähigkeiten gehen wieder verloren. In Freuds Krankengeschichte vom kleinen Hans etwa hat der kleine Junge Angst vor Pferden, die tot umfallen bzw. ihn beißen könnten (vgl. 1909b, G.W. Bd. 7). In der Phantasie des Jungen übernimmt das Pferd eine Stellvertreterrolle, es wird zum Klischee verfremdet: „Beide Objekte, das beißende wie das fallende Pferd, sind der Vater, der ihn strafen wird, weil er so böse Wünsche gegen ihn hegt" (Lorenzer 1973, 128)[25]. Allerdings dreht es sich beim Thema Verhaltensstörungen weniger um den Typus des ängstlich-neurotischen Kindes, der es gewohnt ist, seine Objekte zu schützen und daher seine unbewältigten Erlebnisse mehr im eigenen Innern umwälzt.

Mir geht es um das rücksichtslose Verhalten und wie es sich begründet. Wenn die frühen Erfahrungen mit den Beziehungspersonen nicht in erster Linie durch Konflikte, sondern viel grundsätzlicher durch mangelnde Empathie bestimmt sind, verläuft die Sozialisation nur von wenigen Momenten befriedigender affektiver Abstimmung begleitet, was den Aufbau eines konsistenten Symbolsystems verhindert. Es werden nur emotional leere, von lebendigen Zusammenhängen abgetrennte Zeichen einsozialisiert (vgl. Lorenzer 1974, 123). So finden wir uns im Jugendhaus in die Szene versetzt, daß eine neue Gruppe Zwölf- bis Vierzehnjähriger in den offenen Betrieb kommt. Sie scheinen sich sehr für das Jugendhaus zu interessieren, fragen beständig nach. Die Sozialpädagogin hat den Eindruck, daß sie sich geradezu unterwürfig anzubiedern suchen, gleichzeitig aber *spürt* sie selbst keine wirkliche Nähe zu den Jugendlichen. Kaum dreht sie ihnen den Rücken, wendet sich das Blatt. Bald ist die Gruppe verschwunden, nicht ohne kräftig überall hin gespuckt und bei den Spielmaterialien ein wüstes Chaos angerichtet zu haben. Das, was die Jungen sagten, war belanglos, entsprach nicht ihrer wahren Befindlichkeit. Sie taten nur, als ob sie sich mitteilten. In dem Moment, da der erwachsene Ansprechpartner, der mächtige Boss, mit dem man schön tun muß, nicht mehr unmittelbar gegenwärtig ist, ist das *Sprach-Spiel* vorbei. Solche Jugendliche sind wie kleine Kinder, die die Leere des Raumes noch gar nicht aushalten können. Aber sie dürfen diese Leere nicht spüren und agieren sie in ihrem zerstörerischen Verhalten aus. Zunehmend

[25] Die Psychoanalyse verhilft zu einer Resymbolisierung; die Sprachsymbole werden zurück an ihren angestammten Platz gestellt. Der Kern der Phobie kommt zum Schmelzen, wenn die wahren Affekte erlebbar werden: Pferd ist wieder Pferd, Vater ist wieder Vater.

begegnen wir in der Praxis diesem zweiten Typus mit Kennzeichen von Dissozialität. Ihm mangelt es an einer grundständig positiven Erfahrung mit seinen primären Objekten. Nur eine ebenso behutsame wie klare Beziehung, die sowohl Bindung wie Trennung beinhaltet, wird ihm dazu verhelfen, widersprüchliche Empfindungen, die er in der Begegnung mit anderen erlebt, ertragen zu lernen, ohne darüber auf der Stelle in Rage geraten zu müssen.

Diese Aufgabe erachte ich als die wesentliche im Umgang mit Verhaltensauffälligen. In ihr liegt die Erwartung begründet, daß wir abzuschätzen wissen, wieviel Nähe noch nötig und wieviel Abstand bereits möglich ist. Es ist ein immerwährender Prozeß von Präsenz und Abwesenheit. Viele Kinder beharren auf unserer ständigen Gegenwart, und sei es, daß sie andere so lange piesacken, bis wir uns zum Intervenieren veranlaßt sehen und also unsere Präsenz beweisen. Dies kostet viel Kraft. Meist sind Lockerungen erst allmählich möglich. Ich habe einmal mit einem schwer verhaltensauffälligen Jungen gearbeitet, der sich mir permanent aufdrängte. Lange Zeit wich er mir keinen Millimeter von der Seite. Als ich eines Tages mit ihm auf den Speicher unserer Einrichtung stieg, um etwas herunter zu holen, überkam mich die Phantasie, ihn oben einfach einzusperren, so aggressiv machte mich offensichtlich sein Gebaren. Er wäre in völlige Verzweiflung und seelische Auflösung geraten. Bis er zu uns kam, hatte er nur mit seinen Eltern gelebt. Sein Vater war Handlungsreisender, und über Jahre war der Junge mit ihnen von Hotel zu Hotel gezogen, ohne ein Zuhause zu kennen, ohne jemals Kontakt zu anderen Kindern zu haben. Dieses Kind bewohnte keinen inneren Ort und konnte deshalb sich und seine Umgebung nicht konturiert wahrnehmen.

Das Vermögen, zu einer adäquaten Wahrnehmung der Objekte zu gelangen, ist an den Aufbau eines intakten symbolischen Vorstellungssystems gebunden. Die Fähigkeit der Selbstregulation wird weitgehend vom Maß der Ausgewogenheit der frühen Beziehungserfahrungen bestimmt (vgl. Leber 1989a, 174; Fatke 1985, 26). Ein Kind muß in die Lage versetzt werden, „Getrenntheit zu erfassen, zu akzeptieren und mit eigener aktiver Beteiligung die Voraussetzungen dafür zu gewinnen, mit den außerhalb des Mutterleibs herrschenden Verhältnissen trotz geringer Instinktausstattung immer besser fertig zu werden" (1995, 159). Je besser das Kind die Mutter als gutes Objekt verinnerlicht, desto eher kann es ohne sie alleine sein (vgl. Winnicott 1990, 40 ff). Das Kind bildet eine Erinnerung an die abwesende Mutter aus und lernt ihre Rückkehr gedanklich zu antizipieren (vgl. Leber 1995, 171). Damit wird seine Autonomieentwicklung maßgeblich gefördert.

Wenn die frühe Lebenssituation aber von einem elementaren emotionalen Mangel beherrscht wird, in der sich das Kind nicht von seiner Mutter empathisch gehalten fühlt, mißlingt eine stabile Unterscheidung des Selbst von seinen Objekten. Die Beziehung eines sieben bis acht Monate alten

Kindes zu seiner Mutter beruht zu diesem Zeitpunkt weitgehend auf Spiegelung (vgl. Mahler u.a. 1980, 216). Dieses Spiegeln führt zum frühen Aufbau eines synchronen Kommunikationssystems zwischen Mutter und Kind. Der Blick des Kindes gilt dem Gesichtsausdruck seiner Mutter, und auf seinem Gesicht spiegeln sich all die Empfindungen wider, die dort abzulesen sind (vgl. Lichtenberg 1991, 97). Das sich entwickelnde Selbst erwartet geradezu, daß es von seinen primären Objekten widergespiegelt wird. Das Kind braucht „den Glanz in den Augen der Mutter", damit seine sich bildenden mentalen Funktionen und Aktivitäten genügend gespeist werden. Es entsteht eine tiefe narzißtische Wut, wenn das „Selbst-Objekt sich unerwartet weigert" (vgl. Kohut 1975, 149 ff). Ungenügendes Spiegeln von seiten der Mutter führt dann bei ihm zur Ausbildung eines „primären Defekts" (vgl. Kohut 1981, 23 f.).

Wird einem Kind die nötige frühe Spiegelerfahrung nicht ausreichend gewährt, bleibt es auf sich selbst zurückgeworfen, worunter seine gesamte noch ausstehende Entwicklung von Autonomie und Initiative leiden muß, wie schon Erikson in seinem Konzept eines gestörten Urvertrauens kenntlich gemacht hat (vgl. 1971, 246 ff). Als Pädagogen können wir durchaus nachträgliche Spiegelerfahrungen in den Dialog einführen. Wir können Halt geben und gleichzeitig die mangelnde Haltlosigkeit thematisieren. Im obigen Fall war ich *real* präsent und konnte dem Jungen veranschaulichen, wie lange er schon diese Erfahrung mit mir machte. So wurde eine Zeitperspektive eingeführt, was ihn sichtlich verblüffte. Ich spiegelte ihm seine Befindlichkeit, was er dankbar aufnahm und ihn zum Nachdenken brachte. Gleichzeitig durfte seine Angst vor dem Verlust meiner Person immer offener angesprochen werden. Seine Phantasien, was passiere, wenn ich nicht da wäre, ließen sich immer besser in Sprache fassen, die Beziehung stabilisierte sich, so daß er Trennung immer besser auszuhalten lernte. Der intermediäre Raum zwischen uns wurde endlich dimensioniert. Die angstmachende Weite des Raumes, in der er sich zu verlieren schien, wurde mit Objekten belebt.

Wie in diesem Fall birgt die fehlende Empathie des Selbst-Objekts der ersten Zeit die Gefahr, „daß das Selbst in Stücke bricht" (vgl. Kohut 1975, 252). Auf diese Weise bleiben Kinder, die sich in den frühesten Phasen ihres Lebens elementaren Frustrationen ihrer vitalen Bedürfnisse nach Spiegelung und Kontaktaufnahme ausgesetzt sehen, aus tiefer Existenzangst an ihre symbiotischen Verschmelzungsphantasien verklammert, so daß bei ihnen die „Trennung von Selbst- und Objektimagines" mißlingt (vgl. Neraal 1991). Erneut sehen wir, wie wenig akkurat geplante Handlungsentwürfe im zwischenmenschlichen Feld bedeuten, wie viel es auf die Fähigkeit zur gegenseitigen affektiven Abstimmung ankommt (nebenbei: ein interessantes didaktisches Moment der Ausbildung). Wenn im Falle gestörter Kinder oder Jugendlicher diese Fähigkeit nicht oder nur bedingt vorhanden ist, ist es genuine Aufgabe der sozialpädagogischen Intervention, diese zunächst allein in der Person des Erwachsenen zu konzentrieren und sie über allmähliches Spiegeln im Gegenüber wachsen zu lassen.

Insbesondere die große Gruppe der sogenannten Verhaltensgestörten weist eine basale Matrixstörung auf, zu Menschen wie Sachthemen eine symbolgesteuerte und das heißt: befriedigende Beziehung aufnehmen zu können[26]. Ihnen steht keine erlebensnahe Möglichkeit zur Verfügung, um die eigene Befindlichkeit oder die Beziehung zu anderen in Worte zu kleiden. Sie können sich nur reduziert über ungesteuerte, impulsive und meist aggressiv getönte Verhaltensmetaphern darstellen. Es ist die Flucht aus bedrohlich erlebten Beziehungskonstellationen. Alle aktuell wachgerufenen Empfindungen verweisen auf frühe, elementare Frustrationen und werden deshalb angstmachend erlebt. Um die Angst zu bannen, werden die bedrohlich phantasierten Beziehungspartner aggressiv angegangen. Das Verhaltensrepertoire bleibt auf bloßes Agieren und Reagieren: kurz: aufs *Stören* beschränkt[27]. Das Problem der Störer liegt in einem eklatanten Mangel an Selbstachtung, seit sich das Erleben der Nichtigkeit des eigenen Selbst als Störung der frühen Beziehungsformen einzuspielen begann. Die früh erworbenen psychischen Strukturdefizite wirken sich nachhaltig auf das weitere 'Schicksal' aus. „Reife und die Fähigkeit, alleine zu sein, setzen voraus, daß das Individuum die Möglichkeit gehabt hat, durch 'ausreichend gute Bemutterung' einen Glauben an die wohlwollende Umwelt aufzubauen“ (vgl. Winnicott 1990, 40).

Solchen Kindern, die sich durch stark aggressiv getönte Verhaltensauffälligkeiten bemerkbar machen, fehlt die „Fähigkeit zum Erbarmen“, die sich beim jungen Kind gemeinhin im Alter von fünf bis zwölf Monaten auf der Grundlage einer befriedigenden Beziehung zur Mutter ausbildet. Zu Anfang ist der Säugling erbarmungslos. Hat er Hunger, ist die Mutter sein Angriffsziel. In den Phasen der Ruhe schätzt er sie als seinen Bedürfnissen angepaßt.

---

[26] Alle kognitionstheoretischen Erklärungs- und Therapieversuche, diesem Defizit abzuhelfen, sind zum Scheitern verurteilt, weil damit theoretisch weder das Ausmaß der affektiven Grundstörung zu begreifen wäre, das jede Entwicklung blockiert, noch ein praktisches Konzept vorgelegt würde, wie dem in der aktuellen Situation über heftig agiertes Verhalten wiederbelebten emotionalen Mangel angemessen zu begegnen sei. Nur wenn wir diese Störung in einen fördernden Dialog einbinden, wird sich eine Veränderung des antisozialen Verhaltens erzielen lassen. Dieser Dialog hilft dem Gestörten, "mit seinen mißglückten Beziehungen und deren Folgen (...) fertig zu werden, sich aus Beziehungsfallen zu befreien, eine neue Lebensbasis zu finden und eine relative Selbständigkeit und gesellschaftliche Partizipation zu erlangen" (vgl. Leber 1979, 77; 1984, 482).

[27] Weil den Störern ein autonomes, vernunftgesteuertes Handeln verwehrt ist, wäre es problematisch, von vornherein einen solchen Begriff, wie er eher den diskursgeschulten Gepflogenheiten von uns WissenschaftlerInnen entspringt, zur Basis einer sozialpädagogischen (Störungs-)Theorie zu machen.

Allmählich finden sich diese beiden Funktionen der Mutter in der Vorstellung des Kindes zusammen. In dem Maße, wie sich die frühe Objektbeziehung von Mutter und Kind stabilisiert, entdeckt der Säugling in der Person der Mutter die Existenz eines „Nicht-Ich" (vgl. Spitz 1972, 344), und diese Wahrnehmung konstituiert das „Erwachen der Intelligenz beim Kinde" (vgl. Piaget 1975)[28]. Die Wahrnehmung differenziert sich mehr und mehr. Das Empfinden von Schuldgefühlen setzt ein und damit das „Gefühl der Besorgnis" (vgl. Winnicott 1976, 122 ff).

Wenn nun aber die frühe Lebenssituation durch Merkmale gekennzeichnet ist, die einen solch positiven Ausgang nicht zulassen, kann dieses Gefühl der Besorgnis nicht wachsen. Die Erbarmungslosigkeit bleibt erhalten, ohne daß sie in die innere Vorstellung des Selbst aufgenommen wäre, was sich später ohne Umstände an störenden Verhaltensweisen ablesen läßt. Letzten Endes wirkt sich dieser frühe Mangel an Besorgnis als sozialer Selektionsmechanismus aus und rückt wiederum unsere Aufgabe ins Blickfeld, wo wir mit unseren professionellen Beziehungsangeboten anzusetzen haben. Die Unfähigkeit, sich noch über den Sinn des eigenen Tuns klar zu werden, beginnt da, wo Kindern die Erfahrung fehlt, sich von der Mutter verstehend 'gehalten' zu fühlen. Unter ungünstigen Umständen bleibt die Unfähigkeit zurück, Ich und Nicht-Ich als Antipoden wahrzunehmen. Die Störung des Sicherheit spendenden Kontakts zu den primären Bezugspersonen führt zu einer Konzentration der Wahrnehmung auf die eigene Person (vgl. Freud 1916-17, G.W. Bd. 11, 431 ff). Die „falsche Empathie des Selbst-Objekts" (vgl. Kohut 1975, 252) verhindert, daß die Fähigkeit, mit anderen eine wechselseitig befriedigende Beziehung einzugehen, entstehen kann[29].

---

[28] Das „Schema des permanenten Gegenstandes" gibt die Voraussetzung weiterer Entwicklung ab (vgl. Piaget 1974; Spitz 1972). Damit ist die mit etwa eineinhalb Jahren beginnende Fähigkeit gemeint, Gegenstände und Personen zunehmend in ihrem eigenständigen Dasein anzuerkennen. Sie entsteht, wenn die Mutter genügend Sicherheit bietet, um ihre zeitweise Abwesenheit zu ertragen. Der Begriff der „Objektkonstanz" (vgl. Mahler u.a. 1980, 41 ff) wiederum umschließt die Gewißheit, das „Wiederkommen der Mutter vertrauensvoll antizipieren" zu können (vgl. Leber 1989b, 25).

[29] Ein Problem ganz anderer Art, welches aber in alle jenen pädagogischen Institutionen auftaucht, die sich als *Einrichtung für alle* verstehen, stellt die Lebenswelt eines behinderten Kindes dar. Häufig ist sie zum einen durch eine besonders am Anfang reduzierte Intensität des mimischen Ausdrucks und schwächer ausgeprägter Interaktionsmerkmale geprägt (vgl. Sarimski 1986, Dornes 1993 a und b, Kniel, Kniel 1986). Zum anderen ergreifen die Eltern zu früh und aktiv die Initiative, was wiederum das Kind gerne in Passivität flüchten läßt. Hier ist es erste Aufgabe der PädagogInnen, hinsichtlich des reflektierten Umgangs mit ambivalenten Empfindungen, welcher erst eine falsche Handlungsmanie zu verhindern weiß, ein gutes Beispiel abzugeben.

Störung durch mangelnde Triangulierung

Nun sei an dieser Stelle einem falschen Psychologismus vorgebaut, so als bewege sich die Mutter-Kind-Dyade in einem luftleeren Raum, ohne jedweder äußeren Erschütterung ausgesetzt zu sein. Damit würde das Bild vom Säugling auf eine symbiotische Zwei-Personen-Situation eingegrenzt, die ihn gegen alle gefährlichen Reize schützt.

Im Zuge des gewaltigen Umbruchs der gesellschaftlichen Verkehrsformen in den westlichen Industriestaaten sieht sich das traditionelle Gefüge der klassischen Kleinfamilie seit den sechziger Jahren einschneidenden Veränderungen ausgesetzt. Im Sog dieser Veränderung wurde vor allem das patriarchalische Prinzip - der Vater ernährt die Familie, er hat deshalb das Sagen - in seinen Grundfesten aufgeweicht. Die vormals fast naturgesetzlich anmutende Dramaturgie innerhalb der Familie wurde umgeschrieben. Der Vater war die unangefochtene Autorität, wenn auch potentiell ein Außenstehender, die Mutter für die Erziehung der Kinder und den Haushalt zuständig.

Dieser klaren Rollen- und Aufgabenteilung war das psychoanalytische Modell der ödipalen Beziehungskonstellation von Vater, Mutter und Kind geschuldet. Im Prinzip besagt dieses Modell, daß aus Sicht des Kindes erst im Alter von vier Jahren die innerfamiliale Beziehungsdynamik wirklich zum Blühen kommt. Dies kann so nicht gelten. Nicht zuletzt durch den Verlust traditionsgebundener Beziehungssmuster, die vor allem die Interaktion zwischen den Geschlechtern neu regelt, hat dieses Modell seither sichtlich an Gewicht verloren. Der Verlust an männlich-väterlicher Autorität tat ein übriges, den Blickwinkel zu öffnen.

Nicht von ungefähr wendet sich daher, wie gesehen, die Psychoanalyse viel intensiver der Zeit der ersten Lebensperiode zu. Im Prinzip gewinnen die präödipalen Interaktionsformen, die das ganz junge Kind erlebt, deshalb an Bedeutung, weil seine Beschädigung auf immer früheren Entwicklungsstufen vonstatten geht. Nun heißt es aufpassen, der Mutter nicht alle Schuld in die Schuhe zu schieben. Schließlich kann sie ihrer sozialisatorischen Aufgabe nicht nachkommen, wenn ihr durch den Autoritätsverlust des Vaters der Rückgriff auf einen patriarchalischen 'Gegenpol' verwehrt wird. Die klare Struktur der Familie mit ebenso klar umrissenen Personen und Rollen ist perdu. Darunter haben Mutter wie Vater zu leiden. Wenn aber eindeutige Zuordnungen schwinden, lassen sich die Objekte nicht mehr so leicht auseinanderhalten. In dem Maße, wie sich die Mutter nicht mehr deutlich vom Vater abhebt, wird sie für das Kind als wahrnehmbares Objekt zunehmend diffus. Die Gefahr besteht, daß es mit ihr symbiotisch verschmolzen bleibt (vgl. Ziehe 1981, 236). Falls der Vater, dem als *Drittem* „bei der Befreiung von der Symbiose mit der Mutter" eine wichtige entlastende Bedeutung zukommt, dieser Rolle nicht gewachsen ist, wird er die „ausschließliche und anklammernde Mutter-Kind-Beziehung eher noch verstärken", wie klinische Befunde bei früh gestörten Patienten ergaben (vgl. Neraal 1991, 359). Seine Aufgabe ist es, dem Kind eine Triangulierung anzubieten, also aus der Zwei-Personen-Dynamik ein Drei-Personen-Stück zu machen. Er leitet die symbolische Trennung von der Mutter ein und ermöglicht so, Beziehungen zu mehreren Menschen eingehen zu können. Für uns ist dieser Aspekt ein ganz wichtiger, weil es unserer Aufgabe als Sozialpädagogen entspricht, die bislang mißlungene Trennung von den primären Objekten herbeizuführen. Wir müssen also selbst die Rolle des Dritten übernehmen, die im kindlichen Erleben neben der Beziehung zur Mutter immer wichtiger werden soll.

Gemeinhin ist fast immer von der Mutter-Kind-Beziehung die Rede, und ich denke, daß dies legitim ist, weil das ganz junge Kind am Anfang tatsächlich sein noch recht undifferenziertes, wenngleich häufig auch waches Umweltinteresse hauptsächlich auf die versorgende Mutter konzentriert (vgl. Winnicott 1990, 317 f). In Wirklichkeit aber lebt es nicht in einer ausschließlichen, d.h. den Vater ausschließenden Beziehung zur Mutter, sondern es hat bereits sehr früh eine Vorstellung von einem Vater, und es behandelt ihn auch anders als die Mutter. „Väter sind interessanter als Mütter - aber Mütter sind mehr 'gut'" (Rotmann 1981, 162)[30].

Bleibt auch unbestritten, daß die frühe emotionale Bindung des Kindes zur Mutter intensiver ist als die zum Vater, so kann doch als gesichert gelten, daß sich bereits im Kleinkindalter eine aktive Beziehung zum Vater einstellt. Schon das Kleinkind hat eine Vorstellung vom Vater als einem Objekt, das von der Mutter getrennt ist. Die Mutter gewährt als primäres Bindungsobjekt Schutz, während der Vater als darüber hinausgehendes Bezugsobjekt wichtig ist. Dabei spielt es für die Bindung an den Vater keine große Rolle, daß er im Alltagsleben womöglich häufiger abwesend ist. In der Zeit seiner Anwesenheit wird er dafür umso intensiver wahrgenommen. Der Vater ist mehr als ein Mutter-Ersatz (vgl. Rotmann 1981, 164).

Vor allem für die allmähliche Loslösung des Kindes von der Mutter wird er bedeutungsvoll. Erst die Verinnerlichung eines weiteren Objektes neben der Mutter bewirkt, daß aus diesem Kontrast ein inneres Selbstbild aufgebaut werden kann. Das Kind benötigt diese „Kontrastrepräsentanz" des Vaters (vgl. Löchel 1996, 281), um sich aus der verschmelzenden Einheit mit der Mutter lösen und allmählich eine eigene Identität aufbauen zu können. Der Vater ist es, der die Beziehung zur Mutter, diesem engsten Primärob-

---

30 Anhand einer empirischen Studie über die Entstehungsgeschichte einer Familie durch die Geburt eines Kindes konnten Adler u.a. (1994) nachweisen, daß sich die Paardynamik in der Tat ändert, und daß vor allem immer dort, wo sich der Vater aktiv an den neuen Aufgaben beteiligt, in emotionaler Hinsicht eine Weiterentwicklung von der Zweier- hin zur komplexeren Dreierbeziehung leichter möglich ist.

jekt, sowohl gefahrlos vorlebt als auch gleichzeitig die zeitweise Trennung davon.

Diese zeitweise Trennung wird umso angstfreier erlebt, je besser sie in eine stabile Beziehung eingebettet ist. Der Vater ermöglicht sozusagen die „Probetrennung von der Mutter" (vgl. Rotmann 1978, 1136). Dabei gilt es zu beachten, daß die Mutter meist mehr als der Vater in geradezu dramatische, von Trennungsangst geprägte Ablösekämpfe verwickelt wird. Erlebt das Kind im Vater eine Person, die diesen Lebensabschnitt einfühlsam verstehen und fördern kann, wird ihm der weitere Individuationsprozeß sichtlich erleichtert (vgl. Abelin 1971).

Ich habe der Funktion des Vaters deshalb so viel Aufmerksamkeit gewidmet, weil in ihr all das durchscheint, was die Funktion des Sozialpädagogen ausmacht. Verhaltensgestörte Kinder sind früh vernachlässigte Kinder, die regressiv an ihrem unbefriedigt gebliebenen Wunsch nach inniger Nähe festhalten. Sie beharren auf der Symbiose. Sofern wir auf dieses Ansinnen nicht mit heftiger Abwehr und einer Empathiesperre reagieren müssen - nach dem Motto: Dieses Kind ist unmöglich! -, werden wir diesen Wunsch partiell zulassen, um dann aber voranzuschreiten. Der Vater repräsentiert mehr oder weniger schmerzlich die äußere Realität jenseits aller Verschmelzungsphantasien mit der Mutter. Und eben solches tut der Sozialpädagoge. Er ist *nicht* die Ersatzmutter, sondern bildet einen ebensolchen Kontrast wie der Vater es tut oder tun sollte. Leider wissen wir, daß in unseren Fällen nicht nur die Mutter ihren Aufgaben nicht nachzukommen versteht, sondern weit häufiger der Vater in seiner Sozialisationsfunktion vollkommen ausfällt. Der Sozialpädagoge ersetzt also im Prinzip beide.

Dem Vater - und also verlängert: dem Sozialpädagogen - kommt eine viel wichtigere Bedeutung als bislang angenommen zu. Das Kind existiert schon vor seiner Zeugung als Phantasma seiner Eltern. Im „imaginären Raum (...) wird es Träger gemeinsamer elterlicher Projektionen“ (vgl. Buchholz 1993, 119 ff)[31]. Die erste Zeit nach der Geburt ist eine Art „’Triade der Symbiose’“. Da wir uns das Kind als ’kombiniertes Objekt’ aus zwei Phantasiebezirken vorzustellen haben, ist im Grunde genommen die Mutter-Kind-Dyade eine Illusion (vgl. Lazar 1988, 30; zit. n. Buchholz 1993, 121). Der Vater ist von Anfang an Teil einer dreipoligen Beziehungsdynamik. Läßt er sich intensiv auf den Säugling ein, fungiert er eine Zeitlang als ’zweite’ Mutter. Wenn das Kind von seinem Arm aus die Mutter betrachtet, dann benutzt es ihn als den einen, um den anderen aus der Distanz wahrnehmen zu können. Indem so im Fortgang der Triangulierung die Figur des Vaters im-

[31] Den Konflikt zwischen realem und phantasmatischem Kind erleben alle Eltern (vgl. Buchholz 1993, 119) und werden die Differenz mehr oder weniger gelungen abarbeiten. Können sie das reale Kind allerdings nicht akzeptieren, werden bei ihm Störungen der Selbst- wie Fremdwahrnehmung auftreten.

mer konturierter in die kindlichen Wahrnehmungsraster integriert wird, kann das Kind zu immer besseren Lösungen seiner Ambivalenzkonflikte mit der Mutter gelangen. Der Vater als Dritter gestattet dem Kind einen „Positionswechsel innerhalb der Triade“ (S. 126). Diese zutiefst pädagogische Aufgabe des Vaters - das Lösen von Ambivalenzkonflikten - geht ersatzweise auf die Sozialpädagogen über. Insbesondere, wenn eine Triangulierung noch nicht stattgehabt hat, sind Kinder zu sozial verträglichem Problemlösen noch nicht imstande. Sie können es nicht ertragen, zurückzustehen und setzen meist Gewalt ein. Also wird der Sozialpädagoge unmittelbar nötig sein, beim Lösen von Konflikten zu helfen. Zunächst wird er als haltegebendes Objekt fungieren müssen. In dem Maße, wie sich diese Erfahrung stabilisiert, wird seine direkte Anwesenheit immer weniger nötig. Er wird zum verinnerlichten Objekt, welches das Zutrauen in die eigenen Kräfte stärkt, Konflikte ‘draußen’ angemessen zu bewältigen. Das Kind muß sich nicht länger von seinem vermeintlichen Kontrahenten bedroht fühlen und ihn deshalb attackieren. Es lernt allmählich, sich auch in die Position des anderen hineinzuversetzen. Ohne diese *triangulierende* Fähigkeit ist niemand dazu imstande, bei Auseinandersetzungen zu Kompromissen zu gelangen, ohne daß einer der beiden Seiten unverbrüchliche Positionen aufgeben müßte. Nach und nach kann der Sozialpädagoge, indem mit seiner Hilfe die *dritte Position* eingeführt wird, seinen Schutzbefohlenen immer mehr soziale Anpassungsprozesse zumuten. Deshalb hat für seine Funktion die Rolle des Vaters eine gewisse Modellfunktion.

Vater und Mutter bilden übrigens für das Kleinkind eine teilbare Entität, „der Vater ist in der Mutter repräsentiert und umgekehrt, selbst dann, wenn der Vater sich an der Versorgung nur wenig oder gar nicht beteiligt“ (vgl. Trescher, Finger-Trescher 1992, 95). Allerdings macht es für die weitere kindliche Entwicklung von Loslösung und Individuation durchaus einen Unterschied, ob der Vater als reale Person oder mehr als Phantasma im Beziehungsdreieck gegenwärtig ist (vgl. Gerspach 1997b, 155). Viele unserer auffälligen Kinder entstammen real unvollständigen oder wenig intakten Familien, in denen diese Gemeinsamkeit nicht zu spüren ist. So haben sie nie gelernt, sich in Beziehungsdreiecken zu arrangieren, was sich insbesondere darin äußert, die Interessen anderer Kinder lediglich als die bedrohlicher Konkurrenten wahrzunehmen. Diese basale Fähigkeit zur sozialen Interaktion kann mit Hilfe angemessener Beziehungsangebote allerdings nachträglich erworben werden.

Unter günstigen Voraussetzungen vermag sich der Mensch schon zu einem sehr frühen Zeitpunkt seines Lebens in einem triadischen Beziehungsmuster zurechtzufinden. Die sich einspielende Dramatik der Mutter-Kind-Beziehung nimmt einen umso günstigeren Verlauf, je wahrnehmbarer der Vater als Dritter ins Spiel kommt. Dies setzt sowohl die Bereitschaft der

Mutter voraus, ihm Einlaß in dieses biopolare Verhältnis zu gewähren als auch seine eigene, sich hinreichend an diesem Prozeß zu beteiligen. Im Verlauf des zweiten Lebensjahres kommt es zu einer ersten Triangulierung, das heißt der gleichzeitigen Beziehungsaufnahme zu zwei Personen (vgl. Rotmann 1978, 1105). Bringt sich der Vater akzentuiert in die frühe Interaktion mit dem Kind ein, wird das Kind in seiner psychischen Vorstellungswelt neben der wichtigen Beziehung zur Mutter auch die zum Vater immer differenzierter abbilden. Diese Triangulierung von Kind, Mutter und Vater kann die Einengung des kindlichen Erlebens auf neurotisierende mütterliche Beziehungsmuster verhindern oder zumindest abschwächen[32].

Die Triangulierung ist als Prinzip der Wahrnehmung und Verarbeitung von Wirklichkeit ein anthropologisch überaus bedeutendes. Beispielsweise tritt die Sprache als drittes Element zwischen Ich und Du, das Symbol zwischen Ich und Ding, und jede (kommunikative) Verständigung lebt von der Verfügung über ein Drittes. Je deutlicher das Kind seines Vaters als dritter Person gewahrt wird, umso besser wird es bei seinen psychischen Strukturierungsversuchen unterstützt. Aufgabe des Vaters ist es, dem Kind aus der engen Bindung an die Mutter herauszuhelfen[33]. Seine Existenz bricht im Erleben des Kindes die Phantasie einer ausschließlichen Dualbeziehung mit der Mutter auf. Indem er die Illusion einer fortwährenden Symbiose zerstört, symbolisiert der Vater den Mangel einer schmerzlichen Realität[34].

Der Bedeutung des Vaters für das kindliche Werden ist aus drei Gründen höchste Aufmerksamkeit zu schenken. Zum einen, um der differenzierten Weltbegegnung des Kindes bereits in frühen Stadien seines Lebens gerecht zu werden. Zum zweiten, um deutlich zu machen, wie tiefe Störungen im Erleben der ersten Interaktionsformen eine Verklammerung der kindlichen Perspektive an ein ersehntes aber nicht real verfügbares Objekt bewirken. Zum dritten, um bereits auf die Rolle hinzuweisen, die der Sozialpädagoge einmal einnehmen wird. Ähnlich dem Vater fungiert er als dritte Person[35], bzw. wird ihm unter ungünstigen Sozialisationsbedingungen un-

---

[32] Umgekehrt erschwert die Abwesenheit des Vaters die Erziehungsvorgänge. Wenn dessen Fehlen mit einer Häufung sozialer Mangelsituationen zusammenfällt, tritt oft eine weitere Problemverdichtung hinzu.

[33] Für den Fall einer zu unterkühlt-distanziert auftretenden Mutter kommt ihm die Funktion eines emotionalen Korrektivs zu.

[34] Hier ist nicht der reale Vater als Bösewicht gemeint, sondern der Repräsentant einer symbolischen Dimension (vgl. Pagel 1989, 107). Die väterliche Metapher erscheint für das Kind nur dann signifikant, wenn die Mutter seine Funktion zu akzeptieren vermag. Im anderen Fall bekommt das Kind nicht die Möglichkeit, "sich aus der fusionellen Mutter-Kind-Beziehung zu lösen" (vgl. Stork 1994, 232).

[35] Das reale Geschlecht spielt hier eine durchaus untergeordnete Rolle, wobei in der Tat einzuwenden bleibt, daß auf Grund der Komplexität des Übertragungsgeschehens

bewußt die Rolle des Zweiten zugedacht. Dann nämlich sind Trennungen von seiner unmittelbaren Anwesenheit, die Verinnerlichung der von ihm vertretenen Regeln, das Sich-Einlassen auf Themenstellungen und Gegenstandsbereiche jenseits einer durch ihn garantierten haltenden Beziehung nicht möglich. Im Prinzip muß er zunächst die erste Mutter repräsentieren, dann im Fortgang der sich stabilisierenden Beziehung die zweite Mutter sein, bis er schließlich unter günstigen Vorzeichen der Vater sein darf, dem auch Forderungen an soziale und kognitive Leistungen zugestanden sind.

Wenn wir es in der Pädagogik ernst meinen mit dem Verzicht der klassifikatorischen Festlegung auf den Status eines Störers, dann stellt sich die eigentliche Aufgabe so dar: In welchen Lebenszusammenhängen wachsen ein Kind oder ein Jugendlicher auf, welches sind diesbezüglich ungelöste Probleme, die sich womöglich in Form auffälligen und antisozialen Verhaltens dokumentieren, und wie vermag eine sozialpädagogische Einrichtung diesen Kindern und Jugendlichen die jeweils nötige Hilfestellung für eine gedeihliche Identitätsentwicklung anzubieten? Mit dieser Formulierung entfernen wir uns vom unnötigen Taktieren, ob man einer Institution solche Störer zumuten könne, und ob es nicht besser wäre, sie in spezielle 'Förder'einrichtungen zu geben. Das Sich-einlassen auf die Lebenswelt ihrer Kinder ist die basale Bringschuld jeder Pädagogik. Sie muß dazu beitragen, daß Toleranz und Respekt vor dem Nächsten zu menschlichen Basisfähigkeiten heranreifen dürfen.

3.3. Die Störung szenisch verstehen lernen

Wie Bedeutung und ihre Störung in die Welt kommt

Ich habe soeben zu zeigen gesucht, daß die Entwicklung des Subjekts keinen individualistisch vollzogenen Akt von Selbstschöpfung darstellt, sondern zwingend in den Erfahrungsraum spezifischer Interaktionsformen eingebunden ist. Sie wirken sich unterstützend oder hemmend auf die Fähigkeit aus, gelebte soziale Bezüge symbolisch organisieren zu können. Diesen Vorgang individueller Entwicklung gilt es, noch etwas genauer auszuleuchten, um besser verstehen zu lernen, wie es hier zu Störungen kommt. Erst dann können sozialpädagogische Interventionsangebote nachträglich korrigierende Funktionen übernehmen. *Dialogische Erziehung* heißt, „daß der

(hinsichtlich der nicht vollzogenen Ablösung vom Mutterimago) Sozialpädagoginnen häufiger in ein konflikthaftes Geschehen verwickelt werden.

Mensch erst durch die Beziehung zum 'Ich' wird, um als selbständiges Ich erneut eine Beziehung eingehen zu können" (vgl. Vierheilig 1987, 33).

Spitz hat den Begriff des Dialogs für die urtümliche Art und Weise menschlicher Objektbeziehungen gewählt, um deutlich zu machen, daß die frühe Interaktion von Mutter und Kind mit ihrem „spezifischen affektiven Klima" das Kleinkind befähigt, „Schritt für Schritt bedeutungslose Reize in bedeutungserfüllte Signale umzuwandeln" (vgl. Spitz 1972, 61)[36]. Mit Hinweis auf Piagets Untersuchungen über die „Konstruktion der Realität beim Kinde" macht Spitz deutlich, daß die Konstanz der mütterlichen Zuwendung zu einer Synchronisation der Bedürfnisse beider Interaktionspartner führt und sich daraus ein Dialog des Säuglings mit seinem „zukünftigen Objekt" entwickelt (vgl. S. 338). Bei Kindern mit Lern- und Verhaltensstörungen liegen wohl eher asynchrone Erfahrungen zugrunde. Bevor also mit Hilfe des Sozialpädagogen 'gelernt' werden kann, muß beider Dialog affektiv aufeinander abgestimmt sein, damit bei ihnen Neugierde auf stoffliche Themen oder soziales Verhalten geweckt wird.

Sinneswahrnehmungen werden *nicht* durch ein Objekt ausgelöst. Das Objekt liegt nicht vor, sondern muß „im Vorgang des Erkennens vom Subjekt konstruiert" werden. Dabei gibt es ein Zusammenspiel zwischen der Information des „Objekts durch das Subjekt (Assimilation) und des Subjekts durch das Objekt (Akkommodation)" (vgl. von Uexküll u.a. 1996, 1021 ff). Der Aufbau von Wirklichkeit ist mit dem Aufbau eines Zeichensystems gleichzusetzen. Repräsentatives Denken beinhaltet, das bezeichnete Objekt und das Zeichen differenzieren zu können. *So kommt Bedeutung in die Welt.*

Wir müssen immer den affektiven Gehalt eines Symbols berücksichtigen. Im zwischenmenschlichen Dialog, der vor allem mittels Sprachsymbolen geführt wird, geht es um weit mehr, als sich etwa hinter mathematischen Zeichen verbirgt, die wir uns rein rational zur Verfügung halten. Sprache ist der soziale Weg, einen affektiven Zugang zum anderen zu bahnen. Wo sie verarmt, zur leeren Formelsammlung erstarrt, taugt sie nicht mehr zum Austausch von Affekten. Wenn ein Kind, insbesondere ein leicht erregbares, sehr wütend ist, neigt es zur unmittelbaren motorischen Abfuhr dieser Wut. Es geht auf andere los. Kann es dagegen seine Wut in Sprache fassen, sich vor uns aufbauen, mit funkelnden Augen, die Hände in die Hüften gestützt,

[36] Der Bezug auf triadische Beziehungsmuster öffnet die Perspektive über diese eher symbiotischen Vorstellungen einer basalen Zwei-Einheit von Mutter und Kind, denn bereits der frühe Dialog wird mit mehreren Personen geführt. Der Vater als Dritter ist für die Ausbildung der symbolischen Repräsentanzen, mit deren Hilfe es dem Kind immer besser gelingt, sich in der sozialen Welt zurechtzufinden und mit ihr sinnvoll kommunizieren zu können, eminent wichtig. Wir werden noch sehen, daß gerade der pädagogische Dialog nur fruchten kann, wenn darin neben dem eher mütterlich-haltenden Moment auch die Einigung auf bestimmte 'dritte' Themen verankert wird.

und uns anfauchen: „Ich bin wütend auf dich!“, dann steckt hinter diesem Verhalten eine symbolische Fähigkeit, den körperlichen Impuls zur gewaltsamen Triebabfuhr aufzuhalten und in Wort umzulenken. Gleichwohl kann dies nur als geglückt bezeichnet werden, wenn das Gefühl noch spürbar ist. Diese Wandlung möglich zu machen ist unser Auftrag beim Umgang mit Verhaltensauffälligen. Der Zusammenhang von Affekt und Symbol darf uns nicht verloren gehen, soll diese Wandlung gelingen.

Der Geist, der diese symbolische Strukturierungsleistung vollbringt und damit zum Erwerb einer psychischen Innenwelt beiträgt, erlernt zunächst die Funktionsweise des Körpers[37]. Die geistige Qualität liegt darin, daß sie einen Sinn hat, den die physiologische noch nicht hatte. Mit ihrer Hilfe wird Wirklichkeit als bedeutend identifiziert, und dieser Erkenntnisvorgang beinhaltet weit mehr als reine Abbildung. Nach Lear ist der „Geist bei der Organisation seiner eigenen Erfahrung aktiv und imaginierend“ (vgl. 1996, 603)[38]. In all jenen Fällen aber, da die Erfahrung affektiven Mangels ein Kind zwingt, seine Interesse vordringlich auf die Abwehr neuer Gefahr zu lenken, wird die Imaginationskraft seines Geistes eingeschränkt. Anstatt sich kreativ und geistreich entwickeln zu dürfen, bleibt es in einer Art aggressiven Defensive befangen. Seine Entwicklung ist auf Dauer blockiert.

Während noch das sensomotorische Verhalten des Kleinkindes an „*äußerlich praktizierte und geübte Handlungsschemata*“ gebunden war, wird nun durch deren Verinnerlichung eine Ablösung der Vorstellungen vom Verhalten erreicht. Aus dem noch vorstellungslosen sensomotorischen Handeln wird nach und nach eine repräsentative geistige Tätigkeit[39]. Dies ge-

[37] Caroline Eliacheff führt schon an Säuglingen Psychoanalysen durch, indem sie mit ihnen spricht. Obwohl sie das Gesagte noch nicht verstehen können, lassen sich Heilungserfolge nachweisen. Offenbar wird die symbolische Aktivität über die Körperfunktionen vermittelt und muß nicht gelernt werden (vgl. 1994, 183 f; Krückemeyer-Lehmann 1995). Deutlich zeigt sich hier die Nähe des Symbols zum Affekt.

[38] Es wäre falsch, die geistige Auseinandersetzung mit der Welt nur als Abbild der konkreten Wirklichkeit anzusehen und alles Wissen als exakte Nachbildung des Beobachteten zu begreifen. Die menschliche Verstandesleistung vollbringt weit mehr. Deshalb müssen wir über das Beobachtbare hinausgehen, um es zu einer „tiefer liegenden Struktur in Beziehung zu setzen“ (vgl. Leber 1990, 276 f). Diese Struktur bildet sich in Abhängigkeit von biologischer Reifung, dem aktiven Umgang mit der dinglichen Welt und den Erfahrungen mit der sozialen Umwelt.

[39] Die Bedeutung einer Handlung liegt *vor* deren Ausführung, und erst die gedankliche Antizipation läßt die Handlung sinnvoll erscheinen. Damit findet sich ein weiteres treffliches Argument für eine differenzierte Verwendung des Handlungsbegriffs in der Sozialpädagogik. Wer Handeln und seine Folgen nicht in Gedanken vorwegnehmen kann, sieht sich außerstande, produktive Handlungsschemata zu entwickeln; eher bleibt er mechanisch einem bloßen Reagieren auf äußere Gefahren verhaftet. Häufig muß zunächst über die professionelle Beziehung ein Bedeutungsrahmen abgesteckt werden, in welchem Handeln einen symbolischen Namen erhält. Zusammen mit dem Sozialpädagogen muß

wachsene symbolische Kompetenz wird vor allem daran ersichtlich, daß ein Kind so tun kann, als ob. Dieses Als ob ist an das Kernstück der Symbolbildung geknüpft, daß das „Gemeinte weg sein muß". Soziales Verhalten kann also nur entstehen, wenn ein inneres Regulationssystem aufgebaut wird, das Reflexion und Sprache an die Stelle unmittelbarer, meist aggressiver Erregungsabfuhr setzt. Solange der Sozialpädagoge beständig gegenwärtig sein muß, um Eskalationen zu verhindern, existiert diese symbolische Als-ob-Fähigkeit noch nicht. Erst wenn er *weg* sein kann und es dennoch zu keiner wüsten Schlägerei kommt, sondern andere Formen der Konfliktbewältigung hergenommen werden, ist der Symbolbildungsprozeß in Gang gekommen.

Die Fähigkeit zu sozialem Verhalten resultiert aus der Fähigkeit, die Trennung vom Objekt ertragen und vollziehen zu können. Konfliktregulation heißt immer: Auseinandersetzung auf einer (sprach)symbolischen Ebene[40]. Mißlingt diese Trennung, wird die Symbolbildung blockiert. *Es kommt zur Störung*. „Der Nicht-Differenzierung zwischen dem Symbolisierten und dem Symbol entspricht eine Nicht-Differenzierung zwischen Ich und Objekt" (Löchel 1996, 274). Eine eigenständige Konfliktregulierung mit anderen wird Kindern mit einem solchen inneren Strukturdefizit nicht ohne fortwährend sichergestellte Hilfe durch den Erwachsenen gelingen. Erst wenn sich im Fortgang des pädagogischen Prozesses in ihren inneren Vorstellungen allmählich *gute* Bedeutungen aufbauen können, werden sie zu sozialem Handeln befähigt. Übersähe die Pädagogik den grundständigen Wert dieses Strukturaufbaus für die Subjektbildung oder meinte sie gar, darauf zugunsten reinen Verhaltenstrainings verzichten zu können, sie würde ihre angestammte Aufgabe verfehlen.

Gemeinhin ist das Wachstum der Intelligenz in einen Prozeß eingebettet, der die Regulation des Selbst über ein austariertes inneres Gleichgewicht („Äquilibration") garantiert. Emotionale und kognitive Entwicklung müssen in einem ausgewogenen Verhältnis zueinander stehen, welches wesentlich

---

eine perspektivische Sicht eingeführt werden, in der das Handeln einen sinnvollen Platz erhält. *Ich lerne über das nachzudenken, was geschieht oder geschehen kann.* Erst in einem zweiten Schritt interessiert die eigentliche Tat.

[40] Hier sei auf die emotionale Komponente der Symbolbildung aufmerksam gemacht. Sie dient der „Verarbeitung von Wünschen, Ängsten und Konflikten, die sich als Niederschlag der kindlichen Erfahrungen mit den primären Beziehungspersonen ergeben" (vgl. Löchel 1996, 264 ff). Mit der Symbolisierung werden „Kategorien von innen und außen" eingeführt, die eine räumliche Ordnung etablieren: Äußere und innere Welt werden organisiert und in Beziehung gesetzt. Dieser Prozeß bedarf unabdingbar einer Grenze, die durch die gelungene Trennung vom Primärobjekt gezogen wird (vgl. von Uexküll u.a. 1996, 1030). Im anderen Fall lassen sich innen und außen nicht klar unterscheiden. Was erschreckende Erinnerung, was reale Bedrohung ist, kann nicht auseinandergehalten werden. So kommt es, daß auf Grund einer völlig undifferenzierten Realitätsprüfung massive aggressive Durchbrüche permanent zu befürchten sind.

aus der Erfahrung einer frühen haltenden Umwelt resultiert (vgl. Leber 1989a, 174). Sie ermöglicht dem Kind, sich auf neue, zunächst beunruhigende Themen einzulassen, sie in seine inneren Strukturen zu integrieren und somit zur erneuten affektiven Äquilibration seines Selbst zu gelangen. In diesem Sinne verläuft Lernen in stets komplexeren Strukturen[41]. Wenn das Kind allmählich fähig wird, die Abwesenheit der Mutter immer besser zu ertragen, kommt es zu einer „'reflektierenden Abstraktion'" (vgl. Leber 1990, 283), auf der später die Lust am Lernen aufbaut[42].

Die gedankliche Antizipation von Ereignissen, wie sie sich gemeinhin in intelligentem Verhalten ausdrückt, ist an früh gebildete affektive Schemata geknüpft. Erst dadurch, daß das Kind fähig wird, die Tatsache einer Distanz zwischen sich und der Mutter zu ertragen, kommt es zu einer „emotionalen 'Dezentrierung'" (vgl. Leber 1990, 283 ff). Auf diese Weise wird ihm allmählich bewußt, daß „Gegenstände und damit auch seine Bezugspersonen nicht nur Bestand haben, sondern (...) ein von ihm unabhängiges Dasein führen". In seiner Vorstellung fangen sie zu existieren an, auch wenn sie nicht unmittelbar zu sehen sind. Das Kind beginnt sich der äußeren Welt zu stel-

---

[41] Wenn Kindern diese haltende Umwelterfahrung fehlt, bleiben neue Situationen immer beunruhigend. Äquilibration bedeutet dann, sich mit heftigen Verhaltensweisen gegen diese neue Erfahrung zur Wehr zu setzen. Komplexeres Lernen wird erst möglich, wenn mit Hilfe der Interventionsangebote von seiten der SozialpädagogInnen die Bedrohlichkeit schwindet und im gemeinsamen 'intermediären Raum' die Trennung vom Objekt und eine angemessene Selbstregulation allmählich möglich werden.

[42] Freuds Garnrollenbeispiel veranschaulicht einen aktiven emotionalen wie kognitiven Anpassungsprozeß (vgl. Freud 1920g, G.W. Bd. 13, 11 ff). Freud berichtet die Szene, wie sein kleiner Enkel von eineinhalb Jahren eine Holzspule, um die ein Bindfaden gewickelt war, mit einem bedeutungsvollen „o - o - o", also „fort", über den Rand seines verhängten Bettchens warf und sie mit einem freudigen „da" wieder zu sich heranzog. Dieses Spiel von „Verschwinden und Wiederkommen" steht im Zusammenhang mit einer häufig wiederkehrenden Abwesenheit der Mutter. Das Kind erlebt passiv den unlustvollen (zeitweiligen) Verlust der Mutter und bringt sich in eine aktive Rolle, indem es dasselbe als Spiel wiederholt. Indem Passivität in Aktivität verwandelt wird, lassen sich Schmerz und Trauer verarbeiten, ein Zeichen für die „deutliche Zunahme der emotionalen Autonomie" (vgl. Erikson 1971, 212). Der Holzspule kommt dabei die Bedeutung „'Abschiedssituation'" zu (vgl. Lorenzer 1981, 159). Diese Fähigkeit, eine „Erlebnisfigur für eine andere" zu setzen, antizipiert das, was in der späteren symbolischen Verfügungsgewalt von Sprache und Denken 'Probehandeln' meint (vgl. Leber 1989b, 22).
Unter ungünstigen Lebensbedingungen wird diese symbolische Ebene aber nicht erreicht. Im Falle früher Störungen erscheint die Vergangenheit so schmerzhaft, daß sie gar nicht in Bewußtsein und Sprache aufgenommen wurde. Kein gutes inneres Objekt ist in der Vorstellung vorhanden, welches die Erfahrung vermittelte, in „Gegenwart der Mutter allein zu sein" (vgl. Winnicott 1990, 38). Folglich erscheint die Trennung von Subjekt und Objekt zu gefährlich, so daß der innere Aufbau symbolischer Repräsentanzen blockiert wird. Die spielerisch-symbolische Bewältigung von Trennung ist ebenso wenig möglich wie die aktive Bewältigung von Passiv-Erlittenem. Damit kommt es zu Fixierungen in der kindlichen Entwicklung auf 'nicht altersgemäße' Stufen.

len. Von jetzt an kann es logisch, das heißt wirklichkeitsgerecht denken (vgl. Leber 1989a, 184 ff).

So kommt es gegen Ende des ersten Lebensjahres schrittweise zur Aufgabe des „Ur-Egozentrismus". Das Kind erlebt jetzt Gegenstände und Personen als von ihm selber getrennte. Mehr und mehr begreift es sich als Ursache seiner Handlungen und registriert auch umgekehrt Wirkungen äußerer Objekte (vgl. Leber 1990, 281). Die Wandlung dieses egozentrischen Standpunktes gibt die basale Voraussetzung für die einfachsten kognitiven Denkvorgänge ab. Die Umkehrbarkeit des Rechenexempels 3 + 2 = 2 + 3 kann erst begreifen, wer in der Lage ist, einen Sachverhalt von einer anderen als der eigenen Position her zu betrachten (vgl. Leber 1983, 17). Viele unserer verhaltensgestörten Kinder sind gleichzeitig in ihrem Lernen behindert. Dies zeigt sich besonders an der Unfähigkeit, die einfachsten Aufgaben zu lösen. In ihren Phantasien sind *abstrakte* Aufgabenstellungen gleichbedeutend mit der Verflüchtigung der *konkreten* Objekte, am Ende dem Auslöschen des eigenen Selbst.

Diese Phantasien stehen assoziativ mit folgender Erfahrung in Verbindung: Die Mutter, die sich von mir entfernt, kommt nicht wieder. Weil ich mich auf ihre Rückkehr nie wirklich verlassen konnte, war ich als kleines Kind beständig großen Ängsten ausgesetzt. Daher habe ich kein gutes Mutterbild verinnerlicht. Im andern Falle wäre ich nämlich sicher, daß mir nichts passiert, und ich könnte mich vom ganz konkreten Wunsch nach enger, verläßlicher Bindung befreien. Ich könnte dann meinen egozentrischen Standpunkt aufgeben und eine dritte Position einnehmen, von der aus sich die Welt ganz anders betrachten läßt. Dann wüßte ich inzwischen, daß schulische Aufgaben mir keine Angst mehr machen müssen, nur weil sie von mir verlangen, selbständig zu arbeiten, ohne mich der ständigen Gegenwart einer vertrauten Person versichern zu können.

Dieser Prozeß der Loslösung aus der egozentrischen Befangenheit ist daher kein nur kognitiver. Vielmehr kommt es gerade darauf an, Abschied vom „affektiven Egozentrismus" zu nehmen: „Wer den affektiven Egozentrismus nicht relativieren kann, ist auch vielfach behindert, den kognitiven zu überwinden" (Leber 1983, 17)[43]. Dieser Abschied bedeutet aber stets auch

---

[43] Bei unzureichenden Sozialisationsverläufen bleibt Kindern die Entfaltung ihrer kognitiven Schemata verwehrt. Lernen im Sinne der Bewältigung abstrakter, d.h. objektunabhängiger Aufgaben ist nicht ihr 'Thema'. Nicht-Lernen-Wollen oder -Können ist eine Antwort auf frühe Entbehrungen, „denen die Erfahrung zugrunde liegt, daß Einflüsse von außen den Bedürfnissen des kindlichen Organismus nicht entsprechen". Es geht daher weniger um pädagogisches Handeln als darum, störendes Verhalten oder Mißerfolge im Lernen „besser zu erkennen und zu verstehen" (vgl. Hofmann 1991, 39).
Eine fundamentale Leseschwäche etwa ist als „Schweigen des Subjekts" zu begreifen (vgl. Weber 1988, 122). Die Verarbeitung des Getrenntseins des Subjekts von seinen primären Objekten führt zur Verinnerlichung symbolischer Kategorien. Daher geht dem

eine Kränkung der eigenen Größenvorstellungen. Das Kind muß mit seiner Geburt die unlustvolle Erfahrung machen, Spannungszustände zu erleben, sei es durch eigene körperliche Bedürfnisse oder die Unzulänglichkeit auf seiten seiner primären Bezugspersonen. Wenn nun sein körperlich-seelisches Gleichgewicht nicht angemessen austariert wird, zieht es sich entweder zurück, wird seine Ansprüche nicht mehr äußern, sondern sich verstärkt um Anpassung bemühen, oder vor den „egozentrischen Absichten der Erwachsenen" kapitulieren (vgl. Leber 1983, 17).

In diesen Fällen bleibt der affektive Egozentrismus erhalten. Die erfahrene Kränkung läßt das Kind ängstlich werden für jede weitere Beeinträchtigung seiner elementaren Lebensbedürfnisse. Dieser Argwohn wirkt auf absehbare Zeit nach und wird unbewußt die Art und Weise der weiteren Beziehungsaufnahme wie -gestaltung bestimmen. „Es ist eine der grundlegenden Erkenntnisse der Psychoanalyse, daß wir Menschen mit unseren Interaktionspartnern Situationen so zu gestalten suchen, daß sie den in der Kindheit nicht bewältigten entsprechen" (Leber 1988, 54 f). Neben der Furcht vor sich wiederholenden Gefahren des eigenen Kindheitstraumas bleibt aber auch eine Hoffnung auf Wiedergutmachung erhalten, mit neuen Beziehungspartnern die früh verfehlten Einigungen nachholen zu können.

Anhand des Beispiels eines aggressiven Schülers zeigt Evelyn Heinemann (1991), wie es mit Hilfe des fördernden Dialogs gelingt, die psychische Entwicklung selbst schwer gestörter Kinder im Hinblick auf Trennung vom Objekt und Aufbau kognitiver Strukturen voranzubringen. Fördernder Dialog meint dabei zu verstehen, was das gestörte Kind in seinem störenden Verhalten von seinen gescheiterten Beziehungsverhältnissen verschleiert mitteilt, die mißlungenen Einigungsversuche mit den Beziehungspartnern zu Sprache und Bewußtsein zu bringen und ihm so zu ermöglichen, sich aus festgefahrenen Beziehungsstrukturen zu befreien (vgl. Leber 1979).

Jürgen, ein dreizehnjähriger Junge, hatte schon einige Jahre im Heim gelebt, wohnte aber seit Beginn des neuen Schuljahres wieder bei der Mutter. Bevor Frau Heinemann die Klasse übernahm, wurde ihr Jürgen bereits

---

Spracherwerb die Erfahrung der Subjekt-Objekt-Trennung voraus. Die Lesefähigkeit setzt den Erwerb der Sprache voraus. Mit Freud, der davon sprach, daß die Schrift „ursprünglich die Sprache des Abwesenden" ist (vgl. Freud 1930a, G.W. Bd. 14, 450), definiert Weber Lesen als Vermögen, die Abwesenheit des Sprechenden durch die „Illusion seiner Existenz" auszugleichen (vgl. 1988, 35). Dies ist gleichbedeutend mit Winnicotts Bild von der „Fähigkeit zum Alleinsein", aufgebaut auf der Erfahrung des Alleinseins in Anwesenheit eines anderen (vgl. Winnicott 1990, 45).
Diese Basiskompetenz fehlt vielen der gestörten Kinder, weil ihnen die Erfahrung geglückter Trennung vom primären Objekt fehlt. Erschwerend kommt hinzu, daß sie sich im täglichen Schulbetrieb häufig mit dem Umstand konfrontiert sehen, „daß das Lesen und Schreiben als völlig isolierte Zeichen-Wort-Übung den Inhalt und die Kommunikationsabsicht vergessen läßt" (vgl. Cuomo 1987, 238).

als besonders aggressiv und bedrohlich geschildert. So ging sie bereits mit recht ängstlichen Gefühlen in die erste Begegnung hinein. Zudem wirkte der Junge sehr kräftig und drohte immer wieder „auszuflippen". Beim geringsten Anlaß, eine Aufgabe nicht lösen zu können oder nicht genügend Aufmerksamkeit zu erhalten, drohte er, andere Schülern zu schlagen oder das Klassenzimmer zu verwüsten. Damit provozierte er, daß sie dauernd ein Auge auf ihn haben mußte. So erschien sie ihm als eine tolle Lehrerin. Auf diese Weise gelang es ihr halbwegs, sich mit seiner stabilen Seite zu verbünden und ihn für bestimmte Sachthemen zu interessieren. Bei schriftlichen Arbeiten mußte sie allerdings unmittelbar neben ihm stehen und bei jedem Wort, das er schrieb, mimisch „richtig oder falsch" bedeuten. Ansonsten drohte er, sofort das Blatt zu zerreißen oder noch Schlimmeres anzurichten. Jedes Mal war sie erleichtert, wenn nichts dergleichen geschah. Durch ihre direkte Hilfe gelang es Jürgen, in den ersten Wochen nur gute oder sehr gute Noten zu schreiben, was seine Phantasie nährte, er könne alles und sei besonders schlau. In dem Maße, wie er es immer besser ertragen konnte, reduzierte sie ihren unmittelbaren Beistand.

Nach ein paar Wochen aber konnte sie ihm für eine Klassenarbeit nur eine vier geben. Lange überlegte sie, ob sie ihm dies zumuten könne. Als er das Arbeitsblatt zurück bekam, hörte er nicht auf ihre beruhigenden Worte, sondern zerriß es, raste zur Tür hinaus, zerschlug noch eine Glasscheibe auf dem Schulgelände und rannte nach Hause.

Obwohl sich hier das immer Befürchtete ereignet hatte, fühlte Frau Heinemann zum ersten Mal keine Angst mehr vor Jürgen. Sie hatte plötzlich die Phantasie, sie sei ein Fels. Als der Junge am nächsten Tag wieder kam, lächelten sich beide an. Sie sagte ihm, daß sie sich freue, daß er wieder da sei. In der Pause sprach sie mit ihm über das Ereignis vom Vortag. Vielleicht hatte sie ihm das Gefühl gegeben, wertlos zu sein. Die Note aber sage nichts darüber aus, ob sie ihn gern habe oder nicht. Jürgen lächelte. Nach ein paar Tagen war er sogar bereit, mit ihr zusammen die Schnipsel des zerrissenen Arbeitsblattes, die sie aufgehoben hatte und nun in seiner Gegenwart wieder zusammenzuklebte, in seinen Ordner einzuheften.

In den nächsten Monaten kam es immer wieder einmal vor, daß Jürgen eine schlechte Arbeit schrieb. Er zerriß dann das Blatt wutentbrannt, mußte aber nicht mehr weglaufen. Schließlich hielt er es sogar aus, die Blätter selbst wieder zusammenzukleben. Irgendwann stand er nur noch mit der schlecht zensierten Arbeit vor ihr und fragte mit der entsprechenden Handbewegung: „Soll ich?" Sie entgegnete: „Wenn du willst, dann kleben wir es halt wieder zusammen". Beide mußten lachen. Später bat er darum, die zerrissenen Arbeiten erneut abschreiben zu dürfen, damit sein Ordner genau so schön aussah wie die der anderen Schüler.

Der fördernde Dialog beinhaltet zunächst, daß vom gestörten Kind bestimmte Szenen produziert werden, in denen sich der Pädagoge zum Mitagieren veranlaßt sieht. Wenn er sich nicht persönlich herausgefordert sehen und unumwunden zu drakonischen Maßnahmen greifen muß, kann er dem Kind die richtige Antwort geben. Schließlich erwartet das Kind insgeheim die Entlastung von seinen drängenden Problemen. Sie müssen nur verstanden werden. In diesem Fall handelte es sich um einen überaus leicht kränkbaren Jungen. Die Mutter berichtete, daß sie ihn schon während seiner Schwangerschaft auf Grund heftiger Auseinandersetzungen mit dem Vater eigentlich nicht mehr gewollt habe. Als Jürgen drei Jahre alt war, habe der Vater die Familie endgültig verlassen. Sie seien damals als Flußschiffer unterwegs gewesen und hätten keinen Kontakt zu anderen Menschen gehabt. Beständig habe es Krach gegeben. Nach der Trennung sei es ihr sehr schwer gefallen, Jürgen und seinen Bruder zu versorgen. Seit sie sich erinnern könne, habe es Schwierigkeiten mit Jürgen gegeben. Bereits im Kindergarten sei er nicht tragbar gewesen. Als er in der Grundschule immer wieder Mitschüler mißhandelt habe, sei er schließlich ins Heim gekommen. Im Grunde habe sie immer nur Angst vor ihm und gebe deshalb stets nach, wenn er etwas wolle.

Jürgen hat also von Anbeginn in sehr belasteten Verhältnissen gelebt. Offensichtlich fühlte er sich emotional nie ausreichend versorgt, so daß bei ihm eine ausgeprägte Anfälligkeit für Kränkungen verankert blieb. Die Lehrerin aber verstand ihre eigene Angst als die seine, von niemandem Nähe und Geborgenheit zu erfahren, so daß sie imstande war, ihm eine beruhigende Antwort zu geben: Der Dialog begann.

Das Angebot eines fördernden Dialogs wird also zunächst die frühen Kränkungen reaktivieren. Es kommt jetzt zu einer dramaturgischen Wiederholung jener Lebenssituationen, in denen die seelische Beschädigung ihren Lauf nahm. Die Aufgabe des Sozialpädagogen ist es, diesen Zusammenhang zu verstehen, sich selbst als Stellvertreter der frühen Beziehungspartner wahrnehmen zu lernen, an und mit dem nun das ursprüngliche Störungsmoment wiederholt wird. Nur unter dieser Voraussetzung kann er vermeiden, sich persönlich attackiert zu sehen, wird er imstande sein, für sein Gegenüber befriedigend reagieren zu können.

Zum Verstehen muß unter pädagogischen Vorzeichen zwingend die Einsicht hinzutreten, daß erlittenes Leid nachträglich nicht ungeschehen gemacht werden kann. Biographien lassen sich nicht umschreiben. Wir können dem Kind oder Jugendlichen aber signalisieren, daß wir gewillt sind, die aufsteigende Erinnerung gemeinsam auszuhalten. Damit nötigen wir ihnen einen schmerzlichen Lernprozeß auf, denn es bedeutet, endgültig die kindliche Allmachtsphantasie aufzugeben, eines Tages noch entschädigt zu werden für alle Ungerechtigkeit. Mit der Überwindung dieser egozentrischen

Position werden aber Energien freigesetzt, die bisher in der Verdrängung der primären Erfahrung gebunden waren. Die pädagogische Beziehung bietet den (intermediären) Raum für neue, selbstbestimmte Erfahrungen[44].

Je massiver die Kränkungen sind, mit denen sich der Sozialpädagoge konfrontiert sieht, um so größer ist die Gefahr, in Szenen hineingezogen zu werden, in denen er auf die Probe gestellt werden soll. Hält er die schlimmen Seiten seines Gegenübers aus, ohne sich an ihm rächen zu müssen? Ist er tatsächlich der verläßliche Partner, um die schützenden, aber als störend gebrandmarkten Verhaltensweisen aufzugeben und neue, soziale Interaktionsmuster an die Stelle der alten zu setzen? Solange der Sozialpädagoge die aufkommenden Affekte und Phantasien, die in solchen Szenen bei ihm wachgerufen werden, nicht als verschleierte Selbstmitteilungen seines Gegenübers versteht, wird er seine eigene emotionale Belastung nur schlecht minimieren können.

Er muß wissen, daß hier ein Rollentausch stattfindet. Die unbewußte Erwartung, daß sich erneut eine traumatische Beziehungskonstellation einstelle, weckt den Impuls, dieser „unerträglichen Situation des passiven Ausgeliefertseins“ zu entkommen. So bleibt vermeintlich nur die Chance einer „aktiven Wiederholung“ (vgl. Trescher, Finger-Trescher 1992, 102). In einer dramatischen Wendung vom passiv Erdulden zum aktiven Agieren wird der Traumatisierte zum Traumatisierer. Das Kind oder der Jugendliche schlüpft in die Rolle des traumatisierenden Objekts und zwingt den Pädagogen, die unerträglichen Gefühle, Affekte und Phantasien selbst zu erleben. Ihm als dem Empfänger dieser Projektionen wird die Rolle des ohnmächtigen, hilflosen, ängstlichen und wütenden, eben traumatisierten Kindes zugewiesen.

Ich habe nun den Begriff ‘Szene’ verwandt, um den Modus der unbewußten Wiederholung unbewältigter früher Lebensthemen zu umschreiben. Unterschwellig ist damit auf Lorenzers Konzept vom szenischen Verstehen abgehoben, auf das ich jetzt näher eingehen möchte. Im aktuellen Beziehungsfeld transportiert die Störung eine lebensgeschichtliche Bedeutung, dies allerdings in verschleierter Form. Um angemessen darauf reagieren zu können, müssen wir verstehen, wie wir hier selbst verwendet werden.

Wir werden in die Störungs-Szene hineingezogen

Lorenzer bezieht sein szenisches Verstehen auf die Reinszenierung früher Interaktionsmuster, die - im Rahmen eines psychoanalytischen Zwei-

---

[44] Bezüglich der psychoanalytischen Therapie heißt es bei Treurniet: „Ein Analysand muß sich mit der Tatsache aussöhnen, daß das primäre Objekt *niemals* wiedergefunden wird“ (1995, 124). Dieser Analogschluß gilt selbstredend für die sozialpädagogischen Beziehungsarrangements. Dabei müssen wir selbst die Kraft aufbringen, unserem Gegenüber diese Desillusionierung zuzumuten.

Personen-Kammerspiels - einem unbewußten situativen Sinnzusammenhang folgt (vgl. 1973, 142 f). Der Psychoanalytiker nimmt den aktuellen Dialog als „Doublette einer infantilen Situation". Mit seiner deutenden Hilfe soll der Zusammenhang von szenischer Darstellung heute und historischer Situation damals ins Bewußtsein geholt werden. Ziel ist die Aufhebung des Gefälles von privatsprachlicher Verfälschung und wirklicher Bedeutung, mit anderen Worten: *„die Rekonstruktion des 'Originalvorfalls"'* (vgl. 1973, 150 ff).

Nun sind gegen dieses Konzept in letzter Zeit sowohl aus psychoanalytischer (vgl. Spangenberg 1991) wie aus pädagogischer (vgl. Petrik 1992, Datler 1995) Sicht eine Reihe von Bedenken vorgebracht worden. Deshalb müssen wir die Frage beantworten, wieweit das szenische Verstehen für die Sozialpädagogik tatsächlich trägt. Meine Absicht mündet dabei ein in die Formulierung einer möglichst brauchbaren Vorgehensweise für die sozialpädagogische Praxis (vgl. auch Gerspach 1994b).

An der Vorstellung von der Rekonstruktion des Originalvorfalls, an den die psychische Störung genuin fixiert sei, hebt die Kritik von seiten der Psychoanalyse an. Spangenberg bezweifelt, ob das Vordringen zum Originalvorfall tatsächlich die unabdingbare Voraussetzung zur neurotischen Konfliktlösung abgibt (vgl. Spangenberg 1991, 115). In ähnlicher Absicht wendet sich Erdheim gegen ein statisches Verständnis von Kindheitseindrücken im psychoanalytischen Prozeß. Zum einen moniert er, daß in der Analyse keine fix und fertigen Erinnerungen auftauchen und daß sich zum andern nicht unmittelbar die frühen Erfahrungen wiederholen, sondern die „durch Pubertät und Adoleszenz modifizierten" (1993, 948).

Diese Vorbehalte bezüglich des Originalvorfalls werden ergänzt durch Vorbehalte gegen die Vorstellung, daß der Fortgang der psychoanalytischen Kur lediglich identisch sei mit der wirklichkeitsgetreuen Rekonstruktion von Lebensgeschichte. Treurniet macht deutlich, daß vor allem die reale und aktuelle Dimension eine große Rolle für das Gelingen der Kur spielt, in der es um „Ich-Bedürfnisse nach Respekt, Ehrlichkeit und Zuerkennung von Wert“ geht (vgl. Treurniet 1995, 118 ff). Der Analytiker als beseeltes Gegenüber ist mehr als ein leerer Projektionsschirm, als den ihn Freud noch sehen wollte. Damit ist die Erkenntnis verknüpft, daß das „psychische Heute einen aktivierenden Einfluß auf die psychische Vergangenheit hat“.

Ich möchte diese Erkenntnis beinahe als die *pädagogische* Komponente der Psychoanalyse bezeichnen, wird doch darüber der Analysand *aktuell* sozialisiert. Die psychische Vergangenheit ist keine „'objektive' Vergangenheit“, und es empfiehlt sich daher, zwischen dem Unbewußten der Gegenwart und dem der Vergangenheit zu unterscheiden. Die Beziehung zu den primären Objekten und der zum Analytiker respektive zum Sozialpädagogen differiert erheblich. Darüber hinaus ist geltend zu machen, daß sich Analytiker und Analysand bei ihrem gegenseitigen, gemeinsamen Streben, lebensgeschichtliche Bedeutungen hervorzubringen, in einen kontinuierlichen, aktiven und affektiven Prozeß verstricken (vgl. Treurniet 1996, 12 ff)[45]. Weit mehr als die originalgetreue Rekonstruktion von Lebensgeschichte steht auf dem Spiel. *Es geht um die Neukonstruktion der erlebten Wirklichkeit.* Und damit begeben wir uns explizit auf pädagogisches Terrain, wird doch die Blickrichtung 'nach vorne' geöffnet - dies ist der genuine Auftrag an Erziehung.

Ein weitere Schwierigkeit tritt hinzu. Lorenzer hat, wie schon erwähnt, die oben angeführte Divergenz verfälschter zu wirklichen Bedeutungen festgemacht an der Existenz oder Nichtexistenz der Fähigkeit zur sprachsymbolischen Kommunikation. Hier hebt die Kritik von seiten der Pädagogik an. Zunächst wurde das szenische Verstehens übernommen: „Der Heilpädagoge versucht, den Gestörten und Behinderten aus dem, was jener offen und verschleiert in Szenen von sich mitteilt, zu verstehen" (Leber 1979, 75). Bereits hier deutete sich allerdings ein Widerspruch bezüglich des Praxisrahmens und der unabdingbar vorausgesetzten Sprachsymbolik an. Die Probleme offenbaren sich dem Pädagogen nicht auf der Couch, und seine gestörten Klienten sind meistenteils noch gar nicht fähig, sprachlich so zu kommunizieren, daß ihnen der Verzicht auf aggressive Manöver möglich wäre.

Trescher hat dann den szenischen Charakter individueller Struktur dahingehend radikalisiert, daß er ihn als deren grundsätzliches Merkmal ansah - was ihn eben für die Pädagogik brauchbar macht. Schließlich wird er auf diese Weise zum ubiquitären Phänomen, nicht mehr auf das psychoanalytische Setting beschränkt. Szene als 'Grundbaustein' von Subjektstruktur beleuchtet das pädagogische Interaktionsfeld völlig neu. Jede konflikthafte Verwicklung des Pädagogen mit seinen Kindern und Jugendlichen erscheint als an seine Person geknüpfter inszenierter Wiederholungsversuch unbewältigter Lebensgeschichte. Versteht der Pädagoge diesen Kontext nicht, trägt er unbewußt zu einer für ihn selber schmerzhaften Komplettierung der Szene bei, verhält er sich doch gemäß der unbewußten Erwartungen seiner Interaktionspartner: Der (Teufels-)Kreislauf ist geschlossen (vgl. Trescher 1985a, 131 ff).

An diesem Punkt seien zwei Begriffe, die unverbrüchlich zusammengeschweißt sind, kurz erläutert. Ich meine Übertragung und Gegenübertragung. Der Mensch, besonders der gestörte, neigt dazu, in aktuellen Beziehungszusammenhängen unbewußt bestimmte Regungen wiederaufleben zu lassen, anstatt sie sich in Form einer Erinnerung bewußt zu machen (vgl. Racker

[45] Treurniet warnt davor, daß der Analytiker mit der Realität, die er rekonstruiert, nicht in die des Patienten eindringen und sie zerstören dürfe. Der Analytiker gibt dem, was er *„von der Couch zu hören"* bekommt, seine eigenen Bedeutungen, deswegen hat er auch nicht das Recht zu glauben, er habe sie begriffen (vgl. 1995, 128 f). Hier finden wir eine Analogie zur philosphischen Frage nach dem Respekt vor dem Anderen.

1993, 59). Selbstredend benutzen wir alle vergangene Erfahrungen, um uns in neuen Situationen zu orientieren. Wenn diese allerdings so stark mit affektiven Belastungen beladen waren, daß sie uns blind machen gegenüber den gegenwärtigen Erfahrungen, und die früheren Beziehungsarrangements mit infantilen Objekten die aktuelle Wahrnehmung und Erfahrungsverarbeitung verzerren und blockieren, sprechen wir seit Freud von Übertragung. „In der Übertragungsreaktion wird also das Objekt subjektiv so erlebt, *als ob* es sich beispielsweise um die Mutter, den Vater oder ein Geschwister handelte" (vgl. Trescher 1985a, 77 ff). Die Übertragung ist ein für pädagogische Beziehungen sehr fundamentales, wenngleich oft unerkanntes Phänomen.

Die Übertragung beinhaltet eine unangemessene Verschiebung einer vergangenen Beziehung in die Gegenwart. Die Übertragungsbeziehung belebt die Beziehung zu einem frühen Objekt wieder, die mittels eines Stellvertreters aktualisiert wird. Sie folgt unbewußten infantilen Mustern, die nicht erinnert, sondern in Haltungen und Handlungen umgesetzt werden. In ihrer positiven, libidinösen Form ist sie im pädagogischen Feld Träger des Vertrauens, die es einem wenig gestörten Kind gestattet, sich auf gemeinsame Anstrengungen einzulassen und diese trotz Schwierigkeiten zu bewältigen. In ihrer negativen, aggressiven Form werden die traumatischen frühen Störungen virulent, müssen aber mit viel Anstrengung abgewehrt werden. In der Beziehung zum Pädagogen kommt es zu einer Reproduktion der leidvollen Erfahrung, die nun in einer dramatischen Neuinszenierung an seine Person gebunden wird. Hier erscheint es sehr wesentlich zu erkennen, daß man nur als Stellvertreter fungiert und alle zugefügten Kränkungen nicht wirklich der eigenen Person gelten. Aber auch hier taucht hinter dem heftig agierten Widerstand eine leise Hoffnung auf Änderung auf, und es kommt immer darauf an, daß wir uns mit den gesunden Anteilen unseres gestörten Gegenübers verbünden können.

Jede Übertragung löst ihrerseits eine Gegenübertragung aus, denn alles, was im Klienten vorgeht - alle Regungen, Empfindungen und Befürchtungen - und in die Beziehung zum Pädagogen einfließt, löst bei diesem verschiedene Impulse aus. Dabei müssen wir uns unmißverständlich klar machen, daß diese bei uns ausgelösten Gefühle und Phantasien nicht als störend eliminiert gehören, sondern selbst zum tieferen Verständnis unseres Gegenübers beitragen können, schließlich beruhen sie auf einer Identifizierung mit ihm und seiner unbewältigten Geschichte (vgl. Trescher 1985a, 124). Nun gibt es hier zwei mögliche Formen der Gegenübertragung.

Im Falle einer „konkordanten Identifizierung" überwiegt die Identifikation mit den Selbstanteilen. Sie basiert auf der Resonanz, daß das zum anderen gehörige Fremde zu einem zu uns gehörenden Eigenen wird (vgl. Racker 1993, 159). Mittels Verstehen und Einfühlung bilden wir das Fremdpsychische im eigenen Erleben nach (vgl. Trescher 1985a, 125). Es kommt sozusagen zu einem Rollentausch. Hochaggressive Kinder versetzen, wenn sie andere schlagen, den Pädagogen in einen Zustand ohnmächtiger Wut, weil sie scheinbar nicht zu bändigen sind. Sie zwingen ihn, indem es zu einer konkordanten Identifizierung kommt, ihre eigenen Selbstanteile der ursprünglichen traumatischen Situation, einschließlich der Abwehrvorgänge, und damit das „schmerzliche Erleben des Traumas stellvertretend“ zu übernehmen (vgl. Trescher 1993, 176 ff).

Im Fall einer „komplementären Identifizierung“ überwiegt die Identifikation mit den Objektanteilen. In dem Maße, wie die konkordante Identifizierung scheitert, verstärken sich die komplementären Identifizierungen mit den frühen Objekten (vgl. Racker 1993, 159). Wenn der Pädagoge etwa seine eigene Aggressivität abwehrt, wird er auch die seines Klienten ablehnen und sich unbewußt mit jenem Objekt identifizieren, das bereits früher dessen kindlichen aggressiven Impulse unterdrückte. Dieser Vorgang einer komplementären Identifizierung ist wohl jedem Pädagogen bestens vertraut. Wird er z.B. als strafender Vater phantasiert und auch so behandelt, wird er sich, nicht zuletzt unter dem Druck seines engen Handlungsfeldes, nur allzu leicht zur Übernahme dieser Rolle drängen lassen und der Versuchung nachgeben, diesem Kind stark restriktiv zu begegnen. Wird ihm die unbewußte Dynamik nicht bewußt, die in dieser „Übertragungsidentifizierung“ begründet liegt, dann wird er sich entweder erschrocken zurückziehen oder diesen Impuls pädagogisch - im Sinne des: strenger ‘anfassen’ - durchsetzen (vgl. Trescher 1993, 175 f).

Da es sich bei Übertragungsprozessen um uns alle und jederzeit betreffende Interaktionsphänomene handelt, kommt ihrer Berücksichtigung wie Aufdeckung im sozialpädagogischen Feld oberste Priorität zu. Wenngleich sich noch ein breiter Konsens darüber herstellen ließ, daß bei der Hereinnahme des szenischen Verstehens in die Pädagogik das gesamte Ineinander von Übertragung und Gegenübertragung neu zu fassen wäre (vgl. Datler 1983, 1992, Reiser, Trescher 1987, Figdor 1989), so bleiben augenscheinlich dort unauflösbare Reste, wo es um den möglichen Anspruch an eine originalgetreue Rekonstruktion von Lebensgeschichte geht.

Weil sich (institutionalisierte) Pädagogik primär auf der Realitätsebene bewegt, steht die Übertragung nicht im Zentrum ihrer Arbeit. Psychoanalyse arbeitet *an* der Übertragung, Pädagogik *mit* der Übertragung (vgl. Trescher 1985a, 84). Übertragungsphänomene erhalten in der Pädagogik einen sekundären Stellenwert, ohne daß wir unterschlagen dürften, daß sich auch dort ohne Elemente von Idealisierung nicht arbeiten ließe (vgl. Gerspach 1987b, 88). Im Falle von Störungen der Arbeitsbeziehung mag der Pädagoge die ausgelösten eigenen Gefühle und Eindrücke - im Sinne der reflektierten Wahrnehmung seiner Gegenübertragung - thematisieren, um auf die gemeinsame Problematik aufmerksam zu machen. Die „gemeinsame, dialogische

Herausarbeitung der Bedeutung von Geschehnissen" markiert mit ihrem Hinweis auf die gemeinsam erfahrene und geteilte Realität den Unterschied zur psychoanalytischen Methode (vgl. Trescher 1985a, 87).

Pädagogisches Verstehen kann nicht Rekonstruktion beschädigender Originalvorfälle meinen, vielmehr dreht es sich (meist) um die die Gruppe verbindenden Themen (vgl. Reiser 1987a, 192) bzw. unbewußte - etwa im Unterricht szenisch agierte - Phantasien (vgl. Clos 1991, Heinemann 1992, Reiser 1993). Wenn auch die Kinder reichlich szenisches Material anbieten, wird dessen psychoanalytisches Verstehen durch den Realcharakter des pädagogischen Settings erschwert. So kommt es zwar einerseits häufig zu projektiven Identifizierungen der Kinder mit dem Erwachsenen, die diesen Gefühle von Ohnmacht und Wut erfahren lassen. Solche Kinder entwickeln raffinierte Mechanismen, um sich ihrer nicht verarbeiteten Erfahrungen zu entledigen, und der Pädagoge muß sie aushalten lernen (vgl. Finger-Trescher 1991, 59; Bion 1992). Andererseits wird er damit beinahe zwangsläufig zu einer „Gegenaktion" verführt (vgl. Trescher 1985a, 140)[46].

Die pädagogische Kritik am szenischen Verstehen geht noch weiter. Lorenzers Konzept ist hauptsächlich an einem Sprachspielmodell orientiert, wo Sprache ihre Begründung in menschlicher Praxis findet. Folglich wäre die Aufgabe der Psychoanalyse festgeschrieben als „*Untersuchung und Veränderung* von Sprachspielfiguren" (vgl. 1977, 27 f). Was aber, wenn wir eine genuin stattgehabte, erst in einem zweiten Schritt ausgelöschte Symbolbildung gar nicht voraussetzen dürfen? Wenn sich, beinahe paradox formuliert, bei unseren massiv deprivierten Kindern und Jugendlichen *die Entwicklung von Sprache als Gegenstand von Erziehungsprozessen* erweist (vgl. Reiser 1987a, 186)? Psychoanalyse im Lichte Lorenzers arbeitet sich zurück zu einem einstmals 'heilen' Punkt, an dem vor der Desymbolisierung Sprache mit den bestimmten Interaktionsformen - zumindest rudimentär - verknüpft war, ehe es unter Konfliktdruck zu einer erneuten Aufspaltung kam. Wir Sozialpädagogen müssen uns fragen: Zu welchem lebensgeschichtlich signifikanten Punkt könnten solche Kinder zurückkehren, die auf Grund ihrer frühen Erfahrung brüchiger, inkonsistenter und zutiefst kränkender Beziehungen niemals durchgängig symbolische Interaktionsmuster verinnerlicht haben?

Symbolbildung ist nur möglich, wenn sich zuvor über die Verinnerlichung einer „beständigen, positiv besetzten Mutterimago" eine affektive Objektkonstanz eingestellt hat. Dies beginnt etwa ab der zweiten Hälfte des

[46] Treschers Begriff der Komplettierung der Szene unterscheidet sich deutlich von dem Lorenzers. Während bei Lorenzer der Psychoanalytiker den ursprünglichen Kontext einer Szene versteht und seinen verdrängten Anteil bewußt machen hilft (vgl. Lorenzer 1973, 171), gereicht das 'Handeln' des Pädagogen meist lediglich zu einer erwartungsgemäß provozierten Wiederholung der frühen Kränkung auf seiten seiner Klienten (vgl. Trescher 1985a, 143).

zweiten Lebensjahres (vgl. Mahler u.a. 1980, 142). Der Begriff der Objektpermanenz ergänzt diese Betrachtungsweise. Ab ungefähr dem dritten Lebensjahr ist das Kind von seinen kognitiven Möglichkeiten her imstande, das Bild seiner wichtigsten Bezugspersonen in Erinnerung zu behalten (vgl. Piaget 1937, Mahler u.a. 1980, Leber 1989a, 1990). Hier setzen erste intellektuelle Leistungen, im Sinne des Denkens als Probehandeln, ein. Emotionale Störungen in dieser frühen Lebenszeit führen indessen zu Beeinträchtigungen der kognitiven Prozesse (vgl. Dohmen-Burk 1992, Weber 1988).

Wo demnach das Ich - die eigentliche Agentur der Symbolbildung (vgl. Lorenzer 1973, 110) - lediglich in rudimentärer Form ausgebildet ist, können sich die inneren Repräsentanzen früher Objektbeziehungen nur ungenügend entfalten. Bei solchen Kindern liegt folglich keine Verdrängung aus konfliktregierter Schuldangst vor. Vielmehr fixiert der Kontakt mit ihrer primären Umwelt lediglich schemenhafte Vorläufer symbolischer Strukturen. Der gesamte Symbolbildungsprozeß gerät ins Stocken. Bereits die vor der Einführung von Sprache gelegenen Phase der Einigung von Mutter und Kind ist durch massive Beschädigungen gekennzeichnet, die zu *„mangelhafter Objekt- und Selbstbesetzung"* führen (vgl. Finger 1977, 109). Es werden lediglich „Pseudo-Symbole" ausgebildet (S. 155).

Diese Pseudo- oder auch Präsymbole sind zwar ebenfalls unbewußte Repräsentanzen, aber durch ihre primäre Sprachlosigkeit werden die frühen Entbehrungen im Wiederholungszwang weitaus dramatischer agiert. Anders als bei der Desymbolisierung liegt keine verdrängte Erinnerung vor, die sich ins Bewußtsein zurückzuholen hieße. Vielmehr handelt es sich um eine affektiv begründete Störung dieser basalen kognitiven Fähigkeit. Anstelle Bilder im Gedächtnis zu verankern, die evokativ erinnert werden könnten, bleibt es bei einer umrißhaften Wiedererkennung (vgl. Leber 1989a, 181; Piaget 1954). Folglich spielen sich die psychischen Besetzungsvorgänge nicht in der kontrollierten Sphäre eines Sekundärprozesses ab, sondern es kommt aufs neue zu unvermittelten Abflüssen affektiver Energien. Die aktuelle Situation provoziert einen szenischen Auslösereiz, der zu einer Reinszenierung mißglückter und unerledigter Lebensgeschichte mit dissozialem Charakter führt (vgl. Leber 1979, 61)[47].

Die vorsprachliche Erfahrung spielt für die Entstehung einer Störung eine große Rolle, weil sie ihren Sinn begründet, lange bevor er mit Hilfe von Sprache verstanden oder kommuniziert werden könnte. Das intelligente Verstehen von Bedeutungen, wie es sich in der sensomotorischen Phase Mitte des zweiten Lebensjahres herauszukristallisieren beginnt, ist nicht un-

[47] Für die Arbeit mit auffälligen und sozial deprivierten Kindern und Jugendlichen bedarf Lorenzers Symbolkonzept einer Ergänzung. Vor allem der Aspekt verfehlter Sprachbildung und der Aufbau einer "*originären* Symbolbildung" seien unterstrichen (vgl. Gerspach 1981, 120).

abdingbar an die Verfügung über Sprache geknüpft (vgl. Leber 1989a, 179 f, Piaget 1975, 339 f). Bei dem Versuch, an das Innere einer Streicholzschachtel zu gelangen, betrachtete die eineinhalbjährige Tochter Piagets, nachdem es ihr zunächst nicht gelingen wollte, aufmerksam den Spalt und öffnete und schloß dann mehrmals hintereinander ihren Mund. Danach vollbrachte sie das Kunststück. Das Kind verfügte noch über keine ausreichende Sprache und war dennoch zu einer intelligenten Problemlösung in der Lage. Sie konnte die Situation noch nicht in Worten denken, aber ihre eigene motorische Handlung geriet ihr zum bebilderten, symbolischen „'Bedeutungsträger'" (Piaget 1975, 339). Dies ist eine angemessene anthropologische Begründung der Menschwerdung, die darauf verzichten kann, menschliche Praxis allein über Sprache geregelt zu sehen. Schon lange vor der Einführung von Sprache verspürt der Säugling erste Selbstempfindungen (vgl. D. Stern 1992, 18 ff; Datler u. Steinhardt 1994).

Unter zumindest basal günstigen Voraussetzungen kulminiert die frühe Interaktion in einer Abfolge typisch-signifikanter Erfahrungen, die sich im Kind allmählich als sogenannte Selbstrepräsentanzen (der „Summe der szenischen Erfahrungen über sich selbst") und Objektrepräsentanzen (der „Summe der szenischen Erfahrungen über die Mutter - und weitere Personen") ausformen (vgl. Muck 1991, 26). In ungünstigen Fällen wird ein gesundes Werden erschwert oder gänzlich verhindert. Hier verdichtet sich die Summe aller schlechten szenischen Erfahrungen zu traumatisierenden Faktoren. Unsere Aufgabe ist es, die subjektive Befindlichkeit verstehen zu lernen, die als Wiederbelebung der kumulierten Traumen in der aktuellen Übertragungssituation zum Ausdruck kommt. Anstelle detektivisch nach den 'exakten' Beziehungskonstellationen zu suchen, die die Störung ursächlich ausgelöst haben, sollten wir eher dem *Tonus* der frühen Interaktionserfahrungen nachspüren. *Es geht nicht um die Frage: Was ist damals mit dem Kind geschehen?, sondern um die Frage: Was hat es gefühlt?*

Wird solch biographisches Erleben szenisch dargestellt, ist darin mehr als eine historische Urszene präsent, oder anders herum: Urszene kann nur eine kumulierte Befindlichkeit im Rahmen problematisch erlebter Beziehungen meinen, die sich zur Störung ausgewachsen haben. In einer frühen Phase, in der Kinder noch „Realisten“ sind und noch über keine symbolische innere Vorstellungswelt verfügen (vgl. Spangenberg 1991, 117), sondern erst ein „Gedächtnis von Handlungsmustern“ haben (vgl. Lichtenberg 1991, 659), machen sie womöglich bereits rudimentäre Erfahrungen mit unzureichenden Interaktionsangeboten. Wenn die Mutter auf Grund eigener Deprivationen nur wenige Aktivitäten ihres Kleinkindes positiv aufnehmen kann, gerät ihm Umwelt zur unklaren Bedrohung. Sein Erleben wird aufgespalten, weil viele Anteile an dieser brüchigen Interaktion nicht als „'symbolische Interaktionsformen' bewußt werden dürfen. Das reale Interaktionsgeschehen wird mehr und mehr von bedrohlichen Phantasien überlagert. Die Störung nimmt ihren Lauf. Wenn der Erwachsene nicht imstande ist, dem Kleinkind eine Welt zur Verfügung zu stellen, die ihn in „seinem beschränkten Rahmen beinahe omnipotent erscheinen läßt“ (vgl. Baumgart 1991, 797 ff), wird ihm die Begegnung mit dieser Welt leicht zu einer bedrohlich erlebten wie phantasierten.

Der Säugling ist nicht das passive Opfer einer an ihm sozusagen schuldhaft begangenen Urszene. Er partizipiert aktiv an der Interaktion mit seiner Mutter. Machen deren widersprüchlichen und unbefriedigenden Angebote bei ihm zunehmend pathologische Anpassungsmechanismen nötig, werden zunehmend Phantasien auftauchen, in denen sich seine Selbst- und Fremdwahrnehmung als verfälschte entpuppt. Von nun an müssen alle Objekte der Außenwelt als potentiell bedrohlich erscheinen, gegen die es sich mit Hilfe der eigenen aggressiven Potentiale zu schützen gilt. Später werden diese Interaktionsmuster, etwa im Feld institutionalisierter Pädagogik, reproduziert, um diese phantasierten Gefahren abzuwenden und das eigene Selbst vor der erneuten Begegnung mit elementaren Verletzungen zu schützen.

Solche Kinder und Jugendliche kommunizieren aus Gründen der Abwehr hauptsächlich in Form ständiger Aggressionen, und ihnen bedeutet gleichzeitig das „gesprochene Wort“ so wenig (vgl. Clos 1991, 53 ff). Sie gestalten ihre Interaktionen nach dem Muster unbewältigter Situationen in ihrer frühen Kindheit, „allerdings in verfremdeter Form" (vgl. Leber 1983, 15). Dabei versuchen sie, den jeweiligen Partner unbewußt in eine entsprechende Szene hineinzuziehen. Es geschieht in der Erwartung, daß dieser empathischer auf sie eingehe als es die primären Bezugspersonen taten. Die zentrale pädagogische Aufgabe ist es nun, diese Inszenierungen unserer gestörten, behinderten und benachteiligten Klienten und die Rolle, die uns dabei zugedacht wird, zu verstehen. Wir müssen auf das hören, was in uns selbst an Empfindungen und Phantasien aufkommt. Wenn wir auf diesem Wege zu einem tieferen Verstehen der Übertragungsprozesse gelangen, steuern wir zu einer veränderten Bearbeitung früher Traumatisierungen bei. Über die diesbezügliche Qualifikation des Pädagogen hat Zulliger formuliert: „der erste *erleidet* die kindliche Übertragung passiv, der andere handhabt sie *aktiv*" (Zulliger 1951, 166; Trescher 1985a, 83 ff).

Vieles spricht für eine Herangehensweise, die weder nach vorhandenen oder nicht vorhandenen symbolischen Ressourcen differenziert noch sich sklavisch an der Originaltreue von Lebensgeschichte orientiert. Auch sprachlos agierte szenische Reproduktionen können von uns nacherlebt werden (vgl. Leber 1983, 14 f). In „konflikttypischen Szenen“, in die der Betroffene sich und andere immer wieder unbewußt verstrickt, wird der unbewältigte Konflikt 'erzählt' (vgl. Trescher 1985a, 139).

Somit lassen wir, ob in Psychoanalyse oder Pädagogik, den Originalvorfall methodisch hinter uns. Daß es sich um eine jeweils andere Technik - in bezug auf Setting und Klienten - handelt, ist klar und sei hier nicht Gegenstand weiterer Überlegungen (vgl. Trescher 1985a und b; Figdor 1989). Gerade in der professionellen Begegnung mit sozial deprivierten Menschen, die starke psychische Strukturmängel und Ich-Defekte aufweisen, stehen wir in der Verantwortung, Wege zum empathischen Verstehen ihres Schicksals zu finden. Womöglich machen sie uns ohnmächtig, wappnen sich mit aggressiven und entwertenden Verhaltensweisen, die uns schmerzen, um der Erinnerung an bedrohlich Erlebtes zu entfliehen. Gleichzeitig aber legen sie diese frühen Traumen neu auf in der Hoffnung auf eine nachträgliche Wiedergutmachung und Bewältigung. Auch darin sind sie noch immer 'Realisten'.

Oft sind wir in der pädagogischen Beziehung mit ihnen zunächst der alleinige Garant eines - zunächst fragilen - Arbeitsbündnisses. Genauso sicher aber ist, daß wir über die diskursive symbolische Kompetenz verfügen, die wir ihnen zur Verfügung stellen und die sie, wenn die Beziehung sich allmählich als tragfähige erweist, probeweise einsetzen werden.

Zur praktischen Relevanz des szenischen Störungsbegriffs

An einem kleinen Beispiel aus der Arbeit in einer Kindertagesstätte möchte ich nun veranschaulichen, wie sich das szenische Verstehen auf Störung anwenden läßt.

Manche Kinder bieten ein uns seltsam anmutendes Verhalten dar, und wir fragen uns dann, was es zu bedeuten habe. So wie bei Felix und Florian, zwei liebreizenden Zwillingen, die nur durch eine Besonderheit auffielen: Sie sprachen nicht (vgl. Leber u.a. 1989, 32 ff; Trescher 1985a, 180 ff). Untereinander tauschten sie sich mit einem eigenen Verständigungssystem aus, das selbst die Mutter nicht verstand. Den Erzieherinnen der Tagesstätte bereitete diese Sprachlosigkeit, die die Integration in die Gruppe erschwerte, zunehmend Sorge, und sie versuchten zunächst, einen sprachlichen Fortschritt dadurch zu erzwingen, daß sie nur reagierten, wenn die beiden Sprache verwendeten. Lieber aber verzichteten die Kinder auf die Erfüllung ihrer Wünsche, als diese „*Erziehungsschlacht*" verloren zu geben.

Die Mutter signalisierte den Erzieherinnen, die sie auf das Verhalten ihrer Kinder ansprachen, daß sie sich mit den Zwillingen überfordert fühlte. Stets sah sie sie wie *eine* Person an. Auf die Frage einer Erzieherin: „Wer ist Felix?" zeigten auch beide prompt auf die eigene Brust. Deutlich wird die ungeschiedene Selbstwahrnehmung der Kinder, die vor allem ihre Sprachfähigkeit tangierte. Wir sehen, wie sie dieses ungelöste Problem im Kindergarten unbewußt zur szenischen Darstellung bringen. Wir sehen aber auch, daß jede pädagogische Intervention ergebnislos verpufft, solange diese affektive Dimension nicht verstanden wird.

Es galt nun, sie als zwei eigenständige Personen zu behandeln, um ihre jeweilige Identitätsentwicklung zu fördern. In dieser Richtung zeigten sich bald die ersten Erfolge. Als das Telefon klingelte und eine Erzieherin abhob, meldete sich der Verlobte einer ihrer Kolleginnen. Sie sagte spontan zu Felix, der zufällig neben ihr stand, er solle rasch Bescheid geben. Felix ging und rief: „Evelin! Kurt, Telefon!“ Diese Episode zeigt, daß die Kinder durchaus sprachliche Mitteilungen verstehen und sich sogar selbst verständlich machen konnten. Nicht ein pädagogischer „Kraftakt“ brachte Felix zum Sprechen, sondern eine selbstverständliche Erwartung seiner Erzieherin.

In der Folgezeit führten die Erzieherinnen Gespräche mit den Eltern, in denen sie ihnen die Notwendigkeit der klaren Abgrenzung der Zwillinge nahe brachten. Die Gespräche verliefen für beide Seiten befriedigend, und die Kinder entwickelten sich zusehends selbständig. Nach einem Jahre berichtete Florian einer der Erzieherinnen von einem Wochenende auf dem Bauernhof. Sie sagte, daß ihr schon Felix die Geschichte erzählt habe. Da entgegnete er mit Nachdruck: „Ja, aber ich noch nicht!“ Sie mußte lachen, und er hat ihr tatsächlich alles noch einmal erzählt.

Ich fasse nun die bisherigen Ergebnisse übers szenische Verstehen zusammen:

1. Das szenische Verstehen offenbart uns die unbewußte Wiederbelebung eines unbewältigten Lebensthemas im aktuellen Beziehungsarrangement, wie es sich als Störung darstellt. Wir selbst werden in diese Szene hineingezogen.
2. Das unbewältigte Thema wird uns vor allem in Form sprachlosen Agierens präsentiert. Es existiert keine andere Form der Selbstmitteilung. In diesem Mangel liegt die Belastung der SozialpädagogInnen.
3. Auftrag der Sozialpädagogik ist es, ein Klima zu schaffen, in dem sich der Störer angenommen fühlt. Über das Wachsen einer stabilen Beziehung kann allmählich Sprache in den Dialog eingebaut werden. Erst wenn eine erlebensnahe Sprache zur Verfügung steht, wird sich das störende Verhalten in soziale wie kognitive Kompetenz transformieren lassen.

Als Stütze meiner Ausführungen sei am Ende das kleine Beispiel eines szenischen Arrangements vorgestellt und dabei der Frage nachgegangen, was man pädagogisch hätte anders machen können[48].

---

[48] Ich wähle ein Beispiel aus der Arbeit mit geistig Behinderten. Das szenische Verstehen auf dieses Gebiet auszuweiten mag im ersten Moment gewagt erscheinen. Kaum einen Menschen werden wir aber über eine wie immer ausgeprägte Störung mit definitorischem Eifer gerecht werden. Jede Störung verteidigt den „*Sinn unserer erzieherischen Tätigkeit*“ (vgl. Reiser 1993, 255). Eine differenziert eingeforderte Betrachtung von gestörten,

Ferdinand, Ende dreißig, ist Bewohner in einem Wohnheim für geistig Behinderte. Eines Abends kommt es zu einer scharfen Kontroverse mit der Betreuerin des Nachtdienstes, die er zuletzt tätlich angreift. Ein hinzueilender männlicher Betreuer kann durch Einsatz körperlicher Kräfte Schlimmeres verhindern. Dennoch erscheint eine sofortige Zwangseinweisung in die psychiatrische Klinik unausweichlich, schließlich ist Ferdinand in solchen Momenten unberechenbar. In einer anderen Situation hat er einmal ein Schwein abgestochen.

Als bald darauf ein Polizeiwagen vorfährt, geschieht Erstaunliches. Begleitet von einer energischen Handbewegung braucht der Polizist nur die Heckklappe seines Wagens, in dem ein Schäferhund sitzt, zu öffnen, und augenblicklich wird der bis dato noch immer erregt wirkende Ferdinand vollkommen brav und läßt sich ohne Widerstand mitnehmen.

Was ist geschehen?

Der Fall wird mir in einer Supervisionsstunde berichtet. Ich erfahre, daß Ferdinand als wenige Wochen alter Säugling von der Mutter ins Krankenhaus gebracht wurde - der Anlaß bleibt unklar - mit dem Hinweis, sie werde ihn nach seiner Genesung wieder abholen. So wurde Ferdinand zum Findelkind. Alle Versuche, die Mutter aufzuspüren, schlugen fehl. Beinahe prompt reagierte Ferdinand mit einer encephalitischen Entzündung mit Folgeschäden; später trat noch eine spinale Kinderlähmung hinzu. Außerdem begann seine Heimkarriere. Zunächst verbrachte er eine Zeit in einem Waisenhaus, erlebte danach zahlreiche Ortswechsel, bis er schließlich für acht Jahre in der Psychiatrie landete. Auf Grund seiner latenten Aggressionsbereitschaft wurde er medikamentös eingestellt, was er nach einiger Zeit selbst absetzte, ohne daß eine unmittelbare Gefährdung seiner Umgebung die Folge gewesen wäre. Auf Grund dieser positiven Entwicklung durfte er ins Wohnheim wechseln.

Ferdinand kennt seine Impulsivität sehr genau und versucht, sie mittels starker innerer Kontrolle zu steuern. Er weiß, daß 'es manchmal über ihn kommt', und er bemüht sich, seine aggressiven Persönlichkeitsanteile wie nicht zu ihm gehörig abzuspalten. Jede Faser seiner Muskeln scheint er im Griff zu haben, er wirkt immerzu angespannt und steif und bezeichnet sich selbst als Körpermaschine. Beständig ist er auf der Hut vor sich selber und geht meist rechtzeitig aus dem Feld, wenn er eine Eskalation drohen fühlt.

---

auffälligen und behinderten Menschen verlangt nach universellen Verstehensbemühungen, in die auch das Nicht-Verstehen eingegossen ist (vgl. Mattner, Gerspach 1997).
Ich plädiere dafür, in der Arbeit mit geistig Behinderten von der Möglichkeit szenischen Verstehens auszugehen, um sie in ihren offenen und versteckten Interaktionsangeboten ernst zu nehmen, auch wenn die darüber herzustellende Veränderung ihres 'Schicksal' durch das Zusammenspiel mentaler Defizite und problematischer Sozialisationserfahrungen erschwert ist (vgl. Schnoor 1992, Gerspach 1994c).

Die Supervisionrunde bleibt ganz auf Ferdinand und seine so beängstigend wirkende Gewaltbereitschaft konzentriert. Man erzählt mir, daß er von einem imaginären Freund, Ronni, begleitet wird, der einen Schäferhund besitzt. Oft berichtet Ferdinand von Ronni so überzeugend echt, daß sich die Betreuer mitunter fragen, ob es ihn nicht wirklich gebe. Ronni ist stark, er hat in seinem Hund einen treuen Begleiter, und dieses Gespann schützt Ferdinand vor seinen eigenen feindseligen Affekten. Ronni repräsentiert eine externalisierte Gewaltinstanz ebenso wie einen gütigen väterlichen Freund.

Die enge Verwobenheit von präsentativer und realer Ebene, wie sie für viele geistig Behinderte typisch ist, läßt Ferdinand wenig differenzieren zwischen historischen und aktuellen Erlebnissen. Selbst- und Fremdwahrnehmung sind ebensowenig geschieden, wie Gefühlsregungen nicht in dosierten Schattierungen auftreten. Es regiert eine 'alles oder nichts'-Gesetzlichkeit. Die Vergangenheit 'platzt' oft unvermittelt in die Gegenwart hinein. Ferdinand hat in seiner frühen Lebenszeit mit Sicherheit keine gemeinsame und befriedigende phantasmatische Interaktion mit seinen primären Objekten erfahren. Demnach gab es keine wirkliche Loslösung von und Aussöhnung mit ihnen. Zurückgeblieben ist eine starke Tendenz zur Wiederbelebung seiner elementaren narzißtischen Wut. Ferdinand bleibt einem magischen Denken verklammert und hat große Angst, daß seine mörderischen Impulse Wirklichkeit werden. In seiner Vorstellungswelt ist Ferdinand tatsächlich in einer infantilen Abhängigkeit befangen.

Insofern hat der Polizist, wenngleich wohl eher unbeabsichtigt und ohne das Zusammenspiel wirklich zu verstehen, *gezaubert* (vgl. Trescher 1982). Der Beamte kannte Ferdinand schon länger, und er erahnte unbewußt seine überwertige Bedeutung für den im Augenblick verwirrten Mann. Trescher hat auf die Übertragungsidentifikation des Pädagogen, der sich gemäß der an ihn delegierten Übertragungswünsche und oft gegen seine erklärte Absicht in eine bestimmte Interaktionssequenz einbringt, hingewiesen (vgl. 1993). Auch in diesem Fall wird die Szene erwartungsgemäß komplettiert: der Polizist verwandelt sich in Ronni, der Ferdinand hilft, seine Aggressionen zu bändigen. Scheinbar ist alles gut geendet.

Warum aber verbeißt sich die Supervisionsgruppe so hartnäckig in Ferdinands 'Pathologie'? Allmählich fühle ich mich verwirrt wie Ferdinand. Warum wohl ist er dermaßen aus den Fugen geraten? Längst glaubte ich die Auffassung überwunden, wonach geistig Behinderte keines äußeren Anlasses bedürften, um 'verrückt zu spielen'. Welche Rolle spielt das im Affekt gemeuchelte Schwein? Wen meint dieses Bild überhaupt? Nach und nach wird das Geheimnis gelüftet: An eben jenem Morgen hat ein neuer Mitarbeiter seinen Dienst im Wohnheim angetreten. Es ist der Freund der attackierten Betreuerin, die ihm diese Stellung verschafft hat.

Wir wissen, daß sich männliche Bewohner, die sich in Wohnheimen 'kaserniert' sehen, ohne daß ihre sexuellen und Beziehungswünsche im institutionellen Rahmen auch nur annähernd realisiert würden, häufig in ihre Betreuerinnen verlieben. (Das gleiche gilt für die umgekehrte Konstellation, und bei der von mir beobachteten Häufigkeit solcher gegengeschlechtlichen 'Paarbildungen' beschleicht mich zuweilen der Verdacht, ob hier nicht unbewußte Mächte am Werke seien.) Wenn im Dienstplan lapidar vorgesehen ist, daß sie ihnen am Samstag den Rücken schrubben sollen und sich keiner bei dieser durchaus lustvoll erlebten Überschreitung der Intimschranke etwas denken will, offenbart sich mir eine fatale Abspaltung sexueller Phantasien. Die 'Schweinerei' wird also schon dichter.

Man will lange nicht sehen, daß Ferdinand schlichtweg *tierisch* eifersüchtig reagiert, weil eben diese Themen im Praxisfeld verleugnet werden. Das Auftauchen des 'Rivalen' ist der szenische Auslösereiz einer sich stets aufs neu einspielenden tiefen Zurückweisung. Das tabuierte Thema wird endlich in verfremdeter Form 'zur Sprache gebracht'. Ferdinands mehr infantil-regressive denn erwachsen-genitale Verschmelzungswünsche mit *seiner* Betreuerin scheinen urplötzlich und massiv zunichte gemacht zu sein. Ferdinands Selbstkontrolle droht zu zerbrechen, indessen sucht er einen Ausweg, das geliebte Objekt vor der eigenen Zerstörungswut zu schützen. Der Polizist als deus ex machina gerät zum Retter. In einem geradezu magisch ritualisierten Akt bannt er Ferdinands destruktive Energien. Ferdinand mutiert vom Schwein zum Lamm, und indem er sich willenlos in die Klinik mitnehmen läßt, vollendet sich seine Selbstbestrafung.

Nicht nur, aber auch durch die Verblendung der Betreuer wird Ferdinand in diesem Stück zum tragischen Helden. Zunächst wollen sie sich nicht damit befassen, daß sie durch die ungewollte Mitwirkung an einem sensiblen Beziehungsthema in der pädagogischen Arbeit zur Komplettierung einer immer gleichen Szene für Ferdinand beigetragen haben. Wenn sie dies früher hätten sehen und spüren dürfen und wenn daraufhin jemand für Ferdinand die Enttäuschung und Kränkung, die dadurch ausgelöst wurden, benannt hätte, wäre die weitere Entwicklung meines Erachtens womöglich aufzuhalten gewesen[49].

Verblüffend für mich aber bleibt das szenische Zusammenspiel von Ferdinands magischen Phantasien und dem überraschend spektakulären Auftritt des Polizisten mit seinem Hund. Für eine daraus abgeleitete pädagogisch sinnvolle Intervention hätte es nur tiefer begriffen werden müssen. Sicher aber bräuchten wir nicht viel mehr Details aus Ferdinands Leben zu wissen, um die hier wiederbelebte Verzahnung einer von Anfang an ver-

---

[49] Insofern ist 'Schicksal' - hier erneut langer Klinikaufenthalt - übers szenische Verstehen doch zu verändern.

hängnisvollen Lebenssituation mit dem innigen Wunsch, geliebt und gerettet zu werden, verstehen zu können.

Ich denke, daß das Beispiel aus der Kindertagesstätte wie auch das aus dem Wohnheim hinreichende Belege dafür liefern, wie wir das Konzept des szenischen Verstehens für die sozialpädagogischen Arbeitszusammenhänge, und hier insbesondere für die Begegnung mit gestörten (und verstörten) Menschen, nutzen können. Beim szenischen Verstehen geht es um weit mehr als die Rekonstruktion von Lebensgeschichte. Im pädagogischen Feld, und das haben die beiden Beispiele sicher im guten wie im schlechten deutlich gemacht, handelt es sich immer um ein „szenisches Konstruieren" (vgl. Datler 1995, 185). Wir verhelfen damit unserem Gegenüber ebenso zur Entwicklung seiner blockierten Potentiale wie wir unter Umständen mit unseren latenten Phantasien und manifesten Interventionen zu einer Verfestigung seiner Störung beitragen. Jeweils konstruieren wir einen Wirklichkeitsrahmen und einen dort stattfindenden Dialog, der mehr das eine oder das andere hervorbringt. Auf welche für die Pädagogik typischen Rahmenbedingungen wir dabei zu achten haben, falls es sich um einen fördernden und keinen hemmenden Dialog handeln soll, sei im nachfolgenden Kapitel dargelegt.

3.4. Gestörte Symbolbildung, mangelnde Triangulierung und der pädagogische Rahmen

Die Gefahr des Neins in einer gestörten Beziehung

Im vorigen Kapitel ist deutlich geworden, daß, obzwar ich mich an das szenische Verstehen der Psychoanalyse angelehnt habe, damit beileibe keine Therapeutisierung der Pädagogik verbunden ist. Im Gegenteil können wir davon ausgehen, daß erst durch eine angemessene Berücksichtigung affektiver Faktoren für eine gestörte Entwicklung ein Potential innerhalb des sozialpädagogischen Beziehungsarrangements als einem intermediären Raum frei gesetzt wird, welches den konstruktiven Aufbau von Subjektstrukturen ermöglicht. Dieser Prozeß ist ein genuin pädagogischer. Die methodische Grundlage der Pädagogik ist weit mehr als Erinnern, Wiederholen, Durcharbeiten, wie es für die Psychoanalyse gilt. Sie leistet einen „originären Strukturaufbau im Subjekt" (vgl. Gerspach 1987b, 89).

Denn wir haben es hier mit Kindern zu tun, die das, was in ihrer frühen Beziehung nicht oder nur schwer zu ertragen war, nicht zu benennen gelernt haben. Damit blieb es aus der Selbstreflexion und auch aus ihrem Selbstverständnis ausgeschlossen, geht aber gerade deshalb unbewußt in jede aktuelle Beziehung ein. Das Kindheitsdrama wird mit anderen immer wieder inszeniert, als ob jetzt die Gefahr bestünde, die nämlichen belastenden Erlebnisse und Konflikte könnten erneut auftreten. Mit Hilfe heftigen Agierens versuchen diese Kinder, die phantasierte Wiederholung dieser Szenen zu vermeiden (vgl. Leber 1988, 54). Mit Piaget spricht hier Leber von einer „deformierenden Assimilation", die diesen Kindern einen strukturellen Mangel an Symbolisierungsfähigkeit aufbürdet (vgl. Leber 1990, 278).

Gleichzeitig aber haben sie die Hoffnung nie wirklich aufgegeben, die belastenden und unbewältigten Erlebnisse durch glücklichere Situationen mit neuen Bezugspersonen ersetzen zu können. Auch wenn diese Hoffnung oft von unrealistischen Größenphantasien gespeist wird, vor denen der reale Sozialpädagoge nie bestehen kann, so liefert sie doch, so sie sich in wirklichkeitsnähere Erwartungen transformieren läßt, die Basis für einen förderlichen Dialog. Ich brauche wohl nicht noch einmal betonen, daß dieser Prozeß mit schmerzlichen Irrungen und Wirrungen einhergeht.

Selbstverständlich läßt sich diese Entwicklung nur befördern, wenn wir erstens die Störung als regressives Element erkennen und zweitens diese Regression nicht (moralisch) bekämpfen, sondern zunächst akzeptieren. Erst wenn sie zum Thema und nicht zum Tabu wird, kann sie überwunden werden. Erst dann, wenn wir Sprachlosigkeit, die sich in der Störung manifestiert, als Mangel symbolischer Fähigkeiten, sich auszudrücken und mit anderen konfliktfähig arrangieren zu können, verstehen, kann ein Symbolisierungsprozeß einsetzen. Nur wenn die aktuelle Störung (tendenziell) zugelassen ist und sich damit eine Wiederbelebung der frühen Störung einstellt, wird diese frühe Störung einer nachträglichen Bearbeitung zugeführt, kann die aktuelle Störung schwinden[50]. Clos favorisiert das 'Mitschwingen' mit der Störung und vertritt eine - zunächst das Chaos im Dienste der psychischen Abwehr heraufbeschwörende - abwartende Haltung, bis sich die Kinder einzulassen getrauen (vgl. 1991, 61). Damit ist der Pädagoge natürlich unmittelbar und meist sehr massiv gefordert, authentisch zu reagieren (vgl. Reiser 1987a; Gerspach 1987b). Deshalb auch, um an der inneren Strukturlosigkeit nicht zu zerbrechen, braucht es eines äußeren Rahmens, der die geschwächten Ich-Funktionen stützt.

[50] Ganz allgemein haben wir es mit defizitären Sozialisationsprozessen zu tun, die eine Störung hervorrufen. Störung als Beziehungsmoment läßt sich verändern. Wir dürfen aber nicht außer acht lassen, daß es mehr noch als um die Psychodynamik von Beziehungen um defizitäre Lebensweisen und defizitäre pädagogisch-institutionelle Rahmenbedingungen geht. Die Pädagogik - allemal die für „'Gefährdete'" - hat unterscheiden zu lernen zwischen dem, was sie tun kann, und dem, was sie nicht tun kann (vgl. Müller 1989, 131). Stets ist sie ausgewiesen als ein „komplexes Feld von Widersprüchen". Gerade die Psychoanalyse bietet uns hinsichtlich einer (selbst)kritischen Ver(un)sicherung treffliche Hilfestellung für eine notwendige Desillusionierung (vgl. Moll 1990, 66).

Die zentrale Aufgabe der Kindheit besteht darin, *„Getrenntheit zu erfassen, zu akzeptieren und mit eigener aktiver Beteiligung die Voraussetzungen dafür zu gewinnen, mit den außerhalb des Mutterleibs herrschenden Verhältnissen trotz geringer Instinktausstattung immer besser fertig zu werden*“ (vgl. Leber 1995, 159 ff). In dem Moment, da das ganz junge Kind ein Bewußtsein von einer außerhalb liegenden Umwelt hat - und dies ist just dann gegeben, wenn es die Trennung erkennen wie anerkennen kann - erfolgt eine affektive wie kognitive Dezentrierung, kurz: die Symbolbildung setzt ein. Piaget sprach diesbezüglich von einer *„kopernikanischen Wende*“ (vgl. Piaget 1970, 35).

Das Kind akzeptiert nun, daß die Bezugsperson nicht unbegrenzt verfügbar ist und lernt immer besser, sein inneres Gleichgewicht auch ohne ihre unmittelbare Hilfe zu regulieren. Das Wagnis, die Getrenntheit wahrzunehmen, setzt aber haltende Umstände voraus, die es in dieser Realitätsprüfung unterstützen. Fehlen diese oder sind sie nur unzureichend vorhanden, wird die Getrenntheit zwar erkannt, aber sie bleibt so angstbesetzt, daß sie ungeschehen zu machen gesucht wird. Trennung und Abwesenheit darf es fortan nicht geben. In der Folge werden damit kognitive Fortschritte ebenso beeinträchtigt wie Verhaltensauffälligkeiten auftauchen.

Die Fähigkeit, „Abwesenheit als solche“ zu erfahren, bedeutet, das „abwesende Objekt zu ‘denken’“. In dieser ausschließlich menschlichen Fähigkeit wird sich das Denken seiner selbst bewußt (vgl. von Uexküll u.a. 1996, 1032). Es ist wohl die erste große Kulturleistung des Menschen, wenn nicht die größte überhaupt, die existentielle Mangelerfahrung, die in der Bewußtwerdung des Getrenntseins liegt, mit Hilfe der verinnerlichten Vorstellung vom abwesenden Objekt zu transformieren. Diese Transformation konstituiert Subjektstruktur. Nur wer das Nicht-Ich zu denken vermag, d.h. sich die Abwesenheit des geliebten und beschützenden Objekts vorstellen kann, ohne dadurch zerstört zu werden, ist zur Symbolisierung imstande (vgl. Löchel 1996, 272)[51].

Das Wissen um die Getrenntheit umschreibt einen konfliktreichen emotionalen Prozeß, der das „Erleben des Alleinseins, des Mangels und des Angewiesenseins auf andere beinhaltet“ (S. 277). Besonders der Verneinung als dem dritten Organisator der Psyche im Sinne von René Spitz (vgl. 1972,

---

[51] Die Entwicklung des Denkens beruht auf primären emotionalen Erfahrungen. Im Falle einer Disposition zur Hypersensibilität wird ein frühzeitiges Bewußtsein körperlichen Getrenntseins vom Objekt virulent. Dergestalt ist davon auszugehen, daß autistische Kinder sehr früh „Bekanntschaft mit dem depressiven Schmerz“ machen, der sie in Panik versetzt, durch die Trennung selbst auseinandergerissen zu werden (vgl. Haag 1996, 163 ff). Die Integration des eigenen Körperbildes mißlingt dann ebenso wie die symbolische Bearbeitung der Getrenntheit. Realitätsprüfung und konturierte Aufnahme von Subjekt-Obkjekt-Beziehungen müssen systematisch scheitern.

195 ff) kommt dabei eine entscheidende Rolle zu. Spitz beschreibt, wie das etwa fünfzehnmonatige Kind sich aufrichten und von der Mutter wegbewegen kann. Sogar aus ihrem Blickfeld kann es verschwinden. Einzig ihrer Stimme vermag es sich nicht zu entziehen. Mit dem Erwerb des Laufenlernens wachsen die Gefahren an, so daß die Mutter zunehmend verbietend und verpflichtend eingreift. Das häufigste und eindringlichste Wort dieser Zeit wird das „Nein!“ .

Das Kind lernt sich an die Gebote der Mutter zu halten, indem er sich damit identifiziert. So läßt sich beobachten, worauf Spitz hinweist, daß es ihr verneinendes Kopfschütteln nachzuahmen beginnt. Dies ist wohl die erste semantische Geste des Kleinkindes. Die Verneinungsgeste besitzt eine konstitutive Bedeutung für die Genese des Symbols in der kindlichen Entwicklung (vgl. Löchel 1996, 257 ff)[52]. Deshalb ist menschliche Entwicklung so störanfällig. Wie keine andere Situation hängt unser Vermögen zur gegenseitigen Konfliktregulierung und damit zum Aufbau ausgewogener sozialer Beziehungen an der Fähigkeit, Widersprüche und Versagungen ertragen zu können, ohne sich vernichtet zu wähnen oder - putativ - den anderen vernichten zu wollen. Denn das Nein hat in unser aller Bewußtsein auch eine „negative Gefühlsqualität“ (vgl. E. Mertens 1997, 63). Nur wenn wir grundständig positiv gestimmt sind, sind wir bereit, diese unlustvollen Empfindungen auszuhalten.

Löchel unterstreicht diesbezüglich die Bedeutung des Vaters als dritter Person, der als „’Störenfried und Befreier’“ zugleich fungiert (vgl. Löchel 1996, 280 f; Stork 1986). Er, der zum „Schöpfer des Verneinungssymbols“ wird (vgl. E. Mertens 1997, 63), stört die direkte Triebbefriedigung am Primärobjekt Mutter. Er verkörpert das Nein zur engen Verbundenheit mit der Mutter, aber er steht auch für den Schutz vor Verschmelzung. Somit hilft er, dem Kind einen eigenen Platz zuzuweisen. Er unterstützt damit auch die Erschaffung eines Übergangsraumes im Winnicottschen Sinne, in dem die Trennung vom primären Objekt immer besser gelingen kann[53].

---

[52] Wem indessen das *Nein* als Zeichen der totalen Vernichtung erscheinen muß, weil sich versagende und befriedigende Interaktionserfahrungen nicht im Lot befinden, der ist nicht dazu in der Lage, die Internalisierung von Mangelerfahrungen als Entwicklungsfaktor in seine Vorstellungswelt aufzunehmen. Er wird später immer dann mit Störungen, Wut und heftigem Widerstand reagieren, wenn dieses zerstörerische Nein vermeintlich droht. Das Kernstück des sozialpädagogischen Umgangs mit Störern ist wohl, ihnen ein Nein vermitteln zu können, ohne daß sie sich dadurch existentiell bedroht fühlen. Es wird nur gelingen, wenn die positiven Anteile an der Interaktion stark genug sind, ihnen das Nein zuzumuten.

[53] Unterstrichen sei die Bedeutung der symbolischen Bewältigung früher Trennungserfahrungen für den Erwerb der Schriftsprache und die Fähigkeit zum Alleinseinkönnen. Legastheniker weisen in dieser Hinsicht Mängel in ihrer Selbst- und Objektkonstanz auf (vgl. E. Mertens 1997, 64). Bei Kindern mit Leselernschwächen kommt der innere Dia-

Diese Funktion des Vaters deckt sich genau mit der Funktion der Symbolisierung, die ebenfalls eine Trennung zwischen Kind und Objekt schiebt. „Symbolisierung ist Triangulierung, und Triangulierung ist Symbolisierung" (S. 280)[54]. Indem sich das Kind mit dem Vater zu identifizieren beginnt - so als ob es von dessen Stelle aus mit der Mutter kommuniziere -, kann es sich auf einmal an einem anderen Platz vorstellen. Über dieses *'Als ob'* wird es fähig zur Ausbildung seiner Selbstrepräsentanzen.

Eine analoge strukturierende Aufgabe übernimmt der Sozialpädagoge. Vor allem in der Begegnung mit schwierigen, und das heißt relativ strukturlosen Klienten, muß er einen äußeren Rahmen vorgeben, in dem die Störung auftreten darf, aber gleichzeitig konsequent bearbeitbar wird. Zunächst haben wir da das Setting im weitgesteckten sozialpädagogischen Arbeitsfeld. Es reicht von einer offenen Beratungssituation bis hin zur räumlichen Ausstattung einer geschlossenen Haftanstalt.

Während etwa im psychoanalytisch-therapeutischen Setting eine stereotype zeitliche wie räumliche Anordnung vorhanden ist, die in ihrer Uniformität eine Konzentration auf das Wesentliche zuläßt, sind pädagogische Settings keineswegs standardisiert. Von vornherein ist die Aufgabe gesetzt, daß „Sozialpädagoge und Klient sich auf ein Setting einigen und daß sie diese Einigung als eine Arbeitsbedingung betrachten", denn es ist wichtig, „sich frühzeitig auf eine bestimmte gemeinsame Form der Arbeit zu einigen". Dabei spielt es eine große Rolle, mit welcher Verbindlichkeit diese Vereinbarung getroffen geht. „Selbst dann, wenn der Sozialpädagoge mit seinem Klienten über äußere Merkmale der gemeinsamen Arbeit spricht, handelt er be-

---

log mit einem (qua Geschriebenem symbolisch repräsentierten) Abwesenden nicht zustande. Eine frühe Fragmentierung der affektiven Erfahrung hinterläßt als Grundstörung die „Appetenzlosigkeit auf Lektüre" (vgl. Weber 1988, 23). Der Pädagoge kann mit einem solchen Kind nur einen Dialog beginnen, wenn es dessen Anwesenheit spürt und in der Schrift seine eigene Sprache wiedererkennt. „Dies ist gewährleistet, wenn Erstlesetexte auch Kriterien der gesprochenen Sprache, genauer: des Dialogs, wiedergeben" (vgl. Weber 1988, 122 f). Ähnliches gilt fürs Rechnen. Viele gestörte Kinder fallen insbesondere dadurch auf, daß sie nicht subtrahieren können. In ihren konkretistischen Phantasien wäre das gleichbedeutend mit ihrer Auslöschung. Löchel erinnert daran, daß Spitz den Verneinungsbegriff mit dem Minuszeichen der Mathematik verglich (vgl. Löchel 1996, 258). Ohne dessen symbolische Bedeutung zu begreifen, d.h. ohne den Verlust eines Wunsches im Nein zu realisieren, wird Subtraktion zu einem nicht denkbaren Vorgang.

[54] Hier ist keine soziale Dreierbeziehung gemeint, sondern eine intrapsychische Struktur. Dies ist insofern für unsere Frage bedeutsam, als auch die Pädagogen, indem sie die dritte Person jenseits der Beziehung des Kindes zum Elternhaus darstellen, eine symbolbildende Funktion übernehmen, ohne daß dies an ein konkretes Interaktionsschema 'Kind - Elternhaus - Pädagoge' geknüpft wäre. Die pädagogische Institution mutet Trennung, emotionale Mangelerfahrung, kognitives Lernen und soziales Verhalten zu, muß aber bei vorliegenden Störungen der kindlichen Grundvoraussetzungen, sich auf diese Zumutungen einzulassen, zunächst einen haltgebenden Rahmen offerieren.

deutungsvoll". So kann eine recht laxe Haltung dem Klienten (fälschlicherweise) signalisieren, daß die Abrede und damit die gesamte gemeinsame Arbeit nicht wirklich wichtig sei. Eine zu rigide Haltung offenbart womöglich heimliche Ängste vor dem Klienten, die über die äußeren Vorkehrungen gebannt werden sollen. Auch solches spürt der Klient und wird wahrscheinlich mißtrauisch bleiben, solange diese Irritationen nicht benannt werden dürfen. Selbst die Vereinbarung, nichts zu vereinbaren, ist also bedeutungsvoll (vgl. Körner, Ludwig-Körner 1997, 74 ff).

Mit diesen Hinweisen haben wir eine weiter gefaßte zweite Ebene erreicht: die des Rahmens. 'Rahmen' beinhaltet alle impliziten wie expliziten, bewußten und unbewußt wirkenden Vorstellungen, alle Regeln, welche Handlungen angemessen oder unangemessen sind, auf welche Weise das Verhalten gegenseitig zu interpretieren sei und in welcher Weise „wir füreinander wirksam werden" (Körner, Ludwig-Körner 1997, 77). Das Setting und die Vereinbarungen über räumliche und zeitliche Merkmale können bereits als Teil des sozialpädagogischen Rahmens angesehen werden.

Üblicherweise greifen wir alle unbemerkt auf gewisse und der jeweiligen Situation angemessene Rahmenvorstellungen zurück. „Ein funktionierender Rahmen ist wie ein gesunder Körper, er 'schweigt'" (S. 78). Erst wenn der Rahmen fehlt, wird uns bewußt, daß wir uns neu orientieren müssen. Gemeinhin gelingt uns dies, weil wir auf ein Reservoir verinnerlichter Regeln zurückgreifen können, die wir in solchen Fällen ergänzend oder überbrückend aktivieren. Denken wir nur an einen Aufenthalt in einem fremden Kulturkreis, wo wir uns auf diskrete Weise allmählich mit den dortigen Gebräuchen vertraut machen. Wem aber neue Situationen zuviel Angst machen, wer diesbezüglich über kein verläßliches System verfügt, Symbole und Bedeutungen anderer bzw. fremder Menschen oder Kulturen zusehends besser dechiffrieren zu können, der 'fällt aus dem Rahmen'. Kinder mit labilen Ichstrukturen werden besonders in einer neuen und unbekannten Umgebung auf ihre eher lärmenden Verhaltensmuster zurückgreifen.

Ich wollte einmal mit einer kleinen Gruppe von Kindern von unserer Einrichtung in die Stadt zu einer Zirkusvorstellung fahren. Einige darunter galten als ausgesprochen verhaltensauffällig, was sich allerdings im 'Schutze' der vertrauten Räumlichkeiten nicht durchgängig zeigen mußte. Nun aber, in der Straßenbahn, eskalierte die Situation derart, daß ich mich gezwungen sah, auszusteigen und umzukehren. Auch zu meinem eigenen Bedauern fiel die Vorstellung aus. Dennoch war eigenartigerweise eine gewisse Erleichterung spürbar. Ich denke, daß die Öffnung des Raumes bzw. Rahmens einigen angst machte, und sie insgeheim mit ihrem ungebührlichen Betragen eine Rückkehr ins Vertraute erzwingen wollten. Zu späteren Zeitpunkten unserer gemeinsamem Arbeit wurde es dann ohne weiteres möglich, die 'Trutzburg' zu verlassen.

Wir sehen, wie das Aushandeln des Rahmens als erster Beziehungsleistung eine wegweisende Bedeutung erhält. Der Rahmen ist niemals eine Konstante, sondern muß stets neu geschaffen werden. „Der Rahmen fungiert als Hintergrund, vor dem sich im Vordergrund das aktuelle Geschehen abspielt" (S. 79). Wichtig ist zu verstehen, welche Phantasien in diesem Rahmen bewußt sein dürfen „und welche unbewußt bleiben müssen", um die unbewußten Beziehungswünsche, Absichten und Ziele des Klienten erfahren zu können. Im obigen Beispiel waren die Kinder noch nicht so weit, sich auf fremdes Terrain zu wagen. Dort hatten sie oftmals die Erfahrung machen müssen, anzuecken und ungeliebt zu sein. Sie brauchten mich *in der Einrichtung*. Dies hatte ich offensichtlich übersehen.

Im Fortgang des Verstehens- wie Beziehungsprozesses verständigen sich der Sozialpädagoge und sein Klient fortlaufend über den Rahmen ihrer gemeinsamen Situation, sei es verbal oder über nicht-verbale Zeichen. Im Zusammenhang mit Übertragung und Gegenübertragung gestalten beide Partner ihre Beziehung innerhalb dieses Rahmens aktiv, allerdings zu großen Stücken unbewußten Mustern folgend. Beide begegnen sich „mit ihren eigenen Phantasien und Absichten" (S. 85), und nur über das Verstehen dieser Dynamik des gemeinsamen Aushandelns kann es Fortschritte geben.

Der Sozialpädagoge ist gehalten zu erkennen, welche Beziehungskonflikte über diesen Aushandlungsprozeß auf seiten seines Klienten wiederbelebt werden. Im Ringen um den Rahmen bringt sich sein Klient in einer nicht unproblematisch erscheinenden Weise ein, aber es gilt, seine hinter diesen Verhaltensweisen schlummernden inneren Konflikte und Nöte zu begreifen, die es ihm zunächst nicht erlauben, anders zu handeln. Deshalb muß der Sozialpädagoge bereit sein, „die ihm angebotene Rolle zu übernehmen, ohne sie jedoch im intendierten Sinne auszuspielen". Mit dieser Rollenübernahme soll es dem Klienten möglich gemacht werden, seine Beziehungsphantasie zum Ausdruck zu bringen, ohne sich sogleich zurückgewiesen oder korrigiert zu sehen. „Allerdings vermeidet es der Sozialpädagoge auch, die gewünschte Beziehungsantwort tatsächlich zu geben. Insofern er weder widerspricht noch einlöst, was der Klient hervorzurufen suchte, läßt er die Situation in der Schwebe" (S. 87).

Besonders bei der Arbeit mit gestörten Klienten kommt es von ihrer Seite nun häufig zu einer projektiven Identifizierung. Bei diesem innerpsychischen Abwehrprozeß werden unliebsame Selbstanteile abgespalten und ins äußere Objekt projiziert, „mit der Folge, daß dieses Objekt so erlebt wird, als sei es von den projizierten Anteilen kontrolliert und durchdrungen" (vgl. Staigle 1994, 139). Auf diese Weise sollen das Selbst von schlechten Anteilen befreit und seine guten Anteile geschützt werden. Im Zuge eines Rollentausches werden die abgewehrten Selbstanteile dem Sozialpädagogen 'zugeschustert', der Klient fühlt sich plötzlich entlastet, während beim Pädagogen mißliebige Gefühle von Ohnmacht, Kränkung und Wut mobilisiert werden. In der projektiven Identifizierung übernimmt der Pädagoge unbewußt tatsächlich die Rolle, in die er gedrängt wird. Dies ist kein rein intrapsychisches Geschehen mehr, sondern die Realisierung von szenisch organisierten Belastungs- und Konfliktlagen „im Hier und Jetzt der pädagogischen Beziehung. Schleift sich diese Interaktionsform ein, führt das sehr häufig in der Folge zum Abbruch der pädagogischen Beziehung“. Häufig ist der Pädagoge zunächst weitgehend alleiniger Träger des Entwicklungsbündnisses. Er kann nur erfolgreich arbeiten, wenn er sich von seiten seiner Institution bei seinen Bemühungen unterstützt sieht. Hierzu bedarf es einer möglichst „konstanten und überschaubaren Beziehungskonstellation innerhalb der Institution“ (vgl. Trescher 1993, 179 ff).

Holding und Containing als Funktion der Sozialpädagogik

Am Anfang muß der Sozialpädagoge die Funktion einer haltenden Umwelt übernehmen, die - im Sinne verfügbarer, ausreichend guter und konstanter Objektbeziehungen - bisher so nicht erfahren wurde. Diesbezüglich ist nach einer institutionellen Struktur zu verlangen, die ein stabiles Setting mit Haltefunktion im Binnenraum garantiert. Neben diesem „Holding“ wird das „Containing“ wichtig (vgl. Bion 1992). Containing bedeutet zunächst, daß sich die Mutter zur Verfügung stellt, um „alle die noch nicht bewußten und (noch) unintegrierbaren Affekte und Empfindungen des Säuglings (z.B. Wut und Angst) eine Zeitlang in sich zu bewahren, in sich stellvertretend zu verarbeiten, um so das Kind vor einem Überflutetwerden von seinen Affekten zu schützen und ihm ein Gefühl der Kontinuität seiner Existenz in Beziehung zu seiner Umwelt zu ermöglichen“ (vgl. Trescher, Finger-Trescher 1992, 94). Das Containing ist zentraler Teil früher strukturbildender Interaktionserfahrungen. Auf diesem Fundament beginnen sich die Selbst- und Objektrepräsentanzen zu entwickeln, und nur, wenn der Vater als Dritter hinzutritt, wird Halten auch *Aushalten* von Konflikten beinhalten. Erst die Triangulierung der Objektbeziehungen verhilft dem Kind dazu, ‘gut’ und ‘böse’, Liebe und Haß zu integrieren anstatt abzuspalten.

Wenn aber die frühen Erfahrungen an ein konstant traumatisierendes Umfeld verkoppelt sind, verinnerlicht ein solches Kind die erlebten Objektbeziehungen dergestalt, daß es sich selbst für schlecht, böse und unwürdig hält. In jeder neuen Situation muß es im Sinne einer aktiven Wiederholung befürchten, sich erneut passiv der ursprünglich schlimmen Situation ausgeliefert zu sehen. So kann es geschehen, daß die intensiven, von Toleranz und Verstehen getragenen Bemühungen des Sozialpädagogen nur mit verstärkten Verhaltensauffälligkeiten quittiert werden. Der Beziehungsabbruch droht. Erst die Reflexion seiner emotionalen Verstrickung in die frühen Traumen seines Klienten wird ihm gestatten, seine enttäuschten Größenphantasien, seine Ohnmacht und Wut zu empfinden, und ihn so befähigen, seiner Containing-Funktion gerecht zu werden und über „korrektive soziale Erfahrungen" (S. 101) ein freundlicheres Selbstbild verinnerlichen zu helfen. Dazu bedarf es aber einer pädagogischen Haltung, die Grenzziehungen bezüglich der Rahmenbedingungen des gemeinsamen Arbeitens vornimmt. „Auch Psychoanalytische Pädagogik muß zwangsläufig auf äußere Struktur bestehen und Grenzüberschreitungen sanktionieren, will sie zur inneren Strukturbildung beitragen" (S. 109). Hierbei fungiert der Rahmen als das Dritte, hat der Beziehungskonflikt demnach eine triadische Struktur (vgl. Müller 1995, 147). Der Kampf um den Rahmen ist demnach selbst schon Teil des pädagogischen Beziehungsgeschehens, zumal dessen Dynamik von Übertragungs- und Gegenübertragungsprozessen bestimmt wird. Müller weist ausdrücklich darauf hin, daß der Rahmen nicht vorgegeben ist, sondern erst in der pädagogischen Situation *„hergestellt"* werden muß (S. 151). Kinder oder Jugendliche, die unsere Grenze austesten wollen, indem sie Regeln der Institution zu überschreiten suchen, brauchen also keine Grenzen 'an sich', wie oft behauptet, sondern sie bringen dieses Austesten bereits als unbewußtes Beziehungsangebot in die Situation mit ein und suchen auf diese verschleierte Frage eine verläßliche (Beziehungs-)Antwort. Solange sie Grenzziehungen unsererseits mit einer existentiellen Verachtung ihrer Person assoziieren, muß jede Zusammenarbeit scheitern[55].

Grenzsetzung als das Dritte meint etwas ganz anderes. Auf die Bedeutung des so verstandenen Dritten für (schul-)pädagogische Entwicklungsprozesse hebt Ulrike Becker (1997) ab. Sie thematisiert gestörtes Lernen als Übertragungsphänomen unbewältigter Lebensthemen auf die Person des Lehrers. Gleichzeitig wird damit die Fähigkeit bzw. Unfähigkeit in den Blick genommen, sich auf einen objektunabhängigen Unterrichtsgegenstand einlassen zu können. Wenn also in solchen Fällen einer basal gestörten Lernfähigkeit eine tragfähige Beziehung zur Person des Lehrers die Voraussetzung abgibt, Lernprozesse initiieren zu können, so stellt sich damit gleichzeitig die Frage, wie diese Beziehung zu strukturieren sei, um dieses Ziel zu erreichen. Wo auf der einen Seite Beziehung nötig ist, um Lernen zu ermöglichen, darf sich andererseits diese Beziehung nicht dergestalt symbiotisch entwickeln, daß genau damit Autonomie, also die Grundbedingung für ent-

[55] Störer lassen sich ohne weiteres über eng geführte Programme im Sinne einer pädagogisch organisierten 'Gegenhektik' so beschäftigen, daß sie keine Gelegenheit mehr zum Agieren, aber auch nicht zur Thematisierung ihrer Befindlichkeit haben. Sie zeigen dann in unserem Beisein keine Auffälligkeit mehr, es gibt aber auch keine Möglichkeit, sie mit ihrer Störung, deren impliziter Bedeutung und ihrem Erleben zu konfrontieren. Wer so verfährt, blendet systematisch die Frage aus: *„Was macht die Störung mit mir?"* Pädagogische Halte- und Containingfunktion werden demgemäß sträflich vernachlässigt.

deckendes Lernen, verhindert würde. Verlangt wird die Ausgewogenheit von Nähe und Distanz, in welchem die Wechselwirkung von Setting, Beziehung und Lerninhalt angemessen berücksichtigt wird.

So kommt dem Unterrichtsgegenstand Bedeutung innerhalb der Schüler-Lehrer-Beziehung zu. Beim Gegenstandsbezug erfolgt eine Ableitung aus der Personenbeziehung: Der Unterrichtsgegenstand ist Repräsentant früher Objektbeziehung. Das Subjekt kann sich nur infolge von Trennungserfahrungen entwickeln, wobei sogleich die Einschränkung gilt, daß es sich hierbei nicht um traumatogene Einschnitte, sondern um Trennungserfahrungen innerhalb einer haltenden Beziehung handeln muß[56]. Die kognitive Aufforderung, sich mit einem Unterrichtsgegenstand zu beschäftigen, wird von emotional früh gestörten und also vehement bedürftigen Kindern als Ablehnung ihrer Person durch den Lehrer empfunden. Daher muß der Unterrichtsgegenstand beziehungsdynamisch als Drittes in diese Zweierbeziehung eingeführt werden - erst die Erfahrung, sich vom Lehrer 'gehalten' zu fühlen, ermöglicht eine lustvolle Hinwendung zum Unterrichtsgegenstand. Gleichzeitig muß der Lehrer auf der Hut sein, nicht durch seine fortwährende Anwesenheit (im Sinne der Vernachlässigung des Unterrichtsgegenstandes zugunsten seines Beziehungsangebotes) in eine verschmelzende Enge mit dem Schüler hineinzugeraten, die dessen autonome Entwicklung eher behinderte denn förderte. Der Analogieschluß zur Sozialpädagogik liegt nahe.

Im Sinne von Holding und Containing obliegt es dem Sozialpädagogen zunächst, die massive Entwertung zu ertragen und seine emotionale Verwicklung zu thematisieren, um dem beständig drohenden Beziehungsabbruch (entweder, weil das Kind oder der Jugendliche ihn unweigerlich provozieren oder er selber die Situation nicht mehr aushält) entgegenzuwirken (vgl. Gerspach 1997b, 163 f). Er wird so, indem er sich in der Übertragung als jener 'Mülleimer' anbietet, der alle unverdauten Reminiszenzen schluckt, zum Repräsentanten einer elementar erfahrbaren haltenden Instanz. Dies alles kann aber nur eine positive Wirkung zeigen, wenn er der Entwertung standhält und er sie gleichzeitig als solche zur Sprache bringt. In einem langwierigen und sicher für beide Seiten schmerzlichen Prozeß geht es darum, die Gefühle von massiver Kränkung und Bedrohung wieder dahin zu stellen, wo sie hingehören - in die (frühe) Geschichte des Gegenübers.

Einzig ein stabiles, verläßliches und strukturierendes Beziehungsangebot kann hier greifen. Der Pädagoge muß die eigene Ohnmacht und das eigene Scheitern solange ertragen, bis das Kind oder der Jugendliche bereit sind, sie stückweise ins eigene Erleben zu übernehmen. Die Anerkennung der eigenen Grenzen und der eigenen Ohnmacht können ihnen als Modell dienen, die Versöhnung mit ihrer schmerzenden Realität, die Aufgabe *ihrer* Grö-

---

[56] Schon Paracelsus sprach davon, daß die Dosierung macht, ob etwas ein Gift ist.

ßenphantasien, schließlich das Gewahrwerden der getrennten Existenz *ihres* Selbst von anderen Objekten zu realisieren.

Da sich diese Klienten zunächst ihren Phantasien nicht zu stellen vermögen und, indem sie uns zum Container machen, sich ihrer in der projektiven Identifikation zu entledigen suchen, müssen wir diese Phantasien aufnehmen, sie spiegeln und ihnen insbesondere unsere eigenen Phantasien anbieten, so wie es gemeinhin eine 'gute' Mutter mit ihrem Säugling macht. Wenn wir diese Situation aushalten, können wir auf dem Weg einer gemeinsamen Rêverie nachträglich zu einem affektiv befriedigenden Arrangement beitragen. Allerdings gilt es, eines zu bedenken: Wenn wir ihnen unsere Phantasien zur Verfügung stellen, uns mit ihnen auf eine gemeinsame Träumerei einlassen, dann macht ihnen das zunächst angst. Denn es hieße, mit uns zu regredieren und frühe Zustände zu halluzinieren, in denen eben die Hilflosigkeit und das Trauma vorherrschten. Womöglich, so müssen sie fürchten, werden sie wieder enttäuscht, und außerdem sind sie davon überzeugt, schlecht und verachtenswert zu sein - also werden wir sie wohl nur hereinlegen wollen. Erst wenn wir im gemeinsamen Dialog diese anfängliche Irritation überwunden haben - wozu es mancherlei Anstrengung, verknüpft mit vielen Krisen und vom permanenten Scheitern bedroht, bedarf - kann die Hoffnung auf das *ganz andere* zu wachsen beginnen.

Um vor falscher Euphorie zu warnen, sei noch einmal das triangulierende Moment in der Sozialpädagogik unterstrichen[57]. Der konstitutive Aspekt von Pädagogik droht verloren zu gehen, wenn dezidiert nur von *Be*ziehungs- statt *Er*ziehungsarbeit die Rede ist (vgl. Reiser 1987a, 188)[58]. Es geht nicht primär und ausschließlich um die therapeutisch gewirkte Aufarbeitung psychischer Probleme. Da aber das Unbewußte ubiquitär ist, sich Übertragungen immer und überall, und besonders in der (phantasierten) Intimität einer pädagogischen Institution ereignen, erscheint es notwendig, um jene psychodynamischen Prozesse zu wissen, in die wir selbst hineingezogen werden[59]. Die Thematisierung der psychischen Probleme sei soweit zugelassen, wie es nötig ist, die „reale Beziehung - und das heißt: durch sie den Bezug zur Realität - voranzubringen" (S. 188).

---

[57] Sozialpädagogische Arbeitsbeziehungen sind zumeist in Gruppenzusammenhängen organisiert, so daß über den Gruppenaspekt erst recht die Bedeutung einer öffnenden Triangulierung offenbar wird (vgl. Büttner 1995, 49).

[58] Bleibt er gänzlich unbenannt, gilt der Vorbehalt vice versa.

[59] Als Pädagoge weiß ich sehr wohl um die Verlockung, den eigenen verunsicherten Status über semitherapeutische Qualifikationen aufwerten zu wollen. Auch und gerade bezüglich dieser Allmachtsvorstellung bedürfen wir meines Erachtens in der Arbeit mit schwierigen Klienten dringend einer gewissenhaft angeleiteten Supervision. Allemal gilt: „Je systematischer sich ein Team auf die Supervision vorbereitet, desto verdeckter bleibt die unbewußte Dynamik" (vgl. Pollak 1995, 65).

Was für Schule diskussionslos feststeht - daß die Vermittlung von Wissen an oberster Stelle steht -, gilt im Prinzip für jedes andere pädagogische Setting ebenso, vorausgesetzt, wir beachten alle affektiven Faktoren, die sich uns in den Weg stellen. Es gibt, direkt oder mittelbar, die Verpflichtung auf ein Drittes neben dem dialogischen Arrangement, einen Gegenstand, ein Thema, einen Arbeitsauftrag. Sei es das Curriculum vom sozialen Lernen im Kindergarten, die Anbahnung kindlicher Entwicklung in der Frühförderung, die Verhinderung von Ausgrenzung im Zentrum für Erziehungshilfe.

Selbstredend können diese 'Programme' hinsichtlich ihrer Anwendung auf gestörte, behinderte und benachteiligte Kinder und Jugendliche nur greifen, wenn der Rahmen stimmt. Dazu bedürfen wir einer klaren konzeptionellen Vorstellung, die folgende Punkte umfaßt:

- ein Wissen über die entwicklungspsychologischen Voraussetzungen und Umstände, unter denen sich Störungen als mangelnde Fähigkeit zum symbolischen Handeln zu manifestieren beginnen;
- ein szenisches Verständnis des tieferen Sinns störenden Verhaltens auf dem Hintergrund subjektiven Erlebens;
- ein Wissen über den psychodramatischen Wiederholungscharakter der Störung im aktuellen pädagogischen Kontext;
- ein erlebensnahes Verständnis für die eigene Verstrickung in das Störungsmuster und diesbezüglich Bereitschaft wie Hilfe zur Selbstreflexion;
- ein Wissen über die eigene Rolle als Dritter und die Bedeutung des intermediären Raums zwischen sich und dem Kind;
- die Fähigkeit zur Strukturierung des pädagogischen Rahmens;
- damit den Aufbau eines fördernden Dialogs.

Diese Aufzählung, die sich entlang psychoanalytischer Erkenntnisse bewegt, macht noch einmal den Unterschied von Psychoanalyse und Pädagogik deutlich. Auch wenn sich bis hinein in die Ziele beider Verfahren Gemeinsamkeiten in bezug auf die Entfaltung von Subjektstrukturen entdecken lassen, so hat der Analytiker abstinent aufzutreten, der Pädagoge dagegen authentisch, damit sie ihren jeweiligen Arbeitsauftrag erfüllen können (vgl. Reiser 1987a, 195). Beiden muß gelten, sich in der professionellen Beziehung gegenüber eigenen Wünschen nach Macht und Eros asketisch zu zeigen. Wie operational die Abstinenzregel in der Psychoanalyse auch erscheinen mag (vgl. Cremerius 1984), so ist sie doch für eine gelingende Übertragungsbeziehung wie Deutungsarbeit unabdingbare Voraussetzung. In der Pädagogik ist es gerade umgekehrt: Als erstes muß sich der Pädagoge als reale Person zeigen, die gegebenenfalls „bei zu hohem Konfliktniveau" mit strukturierenden Elementen gegensteuert (vgl. Reiser 1987a, 194)[60].

---

[60] Zur Abstinenzregel des Pädagogen gehört die Forderung nach einer „Optimalstrukturierung der pädagogischen Situation", damit, je nach Störungsbild, die pädagogi-

Die Arbeit an Widerstand und Übertragung als Arbeit an der *inneren* Realität muß Hand in Hand gehen mit der Arbeit am kognitiven und sozialen Lernzuwachs als Arbeit an der *äußeren* Realität (vgl. Trescher 1985a, 170; Reiser 1987a, 189). Dabei erfordert die Schwerpunktverschiebung von der Übertragungs- zur Realbeziehung vor allem da eine äußere Strukturierung der pädagogischen Gruppenprozesse, wo wir es mit Kindern mit inneren Strukturdefiziten zu tun haben. „Die Struktur muß den Prozeß z.B. so steuern, daß die Gruppenmitglieder nicht von unbewußten Konflikten überrollt werden; affektive Überschwemmungen zerstören die Vertrauensbasis der Zusammenarbeit" (Reiser 1987a, 194). Hierfür bietet sich eine Chiffrierung des zu affektiv besetzten Themas der Gruppe im Angebot einer versachlichten Bearbeitung an. Trescher hat aufgezeigt, wie eine junge Sonderschullehrerin, die die Leitung einer Klasse von einer aussscheidenden, sehr beliebten älteren Kollegin übernehmen sollte, dabei auf massiven Protest und Lernverweigerung ihrer Schüler stieß (vgl. 1982). Es waren die uns bekannten Kinder, denen Trennung bedrohlich erscheint und ihre sachgerechte Aktivität lähmt. Nachdem die Lehrerin als Hexe beschimpft wurde, die man unbewußt für den Weggang der anderen verantwortlich machte, mußte sie nicht persönlich gekränkt reagieren, sondern begriff diese Wut als Übertragungsreaktion. Nun hütete sie sich, diese Erkenntnis sprachlich zu deuten - sie wäre nicht verstanden worden, bzw. wenn sie verstanden worden wäre, hätte dies zum damaligen Zeitpunkt einer fragilen Beziehungsbasis die Abwehr nur verstärkt. Sie entwarf ein Hexenbuch für die Klasse, das zu lesen strengstens verboten war. Denn wer hineinschaute, würde unwiderruflich etwas lernen. Die Lehrerin griff also zu einer Versachlichung, ohne daß der affektive Grund damit tabuisiert worden wäre. Man einigte sich auf eine bildhafte Sprache, die sowohl Schutz vor zuviel Nähe als auch Raum für den emotionalen Dialog bot. So konnte auf eine unaufdringliche Weise die Neugier der Kinder geweckt werden. Am Ende schrieben alle mit Freude in dieses Buch, und es erhielt eine große persönliche Bedeutung für jeden, so wie es Winnicott mit seinem Begriff vom Übergangsobjekt kenntlich gemacht hat[61].

---

sche Intervention gelingen kann (vgl. Trescher 1993, 184). Nur so ist tatsächlich zu gewährleisten, sich gegenüber der eigenen Bedürftigkeit zurückhalten und dem anderen Raum zur Entfaltung geben zu können. Wo beide Partner von Reizüberflutung eingeholt werden, sind weitere gegenseitige Traumatisierungen nicht zu verhindern.

[61] Ähnliche Beispiele einer gelungenen Balance zwischen Sach- und Affektebene finden wir bei Clos (1987, 1991), Lotz (1987), Weber (1988), Heinemann (1992) oder U. Bekker (1995). Lotz möchte das Thema als „'dritte Sache'" dahingehend nutzen, subjektive Anteile „unterhalb der Sprache in das 'unmittelbare Zusammenspiel'" einzubringen und symbolisch verfügbar zu machen (vgl. 1987, 174 f). Dabei faßt er diese dritte Sache sehr prägnant. Sie kann Unterrichtsstoff, soziales Lernen und noch viel grundsätzlicher „Anleitung zum 'richtigen Leben'" heißen (S. 168).

Sehr deutlich wird jetzt die Rolle des Dritten, in die der Sozialpädagoge gerät. Sollte er sie ablehnen zugunsten einer amorphen Verschmelzung, wird er zunächst vielleicht dankbar aufgenommen, aber am Ende kann er die geweckten Errettungsphantasien nicht einlösen, wird zu einer weiteren (und dann vielleicht endgültigen) Enttäuschung beitragen und die Störung nur vergrößern. Kann er die Rolle übernehmen - wozu er am besten selbst von außen gehalten und unterstützt werden soll -, wird er zunächst, ganz im Sinne des Aushandelns neuer Beziehungsqualitäten, einen äußeren Rahmen schaffen müssen. Im sich stabilisierenden Dialog wird sein äußeres Nein, welches er immer deutlicher ins Spiel bringen darf, den Aufbau einer inneren Struktur befördern. Über die damit wachsende Akzeptanz des Mangels, daß es keine idealen Lebensbedingungen, nur mehr oder weniger gut geglückte gibt, kommt es dann zum allmählichen Verzicht auf infantile Größenphantasien[62]. Am Ende eines solch geglückten Selbstwerdungsprozesses steht die Fähigkeit, zu sich selbst nein sagen zu können.

Hier begegnet uns auch noch einmal die Schwierigkeit mit dem Handlungsbegriff. Etwas tun können und wollen steht für die Identifikation mit der väterlichen Seite. Handeln heißt: etwas zu ändern. Sich ändern heißt: nicht so zu bleiben, wie man ist. Es kann aber auch heißen: nicht so sein zu dürfen, wie man ist. Sein aber verweist auf die Identifikation mit der mütterlichen Seite. Sein heißt: sich gehalten zu fühlen und Akzeptanz zu finden. Wo dies nicht ist, muß es erst wachsen. Deshalb müssen wir Pädagogen in der Begegnung mit gestörten Kindern und Jugendlichen meist zuerst die mütterliche Rolle übernehmen. *Wir müssen sein mit den Störern*. Dann aber bedarf es einer Öffnung der Perspektive. Das Sein ist nur das Fundament, auf dem das Tun aufbaut. Über die Einführung der dritten Position wird die Störung bearbeitbar. Denn nun kann sie von einer anderen Warte aus selbstreflexiv betrachtet werden. (Von jetzt an begegne ich mir selbst mit der nötigen Distanz.) Erst von dem Moment an, wo dieser Schritt vollzogen ist, kann die Störung aufgegeben werden. In diesem Sinne gilt:

Sein ist Dyade, Handeln ist Triangulierung.

Diese Abfolge von Entwicklung muß ich kennen, um die jeweils richtige Methode für den Umgang mit schwierigen Kindern und Jugendlichen wählen zu können. Um zu begreifen, wo sie in ihrer Entwicklung stehen, muß ich mich auf ihre Lebenswelt einlassen. Ich muß doch verstehen lernen, was sie

[62] Ein Kind, das nicht lernen kann, ist ein Kind, das deshalb nicht lernen will, weil Lernen die Akzeptanz des eigenen Unwissens voraussetzt. Wenn aber *Nichts-Wissen* unbewußt in eins gesetzt wird mit *Nichts-Sein*, weil man sich nie wirklich angenommen und verstanden gefühlt hat, dann macht diese Erkenntnis furchtbare Angst. Also ist es besser, man bleibt der Größenphantasie verhaftet, nichts lernen zu müssen, weil man bereits alles weiß. Deshalb müssen wir Pädagogen solchen Kindern zunächst die Angst nehmen, daß wir sie vernichten könnten, wenn sie ihre Kleinheit im Nichts-Wissen preisgäben.

so irritiert. Dabei habe ich betont, wie wichtig es ist, diesen Begriff der Lebenswelt nicht beschreibend, d.h. äußerlich formal zu verwenden, sondern ihn auf ihr jeweiliges subjektives Erleben zu beziehen. Selbstredend ist es unsere Pflicht, die unterschiedlichen Risiken zu kennen, die die heutige Gesellschaft mit ihren Dynamisierungs- und Individualisierungstendenzen parat hält. Vor allem jene sozialen Orte, an denen sich die dort lebenden Menschen am freien Zugang zu den sozialen Ressourcen gehindert sehen, beinhalten für Kinder und ihre gedeihliche Entwicklung eine besondere Gefährdung. Die mit den genannten gesellschaftlichen Erosionsprozessen potentiell verbundene Befreiung von sozialen Zwängen eröffnet die Möglichkeit zur Entfaltung einer autonomen Persönlichkeit, was indessen nicht per se vorausgesetzt werden darf[63]. Insbesondere dort, wo die Familie als „sozialer Heimathafen“ ausfällt (vgl. Giesecke 1985, ff), ist der Wunsch Mollenhauers nach Dauerhaftigkeit des Guten im eigenen Leben als Motivation für die Erziehung nicht mehr gewährleistet (vgl. 1983, 18 ff; 1986, 172 ff). Wenn das Elternhaus dies nicht (mehr) zu leisten vermag, ist die öffentliche Erziehung gefordert, die Entwicklung einer eigenständigen und urteilsfähigen Persönlichkeit von Kindern nach Kräften zu unterstützen. Sie muß dazu beitragen, daß Toleranz und Respekt vor dem Nächsten zu menschlichen Basisfähigkeiten heranreifen dürfen.

Aber erst wenn wir einen eigenen inneren Zugang zum Erleben unseres Gegenübers jenseits soziologischer Verortungen finden, und das heißt doch zwingend: uns auf eine Beziehung einlassen, wird uns Pädagogik wirklich gelingen können. Einzig in einer solchen personorientierten Betrachtung ruht die Möglichkeit, aufeinander zuzugehen wie sich abgrenzen zu dürfen. Sie verhilft dazu, gegenseitige Irritationen immer besser zu bewältigen. Darin vollendet sich der pädagogische Dialog.

Dieser Prozeß benötigt einen haltenden Rahmen (vgl. Klein u.a. 1987). Er beinhaltet, Widersprüche in der Begegnung mit dem anderen aushalten zu lernen. Bei der Arbeit mit den Verhaltensgestörten geht es nicht um einheitlich-normative Einschätzungen, Ziele und Vorgehensweisen, sondern um die Bereitschaft, den anderen in seinem So-sein gelten zu lassen und dennoch auf seine Veränderung hinzuwirken. Zwischen dem Pädagogen und dem Kind müssen diesbezüglich Einigungen zustande kommen. Einigungen bezüglich dessen, was wir als zuträglich für das soziale Klima unserer Einrichtung erachten; Einigungen aber auch zwischen den eigenen "widersprüchlichen innerpsychischen Anteilen" (Kron 1988b, 124). Damit sind pädagogische Prozesse im letzten als *innere* gekennzeichnet.

---

[63] Mit Hinweis auf die klinisch zu beobachtende Zunahme früher Persönlichkeitsstörungen weisen Trescher und Finger-Trescher darauf hin, daß diese Idee des bürgerlichen Subjekts im Sinne eines „dominanten ‘Sozialcharakters nie Wirklichkeit geworden ist“ (1992, 91). Dennoch oder eben deshalb sollte sie uns pädagogisches Programm sein.

In der Auseinandersetzung mit anderen lernt etwa ein Kind, mit seinen eigenen Bedürfnissen und Ängsten befriedigend umzugehen, sich selbst wertzuschätzen und auf diese Weise partnerschaftliche Beziehungen zu ihnen aufzunehmen. Dies hängt sehr stark davon ab, welche Möglichkeiten ihm an seinem sozialen Ort geboten werden und welche Unterstützung es dort erfährt, mit regem Interesse an seiner Umwelt heranwachsen zu dürfen. Aber auch, inwieweit ihm gestattet wird, sich mit den eigenen widersprüchlichen Anteilen zu versöhnen.

Für die SozialpädagogInnen heißt es, sich ihre eigenen widersprüchlichen Wünsche und Empfindungen eingestehen zu können. Gerade in den Beziehungen zu schwierigen Kindern tauchen viele gegensätzliche Momente auf: Man wird durch sie verunsichert *und* soll sicher auftreten; es gibt Sympathien *und* Antipathien, es gibt Vorlieben und vor allem Abneigungen einzelnen Kindern gegenüber *und* den Anspruch, allen gleichermaßen liebevoll begegnen zu sollen. Dies bedeutet Abschied nehmen vom Mythos der eigenen Perfektion, aber auch vom Mythos zur Erziehung des normenkonformen Kindes. Menschliche Entwicklung, besonders im Kindesalter, ist immer störanfällig und verläuft niemals linear. Wir selbst vermögen keine Wunder zu bewerkstelligen. Dennoch sind diese normativ wirkenden Bilder, wie wir uns Entwicklung vorstellen und wie wir meinen, handeln zu müssen, zumeist allgegenwärtig, ohne daß wir spürten, *wie* gegenwärtig sie sind. SozialpädagogInnen wissen meist seit den Tagen ihrer Ausbildung, daß ihnen ein lernzielorientiertes Pensum aufgegeben ist, was etwa 'ihre' Kinder spätestens am Ende der Kindergartenzeit alles können müssen. Es sind äußere Anforderungen (von seiten der Gesellschaft, der Institution, der Eltern, der KollegInnen) und innere Anforderungen (als Konglomerat 'privater' und berufsbezogener Vorstellungen über normgerechtes und angepaßtes Verhalten), die hier zusammentreffen. Sie mögen einen inneren und Unsicherheit produzierenden Konflikt hervorrufen zwischen den eigenen und oftmals unerfüllbaren Größenvorstellungen, was alles zu tun sei, und einem im pädagogischen Feld immer drohenden Scheitern, bedingt durch den Widerspruch des Spielraums des institutionellen Rahmens und der zunehmenden individuellen Problematik von Kindern. Unter diesen strukturellen Vorgaben erscheint dann die Möglichkeit zur Arbeit mit Verhaltensauffälligen häufig als persönliche Zumutung und also beängstigend (vgl. Klein u.a. 1987, 303 ff).

Auch und gerade pädagogische 'Helfer'-Beziehungen sind nicht frei von seelischen Abwehrprozessen (vgl. Hackenberg 1992). Die Konfrontation mit schweren affektiven Beeinträchtigungen kann auf seiten der Helfer zunächst Erschrecken und Angst vor der eigenen Hilflosigkeit auslösen, die es jetzt zu verdrängen und verleugnen gilt. Gerade die Konfrontation mit aggressiven und aufsässigen Kindern gemahnt an die eigene Kindheit und das mehr oder minder gebrochene Verhältnis zur Autorität. Müssen wir die eigene Widerborstigkeit verdrängen, das Kind (in uns) maßregeln, um so letztendlich den eigenen konfligierenden Kräfte aus dem Wege zu gehen?

Wenn diese affektive Ambivalenz nicht bewußt werden darf, wird das Kind mir gegenüber womöglich gar für die eigenen Helferabsichten, in die die abgewehrte eigene Schwäche projektiv einsickert, mißbraucht. Erst die langsam wachsende Fähigkeit, sich gerade mit einem schwer gestörten Kind partiell identifizieren zu können, ohne die "Identität seines ganz anders verlaufenden Lebens in Frage zu stellen" (vgl. Hackenberg 1992, 105), gibt die Voraussetzung zur authentischen Akzeptanz des 'ganz anderen' ab. Nur wenn die Existenz des Anderen Anerkennung findet, lassen sich identitätsbewahrende wie identitätsstiftende Veränderungen initiieren.

3.5. Praktische Handreichungen zum Fallverstehen

Im folgenden möchte ich viele der vorgenannten Überlegungen noch einmal aufgreifen und anhand einer Reihe von Beispielen praxisnäher verankern. Unter dem Aspekt eines verstehenden Zuganges, aus welchem im Dialog Entwicklungsförderung erwachsen soll, halte ich es für nötig, daß wir nicht einfach 'drauflos' werkeln, sondern uns konzeptionell absichern. Um als SozialpädagogInnen sinnvoll intervenieren zu können, bedürfen wir eines Wissens vom menschlichen Verhalten, welches berücksichtigt, daß dieses Verhalten durch seelische Prozesse bestimmt wird. Nur wenn wir den Zusammenhang zwischen dem seelischen Erleben und dem manifesten Verhalten erkennen, läßt sich dieses Verhalten sinnvoll beeinflussen[64]. Aus dem beobachtbaren Verhalten selbst läßt sich niemals treffsicher auf die ablaufenden inneren Prozesse rückschließen. Wenn Studenten im Seminar eilfertig Notizen machen, können wir Lehrende niemals mit Bestimmtheit wissen, ob sie unsere klugen Ausführungen mitprotokollieren, ob diese Mitschriften überhaupt dem entsprechen, was wir sagen bzw. meinen, oder ob sie nicht Einkaufszettel machen, einen Liebesbrief schreiben oder ganz einfach aus Langeweile Männchen malen. Wenn ein Kind oder Jugendlicher unseren Anweisungen folgt, können wir nicht beurteilen, ob sie es trotz oder wegen

[64] Ich halte die Auffassung von Giesecke, daß nicht die Intensität der Bindung von Sozialpädagoge und Zögling zähle, sondern die „Art und Weise des Umgangs auf der *Verhaltensebene*" (1997, 258) für eine wenig dienliche Verkürzung. Zum einen wird damit das Erleben zur völligen Bedeutungslosigkeit herabgewürdigt. Zum andern kann die pädagogische Frage nicht in der Dichotomie Intensität der Bindung versus distanzierte Form des Umgangs liegen. Vielmehr geht es darum, die Intensität zuzulassen, sie zu reflektieren, um so zur nötigen Distanz zu gelangen. Die Distanz ist das Ziel, in der sich die pädagogische Beziehung wieder auflösen kann, nicht umgekehrt.

unserer Intervention tun, ob aus Einsicht, Unterwerfung oder Zufall. Nur wenn wir sie in ihrem subjektiven Erleben erreichen - indem wir etwa solche Mutmaßungen zur Sprache bringen -, läßt sich ein Dialog konstituieren, der derlei Fragen einer einigermaßen überzeugenden Klärung zuführt.

Das Verhalten unseres Gegenübers mag auf den ersten Blick unsinnig und für uns wie andere belastend erscheinen. Bei genauerem Hinsehen entdecken wir, daß es einer unbewußten Dramaturgie folgt: In seinem unsinnigen Verhalten arrangiert es seine unbewältigten Lebensthemen und hofft, mit unserer Hilfe zu einer nachträgliche Bearbeitung zu gelangen. Da aber die Angst vor dem erneuten Zunichtemachen dieser Hoffnung so groß ist, wird sie gerne hinter einer Mauer aus Aggression verborgen. So werden wir in die Irre geleitet und sehen uns in unserem Bemühen gekränkt, eine liebevolle Beziehung anbieten zu wollen. Wir fühlen uns brüskiert, und aus dieser Kränkung heraus ertönt dann oft der Ruf nach engen Grenzen. Wir dürfen aber nicht übersehen, daß die Fähigkeit, sich auf eine liebevolle Beziehung einzulassen - und das heißt letzten Endes: selbst Vertrauen zu schenken und doch befürchten zu müssen, erneut harsch zurückgewiesen zu werden -, erst allmählich wachsen kann. Was für uns Professionelle gilt, daß wir nur in kleinen Schritten verstehen können (vgl. Reichel-Kaczenski 1997, 288), gilt umso mehr für die Gegenseite.

Bettelheim berichtet vom achtjährigen Ausreißer George, bei dem zunächst an „Schulbesuch natürlich gar nicht zu denken“ war[65] (1971, 135; Gerspach 1994). Dieser Junge geriet bereits in Panik, wenn er mit anderen Kindern zusammen in einem Raum sein mußte, so daß er immer wieder von dem drängenden Impuls zur augenblicklichen Flucht ergriffen wurde. Dieser kleine Irrwisch war „praktisch von zu Hause weggelaufen, seit er sich auf seinen Beinen fortbewegen konnte“ (S. 143).

Meine These von einer befriedigenden Beziehung als Voraussetzung für inneres Wachstum und Lernen scheint in Gefahr zu geraten, wo diese schon in der Anfangsphase nicht ohne weiteres zustande kommen will. Vor allem in jenen Fällen, da eine frühe Einigung mit den primären Beziehungspartnern verfehlt wurde, liegen keine ausreichend guten Interaktionserfahrungen vor, die ein unmittelbares Abstimmen auf gemeinsame Aktivitäten zuließen. Die elementaren Enttäuschungen lassen es eher geraten erscheinen, sich der Reaktivierung der altbekannten Ohnmacht, die sich aus der Erfahrung speist,

---

[65] Auch wieder ein Beispiel für nicht vorhandene Autonomie. Wie sollen operationalisierte Konzepte geplanter Erziehungsabläufe greifen, womöglich mit klarer Effektivitätskontrolle der Arbeitsziele verbunden (vgl. Woltmann 1991, 66 ff), wenn solch lapidaren Grundvoraussetzungen wie die Fähigkeit zum Schulbesuch *natürlich* nicht vorhanden sind? Finden wir keine ausgebildeten kognitiven Ich-Strukturen vor, ohne die die Entfaltung von Initiative nicht erfolgen will, müssen wir in unseren Bemühungen auf der darunter liegenden Ebene emotionaler Entwicklung bzw. emotionalen Mangels ansetzen.

vom Objekt nichts Gutes erwarten zu dürfen, erneut durch Flucht oder Aggression zu entziehen. Angst vor Nähe ist dafür verantwortlich. Diese Kinder sind nicht einmal zu einem elementaren Dialog imstande (vgl. Clos 1991, 54). „Je wichtiger wir ihnen werden, desto mehr müssen sie sich gegen uns wehren" (Rauchfleisch 1996, 57).

In dieser Paradoxie wurzelt unsere Chance. Denn immer keimt noch ein Hoffnungsfunken. Nur wenn wir selbst in der Lage sind, die Labilität in der Beziehung zu uns, die in uns ausgelösten Kränkungen und Krisen zu ertragen und uns dennoch ein gut Stück Empathie zu erhalten, die unbewußt an uns gerichteten Appelle richtig zu deuten, die daran geknüpften heftigen Affekte nicht als persönlichen Affront mißzuinterpretieren, wird es uns womöglich gelingen, uns mit dem gesunden Kern dieser so beziehungslos erscheinenden Kinder zu verbünden. Bei George, der das Glück hatte, auf eine Pädagogin zu treffen, die seinen beständig inszenierten Beziehungsabbrüchen standhielt, dauerte es über ein Jahr, bis er „einigermaßen regelmäßig" den Unterricht besuchte (vgl. Bettelheim 1971, 136). Seine Betreuerin erreichte es mit einer zunächst permissiven Grundhaltung, nicht gänzlich von ihm abgelehnt zu werden. Bald durfte sie ihn, wenn er wieder einmal ausriß, auf seinen „Ausflügen" begleiten. Die Beziehung intensivierte sich im Laufe der Zeit dermaßen, daß sie für George immer mehr *Bedeutung* erlangte. Wir können davon ausgehen, daß er allmählich das Bild eines verläßlichen, guten Objekts verinnerlichte. Es wollte ihm nicht mehr gelingen, „unwissend zu bleiben" (S. 145) - eine erstaunliche Entwicklung, wenn wir uns erinnern, daß er zunächst nicht einmal in der Klasse bleiben, geschweige denn etwas lernen wollte.

Dafür gab es ein Schlüsselerlebnis. George war ein begeisterter Angler. Immer, wenn er ausriß, ging er zum Fischen. Da ihn seine Betreuerin inzwischen begleiten durfte, fiel ihr bei einem dieser Streifzüge auf, daß er sich an einer Stelle zum Angeln niederließ, an der ein Verbotsschild stand. Sie machte ihn darauf aufmerksam, und er, des Lesens unkundig, fragte sie, woher sie das wisse. Dies führte zum ersten Gespräch über Sinn oder Unsinn geschriebener Regeln und daß es einen nicht schützt, wenn man die Regeln nicht lesen kann. George wurde nachdenklich. Und nun offenbarte er seiner Begleiterin eine zentrale angsterregende Phantasie, die ihn augenscheinlich zur Dummheit verdammte. Vor einiger Zeit hatte er einen anderen Jungen in den Fluß gestoßen, um dessen Angelzeug zu stehlen, und er war fest überzeugt, ihn dabei getötet zu haben (was real nicht stimmte). Er fürchtete, eines Tages dafür zur Rechenschaft gezogen zu werden. „Wenn er dann lesen und schreiben könne, würde jeder sagen, er habe gewußt, was er tue, wenn er aber ein Dummkopf bleibe, könne ihn niemand verantwortlich machen" (S. 146). Beide teilten jetzt ein Geheimnis. George machte die Erfahrung, für sein Tun nicht, wie gemutmaßt, zerstört zu werden, und damit wurde es ihm immer besser möglich, „symbolisches Verhalten anstelle seines Ausagierens" zu entwickeln (S. 147). Selbst in der Schule entwickelte er nie geahnten Lerneifer. So konstruierte er ein Röhrensystem, durch das sich verschiedene Flüssigkeiten leiten ließen. Auslöser war eine überaus lustbetonte, jetzt bewußt nutzbare Erinnerung: „Früher einmal hat meine Großvater eine Kuh gekauft, damit ich immer Milch hätte" (S. 150).

Es zeigt sich an diesem Beispiel zum einen, wie Prozesse Zeit brauchen. Erst wenn Kinder soweit sind, sich mit uns auf die Reise in unbekannte Gebiete zu machen, werden sie uns begleiten. Wir müssen lernen, abzuwarten und uns ihrem Zeitrhythmus anzupassen. Zum anderen aber sehen wir, wie die Bildung symbolgeleiteter innerer Vorstellungen zunächst unmittelbar an eine befriedigende Interaktion mit den primären Bezugspersonen gebunden ist, bzw. sich unter günstigen pädagogischen Bedingungen mit Ersatzpartnern nachträglich herstellen läßt. Auf der Grundlage einer freundlich gewährenden Haltung wird nach und nach die Erfahrung des Mangels akzeptiert werden können. Mit anderen Worten: Die Bereitschaft wird wachsen, sich unlustvoller Lernprozesse auszusetzen. Damit wir aber zu dieser freundlichen Haltung unfreundlichen Kindern gegenüber imstande sind, ohne daß wir ihnen dies vorspielen müßten, bedarf es einer eingehenden selbstbezüglichen Reflexion unserer eigenen Verstimmung. Ohne die Reflexion unserer subjektiven Berührtseins bliebe jede Erkenntnis „bloße Verstandesspekulation" (vgl. Stork 1997, 49)[66].

Unbemerkt werden wir von unserem Gegenüber in Szenen seiner lebensgeschichtlichen Konfliktfelder hineingezogen. Wie nun soll dieses Interaktionsgeschehen verstanden werden, damit sich daraus ein solch fördernder Dialog entwickeln kann? Sogleich bietet sich eine Differenzierung des Verstehensbegriffs selbst an (vgl. Lorenzer 1973, 138 ff). Zunächst bezieht sich das *logische* Verstehen auf einen einwandfreien Sprachzusammenhang. Wenn ein Kind sagt „Komm spiel mit mir", so ist mit dieser Aufforderung offensichtlich eine unzweideutige Botschaft verknüpft, die wir ohne Umstände begreifen. Das logische Verstehen richtet sich also auf das sprachlich Geäußerte.

Das *psycho-logische* Verstehen geht einen Schritt weiter. Es berücksichtigt die Intention, die mit der Botschaft mitgeliefert wird. So kann der Satz „Komm spiel mit mir" etwa traurig, fröhlich oder fordernd vorgebracht werden. Uns fällt dann womöglich die Gestimmtheit des Kindes auf, die wir mit einer bestimmten augenblicklichen Gemütsverfassung in Verbindung setzen. Das psychologische Verstehen richtet sich also auf den Sprecher selbst. Hier müssen wir aufpassen, keine zu banalen Zusammenhänge zu

[66] Dies ist das wohl stärkste Argument gegen die rein wissensbasierte stellvertretende Deutung im soziologioschen Lebensweltkonzept (vgl. Dewe u.a. 1992).

konstruieren und für Wahrheit auszugeben, nach dem Motto: Dieses Kind hat vor kurzem einen Bruder bekommen und sucht deshalb unsere Nähe, weil er auf die anderen Kinder der Gruppe jetzt besonders eifersüchtig ist. Die Geburt eines Geschwisters ist eine hinreichende, aber nicht notwendige Bedingung für solches Verhalten. Wir dürfen es uns nicht zu einfach machen, sondern müßten diese probeweise eingesetzte Annahme in der Begegnung mit dem Kind auf ihren Gehalt prüfen. Eine Sensibilisierung für die Nöte unserer Klienten setzt einen theoretischen Wissensfundus über allgemein mögliche *Störungen* der menschlichen Befindlichkeit voraus, muß aber genügend Platz lassen, damit wir uns in der Praxis vom besonderen Erleben des einzelnen Menschen anrühren zu lassen. Alles andere birgt die Gefahr unreflektierter Projektionen eigener Vorstellungen.

Das *szenische* Verstehen ist das umfänglichste. Indem es auf das Verstehen der aktuellen Situation zielt, in die wir uns selbst eingebunden sehen, beugt es der soeben genannten Gefahr falscher Zuschreibungen vor. Die Evidenz der wirklichen Problemkonfiguration eröffnet sich uns im Zusammenspiel von empathischem Eindenken und sich kristallisierendem Beziehungsmuster. Probeweise setzen wir unsere Störungs-Vorstellungen ein und verifizieren bzw. korrigieren und modifizieren sie auf der Folie unseres eigenen Erlebens in der Gegenübertragung. Wir lernen durch erlebte Einsicht (vgl. Reichel-Kaszenski 1997).

Ich habe einmal eine sozialpädagogische Einrichtung in einem sozialen Brennpunkt geleitet, in die eines Tages ganz überraschend eine Reihe von Flüchtlingskindern aufgenommen werden sollten. Ein kleiner, etwa vierjähriger Junge kam herein und geriet auf der Stelle völlig außer sich. Augenblicklich tobte er durch die Räume, schrie wie am Spieß und wollte sich überhaupt nicht beruhigen lassen. Wenn man ihn so sah, konnte man eine schwere Persönlichkeitsstörung vermuten. War dieser Junge auf Dauer für unsere Einrichtung tragbar? Seltsamerweise beschlich mich in diesem Moment nicht die mir bekannte Unruhe wie sonst, wenn wir *tatsächlich* Kinder mit ausgeprägten antisozialen Tendenzen aufnahmen. Der tobende Junge machte mir keine angst. Ich glaube im Nachhinein, daß ich spürte, wie verloren er sich fühlte, über Nacht herausgerissen aus seiner vertrauten Umgebung, um die halbe Welt geflogen und im Nichts angekommen. In eine Institution gesteckt mit lauter fremden Menschen, die anders aussahen, deren Sprache und kulturelle Eigenheiten er nicht verstand, und die vor allem ihn nicht verstanden. Dieser Junge war voller Verzweiflung, unfähig sich anders auszudrücken, aber es handelte sich um *kein konturloses* Wesen. In der Folge nahmen diese Ausbrüche nach und nach ab, er gewöhnte sich an uns, wir uns an ihn, und er wuchs mir richtig ans Herz. Später kam er jeden Freitag auf mich zu und fragte freudig erregt: „Gehen wir heute wieder b-wimmen“?

Das szenische Verstehen vernachlässigt jene Elemente, die im alltäglichen Verstehen unser Interesse auf sich ziehen. Das „faktisch Vorhandene" (Lorenzer 1973, 87) wird in die zweite Reihe gestellt, die Frage nach den Tatsachen wird durch die Frage nach dem Sinn ersetzt. Wenn also unser Kind nicht nur einmal, sondern beständig, Tag für Tag, diesen Satz „Komm spiel mit mir" vorbringt, uns nicht von der Seite weichen will, dann steht zu vermuten, daß hier eine bestimmte Szene 'gegeben' wird. Was löst dieses kindliche Verhalten in uns aus? Wahrscheinlich fühlen wir uns bedrängt, werden darüber ärgerlich. Vielleicht auch spüren wir insgeheim die innere Not des Kindes und trauen uns nicht, unsre Wut zu fühlen, sondern werden mitleidig reagieren und in eine Symbiose eintauchen. Diese in uns ausgelösten Gefühle bieten uns eine gute Möglichkeit zum szenischen Verstehen, wenn wir ihnen nicht unmittelbar nachgeben, sondern sie zu reflektieren wissen. Dann entdecken wir, daß dieses Kind vielleicht ein unsicher gebundenes Kind ist und endlich jemand ganz für sich alleine haben möchte. Es wäre nun nicht entwicklungsfördernd, wenn wir diesem Impuls einfach nachgeben würden. Zum fördernden Dialog gehört, daß wir uns Rechenschaft ablegen über das, was sich in unserer Interaktion mit dem Kind an typischen Mustern einspielt. Es gehört aber auch dazu, daß wir über diese Reflexion wieder zum nötigen Abstand finden. So könnten wir dem Kind vermitteln, daß es sich darauf verlassen kann, daß wir auch am nächsten Tag wieder da sein werden, daß wir gerne mit ihm spielen, wenn sich die Gelegenheit bietet, daß wir aber auch erwarten müssen, daß es abzuwarten lernt, auch wenn es ihm zunächst schwer fallen mag. Je mehr das Kind erfährt, daß diese Worte durch Taten bestätigt werden - eben weil wir tatsächlich da sind, wenn wir gebraucht werden -, desto schneller kann sich die Beziehung stabilisieren. Sie wird belastbarer, und wir können nun dem Kind nach und nach eine Konfrontation mit seinen Konfliktthemen zumuten. Es darf zur Sprache kommen, was die Angst vor Verlust determiniert.

Während es hier noch relativ einfach erscheint, die Beziehung zu strukturieren, und wir uns dabei offensichtlich auch einer nur begrenzten Belastung ausgesetzt sehen, kennen wir aber zusehends Fälle, in denen eine Stärkung der Eigeninitiative, wie sie in der Sozialpädagogik beständig angeraten wird, schon deshalb nicht gelingen will, weil das Ich dieser Klienten nur rudimentäre Strukturen kennt, die nicht zur gelungenen Entfaltung von Eigeninitiative befähigen. Eine lerntheoretisch gewirkte Verstärkung von Eigeninitiative kann nur gelernte, d.h. bereits funktionsfähige Strukturen erreichen. Wenn aber das Symbolsystem, die Basis der emotionalen Bedeutungsgebung, selbst noch nicht genügend entwickelt ist, läuft dieses Programm ins Leere (vgl. Senckel 1997, Gaedt 1992, Lincke 1981). Insbesondere wenn die Loslösung von den frühen Beziehungspartnern nicht wirklich vollzogen wurde, so daß es nicht zur stabilen Ausbildung innerer Selbst- und Objektrepräsentanzen kommen konnte, fehlen die grundständigen Voraussetzungen für geglückte Autonomie- und Individuierungsprozesse.

In der oben genannten Einrichtung begegnete mir ein kleiner Mischlingsjunge, der vom ersten Tage an durch heftige, unvermittelt auftretende Ausbrüche von Wut und Gewalt auffiel. Viele der anderen Kinder hatten Angst vor ihm. Er war das jüngste von drei Kindern, die bei der - sichtlich überforderten -Großmutter lebten. Jedes hatte einen anderen Vater, den sie nicht kannten. Die Mutter tauchte höchst sporadisch auf. Unsere kleine Welt bot Schutz, Kontinuität und Konstanz in den Beziehungen, sogar genügend zu essen. Eigentlich, so könnte man denken, günstige Voraussetzungen, um sich wohl zu fühlen. Genau da lag das Problem. Insbesondere Kinder wie dieses ertragen so viel Harmonie nicht, weil es sie an tief vergrabene Sehnsüchte erinnert. Die Angst, darin immer wieder enttäuscht zu werden, macht sie mißtrauisch, so daß sie all unsere gut gemeinten Bemühungen zwanghaft zunichte zu machen suchen. Gleichzeitig wird in unserem Beisein ihre ganze narzißtische Wut über ihre schlimmen Erfahrungen - Vernachlässigung, Gewalt, Demütigung usf. - reaktiviert. Halten wir sie aus, ohne uns vernichten zu lassen, ist ihnen der Weg vorgezeichnet, diese zerstörerischen Impulse ins Selbst zu integrieren. Eine meiner Kolleginnen bemühte sich über lange Zeit sehr intensiv um den Kleinen. Sie war als ‘gutes Objekt’ stets da, konfrontierte ihn aber auch immer deutlicher mit seinem destruktiven Verhalten. Viele dieser Kinder leiden unter archaischen Schuldgefühlen. Wenn sie ‘böse’ sind, wollen sie sich aber diesem Schuldgefühl nicht stellen, dazu fehlt ihnen die nötige innere Sicherheit. Ließen sie diese Schuldgefühle bewußt zu, wäre diese gleichbedeutend mit der Angst, von einem mächtigen archaischen Objekt zugrunde gerichtet zu werden. In dieser Hinsicht sind solche Menschen einem kleinkindlich-magischen Denken verhaftet und kennen noch keinen Unterschied zwischen Denken und Wirklichkeit - was ich denke, geschieht. Deshalb muß aus pädagogischer Sicht die Konfrontation mit ihrem antisozialen Verhalten in einem haltenden Klima stattfinden. Würden wir uns mit dem Satz „Du bist böse gewesen“ von ihnen abwenden, sie müßten aus Angst vor uns, die wir sogleich als dieses böse archaische Objekt erscheinen, ihre Wut nur noch weiter steigern, um sich zu schützen.

Aus diesem Grund sollen wir zu einer Intervention greifen, die das Verhalten als nicht tolerabel kennzeichnet, dem Kind aber die Integrität seines Selbst garantiert. Dies gelingt, indem wir authentisch unsere eigene Wut zur Sprache bringen und dem Kind klar bedeuten, was es in uns selbst auslöst. Auf diesem Wege wird der Haß kommunizierbar. Wir machen ihn zum Thema und zeigen damit, daß er auszuhalten ist, daß er *nicht* zwangsläufig zur Vernichtung führen muß, daß er *symbolisch* auszudrücken ist, ohne ihn *real* agieren zu müssen. Auf diese Weise führt der Dialog dazu, den Haß dergestalt ins eigene Erleben zu integrieren, daß er selbstreflexiv betrachtet werden kann (vgl. Winnicott 1997)[67].

So auch im Falle des kleinen Farbigen. Im Zuge der sich stabilisierenden Beziehung zu meiner Kollegin, die ihm als Bezugsperson immer wichtiger wurde, geschah es, daß er wieder einmal ein Spielzimmer schlimm zugerichtet hatte. Diesmal aber kam er zu ihr und sagte: „Du, ich habe gerade meinen Rappel gekriegt". Offenkundig konnte er Verantwortung für sein zerstörerisches Tun übernehmen, ohne von der Angst, aus Rache nun selbst von Zerstörung bedroht zu sein, übermannt zu werden. Zum ersten Mal vermochte er deutlich einen „exzentrischen Standpunkt" einnehmen (vgl. Körner, Ludwig-Körner 1997, 94), von welchem aus er sich selbst betrachten konnte. Diese Fähigkeit, sich von außen zu betrachten, setzt eine gelungene Triangulierung voraus. Das Kind besitzt sie dann, wenn es bereit ist, die schützende Symbiose mit der Mutter zu verlassen und eine dritte Position - gemeinhin durch die Identifikation mit dem Vater, in unserem Fall mit der Pädagogin - zu besetzen. Damit verbunden ist das Können, symbolisch - zum Beispiel über Sprache - zu kommunizieren.

Wichtig an unserer Episode war, daß die Pädagogin den kleinen Übeltäter sehr klar auf sein Fehlverhalten hinwies, aber ihm gleichzeitig anbot, ihm beim Aufräumen zu helfen. Damit erhielt er die Gelegenheit zur Wiedergutmachung, in ihrem Schutz konnte das (in seinen Phantasien) zerstörte Objekt wieder herstellen und so eine innere Spannungsauflösung erfahren.

Selbstredend weiß ich, nicht zuletzt aus eigener Erfahrung, daß bei uns in solchen Situationen leicht Gegenaggressionen geweckt werden (vgl. Rauchfleisch 1996, 53 ff). Wenn es uns indessen gelingt, uns durch eine Reflexion des beziehungsdynamischen Auslösers unserer Wut als 'zur Szene gehörig' zu versichern, können wir möglicherweise verhindern, uns zu aggressivem Gegenagieren provozieren zu lassen. Wenn wir uns solcherart erwartungswidrig verhalten, lösen wir eine erste Erschütterung des festgefügten Bildes „Die Welt ist schlecht, also traue niemandem" aus. Seien wir aber nicht voreilig zu optimistisch. Noch kommt das Aufgeben des negativen Selbstbildes einem Identitätsverlust gleich. Plötzlich eine gute Beziehung zu erfahren erscheint im ersten Moment unerträglich, schließlich wird damit die Angst, ließe man sich ohne weiteres darauf ein, vor erneuter Verletzung reaktiviert. Mit der Zeit aber wird die Erfahrung von Beziehungskonstanz ein Aufweichen der inneren Erstarrung bewirken. Somit läßt sich die Angst- und Spannungstoleranz allmählich steigern, die haltende Beziehung wird mehr

[67] Die Begegnung mit einem tiefen, unintegrierten Haß ist Wesensmerkmal der Arbeit mit Verhaltensauffälligen. Er macht angst, so daß wir uns gerne davon auf dem Wege der Affektneutralisierung distanzieren möchten. Im Dienste der unbewußten Abwehr dieser heftigen Gefühle greifen etwa Psychiater, „um diesem Haß zu entkommen, zu häufig zur Verwendung von Elektroschocks und Leukotomie" (Stork 1997, 52).

und mehr zur zumutenden. Ohne daß wie im therapeutischen Setting einer psychoanalytischen Kur die Lebensgeschichte expressis verbis zum Thema erklärt und durchgearbeitet wird, läßt sich eine Festigung des innerseelischen Gleichgewichts erzielen. Dazu bedarf es zum einen der korrigierenden emotionalen Erfahrungen mit einem guten Objekt. Zum andern sind die Konfliktthemen im aktuellen pädagogischen Interaktionsrahmen zu benennen, damit der Umgang mit ihnen in eine symbolische Ordnung gebracht werden kann.

Wie unser erwartungswidriges Verhalten wachstums- und erkenntnisfördernd zu wirken vermag, möchte ich an einem weiteren Beispiel kurz erläutern. Vor einigen Jahren betreute ich ein Elternpaar, dessen Sohn eine heilpädagogische Tageseinrichtung für Verhaltensgestörte besuchte. Es gehörte zum Konzept dieser Einrichtung, flankierend zur Betreuung der Kinder mit den Eltern zu arbeiten, um insgesamt zu einer positiven Veränderung des häuslichen Milieus beizutragen. Auf diesem Wege sollte das Motiv für die Verhaltensauffälligkeit allmählich beseitigt werden.

Zu einem bestimmten Zeitpunkt der Beratung erschien es mir angebracht, den Jungen auf seinen eigenen Wunsch zu einem Gespräch hinzuzunehmen. Drei Tage davor tat er nicht von ungefähr einen Griff in Vaters Alkoholbestände und betrank sich maßlos. In der gemeinsamen Sitzung konnten wir herausarbeiten, daß er (wieder einmal) stellvertretend für den Vater gehandelt hatte: Er betrank sich, damit dieser es nicht tun mußte. Und er sorgte dafür, daß das zentrale Thema der sechsköpfigen Familie - ein *gewaltiges* Problem von ungestilltem Hunger (bzw. Durst) nach Liebe und Zuwendung - zur Sprache kam.

In eben dieser Beratung fiel es mir von Anfang an schwer, die große Sprachlosigkeit der beiden Eltern auszuhalten. So tauchte ziemlich bald die Frage nach der Aggressivität des Vaters auf, aber alles verlief eher schleppend. Mir gegenüber benahm er sich sehr höflich und zuvorkommend, berichtete aber, wenn auch mit eher kargen Worten, von seinem eigenen Vater, der ein Trunkenbold gewesen sei und ihn als Kind fürchterlich verdroschen habe. Seine Angst war nun, daß sein Sohn diese Eigenschaft des Großvaters „geerbt" haben mochte. Weiter kamen wir indessen in diesem Gespräch nicht. Wohl etwas säuerlich fragte ich ihn kurz vor Ende, wo denn seine eigene Wut bleibe. Einige Tage danach kam der Junge derart grün und blau geschlagen zur Schule, daß ich mich genötigt sah, die Eltern einzubestellen. Der Vater kam herein mit den Worten: „Da haben Sie meine Aggressionen!"

Deutlicher konnte er sie wirklich nicht zeigen. Nur fehlte ihm leider eine reflektierte Fähigkeit zum *gekonnten* Umgang damit[68]. Nun erwartete er,

[68] Mitscherlich unterscheidet ungekonnte von gekonnter Aggressivität (vgl. 1969, 90). Erstere meint den regressiven zerstörerischen Durchbruch, letztere eine verfeinerte Form, die sich als ziel- oder sachgerechte Aktivität zu artikulieren versteht.

von mir bzw. der Institution hart bestraft zu werden. Der bekannte Kreislauf wäre geschlossen. Ich machte ihm klar, in welch schwierige Lage er mich gebracht hatte, nahm aber von persönlichen Vorwürfen Abstand. Dieses völlig ungewohnte Verhalten registrierte er mit sichtlicher Betroffenheit und Erleichterung. Von diesem Moment an ging es in der Beratung voran. Allmählich tauchten die wechselseitigen Probleme der Ehepartner auf, und sie begannen, sie in Worte zu fassen. Der Mann konnte seiner Frau gestehen, daß er Angst hatte, zu kurz zu kommen, sie ihrerseits fühlte sich regelrecht aufgefressen, und unter Tränen brach es aus ihr heraus, sie sei schon in ihrer Herkunftsfamilie als Kind das „Miststück" gewesen. Beide fingen an zu begreifen, daß das Aussprechen von Konflikten und inneren Nöten nicht bedrohlich, sondern eher entlastend wirkt. Einmal wurde ich gefragt: „Wir reden nach der Stunde bis spät in die Nacht, ist das etwa Ihre Absicht?"

Mit der Zeit konnte auch die Überforderung durch die vier Kinder benannt werden. Stellvertretend trennte man sich von liebgewordenen Haustieren, die zuviel Mühe machten. Als ich ihnen dieses Bild deutete, konnten sie es ohne weiteres akzeptieren. Es war zu spüren, wie sie sich innerlich mit dieser 'Ungeheuerlichkeit' auseinandersetzten. Dies empfand ich als wahrhaft reife Leistung und beginnende Fähigkeit, sich symbolhaft mit diesen Problemen befassen zu können, ohne auf direktes Agieren zurückfallen zu müssen. Dabei wirkte es tröstend auf sie, daß schon im Märchen von Hänsel und Gretel der geheime Wunsch überforderter Eltern, sich ihrer Kinder zu entledigen, thematisiert war. Die Kraft des Märchens liegt in seiner symbolhaften Form, tabuierte Schreckensthemen spielerisch zur Bearbeitung freizugeben: Das, was ich phantasiere, ist nicht identisch mit dem, was wirklich passiert. Die Verbindung von Affekten und Phantasien mit Wortvorstellungen ist der erste Schritt zu ihrer Beherrschung (vgl. A. Freud 1964, 127).

Erneut sehen wir, wie das scheinbar unsinnige Verhalten in einem sinnvollen (Beziehungs-)Zusammenhang steht (vgl. Gerspach 1991a). Es folgt bestimmten unbewußten Phantasien, in denen imaginierte Objektbeziehungen mit den primären Beziehungspartnern zum Ausdruck kommen. Diese Phantasien werden in der aktuellen Interaktion mit uns szenisch arrangiert. Erst über ihre Einbindung ins szenische Verstehen, aus dem sich - vor allem über erwartungswidrige Interventionen - ein fördernder Dialog entwickelt, können sie einer bewußten Regulierung zugeführt werden.

Mir berichtete eine Erzieherin in einer Supervisionsstunde von einem kleinen Jungen ihrer Kindergartengruppe, der sehr aggressiv auftrat, in seiner sprachlichen Entwicklung verzögert war und bei ihr einen überaus verkrampften Eindruck hinterließ. Sie fühlte sich von ihm stark beansprucht und meinte, ihn beständig eingrenzen zu müssen. Dabei verband sie mit ihm viel Sympathie. Warum provozierte er sie so?

Ich bot der Erzieherin an, zu erzählen, was ihr zu dem Jungen einfiel. Mit der Schilderung seines Vaters als einem düsteren, verschlossenen Mann nahm sie die Aufforderung an[69]. Die Familie wohnte im Haus der Großeltern, und der Großvater wurde mir als grobschlächtiger Mann geschildert, der im Verdacht stand, seine Frau zu schlagen. Das jedenfalls berichtete wohl der Junge des Morgens. Insgesamt hatten auch die Erzieherinnen den Eindruck einer bleiernen Umgebung gewonnen. Überdies gab die Mutter ihren Jungen immer sehr früh ab und 'vergaß' des öfteren, ihn rechtzeitig abzuholen. Die Kolleginnen waren darüber verärgert, weil sie dann selbst warten mußten. Die Erzieherin äußerte nun die Vermutung, es handele sich um ein ungeliebtes Kind, welches zudem in bedenklichen häuslichen Verhältnissen wohne. In der Gruppe fand er schwer Anschluß, mit seinen heftigen aggressiven Ausbrüchen provozierte er seine stetige Ausgrenzung ebenso wie die Aufmerksamkeit der Erzieherinnen. Außerdem, so fuhr sie fort, ertrage er keine Harmonie und zerschneide mit der Schere oft viele Sachen, was sie ärgere.

„Das macht der doch ganz gut", entgegnete ich, „der holt sich, wenn auch negativ, was er braucht". Und wie soll jemand Harmonie aushalten, wenn er in Disharmonie lebt? Vielleicht war sie sein größter Wunsch, aber eben das machte ihm angst. Unbewußt stellte der Junge im Kindergarten also seine familiale Situation nach: Keiner mochte ihn, und beständig mußte er die Verläßlichkeit der Erzieherinnen testen. Seine Provokationen verfolgten den Zweck: „Hältst du es mit mir schlimmem Kerl aus?" Solche Kinder sind auf Grund problematisch erlebter Lebensumstände an ein negatives Selbstbild gefesselt. Wenn wir uns nicht gemäß der bekannten Muster einbringen müssen, das 'Schlimme' sein darf, ohne es sogleich zu sanktionieren, kann die andere Seite mehr zum Schwingen gebracht werden. Denn Provokationen heißen immer auch: „Schau her, ich zeig' dir, wie's mir geht, und eigentlich möchte ich, daß du mir hilfst, daß Dinge anders werden".

Was symbolisierte da das böswillige Zerschneiden? Nun, erläuterte die Erzieherin, der Junge mußte im Kindergarten schon viele Wechsel seiner Bezugspersonen erdulden. Da lag es nahe, daß diesem ohnehin arg gebeutelten Kind diese fortwährenden Beziehungsabbrüche wie erneute seelische Belastungen erschienen. Kaum hatte er sich ein wenig eingelassen, gar ein 'Familiengeheimnis verraten', schon war es wieder vorbei. Gerade Kinder mit einem ausgeprägten negativen Selbstbild phantasieren gerne, daß sie schuld daran sind, wenn jemand weggeht. Um dieses bedrückende Gefühl abzuwehren, wenden sie das passiv Erlittene aktiv - jetzt war es dieser Jun-

---

[69] Im strengen Sinne hatte sie das 'Thema verfehlt'. Gleichwohl brachte uns dieser erste spontane Einfall, der sicher im Zusammenhang mit ihrer Identifikation mit dem Jungen zu lesen war, auf die richtige Spur. Zwanghafte Akribie darf nicht Sache der Pädagogik sein.

ge, der das Band zerschnitt und damit dem drohenden Verlust seiner Erzieherin, an die er sich zu gewöhnen begonnen hatte, zuvorzukommen.

Ein solches Kind braucht eine haltgebende Struktur, mit seinem Verhalten verlangt er geradezu danach. Es ist aber niemals die Struktur an sich, die ihm guttut und hilft, soziale Kompetenz zu erwerben, es ist immer eine verläßliche Person, die diese Struktur repräsentiert. *Die Struktur gerät zum Beziehungsmoment*. Das erkennen wir nicht zuletzt daran, daß sich in unserem Fall der Junge bei Konflikten sehr rasch von 'seiner' Erzieherin beruhigen und überzeugen ließ, dies aber bei ihren Kolleginnen nicht ohne weiteres möglich war.

Vor allem auch mit Hilfe der Reflexion in der Supervision und der Erfahrung, sich dort gehalten zu fühlen, können wir die uns unbewußt zugedachte Rolle besser verstehen. Wir können sie annehmen wie uns gleichzeitig davon distanzieren. In dieser Wechselbewegung liegt das Faustpfand einer dialogisch orientierten Sozialpädagogik. Auf diese Weise gelingt uns der Übergang vom unbewußten zum bewußt verstehenden Teilnehmer an der Szene. Hierzu ist es nötig, unsere eigenen Reaktionen (Wut, Ohnmacht, Angst, Verzweiflung, Langeweile usf.) als zur ungelösten Thematik unseres Gegenübers gehörig zu erleben.

Während meiner Zeit im heilpädagogischen Tagesheim war ich mit einem stark verhaltensauffälligen Jungen konfrontiert, der meine Rolle nicht akzeptieren wollte, bei gestellten Anforderungen stürmisch rebellierte und dennoch eifersüchtig dazwischen trat, wenn sich andere Kinder an mich wandten. Er löste heftige Reaktionen in mir aus, die zu starken Eingrenzungen seines Verhaltens führten, ohne daß sich eine sichtliche Entspannung einstellen wollte. Dieser Junge richtete starke unbewußte Appelle an mich, die zum einen einem starken inneren Widerstand entsprangen, zum anderen aber auch die Absicht verfolgten, sich mittels einer ausgeprägten projektiven Identifikation eigener fürchterlicher Empfindungen und Phantasien zu entledigen, indem er sie mir aufhalste. Während ich nach jedem durchstandenen Konflikt mit ihm höllisch litt, wirkte er jedes Mal wie befreit.

Seine Mutter war vor kurzem gestorben, und der schon alte Vater, durch eine schwere Kriegsverletzung im Gesicht entstellt und in seinem ganzen Wesen regelrecht behindert, bedeutete dem Jungen sprachlich ebenso wie in seinem Gehabe, ihn gut zu behandeln, sonst müsse er auch noch sterben. Dieses Kind litt unter schweren Schuldgefühlen, zumal der Tod nicht nur eine Phantasie für es war. Gleichzeitig war das Verhältnis von Vater und Sohn auf den Kopf gestellt, und er durfte ihm seine Verzweiflung und Wut keinesfalls zeigen. Zu Hause herrschte eine scheinbare Harmonie, während in der Übetragungsbeziehung zu mir das Problem von Todeswünschen und Schuldgefühlen manifest wurde. Ich selbst pendelte in meinen Phantasien dem Jungen gegenüber zwischen diesen beiden Polen. Ohne eine haltende

Supervision wäre ich wohl selbst davon 'zu Tode erschreckt' worden. Meine eingrenzenden Reaktionen bereiteten mir selbst innere Schmerzen, und allmählich verstand ich den beziehungsdynamischen Zusammenhang. In dem Maße, wie ich die Rolle des Aggressors übernahm, wurde die Angst des Jungen vor seinen eigenen Aggressionen gebunden. Solange sich dieses Muster in unserer Interaktion beständig wiederholte, war Entwicklung blockiert. Solange ich auf Provokationen hin dem Jungen eine Bestätigung seines negativen Selbstbildes gab, verharrte ich in der Position einer komplementären Gegenübertragung: Ich vervollständigte lediglich seinen Erwartungshintergrund. Als ich dies begriff und auch zu spüren vermochte, machte sich bei mir Erleichterung breit. Von nun an konnte ich diese Erkenntnis in den Dialog einbauen. Unser beider Teufelskreis ließ sich ja nur durchbrechen, wenn ich dem Jungen sagte, daß er immer wieder beabsichtige, mich böse zu machen und ihn zu attackieren, daß ich aber keine Lust mehr hätte, dieses Spiel mitzuspielen. Damit gab ich ihm die Verantwortung für *meine* Reaktionen zurück. Dies entlastete mich spürbar, auch wenn sich an seinem Verhalten nicht sogleich Entscheidendes änderte. Doch konnte ich auf diese Weise immer besser der emotionalen Falle entgehen, mir sein Problem einzuverleiben - nach und nach gab ich es ihm dosiert zurück; es ging wieder um *seine* Reaktionen.

Nicht immer sind allerdings unsere Bemühungen von Erfolg gekrönt. Der Dialog hat bekanntlich Grenzen. Ich übernahm einmal die Einzelbetreuung eines delinquenten Jugendlichen, der eigentlich aus gutbürgerlichem Hause kam. *Objektiv* bestand für ihn keine Notwendigkeit für seine Verfehlungen. Was waren seine *subjektiven* Gründe? Meine Schwierigkeit war eine zweiseitige. Zum einen wurde er von seinen Eltern zu mir geschickt, was seine Motivation zur Zusammenarbeit anfangs auf ein Minimum reduzierte. Zum anderen ging ihm die Zeit mit mir von jener ab, die er ansonsten mit seiner heißgeliebten Clique verbracht hätte. So schleppten sich unsere Sitzungen zunächst mühsam dahin. Auch spürte ich, daß er nichts preisgeben wollte von sich und sich wohl unsicher war, welche 'gedrehten Dinger' er mir offenbaren durfte. Selbst als ich das alles thematisierte, wollte sich keine Besserung einstellen. Das Ganze drohte zu eskalieren, als er eines Tages mit einem gestohlenen Mofa zu unserer Verabredung erschien, was ich erst durch einen Anruf der erbosten Eltern erfuhr. Ich fühlte mich gescheitert und wollte schon aufgeben, überlegte dann aber noch einmal, was hier schief lief. Augenscheinlich konnte ich mit der Clique nicht konkurrieren, mein Angebot war zu unattraktiv. Ich galt wohl auch als verlängerter Arm der Eltern. Durch diese Selbsterkenntnis fühlte ich mich etwas erleichtert und änderte mein Konzept. Beim nächsten Mal eröffnete ich ihm, daß das ja wohl alles nichts bringe und bot ihm an, daß wir vielleicht besser pokern oder einmal in einen Kinofilm seiner Wahl gehen könnten. Er war völlig überrascht und ließ sich sogleich darauf ein. Von nun an kam er tatsächlich regelmäßig und pünktlich. So erfuhr ich jetzt, wie überflüssig und wenig beachtet er sich zu Hause fühlte, wie oberflächlich und belastet zugleich die Beziehung der Eltern zueinander war. Zu seinem Stiefvater (!) wollte sich kein rechter Kontakt einstellen. Wenn er „großen Zoff" mit ihm hatte, flüchtete er zu seinem leiblichen Vater, einem ziemlich ausgekochten Hallodrie, den er über die Maßen idealisierte. Das erboste dann jedes Mal seinen Stiefvater. Die Mutter stand dem Ganzen eher hilflos, um nicht zu sagen: teilnahmslos gegenüber. So war es nicht verwunderlich, daß die Clique, in der er zu Untaten verleitet wurde, sein einziger Hort war.

Je mehr sich der Junge mir öffnete und eine Bindung einging, umso intensiver intervenierten die Eltern. Beständig wollten sie Termine mit mir verabreden und genau erfahren, was in unseren Stunden besprochen wurde. Ich denke, daß insbesondere der Stiefvater eifersüchtig auf mich wurde. Leider ließ sich dieser wohl heikle Punkt nicht thematisieren. Obwohl sich die Situation des Jungen sichtlich besserte und auch eine drohende Jugendstrafe mit Hinweis auf unsere gemeinsame Arbeit abgewendet werden konnte, hielten die Eltern die Situation nicht mehr aus. Ich selbst sah mich genötigt, immer deutlicher auf Distanz zu ihnen zu gehen. Am Ende brachen sie den Kontakt ab. Über den weiteren Lebensweg des Jugendlichen ist mir nichts bekannt. Auch Scheitern will gelernt sein.

Die Grenzen des Dialogs sind vor allem da institutionell gezogen, wo unter sich drastisch verschlechternden strukturellen Arbeitsbedingungen der Selbstschutz der Professionellen notwendigerweise oberste Priorität genießt, um nicht von einer Reizüberflutung in die Flucht geschlagen zu werden oder in Depression zu versinken. Sie tauchen aber auch da auf, wo Selbstwahrnehmung zum Medium der Fremdwahrnehmung erklärt wird (vgl. Leber 1985, Gerspach 1986). Selbstbetroffenheit in der Begegnung mit Verhaltensgestörten zu offenbaren setzt einen geschützten Raum, wie den der Supervision, voraus, in dem solches leichter möglich wird. Wer sich aufgefordert sieht, das, was szenisch an ihn gerichtet wird, zu reflektieren, muß damit zwingend seine eigenen Gefühle einbeziehen. Das ist nicht jedermanns Sache. Gleichzeitig darf man zu Recht erwarten, daß jeder gute Pädagoge seine eigene unbewußte Problematik soweit erkennen und verarbeiten kann, daß seine Zöglinge *nicht* zu ihrer (Schein-)Bewältigung herhalten müssen. Viel zu oft drängen wir ihnen unbegriffen unsere Vorstellungen auf, wie sie (und wir) zu sein haben, oder machen sie zu Objekten unserer „erbarmungslosen Liebe" (vgl. Winnicott 1997, 43) und Fürsorge. In dieser Frage muß jeder selbst entscheiden, was er gemäß professioneller oder auch berufsethischer Maxime meint verantworten zu können.

Allerdings habe ich soeben zu zeigen versucht, daß die Hinwendung zu den eigenen Phantasien und Impulsen durchaus zur Entspannung beiträgt.

Wenn ich erleben darf, welche Gefühle ein Kind mit seiner Inszenierung bei mir auslöst, werde ich von nun an dem Druck besser standhalten, denn ich weiß jetzt zwischen meinen eigenen Anteilen und den vom Kind in mir ausgelösten zu unterscheiden. Damit ist ein Weg aufgezeigt, Pädagogik nicht dirigistisch auf reine 'Entscheidungshilfen' zu reduzieren (vgl. Leber 1985). Die eigenen Grenzen ertragen zu lernen ist die vielleicht wichtigste wie schwierigste Aufgabe des Pädagogen. Sein Wunsch nach Allmacht ist nichts als das Phantasma, wie er gerne sein möchte, um seiner Verletzlichkeit zu entgehen (vgl. Ettl 1980, 114). Das einsichtige Wissen um diesen Sachverhalt kann zum empathischen Vermögen werden, die Verletzlichkeit anderer zu verstehen, die schließlich der Schlüssel zu ihrem problematischen Verhalten ist.

Das szenische Verstehen des schwierigen Falles verwirklicht sich am besten im Zusammenwirken theoretischer Wissensvermittlung, praktischer Erfahrung und supervisorischer Reflexion. Seine Ziele sind: (1) die Entwicklung eines Begriffes menschlicher Entwicklung und ihrer Störanfälligkeit, (2) das Verstehen der unbewußten Bedeutung des Interaktionsgeschehens, (3) die Sensibilisierung für das Selbst- wie Fremderleben, (4) die Fähigkeit zur Selbstreflexion und Selbsteinschätzung der eigenen Möglichkeiten, (5) das Aushaltenkönnen eigener innerer Spannungszustände. Damit wird Verstehen als teilweise Identifizierung mit dem Gegenüber und darauffolgender Distanzierung zur Grundlage des professionellen Handelns.

Der Dialog beginnt in Unsicherheit, weil die Beziehung, die ihn notwendig tragen muß, am Anfang noch nicht wirklich existiert. Probeweise können wir Rückmeldungen und Anstöße geben, die den Anderen neugierig machen. Immer kommt es dabei darauf an, unsere eigenen Empfindungen und Phantasien zu reflektieren. Nur so können wir sie kontrolliert zurückfließen lassen. Würden wir rein impulsiv handeln, also bloß reagieren, wir würden erwartungsgemäß in die uns unbewußt zugedachte Rolle schlüpfen und den Dialog auf die alten Muster fixieren. Es wäre vertane Zeit. Erst die Tatsache, daß wir aus dem szenisch vorgegebenen Beziehungsraster aussteigen, dabei aber die zugehörigen Affekte nicht zensiert werden müssen, macht den Dialog zu einem fördernden.

3.6. Wohin mit den Störern? - Ein Nachtrag

Konsequenzen für die Ausbildung

Die Praxis hat Angst vor den Störern und möchte sie zuweilen gerne los sein. Dieses Ansinnen offenbart die strukturelle Ohnmacht der Institutionen als auch den wachsenden Bedarf nach genügend Unterstützung. Nur dann muß dem Drängen nicht sogleich nachgegeben werden. Hilfe umfaßt theoretische Konzepte - insbesondere im Hinblick auf das Wissen um die tiefere Bedeutung einer Störung, auf das dialogische Geschehen im intermediären Raum, den diesbezüglich nötigen pädagogischen Rahmen als auch die Möglichkeiten und Grenzen des eigenen Handelns - ebenso wie die praktische Begleitung vor Ort[70].

Zusammenfassend lassen sich folgende zentrale Punkte herausfiltern, die für den praktischen Umgang mit gestörten Klienten von Bedeutung sind und notabene in die Ausbildung von SozialpädagogInnen einfließen müssen:

- ein notwendiges Basiswissen über Genese, Verlauf von Entwicklungsauffälligkeiten und darauf aufbauend eine ausreichende methodische bzw. konzeptionelle Grundlage für eine jeweils angemessene sozialpädagogische Intervention;
- die Fähigkeit zu einer angemessenen Verknüpfung von Theorie und Praxis (was im Rahmen der Ausbildung eine theoretische Feinabstimmung auf den Berufsalltag wie eine sorgfältige Vorbereitung und Begleitung der ersten Schritte in die Praxis voraussetzt);
- Offenheit und Sensibilität für die inneren Nöte der betroffenen Kinder und Jugendlichen;
- (selbst-)reflexiver Umgang mit (der eigenen) Hilflosigkeit, Ohnmacht und Wut (was hinsichtlich des Schutzes der Klienten wie des Selbstschutzes und frühzeitigem Ausbrennen ebenfalls einer gründlichen Vorbereitung mit genügend Praxisanteilen bedarf).

Meist wird in der Praxis kein akribisch verinnerlichtes methodisches Handwerkszeug nachgefragt, sondern sind Teamfähigkeit und Prozeßorientierung als grundständige Kompetenz erwünscht. So können wir mit guten Argumenten von seiten der sozialpädagogischen Wirklichkeit einer weiteren Verschulung der Ausbildung entgegentreten. Die Störung endet in der Institution, aber sie beginnt im sozialen Umfeld. Ohne dies zur Kenntnis zu nehmen und ohne den Versuch zu unternehmen, auf das Umfeld einzuwirken, müssen alle Interventionsbemühungen kläglich scheitern. Diesem strukturellen Gesichtspunkt ist die Frage nach der Methode unterzuordnen. Unter Einschluß dieses Vorbehalts zielt ein geeignetes Konzept für die praktische Arbeit auf die Frage: *Wie können wir in der Begegnung mit den Verhaltensgestörten pädagogisches Handeln umsetzen?*

---

[70] Beständig sind die PädagogInnen auf der Suche nach stimmigen Konzepten für ihre Arbeit mit auffälligen Klienten. Dabei sind sie oft von der magischen Vorstellung geleitet, es gäbe den Stein der Weisen - eine Art Rezeptbuch, wie man in welcher Situation zu verfahren habe. Wenn sie sich stattdessen auf eine Reflexion der pädagogischen Szenerie einließen, in der die Störung virulent wird und in die sie selbst eingebunden sind, könnten sie ihre Aufgabe viel besser und vor allem viel leichter bewältigen.

Diese aus praktischer Not geborene Frage ist nicht so mißzuverstehen, als sei nach klaren Handlungsanweisungen verlangt. Die Kontextabhängigkeit störenden Verhaltens verbietet eine solche Verkürzung. Vielmehr soll das auffällige Verhalten in seiner subjektiven Bedeutung verstanden werden. Wir benötigen einen klar strukturierten Rahmen, in welchem das Störende nicht unterdrückt, sondern über das Angebot korrigierender Erfahrungen seiner sozial verträglichen Transformation zugeführt werden kann, ohne dabei mit Gewalt die Eigenständigkeit des Störers zu kassieren.

Eine penible Ursachenforschung, wann dieses Verhalten zum ersten Mal aufgetreten sei, welche Erklärung das unzureichende elterliche Verhalten dafür liefere, hilft dem Ganzen nicht ab. Im Gegenteil liegt in dieser zuschreibenden Attitüde die Gefahr des pädagogischen Ausverkaufs begründet. Mit einer objektivierenden Distanzierung vom *Unvermögen der Eltern* wird ein verstehender Umgang mit dem Problem unmöglich gemacht. Wenn wir dagegen einrechnen, daß sich in der aktuellen pädagogischen Situation über das störende Verhalten das unbewältigte Lebensthema des Kindes im Sinne einer unbewußten Reproduktion nach vorne spielt, dann sind wir gehalten, mit rein pädagogischen Mitteln zu reagieren. Stets haben wir einen pädagogischen Handlungszusammenhang herzustellen, der das Kind nicht diffamiert noch unterwirft oder ausgrenzt, der es aber auch schützt vor seiner unbändigen Wut und Verzweiflung und der ihm gleichzeitig die Notwendigkeit vermittelt, sich in sozialen Gruppenbezügen bewegen zu müssen. Es sollte nicht in der Absicht der Pädagogen liegen, die Störung *wegzumachen*. Ohne die Befindlichkeit eines Kindes kennenzulernen, die sich in seinem Verhalten spiegelt, laufen wir Gefahr, mit ihm so umzugehen, daß seine Lebendigkeit hinter der Störung verloren geht.

Die Vermittlung allgemeiner pädagogischer Grundlagen darf in der Praxis nicht unfrei machen. Sie können nur Anregungen bieten, mit dem konkreten Kind vor Ort sinnvoll umzugehen. Ausnahmslos für jedes Kind als gültig aufgestellte Regeln sind deshalb problematisch, weil sie die spezifischen Lebensumstände des einzelnen Kindes unterschlagen. Vielmehr wäre zu fragen: „Was braucht *dieses* Kind? Was brauche *ich* in der Arbeit mit diesem Kind?“ Daher wäre auch der supervisorische Anteil in der Ausbildung zu stärken. Grundlegendes Wissen über die kindliche Entwicklung und ihre Störanfälligkeit dürfen nicht so diktatorisch wirken, daß jegliche Individualität dahinter verschwände. Allgemeine Überlegungen können also nur dazu anregen, das besondere Kind in der praktisch-unmittelbaren Begegnung zu erfahren und ihm gerecht zu werden zu versuchen. Auf alle Fälle muß es Ziel einer gewissenhaften wie gründlichen Ausbildung sein, den Aufbau von klischeebestimmtem Schubladendenken zu vermeiden. Als objektive Tatsache auszugeben, Kinder machten unter diesen oder jenen Umständen stets dies oder das, bedeutete die endgültige *Zementierung einer Grundstörung in der Sozialpädagogik*.

Geht es mir um ein funktionalistisches Löschen ungewollter Verhaltensweisen oder kann ich mir vorstellen, in einem professionellen Beziehungsarrangement entwicklungsfördernd zu arbeiten? Wird 'Störung' instrumentell oder prozeßorientiert gesehen? Auch wenn man einen bedeutungsorientierten Zugang sucht, so bleibt eine nicht unberechtigte Skepsis zurück, was aus diesem Begriff selbst alles gemacht werden kann. Sogar der semantische Trick, zwischen dem störenden Verhalten, welches ich nicht zu tolerieren bereit bin, und dem betroffenen Kind, das ich trotz allem respektiere und vielleicht sogar mag, zu differenzieren, hilft dem fachlichen Problem nicht unbedingt ab: Aus dem störenden Verhalten wird im pädagogischen Diskurs leicht ein störendes und dann ein gestörtes Kind. Hier begegne ich der Unmöglichkeit, auf andere Begrifflichkeiten auszugreifen, die nicht bloß leere Worthülsen blieben und somit nicht doch wieder zur immergleichen Stigmatisierung führten.

Es ist eine unumstößliche Tatsache, daß manche Kinder vor allem gruppenpädagogischen Zusammenhängen zur Belastung werden. Hier gilt es, zum einen den normativen, den institutionellen und insbesondere auch Gruppenzwang zu reflektieren, um nicht unaufgeklärten Vorgaben, die außerhalb des Kindes liegen, aufzusitzen und zu seinem Problem zu machen, was seines nicht ist. Zum anderen aber darf es damit nicht zu einer rationalisierenden Rechtfertigung seiner antisozialen Tendenzen kommen. Indem wir die Störung aber im Rahmen des Dialogs thematisieren, in dem sie wiederbelebt wird, erhält sie einen Namen, der ihre Erlebensqualität sichert. Wir greifen nicht aus auf scheinbar objektive Kategorisierungen, nur um uns selbst vor dem Unbill einer belastenden Begegnung zu schützen, sondern suchen sie in ihrer lebensgeschichtlich-individuellen Bedeutung zu verstehen. In dem Maße, wie der Störungsbegriff einer prozeßorientierten Betrachtungsweise zugeführt wird, verliert er seinen Schrecken. In diesem Sinne ist es dann gleichgültig, welche Umschreibungsformel wir wählen[71].

Wenn es gelingt, Störung nicht über die Erstellung von Mängellisten (vgl. Krawitz 1992) oder anhand einer „Reizsummationsdiagnostik" (vgl.

---

71 Begriffe sind immer Wirklichkeits- um nicht zu sagen: Hilfskonstruktionen, die wir zum Aufbau unserer psychischen Schemata und Repräsentanzen benötigen. Wenn wir um diese (vorläufige) Funktion wissen, sind wir weitgehend dagegen gefeit, zu übersehen, wie leicht sie ein Eigenleben entwickeln. Die political correctness will uns vorschreiben, den Begriff 'Störung' zu wechseln, aber die Praxis beim alten zu lassen. Nicht von den Begriffen aber rührt die Diskriminierung, sie sind selbst Ausdruck totalitärer, gestörter Verhältnisse. Verlieren sie dank dieser Einsicht ihre unbewußte wie ideologische Wirkung, verwende man sie getrost weiter. Im andern Fall, wenn wir nicht die Bedeutung einer Störung zu verstehen suchten, wäre die Preisgabe dieses Ausdrucks ohne jegliche praxisverändernde Relevanz.

Feuser 1984, Kaufhold 1990) in eine verdinglichte Form zu gießen und damit auf tragische Weise zur Enteignung von Subjektivität beizutragen, wird es möglich sein, ihre Selbstheilungstendenz zu entdecken. Störung ist immer als Schutz vor beängstigend erscheinenden Anforderungen wie als Bewältigungsversuch zu lesen, in ihr ist immer eine soziale Mitteilung über die eigene Befindlichkeit enthalten. Nur wer sich auf eine Beziehung zu diesem Kind einläßt, kann ihre subjektive Bedeutung realisieren, wozu es der (angeleiteten) Selbstreflexion des verschlungenen Ineinanders von Übertragungs- und Gegenübertragungsprozessen bedarf[72].

Kernstück der Anleitung zur Arbeit mit schwierigen Klienten muß es sein, ein fundiertes Wissen über gestörte Sozialisationsprozesse aufzubauen und eine Sensibilisierung für das praktische Beziehungsgeschehen zu erreichen. Jedenfalls kann es nicht, so der allgemeine Tenor, um eine kontextlose Einübung methodischer Verfahren gehen - frei nach dem Motto: Was nimmt man bei hyperaktivem Verhalten?[73] Die Ausbildung sollte eher eine Haltung vermitteln, die es dem Sozialpädagogen erlaubt, Nähe und Distanz auszutarieren, das Kind zu halten wie auszuhalten und ihm dennoch ein inneres Wachsen zuzumuten. Damit öffnet sich sofort die Perspektive: Es gibt auch Störungen der Einrichtung und Störungen der Pädagogen, wenn fehlende strukturelle Möglichkeiten, mangelnde Flexibilität, Sensibilität und Selbstreflexion, das Ausblenden bestimmter Tabuthemen und die Abwehr gegen störende Verhaltensweisen zusammentreffen und eine verstehende Pädagogik im obigen Sinne systematisch verhindern. Als Basiskompetenz eines *guten* Sozialpädagogen wird diesbezüglich seine Konfliktfähigkeit genannt, er muß aber kein besonders *guter Mensch* sein.

---

[72] Wichtig ist zu fragen, wer warum welche normativen Vorgaben macht. Oft sitzt der Pädagoge einer hohen (neurotischen) Selbstidealisierung auf. „Vorbildhaftigkeit, Universalexpertentum und Anpassungsfähigkeit" sind Anzeichen dieser Einstellung (vgl. Bruns 1991, 94). Immer steht er vor zwei Kindern: „dem zu erziehenden vor ihm und dem verdrängten in ihm" (vgl. Bernfeld 1925, 79). Nicht nur ist damit ein oft selbstquälerisch erlebter Ambivalenzkonflikt umrissen, es wird auch eine narzißtische Abwehrstrategie gegen die kränkende und mit Abwertung gespickte Berufswirklichkeit evoziert, die sich in besagter Selbstidealisierung äußert - 'weil ich entwertet werde, muß ich besonders viel von mir halten'. Je mehr diese Selbstthematik überwiegt, umso weniger wird der Pädagoge imstande sein, einen ungetrübten Blick auf die Probleme seiner Zöglinge zu werfen, die hinter ihrem störenden Verhalten in Umrissen aufscheinen.
Kann ich mich als Pädagoge also noch mit dem renitenten Kind (in mir) identifizieren oder identifiziere ich mich mit dem elterlichen Ich-Ideal, nicht gegen die Regeln der Autorität verstoßen zu dürfen? Solange mir diese eigene unbewußt handlungsleitende Kraft nicht gegenwärtig ist, werde ich niemals genügend Abstand von der Störung finden, der mich ihr mit Toleranz aber auch pädagogischer Klarheit begegnen läßt.

[73] Bei Lotz (1992) heißt es lapidar, der Pädagoge könne nicht mir nichts dir nichts ins Regal seiner methodischen Versatzstücke greifen und sich spontan entscheiden, ob er heute lieber nach Pestalozzi oder Schwarzenegger erziehen möge.

In dieser Hinsicht sind meines Erachtens die folgenden Aspekte unabweisbar Voraussetzung für eine verstehende, und das meint jetzt: *nichtaussondernde* Praxis. Bereits die sozialpädagogische Ausbildung müßte darauf ihren Schwerpunkt legen:

1. Die Klärung des eigenen Selbstverständnisses: Was kann ich, was soll ich, was will ich, wo sind meine Grenzen?
2. Die Verortung der Störung auf ihrem lebensgeschichtlich einsozialisierten Untergrund: Warum ist *der* so geworden?
3. Das szenische Verstehen des konkretes Beziehungsarrangements vor Ort: Wie verwickelt der mich jetzt in sein ungelöstes Thema?
4. Die Schulung der Reflexionsfähigkeit anstelle verschulter Curricula: Was kann ich anbieten, um die Situation zu verändern?

Die sozialpädagogische Arbeit mit gestörten Klienten muß zwei Momente beinhalten, wenn sie sich als prozeßorientierter Dialog begreifen will: Das *Verstehen* und die *Strukturierung*. Das eine geht nicht ohne das andere. Würde ich nur verstehen, bliebe die Gefahr einer rein dyadischen Verschmelzung, ohne daß eine Verklammerung an frühe Störungsformen möglich würde. Würde ich nur strukturieren, käme ich nicht in Kontakt mit dem Erleben meines Gegenübers, Pädagogik verendete als subjekt- und beziehungsloses Instrumentarium. Es bleibt die Frage, wie diese Vorgehensweise methodisch verankert werden kann. Schließlich bedarf es der nötigen pädagogischen Qualifikation, um sowohl verstehend als auch strukturierend intervenieren zu können[74].

Aber nicht die Entwicklung einer spezifischen Sozialpädagogik für gestörte, benachteiligte oder behinderte Klienten kann unser Ziel sein. Sozialpädagogik soll nicht als Sozialtechnik zur Klientenbehandlung mißverstanden werden, sondern dazu befähigen, den Klienten im Kontext seiner Lebensgeschichte zu verstehen. Infolgedessen geht es gerade nicht um Klassifizierungsmuster individueller Beeinträchtigungen bzw. funktionalistisch verkürzte Förder-, Kompensations- oder Trainingsprogramme. Mit Hilfe des verstehenden Ansatzes wird Sozialpädagogik als Beziehungsarbeit gefaßt. Im dialogischen Miteinander kann eine gemeinsame Arbeit am unbewältigten (Lebens-)Thema des Klienten entstehen, aus der angemessene Interventionen und Fördermaßnahmen erwachsen. Auf diesem Weg soll ein differenziertes Verständnis wachsen, welches dazu befähigt, den Klienten aus

[74] In einem bemerkenswerten Beitrag zur Fachhochschulausbildung bemängelt Wijnen-Sponselee den „Overkill an Information. Unter dem Druck der Technisierung, Bürokratisierung und Kommerzialisierung gibt es eine Bereitschaft zu kontinuierlicher Veränderung" (1996, 5). Dabei fragt sich natürlich, ob wir tatsächlich in den Humanwissenschaften davon ausgehen dürfen, daß das, was gestern entwickelt wurde, heute schon überholt ist. Aus der Literatur des 19. Jahrhunderts erfahren wir sicher eine ganze Menge mehr über menschliche Höhen und Tiefen als aus so manchem Fachbuch.

dem, was er offen und verschleiert in Szenen von sich mitteilt, eingehender zu begreifen. Ihm soll geholfen werden, mit seinen sozialen Beziehungen besser fertig zu werden. Unsere Aufgabe ist es, eine humane und einfühlsame Grundhaltung zu entfalten, die tendenziell die Eigenständigkeit des erziehungs- oder hilfsbedürftigen Klienten respektiert. Eine von dieser Grundhaltung getragene Qualifizierung für die jeweiligen sozialpädagogischen Handlungsfelder soll es ermöglichen, ein dem einzelnen Klienten angemessenes soziales Handeln zu entwickeln und praktisch umzusetzen.

Die konkreten Störungsbilder wie aggressives oder destruktives Verhalten, Lernbehinderung und -verweigerung usf. bleiben sich in praxi weitgehend gleich. Die anthropologische Begrenzung von Verhaltens- und Interaktionsweisen läßt uns offensichtlich wenig Variationsbreite. In dieser Hinsicht macht es Sinn, Ausbildungsinhalte relativ konstant und bezüglich der Praxisfelder offen zu halten. Hüten sollten wir uns vor der so modernen und marktgerechten Auffassung, daß Wissen sehr schnell veralte. Dem Wissen vom Menschen, seiner Anthropologie und seiner Entwicklung mutet da eher etwas Altbackenes an. Ich denke, es kommt mehr einer Allmachtsphantasie gleich zu glauben, daß sich hier dramatische Umwälzungen tun. Die Zeit ist schnellebig, nicht der Mensch.

Wo auf der einen Seite als konstante Größe besinnliches Nachdenken und Respekt vor dem Anderen angezeigt sind, gilt es auf der anderen Seite sehr wohl den Wandel zur Kenntnis zu nehmen. Was steten Veränderungen unterworfen ist, sind gesellschaftliche Erosionsprozesse und ihre Auswirkungen aufs subjektive Erleben. Dies führt unter ungünstigen Umständen zur Aktivierung bekannter Störungspotentiale. Insofern ist Störung ein janusköpfiges Gebilde.

Allerdings genügt es nicht, allein dem gestörten Subjekt oder den störenden Verhältnissen unser Augenmerk zu schenken. Während ich anfangs naiverweise dachte, mich diesbezüglich mit der Vorlage eines pädagogischen Konzepts begnügen zu können, wurde ich inzwischen eines Besseren belehrt. Viel mehr, als uns lieb ist, haben wir auf die Rahmenbedingungen zu achten, die seine Anwendung zulassen oder zunichte machen. Die Fragestellung erfährt unter der Hand eine dramatische Wandlung. Die Institutionen der Praxis werden zunehmend unter Kuratel gestellt, Kriterien der Qualitätssicherung zu erstellen, anhand derer ihre Arbeit effektiviert werden soll. Dieser Anspruch ist unter gewissen Vorzeichen durchaus zu begrüßen. Es kann nicht angehen, daß ein so heiliges Thema wie professionelle Beziehungsarbeit keiner Kontrolle hinsichtlich ihrer Absichten und Methoden unterstellt wird. Nicht zuletzt der Wildwuchs des grauen Marktes der 'Psycho'-Anbieter legt diesen Schluß nahe. Zum Schutz der Legitimität wie Legitimierbarkeit des eigenen Handelns erscheint eine eingehendere Befassung mit den jeweils gewünschten Qualitätsmaßstäben wünschenswert[75]. Allerdings zeichnet sich die Gefahr ab, daß mittels einer drastischen Begrenzung der institutionellen Möglichkeiten, die sich mit dem Gütesiegel der Qualitätssicherung zu tarnen weiß, ein verstehender, individuell gewirkter Umgang mit auffälligen Klienten unmöglich gemacht wird[76].

Wenn es *nicht* darum geht, einen festgestellten Defekt zu bekämpfen, ist damit auf der theoretischen Ebene die Einschränkung gesetzt, ihn in keine objektivistisch-diagnostische Form zu kleiden. Auf diese Weise würden wir keine Rücksicht mehr auf den Entwicklungsrahmen der Störung nehmen, in welchen soziale und innerfamiliäre Aspekte eingebunden sind. Soll das Individuell-Besondere der konkreten Arbeit mit einem bestimmten Kind und seiner Familie angemessen berücksichtigt werden, und nur so kann eine inhaltlich fundierte pädagogische Förderung wirklich aussehen, dann verbietet sich eine formal-abstrakte Vorgehensweise entlang allgemeiner Kategorisierungen und Etikettierungen.

Im übrigen stellt sich die Unmöglichkeit heraus, aus pädagogischen Prozessen den eindeutigen 'Erfolg' beabsichtigter Wirkungen herauszulesen. Der „heimliche Lehrplan“ und „das Gesetz der ungewollten Nebeneffekte“ entlarven eine solch naive Erwartung als Mythos der „Machbarkeit von Qualität“ (vgl. Reischmann 1997, 121 ff, Arnold 1997, 57 ff). Pädagogische Maßstäbe müssen stets mit der subjektiven Bewertung einer Maßnahme kalkulieren und erschweren damit der Wirkungsforschung die Definition von 'Erfolg'. Und: „Ein zentraler Fehler traditioneller Sprache der Erziehung ist die referenzfreie, unmittelbare Effekterwartung“ (Oelkers 1997, 22).

Folgerichtig lassen sich prinzipielle (sprachliche) Regelungen zur Qualitätssicherung nur dann ohne Not aufstellen, wenn nicht primär die Sicherung der pädagogischen Standards im Interesse des Kindes gemeint ist, sondern primär die Kontrolle der Pädagogen. Die Herrschaft der wirtschaftlicher Effizienz geht zu Lasten der pädagogischen Effektivität. Wenn jetzt objektive Kategorisierungen, die wir längst beerdigt zu haben schienen, wieder ausgegraben werden, um die Leistungskraft der Pädagogen zu messen, dann ko-

---

[75] Das gilt auch zweifellos für die wissenschaftliche Ausbildung. Eine von Lehrenden und Studierenden gestaltete Evaluation erscheint beinahe überfällig. Sie ist dann sinnvoll, „wenn sie nicht zur Legitimation von Einsparungen oder Stellenstreichungen mißbraucht wird“ (vgl. Köhler 1997, 20).

[76] So begrüßenswert es erscheint, *inhaltliche* Kriterien für qualitativ hochwertiges Arbeiten in den sozialen Institutionen festzulegen, so problematisch ist es, wenn uns plötzlich diese Diskussion auf der Basis außerpädagogischer Kriterien im Bannkreis privatwirtschaftlich gewirkter Sachzwänge aufgenötigt werden soll. Mich beschleicht der Verdacht, daß wir in vorauseilendem Gehorsam einen Kotau vorm neoliberalistischen Denken machen und unsere sozialpädagogische Kompetenz, die sich nicht an der operationalisierten Überprüfbarkeit vorab definierter Zielvorgaben analog der Fertigung von Industrieprodukten orientiert, klaglos herschenken (vgl. zuletzt Kronenberger 1997, 176 f).

stet uns dies die Preisgabe von Subjektivität im pädagogischen Dialog. Wie will man allen Ernstes einen an der subjektiven Befindlichkeit entlang gewonnenen Verstehensprozeß, dem allein eine mittelbar das Selbst- und Fremderleben verändernde Wirkung zukommt, objektiv messen? Insofern auch wird man, wenn man diesen Weg meint beschreiten zu müssen, nicht umhin kommen, das Defizitmodell menschlicher Entwicklung mit seinen statistisch genormten Altersparametern zu reaktivieren. Man wird wieder Behinderungsgruppen und -unterarten konstruieren, mittels derer sich das abweichende Verhalten eines Kindes einkästeln läßt. Den Erfolg der Pädagogen wird man operationalistisch darauf überprüfen, ob ein zuvor genau festgelegter Defekt behoben oder zumindest kompensiert wurde. Nur noch die Institution wird dann als wettbewerbsfähig erklärt, die 'eindeutige' Beweise ihrer Tüchtigkeit liefert. Wie es einem Kind, wie es dem Pädagogen selbst dabei geht - ein nicht unwichtiger Aspekt, schließlich trägt er die Beziehung beider und ist demnach Voraussetzung gelungener Identitätsbildung - spielt keine Rolle mehr.

Man wird Qualifikationsbeschreibungen allein entlang deskriptiver Verhaltensmerkmale vornehmen, die einem normierten Förderbegriff hinsichtlich erwünschten Verhaltens geschuldet sind und nach Förderung in Teilleistungsbereichen verlangen, so wie es jetzt schon zusehends Praxis ist[77]. Der Mensch wird wieder gemäß eines alten mechanistischen Mißverständnisses in seine funktionalen Einzelteile zerlegt, die es zu optimieren gilt. Mit Hilfe eines statistisch erhobenen und darum künstlichen Normalitätsbegriffs wird eine Skala allgemeiner Bedürfnisse konstruiert werden, an der alle pädagogischen Förderleistungen darauf hin zu überprüfen sein werden, ob sich ihr methodisches Vorgehen an diesen gemittelten Werte ausrichten läßt. Das

[77] Für die heilpädagogischen Praxisfelder läßt sich ein zukünftiges Szenario so ausmalen: Bei Schwerstbehinderten wird nur an Hand der rechtlichen Vorgaben der Pflegeversicherung nach objektivierbaren Pflegekriterien verfahren werden, pädagogische Förderung oder Unterstützung der Angehörigen ist in diesem Katalog nicht mehr enthalten. Es wird in Vergessenheit geraten, daß Pflege auch Pädagogik ist und ihr dementsprechend ein strukturierendes Moment innewohnt, was etwa die Wahrnehmung und Bearbeitung von Hilflosigkeit, Abhängigkeit, Wut, Trauer, auch und gerade in der Elternarbeit, angeht und Raum zum Umgang mit der Behinderung schafft. Fällt dies unter den Tisch, wird auch kein Wert mehr darauf gelegt, diese Beziehungsaspekte in der Ausbildung sicherzustellen (was für das Pflegedienstpersonal tendenziell jetzt schon gilt).
In der Frühförderung etwa wird deren angestammte Aufgabe, zu stützen und im geschützten Raum Konfrontation mit dem Thema Behinderung zuzumuten, immer mehr in den Hintergrund gedrängt werden. Analog der Entwicklung im Pflegewesen wird man zu instrumentell verkürzten Leistungsmerkmalen greifen, das Kind wieder als Objekt sehen, an dem ein bestimmtes Funktionstraining abgehandelt wird, und vergessen, daß so seine Autonomiebestrebungen nicht unterstützt, sondern zum Schweigen gebracht werden. Ein Teufelskreis schließt sich, denn wer seiner Eigenständigkeit verlustig geht, wird zunehmend abhängig (und damit tragischerweise mehr und mehr zum Kostenfaktor).

Wissen um die emotionale Beteiligung an jedem Lernprozeß wird endgültig verschüttet gehen. Und damit das „Recht des Kindes auf Eigensinn“ (vgl. Voss 1989), die Erkenntnis, daß es stets der „Akteur seiner Entwicklung“ (vgl. Kautter u.a. 1988) ist und für sein gedeihliches Werden einen offenen „intermediären Raum“ (vgl. Winnicott 1993) braucht, der zwischen Innenwelt und Außenwelt oszilliert. Das Besondere des Einzelfalls wird verloren sein und die Lebendigkeit des Kindes gefährdet, kurzum: Wir kehren zur Aufspaltung in Sozial- und Sonderpädagogik zurück.

Hier taucht ein entscheidender Einwand gegen eine jetzt möglich erscheinende Romantisierung des Anders-Seins oder globale Verteufelung einer defektbezogenen Sichtweise auf. Selbstredend gibt es feststehende und festzustellende Defekte, die benannt werden müssen und nicht verleugnet werden dürfen. Hinsichtlich einer haltenden wie zumutenden Elternarbeit ist es manchmal nötig, auszusprechen, daß das Kind anders ist (als man es gerne hätte). Mitunter soll mit diesem „mein Kind ist eben anders“ die Störung argumentativ bereinigt werden, was hinterrücks zu seiner Stigmatisierung gereicht: Das Kind wird so oder so nicht ernstgenommen, aber es spürt ganz sicher die mit diesen Rationalisierungen abgewehrte Feindseligkeit. Die Konfrontation mit der Wahrheit kann nur fruchten, der schmerzliche Tatbestand ‘Störung’ nur ins eigene Bewußtsein aufgenommen werden, wenn es einen schützenden pädagogischen Rahmen gibt.

Wie es auf der einen Seite darum geht, das Anders-Sein als eine legitime Erscheinungsform menschlichen Lebens zu verteidigen, so geht es auf der anderen Seite ebenso darum, Dinge beim Namen zu nennen (und manche Kinder sind eben schwierig). Es kommt darauf an, den Respekt gegenüber dem Anderen und seiner Individualität vor seiner Störung zu wahren, ihn keinem Normalisierungszwang auszusetzen, der ihm jede Anpassungsleistung als reine Unterwerfung vergällte, aber dennoch Hilfen zur Entwicklung anzubieten, die auch und zuerst auf eine Veränderung seines Störungsbildes abzielen. Wenn wir diese Programmatik tatsächlich in Angriff nähmen, dann gewännen wir meines Erachtens wirkliche Kriterien zur inhaltlichen Bestimmung von pädagogischer Qualität. Deshalb kommt zu den obigen vier Punkten ein *fünfter* dazu: inhaltliche Verteidigung der sozialpädagogischen Beziehungsarbeit in den anstehenden Auseinandersetzungen über Qualitätssicherung.

Es fragt sich, ob die bruchlose Übertragung aus dem Bereich zu reformierender Verwaltungsstrukturen auf pädagogische Bezüge ohne implizite Umdeutung der dort verlangten inhaltlichen Anforderungen an eine qualifizierte Beziehungsarbeit überhaupt zu leisten ist. Sozialpädagogische Identität ist nicht mit den (schein-)rationalen Kriterien des Verwaltungsdenkens zu erfassen, geschweige denn darüber herzustellen. Nicht von ungefähr wird vor der „Gefahr eines Umkippens von Dienstleistung in Enteignung fremden

Lebens“ gewarnt (vgl. Müller 1995, 107). Der sozialpädagogischen Identität ist ein unverbrüchlich *nichtidentischer* Anteil zu eigen, der einen Analogieschluß zum Verwaltungsdenken verbietet. Dieser Anteil resultiert aus dem unaufhebbaren Spannungsbogen von Hilfe und Kontrolle und dem Umstand, daß die Gesellschaft Probleme produziert und einen eigenen Berufsstand zu ihrer Eindämmung bereit stellt.

Insbesondere wenn diese Dienstleistung unmittelbar das „*Verhalten* und damit die moralische Qualität ihres Gegenübers betrifft, d.h. wenn die Dienstleistung ‘personändernd’ angelegt ist“, gerät Hilfe leicht zur Bevormundung. Deshalb ist der „’ganze Mensch’ des Helfers (...) wichtiger als seine jeweilige Technik“ (vgl. Müller 1995, 108 f). Bezüglich des Qualitätsbegriffs als auch der Arbeit mit gestörten Kindern und Jugendlichen sehen wir, wie wir *nicht* vorgehen sollten - enteignend, subjektlos, rigide - und was wir vor allem beachten müssen: den Respekt vor dem Anderen und seiner hinter der Störung liegenden Befindlichkeit.

Leider ist davon auszugehen, daß dieser Entwurf, weil er sich jeder operationalisierten Überprüfung zu entziehen weiß und mehr noch: das Nicht-Identische zu verteidigen sucht, mehr und mehr bedroht ist. In sämtliche Nischen des pädagogischen Alltags will das Thema der Qualitätssicherung vordringen ist und wird in absehbarer Zeit, so steht zu fürchten, den sozialpädagogischen Auftrag zur ‘Integration der Störer’ unterminieren.

Die Betriebswirte sind drauf und dran, die Sozial- und Humanwissenschaften als Leitwissenschaften abzulösen. Der Sektor sozialer Arbeit soll marktförmig organisiert werden. Seine Einrichtungen werden als Unternehmen gedacht. Ihre Aufgaben werden propagandistisch zu Dienstleistungen verklärt, mit dem einzigen Ziel, sie kostendeckend vermarkten zu können. „Neoliberale Ordnungspolitik ist auf dem Vormarsch, sozialstaatlich orientierte Struktur- und Bildungspolitik in der Defensive“ (vgl. Köhler 1997, 19). Die Gefahr sehe ich heraufziehen, daß die Einrichtungen immer mehr ihre eigene Störung produzieren, die es verhindert, sich den wirklichen Störungen ihrer Klienten noch annehmen zu können.

Mit dem schleichenden Siegeszug des reinen Verwaltungsdenkens wird sich eine noch ungeahnte Kontrolle der MitarbeiterInnen in den Institutionen und Preisgabe pädagogischer Maximen verbinden, was sich zwangsläufig auf der Ebene der Arbeit mit schwierigen Kindern und Jugendlichen auswirken muß. Denn mit der Kontrolle ist zwingend ein erhöhter Druck in Richtung Normalisierung von Verhalten verknüpft, der keinen genügenden Raum mehr für individualisierte Entwicklungs- und Förderprozesse, die sich jeglicher instrumentalisierten Standardisierung verschließen, gewähren wird. Noch früher als jetzt wird Störung zum Tabu erklärt. Ein verstehender Zugang verbietet sich dann, weil er Zeit verlangt, die man nicht mehr hat, fast von selbst. Wir werden keine eingehende Diskussion mehr führen dürfen über die Inhalte der Qualität des pädagogischen Angebots - *„wie wohl fühlt sich ein (jedes) Kind in der Gruppe, was braucht es, um sich entwickeln zu können?"* -, sondern uns dem Diktat außerpädagogischer Kriterien unterwerfen müssen. Ich wage zu bezweifeln, daß dann und so wirklich besser gearbeitet werden wird. Wer sich als Störer nicht verstanden und gehalten fühlt, läßt sich auch nicht auf einen Prozeß ein, der ihm im Sinne inneren Wachstums etwas zumutet. Was ihm bleibt, ist das Zurückweichen vor einer altbekannten äußerer Gewalt, der er sich bestenfalls beugen wird.

Wir bedürfen aber eigener, und zwar genuin sozialpädagogischer Begrifflichkeiten, um die Vorstellung von Qualität der zu leistenden Arbeit inhaltlich füllen zu können. Es kann nicht angehen, daß die schöne antiquierte Frage nach Schlüsselqualifikation und Basiskompetenz vom Zwang zur effizienten 'Verschlankung' des institutionellen Angebots unter verschlechterten äußeren Bedingungen umstandslos kassiert wird. Die Diskussion um die unbewußten Implikationen des Handlungsdrucks, wie er sich auf der professionellen Beziehungsebene im Spannungsfeld einer manifesten Störung und ihres latenten Sinngehalts einstellt, ist dort generell nicht mehr zu führen, wo wir uns Anfragen ans eigene Selbstverständnis, an die eigene Verwirrung und den eigenen Umgang mit krisenhaften Verläufen nicht mehr gestatten.

Ohne eine eingehende inhaltliche Selbstversicherung über Sinn und Zweck unseres Handelns können wir nicht bestimmen noch legitimieren, was wir zu tun gedenken. Nehmen wir nur die stets umstandslos vorausgesetzte Vorstellung vom rationalen, diskurs- wie vertragsfähigen Subjekt. Wenn wir diese instrumentellen Eigenschaften als allgemeingültig ansehen, erübrigt sich auch eine Diskussion über den Störungsbegriff. Dann nämlich können wir getrost davon ausgehen, daß der Betroffene selbst keinen Sinn in seiner Störung sieht und sie loswerden möchte. Daß wir ihm mit unseren diesbezüglich ausgelegten Interventionen vielleicht seine innere Stabilität nehmen, bleibt unberücksichtigt. Ich bezweifle, ob es sich in der Pädagogik wirklich um einen geschäftsmäßigen Dialog von Vertragspartnern handelt. Ich denke, es ist eher eine „Situation des Von-Angesicht-zu-Angesicht" (vgl. Rösner 1997, 50).

Es sind deshalb auch nicht Kunden, mit denen wir es zu tun haben. Von Kunden zu reden, kommt einer Euphemisierung der Sozialpädagogik als gesellschaftlicher Institution gleich: Ihre Klienten stehen unter einem, meist von außen aufgezwungenen Handlungsdruck, sich den sozialpädagogischen Angeboten zu unterziehen. Ihre Bereitschaft zur Mitarbeit ist in der Regel, zumindest am Anfang, minimal ausgebildet, sie können nicht frei wählen, ob sie dieses oder jenes 'privatwirtschaftliche' Angebot annehmen wollen. Wer in einen Laden geht, um eine Hose zu kaufen, kann diesen Kauf bei Nichtgefallen des Sortiments gegebenenfalls stornieren oder ganz aufgeben. Diese

Wahlfreiheit existiert in unserem Falle nicht, es sei denn, wir ließen den Kontrollaspekt wissentlich und willentlich außer acht. Gleichzeitig wird just auf diesem Wege der Kontrollaspekt in der Praxis gestärkt. Denn um die Sicherung der eingeführten Qualitätsstandards zu gewährleisten, wird die Verwaltung zunehmend darauf achten, daß effektiv im Sinne operationalisierter Störungsminimierung gearbeitet wird. Mithin droht der Ausverkauf des sozialpädagogischen Denkens.

Das unreflektierte Handlungsparadigma wird noch weiter instrumentalisiert werden, und wir werden bald vergessen haben, daß es oft besser ist, innezuhalten, bevor man handelt, nachzudenken, bevor man sich im Übereifer verrennt, etwas zu unterlassen, als es zu tun. Die Offenheit des Menschenbildes und damit die Reflexion des eigenen Bildes von Erziehung, sie werden keine Gnade mehr finden vor den Augen der verwaltungstechnischen Zensur. Die Frage nach der Bedeutung einer Störung ist nicht mehr erlaubt, wo die Störung selbst zum Undenkbaren wird.

Dergestalt geraten die Praktiker zunehmend unter Legitimationsdruck, warum sie es z.B. noch nicht fertig gebracht haben, eine Störung zum Verschwinden zu bringen. Denn die Bedeutung einer Störung für den Klienten spielt ja aus diesem Blickwinkel keine Rolle mehr. Störung ist so nichts als eine Störvariable. Wir sind drauf und dran, uns eine neue Macht zu schaffen, die die Qualität der sozialpädagogischen Praxis nach fremdbestimmten Kriterien definitorisch festlegen und ihr Aufgehobensein in genereller Widersprüchlichkeit negieren wird. Diese bürokratische Kontrollmacht wird alle SozialpädagogInnen vor Ort beständig dazu anhalten, ihre Leistungen auszuweisen, und zwar jenseits der Frage vom subjektiven Sinn oder Unsinn eines bestimmten manifesten Störungsbildes. Diese bürokratische Kontrollmacht wird sich, sofern wir sie nicht über inhaltliche Auseinandersetzung zu entmythologisieren wissen, als die Inquisition der Neuzeit entpuppen. Der Positivismus ersteht in neuer und noch perfiderer Gestalt. Die Frage nach dem *„Wohin mit den Störern?“* wird dann mit Sicherheit ganz anders beantwortet werden, als ich es hier versucht habe.

Literaturverzeichnis

Abelin, E.L.: The Role of the Father in the Separation-Individuation Process. In: Mc Devitt, J.B.; Settlage, C.F. (Hrsg.), Separation-Individuation. New York 1971. 229 - 252

Adler, S. u.a.: Wie wird das wohl zu dritt alles werden? In: Psychosozial 58. 1994. 9 - 23

Adorno, Th.W.: Erziehung nach Auschwitz (1966). In: Erziehung zur Mündigkeit (1973a). 88 - 104

Adorno, Th.W.: Erziehung zur Mündigkeit. Frankfurt 1973a (1969)

Adorno, Th.W.: Negative Dialektik. Frankfurt 1990a (1973)

Adorno, Th.W.: Zur gegenwärtigen Stellung der empirischen Forschung. In: Gesammelte Schriften Bd. 8. Frankfurt 1990b (1972). 478 - 493

Adorno, Th.W.: Zum Verhältnis von Psychologie und Soziologie. In: Gesammelte Schriften Bd. 8. Frankfurt 1990c (1955). 42 - 85

Adorno, Th.W.: Postscriptum. In: Gesammelte Schriften Bd. 8. Frankfurt 1990d (1966). 86 - 92

Ahrens, J.: Deontologische vs. teleologische Ethik. Einige Anmerkungen und pädagogische Konsequenzen. In: Zeitschrift für Pädagogik 6. 1989. 825 - 844

Alt, Ch.: Stichprobe und Repräsentativität. In: Bertram H. (Hrsg.) 1991. 497 - 531

Argelander, H.: Die kognitive Organisation psychischen Geschehens. Stuttgart 1979

Arnold, R.: Qualität durch Professionalität - zur Durchmischung von Utilität und Zweckfreiheit in der Qualität betrieblicher Weiterbildung. In: Arnold, R. (Hrsg.), Qualitätssicherung in der Erwachsenenbildung. Opladen 1977. S. 51 - 61

Arnold, R., Faber, K.: Die Einbindung wissenschaftlicher Weiterbildung in die Diskussion um die Qualitätssicherung der akademischen Lehre - illustriert am Beispiel der Fernstudienentwicklung. In: Arnold, R. (Hrsg.), Qualitätssicherung in der Erwachsenenbildung. Opladen 1977. S. 151 - 159

Baacke, D. u.a.: Am Ende postmodern? Next Wave in der Pädagogik. Weinheim, München 1985

Bäcker, A.: Risikogeborene: Entwicklung und Eltern-Kind-Beziehung. In: Psychosozial 46. 1991. 96 - 105

Baier, H.: Zur schulpolitischen Geschichte des sudetendeutschen Hilfsschulwesens. In: Ellger-Rüttgardt, S. (Hrsg.) 1990. 247 - 256

Balint, M.: Therapeutische Aspekte der Regression. Stuttgart 1970 (1968)

Bardmann, Th.M.: Der zweite Doppelpunkt - Systemtheoretische und gesellschaftstheoretische Anmerkungen zur politischen Steuerung. In: Bardmann, Th.M. u.a. 1991(a). 10 - 31

Bardmann, Th.M.: Von Punks, Partisanen und Parasiten. Anmerkungen zu möglicherweise brauchbaren Identitätsstützen für SozialarbeiterInnen/SozialpädagogInnen. In: Klüsche, W. (Hrsg.) 1993. 51 - 71

Bardmann, Th.M. u.a.: Irritation als Plan. Konstruktivistische Einredungen. Aachen 1991(a)

Bardmann, Th.M. u.a.: Das gepfefferte Ferkel. Aachen 1991(b)

Bauer, A.: Verborgene Institutionskulturen in sozialen und klinischen Organisationen und ihre Bedeutung für das Verstehen in Supervisionsprozessen. In: Forum Supervision 8. 1996. 5 - 22

Baumgart, M.: Psychoanalyse und Säuglingsforschung. In: Psyche 9. 1991. 780 - 809

Beck, U.: Risikogesellschaft. Auf dem Weg in eine andere Moderne. Frankfurt 1986

Beck, U.: Gegengifte. Die organisierte Unverantwortlichkeit. Frankfurt 1988

Becker, S. (Hrsg.): Helfen statt heilen. Gießen 1995

Becker, S. (Hrsg.): Setting, Rahmen, therapeutisches Milieu in der psychoanalytischen Sozialarbeit Gießen 1996

Becker, U.: Trennung und Übergang. Repräsentanzen früher Objektbeziehung. Tübingen 1995

Beck-Gernsheim, E.: Das ganz normale Chaos: Von der Notgemeinschaft zur Wahlverwandtschaft. In: GEW (Hrsg.), Erziehung und Wissenschaft 7-8. 1994. 6 - 10

Begemann, E.: Die Erziehung der sozio-kulturell benachteiligten Schüler. Hannover 1970

Begemann, E.: Ein Mensch und sein Gehirn und seine Welt. In: Behindertenpädagogik 2. 1996. 140 - 167

Belardi, N.: Dimensionen sozialpädagogischen Handelns. In: Rundbrief Gilde Soziale Arbeit 1. 1997. 51 - 61

Bernfeld, S.: Sisyphos oder die Grenzen der Erziehung. Frankfurt 1973 (1925)

Bernfeld, S.: Der soziale Ort und seine Bedeutung für die Neurose. In: Bernfeld, S. 1969/70 (1929). Bd. 1. 198 - 211

Bernfeld, S.: Über die einfache männliche Pubertät (1935). In: Herrmann, U. (Hrsg.), Siegfried Bernfeld. Sämtliche Werke. Band 1. Weinheim, Basel 1991. 231 - 255

Bernfeld, S.: Antiautoritäre Erziehung und Psychoanalyse. Ausgewählte Schriften. Bd. 1 - 3. Hrsg. von L. von Werder und R. Wolff. Darmstadt 1969/70

Bertram, H. (Hrsg.): Die Familie in Westdeutschland. Opladen 1991
Bettelheim, B.: Liebe allein genügt nicht. Die Erziehung emotional gestörter Kinder. Stuttgart 1971 (1950)
Bettelheim, B.: Die Geburt des Selbst. Frankfurt 1989 (1967)
Bieber, K.: Arbeitsbündnisse in der Frühförderung - ein neuer Schritt in Richtung Partnerschaft. In: Frühförderung interdisziplinär 1. 1996. 19 - 27
Bion, W.: Lernen durch Erfahrung. Frankfurt 1992 (1965)
Bittner, G.: „Behinderung" oder „beschädigte Identität"? Überlegungen zum Selbstverständnis der Sonderpädagogik. In: Heese, G.; Reinartz, A. (Hrsg.), Aktuelle Beiträge zur Sozialpädagogik und Verhaltensgestörtenpädagogik. Beiheft 2 der Vierteljahresschrift Sonderpädagogik. Berlin 1973. 7 - 16
Bittner, G.: Problemkinder. Zur Psychoanalyse kindlicher und jugendlicher Verhaltensauffälligkeiten. Göttingen, Zürich 1994
Bittner, G.; Ertle, Ch.; Schmid, V.: Verhaltensgestörte Kinder. Den Haag 1971
Bittner, G.; Ertle, Ch. (Hrsg.): Pädagogik und Psychoanalyse. Würzburg 1985
Bittner, G., Thalhammer, M. (Hrsg.): „Das Ich ist vor allem ein körperliches..." Zur Selbstwerdung des körperbehinderten Kindes. Würzburg 1989
Blankertz, H.: Theorien und Modelle der Didaktik. München 1975 (1969)
Blankertz, H.; Gruschka, A.: Handlungsforschung: Rückfall in die Empiriefeindlichkeit oder neue Erfahrungsdimension? In: Zeitschrift für Pädagogik 5. 1975. 677 - 686
Bleidick, U. (Hrsg.): Handbuch der Sonderpädagogik. Bd. 1: Theorien der Behindertenpädagogik. Berlin 1985
Böhnisch, L.: Sozialpädagogik des Kindes- und Jugendalters. Weinheim, München 1993 (1992)
Böhnisch, L.: Gespaltene Normalität. Lebensbewältigung und Sozialpädagogik an den Grenzen der Wohlfahrtsgesellschaft. Weinheim, München 1994
Boettcher, W. u.a.: Lehrer und Schüler machen Unterricht. München, Bern, Wien 1976
Bohle, H.; Grunow, D.: Verberuflichung der sozialen Arbeit. In: Projektgruppe Soziale Berufe (Hrsg.), Sozialarbeit: Expertisen 3. Professionalisierung und Arbeitsmarkt. München 1981. 151 - 176
Bowlby, J.: Trennung. München 1976
Bollnow, O.F.: Die anthropologische Betrachtungsweise in der Pädagogik. Essen 1975[3]
Bopp, L.: Heilerziehung aus dem Glauben, zugleich eine theologische Einführung in die Pädagogik überhaupt. Freiburg 1958
Braun, W.: Pädagogische Anthropologie im Widerstreit. Bad Heilbrunn 1989
Brede, K.: Unbewußtes - und sonst gar nichts? Stellungnahme zu Reimut Reiche „Von innen nach außen?" In: Psyche 3.1995. 259 - 280
Bremerich-Vos, A.: Neurolinguistisches Programmieren - eine Kritik. In: Forum Supervision 8. 1996. 36 - 57
Breuer, F. (Hrsg.): Qualitative Psychologie. Opladen 1996
Breuer, H.; Weuffen, M.: Besondere Entwicklungsauffälligkeiten bei Fünf- bis Achtjährigen. Neuwied, Kriftel, Berlin 1996 (1995)
Brezinka, W.: Erziehung und Kulturrevolution. Die Pädagogik der Neuen Linken. München 1974
Brezinka, W.: Metatheorie der Erziehung. München 1978
Brunkhorst, H.: Systemtheorie. In: Lenzen, D. (Hrsg.) 1983. 193 - 213
Brunkhorst, H.: Theodor W. Adorno. Dialektik der Moderne. München 1990
Bruns, G.: Vorbildlichkeit als Auftrag. In: Büttner, Ch.; Finger-Trescher, U. (Hrsg.) 1991. 93 - 109
Buber, M.: Ich und Du (1923). In: Das dialogische Prinzip. Heidelberg 1984
Buber, M.: Reden über Erziehung (1925). Heidelberg 1960
Buber, M.: Das Problem des Menschen (1947). In: Dialogisches Leben. Zürich 1947
Buchholz, M.: Dreiecksgeschichten. Göttingen 1993
Buchholz, M.; Streeck, U. (Hrsg.): Heilen, Forschen, Interaktion. Opladen 1994
Bürli, A. (Hrsg.): Sonderpädagogische Theoriebildung. Vergleichende Sonderpädagogik. Luzern 1977
Büttner, Ch.: Gruppenarbeit. Eine psychoanalytisch-pädagogische Einführung. Mainz 1995
Büttner, Ch.; Ende, A. (Hrsg.): Lebensräume für Kinder. Weinheim, Basel 1989
Büttner, Ch.; Finger-Trescher, U. (Hrsg.): Psychoanalyse und schulische Konflikte. Mainz 1991
Bundschuh, K.: Dimensionen der Förderdiagnostik bei Kindern mit Lern-, Verhaltens- und Entwicklungsproblemen. München, Basel 1985
Clos, R.: Wer braucht eine Monsterschule? In: Reiser, H.; Trescher, H.-G. (Hrsg.) 1987. 19 - 38
Clos, R.: Offener Unterricht an der Schule für Lernbehinderte - Didaktik oder Therapie? In: Büttner, Ch.; Finger-Trescher, U. (Hrsg.) 1991. 51 - 78
Cremerius, J.: Gibt es *zwei* psychoanalytische Techniken? In: Psyche 7. 1979. 577 - 599

Cremerius, J.: Die psychoanalytische Abstinenzregel. In: Psyche 9. 1984. 769 - 800
Cuomo, N.: Die Integration - Gelegenheit für Lernprozesse. In: Behindertenpädagogik 3. 1987. 234 - 243
Danner, H.: Verantwortung und Pädagogik. Königstein 1985
Datler, W.: Was leistet die Psychoanalyse für die Pädagogik? München 1983
Datler, W.: Ist die Verhaltensstörung eine schulpädagogische Kategorie? Unveröffentl. Manuskript 1986
Datler, W.: Ist die Verhaltensstörung eine schulpädagogische Kategorie? Zum Verhältnis von Schule, Verhaltensauffälligkeit und Pädagogik. In: Datler, W. (Hrsg.), Verhaltensauffälligkeit und Schule. Frankfurt, Bern 1987. 18 - 48
Datler, W.: Psychoanalytische Praxis, Pädagogik und psychoanalytische Kur: Einige problemgeschichtliche und systematische Anmerkungen über unklare Grenzen als Krise, Aufgabe und Chance. In: Jahrbuch für Psychoanalytische Pädagogik Bd. 4. Mainz 1992. 11 - 51
Datler, W.: Bilden und Heilen. Auf dem Weg zu einer pädagogischen Theorie psychoanalytischer Praxis. Mainz 1995
Datler, W.; Steinhardt, K.: Psychoanalyse, Pädagogik und Säuglingsforschung. In: Jahrbuch für Psychoanalytische Pädagogik Bd. 5. Mainz 1994. 175 - 210
Deppe, H.-U.: Zum „Objekt" der Medizin. In: Das Argument 60. 1969. 245 - 269
Devereux, G.: Angst und Methode in den Verhaltenswissenschaften. Frankfurt 1984 (1967)
Dewe, B.; Otto, H.-U.: Professionalisierung. In: Eyferth, H. u.a. (Hrsg.) 1984. 775 - 811
Dewe, B.; Otto, H.-U.: Zugänge zur Sozialpädagogik. Reflexive Wissenschaft und kognitive Identität. Weinheim, München 1996
Dewe, B. u.a.: Sozialpädagogik, Sozialarbeitswissenschaft, Soziale Arbeit? Die Frage nach der disziplinären und professionellen Identität. In: Puhl, R. (Hrsg.) 1996
Dewe, B. u.a. (Hrsg.): Erziehen als Profession. Zur Logik professionellen Handelns in pädagogischen Feldern. Opladen 1992
Dieckmann, B.; Wulf, Ch.: Hermeneutische Methoden. In. Hierdeis, H., Hug, H. (Hrsg.) 1996(b). 590 - 603
Dietel, B.; Kassel, H.: Diagnostik von Teilleistungsstörungen. In: Zeitschrift für Heilpädagogik 5. 1993. 297 - 316
Dilcher, D.: „Verhaltensstörung“ aus dem Blickwinkel systemischen Denkens. In: Behindertenpädagogik 1. 1997. 24 - 32
Dilthey, W.: Gesammelte Schriften. Bd. V. Stuttgart, Göttingen 1974
Dohmen-Burk, R.: Gestörte Interaktion und Behinderung von Lernen. Heidelberg 1992
Dornes, M.: Der kompetente Säugling. Frankfurt 1993a
Dornes, M.: Psychoanalyse und Kleinkindforschung. In: Psyche 12. 1993b. 1117 - 1152
Dornes, M.: Können Säuglinge phantasieren? In: Psyche 12. 1994. 1154 - 1175
Dornes, M.: Margaret Mahlers Theorie neu betrachtet. In: Psyche 11. 1996. 989 - 1018
Eberwein, H. (Hrsg.): Behinderte und Nichtbehinderte lernen gemeinsam. Handbuch der Integrationspädagogik. Weinheim, Basel 1988a (1994)
Eberwein, H.: Zur dialektischen Aufhebung der Sonderpädagogik. In: Eberwein, H. (Hrsg.) 1988b. 343 - 345
Ehrhardt-Kramer, A.; Gerspach, M.; Hoppe, J. R. (Hrsg.): Integrative Erziehung behinderter und nichtbehinderter Kinder. Frankfurt 1988
Eißel, D.: Der Bluff mit dem Standort. In: GEW (Hrsg.), Erziehung und Wissenschaft 3. 1997. 16 - 18
Elias, N.: Über den Prozeß der Zivilisation Band 2. Frankfurt 1976
Ellger-Rüttgardt, S. (Hrsg.): Bildungs- und Sozialpolitik für Behinderte. München, Basel 1990
Eliacheff, C.: Das Kind, das eine Katze sein wollte - Psychoanalytische Arbeit mit Säuglingen und Kleinkindern. München 1994
Engelke, E.: Soziale Arbeit als Wissenschaft. Eine Orientierung. Freiburg 1993 (1992)
Erdheim, M.: Psychoanalyse, Adoleszenz und Nachträglichkeit. In: Psyche 10. 1993. 934 - 950
Erdheim, M.: Die gesellschaftliche Produktion von Unbewußtheit. Frankfurt 1984
Erikson, H. E.: Kindheit und Gesellschaft. Stuttgart 1971 (1950)
Erlich, S.; Blatt, S.: Narzißmus und Objektliebe. In: Psyche 11. 1990. 995 - 1018
Ettl, T.: Wer nicht hören will, muß fühlen. Zum Problem des Agierens in Kindertagesstätten. In: Kndheit 2. 1980
Eyferth, H. u.a. (Hrsg.): Handbuch der Sozialarbeit/Sozialpädagogik. Neuwied, Darmstadt 1984
Fatke, R. (Hrsg.): Jean Piaget: Meine Theorie der geistigen Entwicklung. Frankfurt 1985 (1983)
Fend, H.: Sozialgeschichte des Aufwachens. Frankfurt 1988

Ferchhoff, W.: Kindheit und Sport. In: Zentrum für Kindheits- und Jugendforschung (Hrsg.), Wandlungen der Kindheit. Opladen 1993a. 182 - 198

Ferchhoff, W.: Was wissen und können (Sozial)Pädagogen? In: Pädagogische Rundschau 5. 1993b. 745 - 761

Ferchhoff, W.: Individualisierte Kindheit heute. Kindliche Entwicklungsbedingungen im Spannungsfeld von Konsumverhalten, Medienrezeption und öffentlichem Raum am Ende des 20. Jahrhunderts. In: Archiv für Wissenschaft und Praxis der sozialen Arbeit 2. 1994. 108 - 123

Feuser, G.: Autismus Heute - Forderungen an Morgen. In: Bundesverband „Hilfe für das autistische Kind" (Hrsg.), Grundlagen der Pädagogik autistischer Kinder unter besonderer Berücksichtigung ihrer schulischen Erziehung und Bildung. Hamburg 1984

Feuser, G.: Allgemeine integrative Pädagogik und entwicklungslogische Didaktik. In: Behindertenpädagogik 1. 1989. 4 - 48

Feuser, G.: Entwicklungspsychologische Grundlagen und Abweichungen in der Entwicklung. In: Zeitschrift für Heilpädagogik 7. 1991. 425 - 441

Figdor, H.: „Pädagogisch angewandte Psychoanalyse" oder „Psychoanalytische Pädagogik"? In: Jahrbuch für Psychoanalytische Pädagogik Bd. 1. Mainz 1989. 136 - 172

Finger, U. (Finger-Trescher, U.): Narzißmus und Gruppe. Frankfurt 1977

Finger-Trescher, U.: Wirkfaktoren der Einzel- und Gruppenanalyse. Stuttgart, Bad Cannstatt 1991

Finger-Trescher, U.; Trescher, H.-G. (Hrsg.): Aggression und Wachstum. Mainz 1992

Fischer, W.: Über den Mangel an Skepsis in der Pädagogik. In: Zeitschrift für Pädagogik 5. 1990. 729 - 743

Flitner, A.: Konrad, sprach die Frau Mama... Über Erziehung und Nicht-Erziehung. München 1988 (1982)

Flitner, W.: Theorie des pädagogischen Weges und Methodenlehre. In: Nohl, H., Pallat, L. (Hrsg.), Handbuch der Pädagogik. Band 3. Langensalza, Berlin, Leipzig 1930

Foerster, H. von: Erkenntnistheorien und Selbstorganisation. In: Schmidt, S.J., Der Diskurs des Radikalen Konstruktivismus. Frankfurt 1994 (1987). 133 - 158

Freud, A.: Das Ich und die Abwehrmechanismen. München 1964

Freud, S.: Die Traumdeutung. Gesammelte Werke Bd. 2/3 (1900a)

Freud, S.: Analyse der Phobie eines fünfjährigen Knaben. Gesammelte Werke Bd. 7 (1909b)

Freud, S.: A note on the Unconscious in Psycho-Analysis (Einige Bemerkungen über den Begriff des Unbewußten in der Psychoanalyse). Gesammelte Werke Bd. 8 (1912g)

Freud, S.: Das Unbewußte. Gesammelte Werke Bd. 10 (1915e)

Freud, S.: Vorlesungen zur Einführung in die Psychoanalyse. Gesammelte Werke Bd. 11 (1916-17)

Freud, S.: Eine Schwierigkeit der Psychoanalyse. Gesammelte Werke Bd. 12 (1917a)

Freud, S.: Wege der psychoanalytischen Therapie. Gesammelte Werke Bd. 12 (1919a)

Freud, S.: Jenseits des Lustprinzips. Gesammelte Werke Bd. 13 (1920g)

Freud, S.: Die Zukunft einer Illusion. Gesammelte Werke Bd. 14 (1927c)

Freud, S.: Das Unbehagen in der Kultur. Gesammelte Werke Bd. 14 (1930a)

Freud, S.: Neue Folge der Vorlesungen zur Einführung in die Psychoanalyse. Gesammelte Werke Bd. 15 (1933a)

Freud, S.: Die endliche und die unendliche Analyse. Gesammelte Werke Bd. 16 (1937c)

Freud, S.: Abriß der Psychoanalyse. Gesammelte Werke Bd. 17 (1940a <1938>)

Fries, A.; Weiß, H.: Zum Problem der „Teilleistungsstörung" - Anmerkungen zu neuropsychologischen Konzepten und ihrem Stellenwert in der Heilpädagogik. In: Behindertenpädagogik 2. 1995. 129 - 156

Fröhlich, V.; Kannicht, A.: Erschwerte Entwicklungsbedingungen bei körperbehinderten Kindern. In: Bittner, G., Thalhammer, M. (Hrsg.) 1989. 199 - 207

Fthenakis, W.: Väter. Band I und II. München 1988a und b (1985)

Furrer, H.: Von der Integration zum Recht auf Verschiedenheit. In: Merz, H.-P., Frei, E. (Hrsg.), Behinderung - verhindertes Menschenbild? Luzern 1994. 67 - 91

Gaedt, Ch.: Psychische Störungen bei Menschen mit geistiger Behinderung aus Sicht der psychoanalytischen Entwicklungspsychologie. In: Soziale Psychiatrie 59. 1992

Gaedt, Ch.; Gärtner, D. (Hrsg.): Selbstentwertung - depressive Inszenierungen bei Menschen mit geistiger Behinderung. Neuerkerode 1990

Gängler, H.: „Die Beobachtung der Beobachter beim Beobachten...". Strukturmuster sozialpädagogischer Theorieproduktion. In: Thiersch, H.; Grunwald, K. (Hrsg.) 1995. 27 - 42

Geißler, K.A.; Hege, M.: Konzepte sozialpädagogischen Handelns. Weinheim, Basel 1995 (1988)

Gerspach, M.: Kritische Heilpädagogik. Überlegungen zu einer Neuorientierung aus psychoanalytischer Sicht. Frankfurt 1981
Gerspach, M.: Zum Konzept einer psychoanalytisch orientierten Heilpädagogik. In: Kindheit 2. 1982a. 109 - 122
Gerspach, M.: Der „Dritte" - Zur Psychoanalyse des Vaters. In: Gerspach, M., Hafeneger, B. (Hrsg.), Das Väterbuch. Frankfurt 1982b. 162 - 184
Gerspach, M.: Medizin und Menschenbild. In: Psychoanalyse 3. 1984. 209 - 222
Gerspach, M.: Narzißmus - ein Widersinn? In: Archiv für Wissenschaft und Praxis der sozialen Arbeit 3. 1985a. 203 - 225
Gerspach, M.: Stillen oder das Phantasma der Unendlichkeit. In: Kind und Umwelt. Beiträge zur analytischen Kinder- und Jugendlichen-Psychotherapie 48. 1985b. 18 - 30
Gerspach, M.: Frühkindliches Trauma und seelische Entwicklung. In: Psychoanalyse 4. 1985c. S. 253 - 273
Gerspach, M.: Über das Tabu der Verletzlichkeit - Zur Betroffenheit bei der Arbeit mit schwierigen Kindern. In: Behindertenpädagogik 4. 1986. 410 - 423
Gerspach, M.: Vom klassischen zum psychoanalytischen Paradigma in der Heilpädagogik. In: Reiser, H.; Trescher, H.-G. (Hrsg.) 1987a. 146 - 160
Gerspach, M.: Über psychoanalytische Pädagogik. In: Archiv für Wissenschaft und Praxis der sozialen Arbeit 2. 1987b. 84 - 97
Gerspach, M.: Mut zur Dummheit. Frankfurt 1988a
Gerspach, M.: Integrative Erziehung - Der Werdegang eines pädagogischen Sinnverständnisses. In: Ehrhardt-Kramer, A. u.a. (Hrsg.) 1988b. 35 - 61
Gerspach, M.: Einführung in die Heilpädagogik. Frankfurt 1989
Gerspach, M. (Hrsg.): Supervision für soziale Dienste am Beispiel der Gemeinde Riedstadt. Mainz 1991a
Gerspach, M.: Supervision - das Angebot zur Reflexion der eigenen professionellen Rolle. In: Gerspach, M. (Hrsg.) 1991b. 32 - 64
Gerspach, M.: Grundlagen einer psychoanalytischen Heilpädagogik. In: Behindertenpädagogik 3. 1992. 277 - 290
Gerspach, M.: Vom Verstehen des Physiologischen. In: Archiv für Wissenschaft und Praxis der sozialen Arbeit 3. 1993. 249 - 264
Gerspach, M.: George, der Ausreißer. Bruno Bettelheims Anregungen für die Heilpädagogik. In: Kaufhold, R. (Hrsg.), Annäherung an Bruno Bettelheim. Mainz 1994a. 244 - 256
Gerspach, M.: Erlebensstruktur und Behinderung. In: Psychosozial 3. 1994b. 109 - 124
Gerspach, M.: Zur Methodik des szenischen Verstehens Behinderter. In: Behindertenpädagogik 4. 1994c. 338 - 358
Gerspach, M.: Krise in der Pädagogik oder Pädagogisches an der Krise? In: Archiv für Wissenschaft und Praxis der sozialen Arbeit 1. 1995a. 3 - 17
Gerspach, M.: „Neuer Wein in alten Schläuchen?" - Die Integrative Schule Frankfurt im hessischen Bildungsgeschehen. In: Behindertenpädagogik 2. 1995b. 114 - 129
Gerspach, M.: Arbeit mit behinderten Menschen. Textbuch zum Video-Film. In: Gerspach, M.; Kreikkemeier, A.-L.; Bering, L., Medienpaket Soziale Arbeit als Beruf. Fachbereich Sozialpädagogik. Fachhochschule Darmstadt 1996a
Gerspach, M.: Integrative Erziehung im Kindergarten. In: Behindertenpädagogik 1. 1996b. 17 - 36
Gerspach, M.: Die Entwicklung eines tiefenhermeneutischen Konzepts für die Heilpädagogik. In: Mattner, D.; Gerspach, M. 1997a. 118 - 226
Gerspach, M.: „Willst'n paar aufs Maul?" Die Reaktivierung der narzißtischen Wut in der Adoleszenz. In: Krebs, H. u.a. (Hrsg.), Lebensphase Adoleszenz. Junge Frauen und Männer verstehen. Mainz 1997b. 148 - 172
Giesecke, H.: Das Ende der Erziehung. Neue Chancen für Familie und Schule. Stuttgart, 1985
Giesecke, H.: Die pädagogische Beziehung. Weinheim, München 1997
Goffman, E.: Stigma. Über Techniken der Bewältigung beschädigter Identität. Frankfurt 1975
Graf-Deserno, S.: Gestörtes Lernen - gestörte Beziehungen. Bensheim 1988
Groddeck, N.; Schumann, M. (Hrsg.): Modernisierung Sozialer Arbeit durch Methodenentwicklung und -reflexion. Freiburg 1994
Gröschke, D.: Praxiskonzepte der Heilpädagogik. München 1989
Grohnfeldt, M.: Zyklen und Perspektiven in der Sprachheilpädagogik. In: Ellger-Rüttgardt, S. (Hrsg.) 1990. 149 - 159
Groothoff, H.-H.: Erzieher. In: Lenzen, D. (Hrsg.) 1983. 382 - 386

Günter, S.O.; Straßmeier, W.: Zur Konduktiven Förderung. In: Frühförderung interdisziplinär 2. 1996. 49 - 58
Haag, G.: Psychoanalytischer Ansatz bei Autismus und kindlichen Psychosen. In: Kinderanalyse 2. 1996. 160 - 173
Habermas, J.: Zur Logik der Sozialwissenschaften. Frankfurt 1971 (1970)
Habermas, J.: Technik und Wissenschaft als 'Ideologie'. Frankfurt 1973a (1968a)
Habermas, J.: Erkenntnis und Interesse. Frankfurt 1973b (1968b)
Habermas, J.: Der philosophische Diskurs der Moderne. Frankfurt 1986 (1985)
Habermas, J.: Theorie des kommunikativen Handelns. Bd. 1 und 2. Frankfurt 1988a, 1988b (1981)
Habermas, J.: Vorstudien und Ergänzungen zur Theorie des kommunikativen Handelns. Frankfurt 1989 (1984)
Habermas, J.: Vorbereitende Bemerkungen zu einer Theorie der kommunikativen Kompetenz. In: Habermas, J.; Luhmann, N. (Hrsg.) 1990a (1971). 101 - 141
Habermas, J.: Theorie der Gesellschaft oder Sozialtechnologie? In: Habermas, J., Luhmann, N. (Hrsg.) 1990b (1971). 142 - 290
Habermas, J.: Gegen einen positivistisch halbierten Rationalismus. In: Adorno, Th. W. u.a., Der Positivismusstreit in der deutschen Soziologie. München 1993 (1968). 235 - 266
Habermas, J.: Zur Rekonstruktion des Historischen Materialismus. Frankfurt 1995 (1976)
Habermas, J.; Luhmann, N.: Theorie der Gesellschaft oder Sozialtechnologie - was leistet die Systemforschung? Frankfurt 1990 (1971)
Hackenberg, W.: Abwehr und Bewältigung in der Auseinandersetzung mit Behinderung. In: Frühförderung interdisziplinär 11. 1992. 97 - 107
Haeberlin, U.: Empirische Analyse und pädagogische Handlungsforschung. In: Zeitschrift für Pädagogik 5. 1975. 653 - 676
Haeberlin, U.: Begleitforschung in sonder- und heilpädagogischen Praxisprojekten. In: Zeitschrift für Heilpädagogik 6. 1993. 369 - 382
Hamburger, F.: Überlegungen zur Lage der universitären Sozialpädagogik. In: Erziehungswissenschaft 12. 1995a. 92 - 128
Hamburger, F.: Zeitdiagnose zur Theoriediskussion. In: Thiersch, H.; Grunwald, K. (Hrsg.) 1995b. 10 - 25
Hamburger, F.: Alte Positionen - neue Verirrungen. Anmerkungen zu den Bemerkungen von Klaus Prange zur Sozialpädagogik. In Erziehungswissenschaft 15. 1997. 46 - 49
Hanesch, W. u.a.: Armut in Deutschland. Reinbek 1994
Heeg, P.: Informative Forschungsinteraktionen. In: Breuer, F. (Hrsg.) 1996. 41 - 60
Heim, R.: Habermas, Freud und die Rationalität. In: Psyche 7. 1991. 561 - 589
Heinemann, E.: Szenisches Verstehen und fördernder Dialog im Unterricht der Sonderschule für Erziehungshilfe. In: Jahrbuch für Psychoanalytische Pädagogik Bd. 3. Mainz 1991. 127 - 138
Heinemann, E.: Psychoanalyse und Pädagogik im Unterricht der Sonderschule. In: Heinemann, E.; Rauchfleisch, U.; Grüttner, T. (Hrsg.), Gewalttätige Kinder. Frankfurt 1992. 39 - 89
Heiner, M.: Reflexion und Evaluation methodischen Handelns in der sozialen Arbeit. Basisregeln, Arbeitshilfen und Fallbeispiele. In: Heiner, M. u.a. (Hrsg.) 1995. 102 - 183
Heiner, M. u.a. (Hrsg.): Methodisches Handeln in der Sozialen Arbeit. Freiburg 1995
Heinze, Th. u.a.: Handlungsforschung im pädagogischen Feld. München 1975
Hentig, H. von: Humanisierung - eine verschämte Rückkehr zur Pädagogik. Stuttgart 1987
Herrmann, U.: Erziehung und Bildung in der Tradition Geisteswissenschaftlicher Pädagogik. In: Lenzen, D. (Hrsg.) 1983. 25 - 41
Hierdeis, H.; Hug, Th. (Hrsg.): Taschenbuch der Pädagogik. Bände 1 - 4. Baltmannsweiler 1996a - d
Hinz, A.: (Wieder-)Entdeckung der Heterogenität in der Schule? In: Schley, W. u.a. (Hrsg.) 1989. 49 - 74
Hirmke, V.: Er fürchtet sich vor dem schwarzen Mann oder: Ein Gastarbeiterkind zwischen zwei Welten. In: Leber, A. u.a. 1983. 103 - 116
Höhne, R.: Frühe Krankengymnastik - überschätzte Therapie, überforderte Therapeuten. In: Arbeitsgemeinschaft „Eltern für Integration" (Hrsg.), Integration in Hamburg. Hamburg 1985. 17 - 25
Hörster, R.; Müller, B. (Hrsg.): Jugend, Erziehung und Psychoanalyse. Zur Sozialpädagogik Siegfried Bernfelds. Neuwied, Berlin, Kriftel 1992
Hofmann, Ch.: Psychoanalytische Aspekte der Lernstörungen und Lernverweigerung. In: Büttner, Ch.; Finger-Trescher, U. (Hrsg.) 1991. 36 - 50
Hofmann, Ch.: Gruppenanalytisch orientierte Arbeit mit geistig behinderten Männern und Frauen. In: Jahrbuch für Psychoanalytische Pädagogik Bd. 5. Mainz 1994. 146 - 174

Holzkamp, K.: Kritische Psychologie. Frankfurt 1972
Horkheimer, M.; Adorno, Th. W.: Dialektik der Aufklärung. Frankfurt 1969 (1944)
Horn, K.: Das psychoanalytische als Teil eines sozialwissenschaftlichen Krankheitskonzepts. In: Muck, M. u.a., Information über Psychoanalyse. Frankfurt 1974. 137 - 175
Horn, K.: Subjektivität, Demokratie und Gesellschaft. Schriften zur kritischen Theorie des Subjekts II. Frankfurt 1990
Horn, K.: Sozialisation und strukturelle Gewalt. Schriften zur kritischen Theorie des Subjekts III. Frankfurt 1996
Hovorka, H.: Sozialpädagogik/Sozialarbeit/Psychosoziale Arbeit. In: Hierdeis, H.; Hug, H. (Hrsg.) 1996(d). 1401 - 1412
Iben, G. (Hrsg.): Das Dialogische in der Heilpädagogik. Mainz 1988
Jouhy, E.: Dritte Welt: Erziehungsprobleme. In: Eyferth, H. u.a. (Hrsg.) 1984. 252 - 263
Kallenbach, K.: Zur psychosozialen Situation von Vätern körperlich und/oder geistig behinderter Kinder - Eine kritische Analyse des Forschungsstandes. In: Behindertenpädagogik 3. 1992. 264 - 277
Kallenbach, K. (Hrsg.): Väter behinderter Kinder. Frankfurt 1994
Karsten, M.-E.: Soziale Berufe: Professionalisierungsprozesse und Berufs(aus)bildungsstruktur. Aspekte zur Bilanz. In: Thiersch, H.; Grunwald, K. (Hrsg.) 1995. 93 - 118
Katzenbach, D.: Die soziale Konstitution der Vernunft. Heidelberg 1992
Kaufhold, R.: Überlegungen zu einer psychoanalytisch fundierten Arbeit mit autistischen und psychotischen Kindern und Jugendlichen - nach Bruno Bettelheim, Maud Mannoni und Stephan Becker. In: Dzikowski, S.; Arens, Ch. (Hrsg.), Autismus heute. Band 2. Dortmund 1990. 231 - 244
Kautter, H. u.a. (Hrsg.): Das Kind als Akteur seiner Entwicklung. Heidelberg 1988
Keller, H., Chasiotis, A.: Die Rolle des Vaters für die frühe Entwicklung des Kindes. In: Psychosozial 46. 1991. 67 - 75
Kersting, H.J.: Identitätsbildung und Berufsrolle in der Jugendarbeit. In: Klüsche, W. (Hrsg.) 1993(a). 9 - 25
Kittel, I.-W.: Einige Bemerkungen zur Terminologie. In: Schulz, W.; Hautzinger, M. (Hrsg.), Psychotherapie und Gesellschaft (Klinische Psychologie und Psychotherapie) Bd. 1. Tübingen, Köln 1980
Klafki, W.: Zur Theorie der kategorialen Bildung. In: Weber, E. (Hrsg.), Der Erziehungs- und Bildungsbegriff im 20. Jahrhundert. Bad Heilbrunn 1969. 64 - 85
Klafki, W.: Handlungsforschung im Schulfeld. In: Zeitschrift für Pädagogik 4. 1973. 485 - 516
Klein, F.: Heilpädagogik und Sozialarbeit in Praxis und Theorie - Fragment eines heilpädagogischen Handlungsbegriffs. In: Behindertenpädagogik 1. 1993. 84 - 92
Klein, F.; Kübler, K.-D.: Das basal-dialogische Prinzip in der unmittelbaren Begegnung. In: Vierteljahresschrift für Heilpädagogik und ihre Nachbargebiete 1. 1997. 43 - 52
Klein, G.: Frühförderung als Spielförderung oder Training nach Förderprogrammen? In: Zeitschrift für Heilpädagogik 9. 1996. 373 - 380
Klein, Gi. u.a.: Integrative Prozesse in Kindergartengruppen. Über die gemeinsame Erziehung von behinderten und nichtbehinderten Kindern. München 1987
Kleinbach, K.: Sehzwang als Blindheit - Versuch zum 'diagnostischen Blick' in der Sonderpädagogik. In: Behindertenpädagogik 2. 1993. 140 - 152
Kleinbach, K.: Zur ethischen Begründung einer Praxis der Geistigbehindertenpädagogik. Bad Heilbrunn 1994
Klüsche, W. (Hrsg.): Professionelle Identitäten in der Sozialarbeit/Sozialpädagogik. Aachen 1993a
Klüsche, W.: Befähigung zur Konfliktbewältigung - Ein identitätsstiftendes Merkmal für SozialarbeiterInnen/SozialpädagogInnen. In: Klüsche, W. (Hrsg.) 1993b. 73 - 107
Kniel, A.; Kniel, Ch.: Behinderte Kinder und Kindergartenwahl. München 1986
Kobi, E. E.: Personorientierte Modelle der Heilpädagogik. In: Bleidick, U. (Hrsg.) 1985. 273 - 294
Köhler, G.: Neubeginnen nach Inventur. In: GEW (Hrsg.), Erziehung und Wissenschaft 5. 1997. 19 - 21
König, E.: Bilanz der Theorieentwicklung in der Erziehungswissenschaft. In: Zeitschrift für Pädagogik 6. 1990. 919 - 936
Körner, J.: Kritik der „therapeutischen Ich-Spaltung". In: Psyche 5.1989. 385 - 396
Körner, J.; Ludwig-Körner, Ch.: Psychoanalytische Sozialpädagogik. Freiburg 1997
Kohut, H.: Narzißmus. Frankfurt 1973
Kohut, H.: Die Zukunft der Psychoanalyse. Frankfurt 1975
Kohut, H.: Die Heilung des Selbst. Frankfurt 1981
Kolt, Ch.; Rother, H.-J.: Förderdiagnostik in der Sackgasse. In: Behindertenpädagogik 4. 1984. 332 - 343
Koring, B.: Eine Theorie pädagogischen Handelns. Weinheim 1989

Kraimer, K.: Die Rückgewinnung des Pädagogischen. Weinheim, München 1994a
Kraimer, K.: Zur Frage der Ausgestaltung rekonstruktiver Forschung in der Sozialarbeitswissenschaft. In: Wundt, W.R. (Hrsg.) 1994b. 134 - 142
Krawitz, R.: Neue Möglichkeiten der sonderpädagogischen Diagnostik (aus individualpädagogischer Sicht). In: Behindertenpädagogik 4 (31). 1992. 370 - 379
Krebs, H.: Zur Zusammenarbeit von Erziehungsberatungsstelle und Schule. Kritische Reflexion eines schwierigen Verhältnisses. In: Büttner, Ch.; Finger-Trescher, U. (Hrsg.) 1991. 155 - 171
Kron, M.: Kindliche Entwicklung und die Erfahrung von Behinderung. Frankfurt 1988a
Kron, M.: Integrative Prozesse in Kindergärten - Theorie und Erfahrungen aus der Praxis. In: Eberwein, H. (Hrsg.) 1988(a)b. 123 - 127
Kronenberger, G.: Reform aus der Mitte? Die Rolle von Leitungskräften der Sozialverwaltung im Modernisierungsprozeß. In: Archiv für Wissenschaft und Praxis der sozialen Arbeit 2. 1997. 170 - 178
Krovoza, A.: Produktion und Sozialisation. Köln, Frankfurt 1976
Krückemeyer-Lehmann, Ch.: Gespräche mit Säuglingen - Zum Buch von Caroline Eliacheff (1994): Das Kind, das eine Katze sein wollte. In: Kinderanalyse 4. 1995. 400 - 406
Kupffer, H.: Normative Grundlagen pädagogisch-sozialen Handelns. In: Speck, O.; Martin, K.-R. (Hrsg.) 1990. 160 - 173
Lachauer, R.: Der „Handlungsdialog" im therapeutischen Prozeß. In: Psyche 12.1990. 1082 - 1099
Langer, S.: Philosophie auf neuem Weg. Das Symbol im Denken, im Ritus und in der Kunst. Frankfurt 1965
Laplanche, J.; Pontalis, J.-B.: Das Vokabular der Psychoanalyse. Frankfurt 1972 (1967)
Lazar, R.A.: Vorläufer der Triangulierung. In: Forum Psychoanal. 3. 1988. 28 - 39
Lear, J.: The Shrink is in. In: Psyche 7. 1996. 599 - 626
Leber, A.: Psychoanalytische Aspekte einer heilpädagogischen Theorie. In: Bürli, A. (Hrsg.) 1977. 81 - 91
Leber, A.: Heilpädagogik - was soll sie heilen? In: Schneeberger, F. (Hrsg.), Erziehungserschwernisse. Antworten aus dem Werk Paul Moors. Luzern 1979. 59 - 77
Leber, A.: Der Wilde von Aveyron und sein Lehrer. In: Kindheit 1. 1981. 27 - 39
Leber, A.: Frühe Erfahrung und späteres Leben. In: Leber, A. u.a. 1983. 11 - 28
Leber, A.: Heilpädagogik. In: Eyferth, H. u.a. (Hrsg.) 1984. 475 - 486
Leber, A.: Wie wird man psychoanalytischer Pädagoge? In: Bittner, G.; Ertle, Ch. (Hrsg.) 1985. 151 - 165
Leber, A.: Zur Begründung des fördernden Dialogs in der psychoanalytischen Heilpädagogik. In: Iben, G. (Hrsg.) 1988. 41 - 61
Leber, A.: Der Zusammenhang zwischen emotionaler und kognitiver Entwicklung in der frühen Kindheit. In: Büttner, Ch.; Ende, A. (Hrsg.) 1989a. 169 - 184
Leber, A.: Ein Prototyp der Traumabewältigung? In: Psychosozial 37. 1989b. 22 - 27
Leber, A.: Der Konstruktivismus Jean Piagets in seiner Bedeutung für Theorie und Praxis der Psychoanalyse. In: Streeck, U., Werthmann, H.-V. (Hrsg.), Herausforderungen für die Psychoanalyse. München 1990. 273 - 290
Leber, A.: Ein Schlüssel zum Verständnis menschlichen Verhaltens. In: Piaget, J. 1995. 151 - 181
Leber, A. u.a.: Lernprozesse bei der Arbeit mit sozial benachteiligten Kindern. In: Deutsche Jugend 9. 1979. 74 - 82
Leber, A. u.a.: Reproduktion der frühen Erfahrung. Frankfurt 1983
Leber, A. u.a.: Krisen im Kindergarten. Frankfurt 1989
Leber, A., Gerspach, M.: Geschichte der Psychoanalytischen Pädagogik in Frankfurt am Main. In: Plänkers, T. u.a. (Hrsg.), Psychoanalyse in Frankfurt am Main. Tübingen 1996. 489 - 541
Lenzen, D. (Hrsg.): Enzyklopädie Erziehungswissenschaft. Band 1. Stuttgart 1983
Lenzen, D. (Hrsg.): Enzyklopädie Erziehungswissenschaft. Band 4. Stuttgart 1985
Lévinas, E.: Die Spur des Anderen. Untersuchungen zur Phänomenologie und Sozialphilosophie. Freiburg, München 1983
Lichtenberg, J.: Psychoanalyse und Säuglingsforschung. Berlin 1991
Lincke, H.: Instinktverlust und Symbolbildung. Berlin 1981
Loch, W.: Phänomenologische Pädagogik. In: Lenzen, D. (Hrsg.) 1983. 150 - 173
Löchel, E.: Zur Genese des Symbols in der kindlichen Entwicklung. In: Kinderanalyse 3. 1996. 254 - 286
Lohmann, H.-M.: Die Psychoanalyse auf der Couch. Frankfurt 1984
Lorenzer, A.: Perspektiven einer kritischen Theorie des Subjekts. Frankfurt 1972a
Lorenzer, A.: Zur Begründung einer materialistischen Sozialisationstheorie. Frankfurt 1972b

Lorenzer, A.: Sprachzerstörung und Rekonstruktion. Frankfurt 1973 (1970)
Lorenzer, A.: Die Wahrheit der psychoanalytischen Erkenntnis. Frankfurt 1974
Lorenzer, A.: Sprachspiel und Interaktionsformen. Frankfurt 1977
Lorenzer, A.: Die Analyse der subjektiven Struktur von Lebensläufen und das gesellschaftlich Objektive. In: Baacke, D.; Schulze, Th. (Hrsg.), Aus Geschichte lernen: Zur Einübung pädagogischen Verstehens. München 1979. 129 - 145
Lorenzer, A.: Das Konzil der Buchhalter. Frankfurt 1981
Lorenzer, A.: Sprache. Lebenspraxis und szenisches Verstehen in der psychoanalytischen Therapie. In: Psyche 2 (37). 1983. 97 - 115
Lorenzer, A.: „...gab mir Gott zu sagen, was ich leide“ - Emanzipation und Methode. In: Psyche 12. 1986. 1051 - 1062
Lorenzer, A.: Hermeneutik des Leibes. In: Merkur 42. 1988. 838 - 852
Lotz, W.: Vom interagierenden zum handelnden Erzieher. Überlegungen zur Tiefenhermeneutik pädagogischer Interaktion. In: Reiser, H., Trescher, H.-G. (Hrsg.) 1987. 161 - 180
Lotz, W.: Zur Entwicklung pädagogischer Handlungsorientierung im Spannungsfeld sprachlich-diskursiver und sinnlich-präsentativer Organisation. 1991 (unveröffentlichtes Manuskript)
Lotz, W.: Kann man erziehen lernen? In: päd extra 10. 1992. 40 - 45
Lüpke, H. von: „Kinder, die nicht tun, was sie könnten". In: Hölter, G. (Hrsg.), Bewegung und Therapie. Dortmund 1988. 24 - 32
Lüpke, H. von: Psychodynamische Aspekte bei der „Minimalen Cerebralen Dysfunktion" („MCD") - dargestellt an einem Fallbeispiel. In: Jahrbuch für Psychoanalytische Pädagogik Bd. 1. Mainz 1989. 74 - 89
Luhmann, N.: Einfach Sozialsysteme. In: Zeitschrift für Soziologie 1. 1972. 51 - 65
Luhmann, N.: Formen des Helfens im Wandel gesellschaftlicher Bedingungen. In: Otto, W.-U.; Schneider. S. (Hrsg.), Gesellschaftliche Perspektiven der Sozialarbeit 1. 1973a
Luhmann, N.: Selbst-Thematisierung des Gesellschaftssystems. In: Zeitschrift für Soziologie 2. 1973b. 21 - 46
Luhmann, N.: Soziologische Aufklärung Bd 2. Opladen 1975a
Luhmann, N.: Macht. Stuttgart 1975b
Luhmann, N.: Soziale Systeme. Grundriß einer allgemeinen Theorie. Frankfurt 1984
Luhmann, N.: Die Autopoiesis des Bewußtseins. In: Soziale Welt 36. 1985
Luhmann, N.: Soziologische Aufklärung Bd. 4. Opladen 1987
Luhmann, N.: Soziologische Aufklärung. Band 1. Opladen 1988a
Luhmann, N.: Die Grenze der Steuerung. In: Luhmann, N., Die Wirtschaft der Gesellschaft. Frankfurt 1988b. 324 - 349
Luhmann, N.; Schorr, K.-E.: Reflexionsprobleme im Erziehungssystem. Frankfurt 1988 (Stuttgart 1979)
Maass, D.: Psychoanalytische Pädagogik in der Frühförderung und Frühberatung mit behinderten Kindern und ihren Eltern. In: Muck, M.; Trescher, H.-G. (Hrsg.) 1993. 305 - 320
Mahler, M. u.a.: Die psychische Geburt des Menschen. Symbiose und Individuation. Frankfurt 1980 (1978)
Mahns, B.: Musik bei geistig Behinderten zwischen Beschäftigung und Therapie. In: Musiktherapeutische Umschau 6. 147 - 161
Mannoni, M.: Das zurückgebliebene Kind und seine Mutter. Olten 1972
Marburger, H.: Entwicklung und Konzepte der Sozialpädagogik. München 1981 (1979)
Mattner, D.: Zur Dialektik des gelebten Leibes. Dortmund 1987
Mattner, D.: Minimale cerebrale Dysfunktion - Abschied von einem bewährten Konzept? In: Motorik 2. 1988. 64 - 73
Mattner, D.: Vom Sinn des Unsinnigen - Überlegungen zum hyperkinetischen Verhalten. In: Jahrbuch für Psychoanalytische Pädagogik Bd. 1. 1989. 90 - 100
Mattner, D.: Wissenschaftstheoretische Grundlegung einer heilpädagogischen Anthropologie. In: Mattner, D.; Gerspach, M. 1997. 13 - 117
Mattner, D.; Gerspach, M.: Heilpädagogische Anthropologie. Stuttgart, Berlin, Köln 1997
Maturana, H.R.; Varela, F.J.: Der Baum der Erkenntnis. Bern, München, Wien 1987 (1984)
Meinberg, E.: Das Menschenbild in der modernen Erziehungswissenschaft. Darmstadt 1988
Meinhold, M.: Qualitätssicherung und Qualitätsmanagment in der Sozialen Arbeit. Freiburg 1997 (1996)
Merkens, L.: Einführung in die historische Entwicklung der Behindertenpädagogik in Deutschland unter integrativen Aspekten. München, Basel 1988

Mertens, E.: Psychoanalytische Untersuchungen zur Pathologie der Lese-Rechtschreibschwäche. In: Analytische Kinder- und Jugendlichen-Psychotherapie 93. 1997. 57 - 76
Mertens, W. (Hrsg.): Schlüsselbegriffe der Psychoanalyse. Frankfurt 1993
Mertens, W.: Entwicklung der Psychosexualität und der Geschlechtsidentität. Band 1. Stuttgart, Berlin, Köln 1994
Meyer, A., Pauli, U.: Entwicklungsverlauf und Familienklima bei Risikokindern. In: Jahrbuch der medizinischen Psychologie. Bd. 4. Berlin, Heidelberg, New York, Tokyo 1991. 186 - 204
Milani-Comparetti, A.: Von der „Medizin der Krankheit" zu einer „Medizin der Gesundheit". In: Paritätisches Bildungswerk - Bundesverband e.V. (Hrsg.), Von der Behandlung der Krankheit zur Sorge um Gesundheit. Frankfurt 1986 (zusammenfassende Darstellung von E. Jäger). 9 - 18
Milani-Comparetti, A.: Grundlagen der Integration behinderter Kinder und Jugendlicher in Italien. In: Behindertenpädagogik 3. 1987. 227 - 234
Mitscherlich, A.: Aggression und Anpassung. In: Marcuse, H. u.a., Aggression und Anpassung in der Industriegesellschaft. Frankfurt 1969. 80 - 127
Möckel, A.: Erziehungskrisen als Herausforderung. In: Zeitschrift für Heilpädagogik 8. 1987. 487 - 496
Möhring, P.; Neraal, T. (Hrsg.): Psychoanalytisch orientierte Familien- und Sozialtherapie. Opladen 1991
Molitor, G.; Naumann-Lenzen, M.: Ist die frühkindliche Störung ubiquitär? In: Beiträge zur analytischen Kinder- und Jugendlichen-Psychotherapie 75. 1992. 1 - 28
Moll, J.: Berührungsängste und Trennungslinien zwischen der Reformpädagogik und der Psychoanalyse in den zwanziger Jahren. In: Hasenclever, W.-D. (Hrsg.), Pädagogik und Psychoanalyse. Frankfurt, Bern, New York, Paris 1990. 49 - 67
Mollenhauer, K.: Einführung in die Sozialpädagogik. Weinheim, Basel 1993 (1964)
Mollenhauer, K.: Vergessene Zusammenhänge. Über Kultur und Erziehung. München 1983
Mollenhauer, K.: Umwege. Über Bildung, Kunst und Interaktion. Weinheim, München 1986
Mollenhauer, K.; Rittelmeyer, Ch.: „Empirisch-analytische Wissenschaft“ versus „Pädagogische Handlungsforschung“: eine irreführende Alternative. In: Zeitschrift für Pädagogik 5. 1975. 687 - 693
Moor, P.: Grundlagen und Zielsetzungen der Heilpädagogik aus pädagogischer Sicht. In: Mitglieder-Rundbrief des Allgemeinen Fürsorgerziehungstages e.V. Hannover-Kleefeld 1963
Muck, M.: Psychoanalyse und Schule. In: Büttner, Ch.; Finger-Trescher, U. (Hrsg.) 1991. 24 - 35
Muck, M.: Psychoanalytisches Basiswissen. In: Muck, M.; Trescher, H.-G. (Hrsg.) 1993. 13 - 62
Muck, M.; Trescher, H.-G. (Hrsg.): Grundlagen der Psychoanalytischen Pädagogik. Mainz 1993
Muckel, P.: Selbstreflexivität und Subjektivität im Forschungsprozeß. In: Breuer, F. (Hrsg.) 1996. 61 - 78
Müller, B.: Psychoanalytische Pädagogik und Sozialarbeit. In: Jahrbuch für Psychoanalytische Pädagogik Bd. 1. Mainz 1989. 120 - 135
Müller, B.: Sisyphos und Tantalus - Bernfelds Konzept des „Sozialen Ortes" und seine Bedeutung für die Sozialpädagogik. In: Hörster, R., Müller, B. (Hrsg.) 1992. 59 - 74
Müller, B.: Sozialpädagogisches Können. Freiburg 1994 (1993)
Müller, B.: Außensicht - Innensicht. Freiburg 1995
Müller, S.: Aschenputtel, Dornröschen und der Froschkönig. In: Erziehungswissenschaft 15. 1997. 50 - 54
Muth, J.: Integration von Behinderten. Über die Gemeinsamkeit im Bildungswesen. Essen 1986
Myschker, N.: Sondereinrichtungen und -maßnahmen für Schüler mit psychosozialen Schwierigkeiten im öffentlichen Schulwesen Berlins. In: Ellger-Rüttgardt, S. (Hrsg.) 1990. 102 - 115
Nauck, B.: Familien- und Betreuungssituation im Lebenslauf von Kindern. In: Bertram, H. (Hrsg.) 1991. 389 - 428
Nave-Herz, R.: Kontinuität und Wandel in der Bedeutung, in der Struktur und Stabilität von Ehe und Familie in der Bundesrepublik Deutschland. In: Nave-Herz, R. (Hrsg.), Wandel und Kontinuität der Familie in der Bundesrepublik Deutschland. Stuttgart 1988. 61 - 94
Neraal, T.: Ein beziehungsdynamisches Konfliktmodell zum Verständnis und zur Behandlung psychiatrischer Störungen. In: Möhring, P.; Neraal, T. (Hrsg.) 1991. 356 - 375
Neuhäuser, G.: Konduktive Pädagogik und Förderung nach Petö im internationalen Vergleich. In: Frühförderung interdisziplinär 2. 1996. 78 - 82
Neuhäuser, G.; Beckmann, D.; Pauli, U.: Psychologische Determinanten neurologischer Symptome und neurologischer Syndrome bei Kleinkindern. In: Jahrbuch der medizinischen Psychologie. Bd. 2. Berlin, Heidelberg, New York, Tokyo 1989. 139 - 156
Neuhäuser, G.; Beckmann, D.; Pauli, U.: Zur Entwicklung sogenannter Risikokinder. In: Frühförderung interdisziplinär 9. 1990. 1 - 11

Neumann-Wirsig, H.: Supervision - systemisch betrachtet. In: Kersting, H.; Neumann-Wirsig, H. (Hrsg.), Supervision - Konstruktion von Wirklichkeiten. Aachen 1992. 10 - 21
Niedecken, D.: Namenlos. Geistig Behinderte verstehen. München 1989
Nittel, D.: Biographische Forschung - ihre historische Entwicklung und praktische Relevanz in der Sozialen Arbeit. In: Groddeck, N., Schumann, M. (Hrsg.) 1994. 147 - 188
Nitzschke, B.: Die besondere Wissensform der Psychoanalyse: Wissenshistorische Anmerkungen zum Junktim zwischen Heilen und Forschen in der Freudschen Psychoanalyse. In: Buchholz, M.; Streeck, U. (Hrsg.) 1994. 13 - 37
Oelkers, J.: Was bedeutet Qualität in der Pädagogik? In: Arnold, R. (Hrsg.), Qualitätssicherung in der Erwachsenenbildung. Opladen 1977. 13 - 28
Opp, G.: Schulische Integration: Impulse für eine Neubestimmung der Diskussion. In: Zeitschrift für Heilpädagogik 9. 1996. 354 - 359
Oppl, H.: Die Handlungstheoretische Orientierung der Sozialarbeit. In: Speck, O; Martin, K.-R. (Hrsg.) 1990. 269 - 282
Ortner, A.; Ortner, R.: Verhaltens- und Lernschwierigkeiten. Weinheim, Basel 1995 (1991)
Pagel, G.: Lacan zur Einführung. Hamburg 1989
Paulsen, S.: Wie entsteht Beziehung? Beitrag und Perspektive der Säuglingsforschung. In: Beiträge zur analytischen Kinder- und Jugendlichen-Psychotherapie 76. 1992. 35 - 61
Paulsen, S.: Vorbemerkungen zum Verhältnis von Psychoanalyse und Säuglingsforschung. In: Analytische Kinder- und Jugendlichen-Psychotherapie 91. 1996. 205 - 211
Petermann, F.: Verhaltensstörungen in der Schule. In: Petermann, U. (Hrsg.) 1994. 17 - 37
Petermann, U. (Hrsg.): Verhaltensgestörte Kinder. Salzburg 1994
Petrik, R.: Szenisches Verstehen - Forschungsinstrument und/oder Handlungskonzept Psychoanalytischer Pädagogik? In: Jahrbuch für Psychoanalytische Pädagogik Bd. 4. Mainz 1992. 163 - 178
Peuckert, R.: Familienformen im sozialen Wandel. Opladen 1996
Pfeffer, W.: Fremdverstehen auf der präreflexiven Ebene erzieherischer Interaktion. In: Eberwein, H. (Hrsg.), Fremdverstehen sozialer Randgruppen. Ethnographische Feldforschung in der Sonder- und Sozialpädagogik. Berlin 1987
Piaget, J.: Les relations entre l'intelligence et l'afffectivité dans le développement de l'enfant. In: Bulletin de Psychologie (1954). Aufgenommen in Piaget, J. 1995
Piaget, J.: Abriß der genetischen Epistemologie. Olten und Freiburg 1970
Piaget, J.: Der Aufbau der Wirklichkeit beim Kinde. Stuttgart 1974 (1937)
Piaget, J.: Das Erwachen der Intelligenz beim Kinde. Stuttgart 1975 (1936)
Piaget, J.: Intelligenz und Affektivität in der Entwicklung des Kindes. Herausgegeben und übersetzt von A. Leber. Frankfurt 1995
Pilz, I.: Symbol, Symbolisierungsfähigkeit und die Bedeutung des Symbols in der Kinder- und Jugendlichen-Psychotherapie. In: Analytische Kinder- und Jugendlichen-Psychotherapie 86. 1995. 93 - 108
Plänkers, T.: Kann die Systemtheorie eine Metatheorie für psychoanalytische Theorie und Praxis sein? In: Zeitschrift für psychoanalytische Theorie und Praxis. 1. 1995. 119 - 143
Pollak, Th.: Zur Methodik und Technik psychoanalytischer Teamsupervision. In: Becker, H. (Hrsg.), Psychoanalytische Teamsupervision. Göttingen, Zürich 1995. 51 - 78
Prange, K.: Erziehung im Leviathan. Versuch über die Lehrbarkeit der Erziehung. Bad Heilbrunn 1991
Prengel, A.: Pädagogik der Vielfalt. Opladen 1995
Preuss-Lausitz, U.: Frieden und Umwelt - Bildung als Lebenschance. In: Sozialistisches Büro (Hrsg.), Bildung im Wandel. Offenbach 1986. 27 - 44
Preuss-Lausitz, U.: Wandel der Kindheit, der Sozialcharakter und die Aufgaben der Bildung. In: Kann denn Schule schöner sein? Eine Dokumentation des Bildungskongresses der GRÜNEN. Frankfurt 1988. 5 - 9
Preuss-Lausitz, U.: Die Kinder des Jahrhunderts. Zur Pädagogik der Vielfalt im Jahr 2000. Weinheim 1993
Prior, H.: Sozialformen des Unterrichts. In: Lenzen, D. (Hrsg.) 1985. 143 - 159
Puhl, R. (Hrsg.): Sozialarbeitswissenschaft. Weinheim, München 1996
Racker, H.: Übertragung und Gegenübertragung. München, Basel 1993
Rauchfleisch, U.: Menschen in psychosozialer Not. Göttingen, Zürich 1996
Rauh, H.; Vogel, D.: Entwicklungsförderung durch Frühförderung. Entwicklungspsychologische Aspekte von Effektivitätsuntersuchungen. In: Speck, O. u.a. (Hrsg.) 1987. 43 - 49
Rauschenbach, Th.: Die unvollendete Reform. In: Thiersch, H.; Grunwald, K. (Hrsg.) 1995. 75 - 92
Rauschenbach, Th.; Gängler, H. Hrsg.): Soziale Arbeit und Erziehung in der Risikogesellschaft. Neuwied, Kriftel, Berlin 1992

Rauschenbach, Th.; Thiersch, H. (Hrsg.): Die herausgeforderte Moral. Bielefeld 1987
Reiche, R.: Von innen nach außen? Sackgassen im Diskurs über Psychoanalyse und Gesellschaft. In: Psyche 3. 1995. 227 - 258
Reichel-Kaczenski, G.: Lernen durch erlebte Einsicht. Gießen 1997
Reis, C.: Handlungstheorie. In: Deutscher Verein für öffentliche und private Fürsorge (Hrsg.), Fachlexikon der sozialen Arbeit. Frankfurt 1986². 386 - 387
Reischmann, J.: Die Erfassung von Weiterbildungs-Wirkungen: Probleme und Möglichkeiten. In: Arnold, R. (Hrsg.), Qualitätssicherung in der Erwachsenenbildung. Opladen 1977. 119 - 132
Reiser, H.: Beziehung und Technik in der psychoanalytisch orientierten themenzentrierten Gruppenarbeit. In: Reiser, H.; Trescher, H.-G. (Hrsg.) 1987a. 181 - 196
Reiser, H.: Stellenwert von Integration Behinderter in der GRÜNEN Bildungspolitik. In: GRÜNE und Alternative in den Kommunalvertretungen Hessen e.V. (Hrsg.), Integration behinderter Kinder in die Regelschule. Fulda 1987b. 7 - 14
Reiser, H.: Dialog im Gruppenprozeß - Zur Vermittlung dialogischer Philosophie und pädagogischer Praxis. In: Iben, G. (Hrsg.) 1988. 23 - 40
Reiser, H.: Entwicklung und Störung - Vom Sinn kindlichen Verhaltens. In: Behindertenpädagogik 3. 1993. 254 - 263
Reiser, H.: Die Weiterentwicklung der sonderpädagogischen Förderung in der Bundesrepublik Deutschland - Möglichkeiten und Grenzen. In: Behindertenpädagogik 1. 1995. 11 - 24
Reiser, H.: Arbeitsplatzbeschreibungen - Veränderungen der sonderpädagogischen Berufsrolle. In: Zeitschrift für Heilpädagogik 5. 1996. 178 - 186
Reiser, H.: Lern- und Verhaltensstörungen als gemeinsame Aufgabe von Grundschul- und Sonderpädagogik unter dem Aspekt der pädagogischen Selektion. In: Zeitschrift für Heilpädagogik 7. 1997. 266 - 275
Reiser, H.; Trescher, H.-G. (Hrsg.): Wer braucht Erziehung? Mainz 1987
Richter, H.-E.: Eltern, Kind und Neurose. Die Rolle des Kindes in der Familie. Reinbek 1972 (1963)
Rochel, M.; Neuhäuser, G.: Medizinischer Vergleich zwischen der Konduktiven Förderung und anderen, in Deutschland etablierten Frühförderkonzepten. In: Frühförderung interdisziplinär 2. 1996. 67 - 72
Rödler, P.: Menschen, lebenslang auf Hilfe anderer angewiesen. Frankfurt 1993
Rösner, H.-U.: Auf der Suche nach einer anderen Gerechtigkeit - Behindertsein und Anerkennungspolitik -. In: Behindertenpädagogik 2. 1996. 130 - 139
Rösner, H.-U.: Selbstsorge und Sorge für den Anderen. Ethische Überlegungen zum Behindertsein. In: Zeitschrift für Heilpädagogik 2. 1997. 46 - 54
Romer, G.; Sossin, K.: Psychische Aspekte des Haltens und Tragens beim Säugling. In: Psychosozial 46. 1991. 38 - 46
Rosenberger, M. (Hrsg.): Ratgeber gegen Aussonderung. Heidelberg 1988
Rotmann, M.: Über die Bedeutung des Vaters in der „Wiederannäherungs-Phase". In: Psyche 12. 1978. 1105 - 1147
Rotmann, M.: Der Vater der frühen Kindheit - ein strukturbildendes drittes Objekt. In: Bittner, G. (Hrsg.), Selbstwerden des Kindes. Fellbach 1981
Ruhmer, D.: Zum Problem heilpädagogischer Tagesgruppenarbeit an verhaltensgestörten Kindern aus tiefenpsychologischer Sicht. Unveröffentl. Manuskript. Frankfurt 1973
Sarimski, K.: Interaktion mit behinderten Kleinkindern. München 1986
Schaeffer, D.: Tightrope Walking. In: Dewe, B. u.a. (Hrsg.) 1992. 200 - 229
Schepping, J.: Verhaltensauffälligkeiten in Kindergarten und Hort. Donauwörth 1995 (1991)
Scherr, A.: Überlegungen zu einer subjekttheoretischen Begründung der Theorie sozialer Arbeit. In: Neue Praxis 2. 1992. 158 - 165
Scherr, A.: Sind Jugendliche individualisiert? In: Gegenwartskunde 2. 1994. 173 - 184
Scherr, A.: Was können und sollen SozialpädagogInnen können? In: Pädagogischer Blick 1. 1996. 14 - 25
Schlack, H. G.: Die soziale Interaktion: Mittelpunkt therapeutischer Intervention zur Entwicklungsförderung behinderter Kinder. In: Speck, O. u.a. (Hrsg.) 1987. 95 - 101
Schleider, K.: Psychodiagnostische Methoden und ihre Bedeutung für heil- und sonderpädagogisches Handeln. In: Zeitschrift für Heilpädagogik 5. 1997. 190 - 196
Schley, W. u.a. (Hrsg.): Integrationsklassen in Hamburger Gesamtschulen. Hamburg 1989
Schlüter, W.: Soziales Helfen - Sozialphilosophische Grundlagen. In: Speck, O.; Martin, K.-R. (Hrsg.) 1990. 148 - 159

Schmetz, D.: Die verstehende Perspektive in der Pädagogik der Verhaltensstörungen. In: Zeitschrift für Heilpädagogik 12. 1990. 869 - 878
Schmidt-Grunert, M: Soziale Arbeit mit Gruppen. Freiburg 1997
Schnoor, H.: Aspekte einer psychoanalytisch orientierten Pädagogik für Personen mit einer geistigen Behinderung. In: Jahrbuch für Psychoanalytische Pädagogik Bd. 4. Mainz 1992. 200 - 219
Schnoor, H.: Die sozialisierende Funktion früher Dialoge zwischen Mutter und Kind. In: Frühförderung interdisziplinär 2. 1997. 66 - 74
Schubert, F.-Ch.: Lebensweltorientierte Sozialarbeit - Grundprobleme, Selbstverständnis und Handlungsperspektiven. In: Klüsche, W. (Hrsg.) 1993. 163 - 209
Schülein, J.A.: Selbstbetroffenheit. Über Aneignung und Vermittlung sozialwissenschaftlicher Kompetenz. Gießen 1986
Schütz, A.; Luckmann, Th.: Strukturen der Lebenswelt. Neuwied 1975
Schütze, F.: Sozialarbeit als „bescheidene" Profession. In: Dewe, B. u.a. (Hrsg.) 1992. S. 132 - 170
Schütze, F.: Ethnographie und sozialwissenschaftliche Methoden der Feldforschung. In: Groddeck, N., Schumann, M. (Hrsg.) 1994. 189 - 297
Schulte, W.; Tölle, R.: Psychiatrie. Berlin, Heidelberg, New York 1979
Schulz, W.: Methoden der Erziehung und des Unterrichts unter der Perspektive der Mündigkeit. In: Lenzen, D. (Hrsg.) 1985. 53 - 73
Schumann, M.: Methoden als Mittel professioneller Stil- und Identitätsbildung. In: Groddeck, N.; Schumann, M. (Hrsg.) 1994. 41 - 67
Schwenk, B.: Erziehung. In: Lenzen, D. (Hrsg.) 1983. 386 - 394
Senckel, B.: Paul - geistig behindert und dazu psychisch gestört? In: Zeitschrift für Heilpädagogik 8. 1997. 323 - 328
Sève, L.: Marxismus und Theorie der Persönlichkeit. Frankfurt 1972
Siegenthaler, H.: Menschenbild und Heilpädagogik. Biel 1993
Sigusch, V.: Metamorphosen von Leben und Tod. In: Psyche 9/10. 1997. 835 - 874
Singer, P.: Praktische Ethik. Stuttgart 1984
Spangenberg, N.: Theorie und Praxis stationärer Psychotherapie: Zum Verhältnis von Übertragungsneurose und Familienneurose. In: Möhring, P., Neraal, T. (Hrsg.) 1991. 113 - 131
Speck, O.: System Heilpädagogik. Eine ökologisch reflexive Grundlegung. München, Basel 1988
Speck, O.: Selbstauflösung der Sonderpädagogik als gesellschaftliche Konsequenz? In: Ellger-Rüttgardt, S. (Hrsg.) 1990. 38 - 48
Speck, O.: Wirkungen der Konduktiven Förderung unter pädagogischen Aspekten. In: Frühförderung interdisziplinär 2. 1996. 83 - 88
Speck, O. u.a. (Hrsg.): Kindertherapie. München, Basel 1987
Speck, O.; Martin, K.-R. (Hrsg.): Handbuch der Sonderpädagogik. Bd. 10: Sonderpädagogik und Sozialpädagogik. Berlin 1990
Spitz, R.: Vom Säugling zum Kleinkind. Stuttgart 1972
Staub-Bernasconi, S.: Soziale Probleme - Soziale Berufe - Soziale Praxis. In: Heiner, M. u.a. (Hrsg.) 1995. 11 - 101
Staigle, J.: Supervision und Krise. In: Verein für Psychoanalytische Sozialarbeit (Hrsg.), Supervision in der psychoanalytischen Sozialarbeit. Tübingen 1994. 139 - 157
Stern, D.: Mutter und Kind. Stuttgart 1979
Stern, D.: Die Lebenserfahrung des Säuglings. Stuttgart 1992 (1986)
Stern, M.: Trauma, Todesangst und Furcht vor dem Tod. In: Psyche 12. 1972. 901 - 928
Stern, M.: Das Problem der Aggression. In: Psyche 6. 1974. 494 - 507
Stierlin, H.: Ich und die anderen. Psychotherapie in einer sich wandelnden Gesellschaft. Stuttgart 1994
Stollmann, R.: Groteske Aufklärung. Studien zu Natur und Kultur des Lachens. Stuttgart 1997
Stork, J.: Der Vater - Störenfried oder Befreier. In: Stork, J. (Hrsg.), Das Vaterbild in Kontinuität und Wandlung. Bad Canstatt 1986
Stork, J.: Zur Entstehung der Psychosen im Kindesalter. In: Kinderanalyse 2. 1994. 208 - 248
Stork, J.: Kommentar zur Arbeit von Donald W. Winnicott: Haß in der Gegenübertragung. In: Kinderanalyse 1. 1997. 47 - 59
Straßmeier, W.: Frühförderungsdiagnostik unter dem Einfluß subjektiver Theorien. In: Speck, O. u.a. (Hrsg.) 1987. 29 - 35
Sünker, H.: Soziale Arbeit und Vergesellschaftung der Gesellschaft. In: Thiersch, H.; Grunwald, K. (Hrsg.) 1995. 185 - 210
Tenorth, H.-E.: Dogmatik als Wissenschaft - Überlegungen zum Status und zur Funktionsweise pädagogischer Argumente. In: Baecker, D. u.a. (Hrsg.), Theorie als Passion. Frankfurt 1987. 692 - 719

Tenorth, H.E.: Professionstheorie für die Pädagogik. In: Zeitschrift für Pädagogik 6. 1989. 809 - 824

Theis-Scholz, M.; Thümmel, I.: Wundertüte oder Mogelpackung? Das Neurolinguistische Programmieren in der Sonderschule. In: Zeitschrift für Heilpädagogik 10. 1995. 485 - 489

Thiel, H.-U.: Fortbildung von Leitungskräften in pädagogisch-sozialen Berufen. Weinheim, München 1994

Thiersch, H.; Grunwald, K. (Hrsg.): Zeitdiagnose Soziale Arbeit. Weinheim, München 1995

Thiersch, H.; Rauschenbach Th.: Sozialpädagogik/Sozialarbeit: Theorie und Entwicklung. In: Eyferth, H. u.a. (Hrsg.) 1984. 984 - 1016

Thiesen, P.: Sozialpädagogik lehren. Weinheim, Basel 1991

Thimm, W.: Humangenetische Beratung und pränatale Diagnostik. Zur Pädagogisierung einer medizinischen Domäne. In: Ellger-Rüttgardt, S. (Hrsg.) 1990. 272 - 283

Thole, W.: „Ansonsten kann diesen Job auch 'n Maurer machen". In: Thiersch, H.; Grunwald, K. (Hrsg.) 1995. 119 - 145

Tönnesmann, M.: Frühe emotionale Entwicklung: Von Ferenczi zu Winnicott. In: Zeitschrift für psychoanalytische Theorie und Praxis. 3. 1995. 323 - 334

Treptow, R.: Sozialpädagogik - eine struktur- und prozeßreflexive Handlungswissenschaft. Notizen über zwei sozialpädagogische Denkstile. In: Thiersch, H.; Grunwald, K. (Hrsg.) 1995. 211 - 220

Trescher, H.-G.: Sozialisation und beschädigte Subjektivität. Frankfurt 1979

Trescher, H.-G.: Wer versteht, kann (manchmal) zaubern. In: Kindheit 4. 1982. 77 - 90

Trescher, H.-G.: Theorie und Praxis der Psychoanalytischen Pädagogik. Frankfurt, New York 1985a

Trescher, H.-G.: Einige Überlegungen zur Frage: Was ist Psychoanalytische Pädagogik? In: Bittner, G.; Ertle, Ch. (Hrsg.) 1985b. 61 - 66

Trescher, H.-G.: Handlungstheoretische Aspekte der Psychoanalytischen Pädagogik. In: Muck, M.; Trescher, H.-G. (Hrsg.) 1993. 167 - 201

Trescher, H.-G.; Finger-Trescher, U.: Setting und Holding-Function. In: Finger-Trescher, U., Trescher, H.-G. (Hrsg.) 1992. 90 - 116

Treurniet, N.: Was ist Psychoanalyse heute? In: Psyche 2. 1995. 111 - 140

Treurniet, N.: Über eine Ethik der psychoanalytischen Technik. In: Psyche 1. 1996. 1 - 31

Üexküll, Th. von u.a.: Der Säugling und das Phantasieren. In: Psyche 11. 1996. 1019 - 1035

Uhlendorff, U.: Sozialpädagogische Diagnosen III. Weinheim, München 1997

Vierheilig, J.: Dialogik als Erziehungsprinzip. Frankfurt 1987

Vogel, H.-Ch.: Organisationen - Rationalistisches und Konstruktivistisches zum Planungsprozeß. In: Bardmann, Th. u.a. 1991(a). 32 - 63

Vogel, H.-Ch.: Berufliche Identität als Produkt einer gelungenen weil „identischen" Einredung. In: Klüsche, W. (Hrsg.) 1993(a). 27 - 49

Voss, R. (Hrsg.): Das Recht des Kindes auf Eigensinn. München 1989

Warsitz, R.-P.: Die widerständige Erfahrung der Psychoanalyse zwischen den Methodologien der Wissenschaften. In: Psyche 2. 1997. 101 - 142

Weber, J. D.: Die Sprache des Abwesenden. Heidelberg 1988

Weber, K.S.: Erfahrungen mit Konduktiver Frühförderung im Forschungs- und Entwicklungsprojekt seit 1990 aus pädagogischer Sicht. In: Frühförderung interdisziplinär 2. 1996. 59 - 66

Weinschenk, R.: Didaktik und Methodik für Sozialpädagogen. Bad Heilbrunn 1981

Weiß, H.: Kind sein dürfen - trotz und mit Erschwernissen. In: Thalhammer, M. (Hrsg.), Gefährdungen des behinderten Menschen im Zugriff von Wissenschaft und Praxis. München, Basel 1986. 164 - 186

Weiß, H.: Diskussionsanstöße und Orientierungslinien zur Eltern- und Familienarbeit. In: Speck, O.; Warnke, A. (Hrsg.), Frühförderung mit den Eltern. München 1989. 43 - 59

Weiß, H.: Bedingungs- und Wirkungszusammenhänge in der Frühförderung. In: Frühförderung interdisziplinär 14. 1995. 59 - 71

Wellendorf, F.: Verstehen in der Supervision. In: Supervision 1. 1982. 7 - 20

Wendt, W.R. (Hrsg.): Sozial und wissenschaftlich arbeiten. Freiburg 1994

Wendt, W.R. (Hrsg.): Soziale Arbeit im Wandel ihres Selbstverständnisses. Freiburg 1995a

Wendt, W.R.: Berufliche Identität und die Verständigung über sie. In: Wendt, W.R. (Hrsg.) 1995b. 105 - 114

Whitebook, J.: Im Labyrinth der Träume. In: Frankfurter Rundschau vom 4.10.1995a

Whitebook, J.: Athen und Mykene. In: Psyche 3. 1995b. 207 - 226

Wieser, I.: Handlungs- und Aktionsforschung. In: Hierdeis, H.; Hug, Th. (Hrsg.) 1996b. 575 - 589

Wiggershaus, R.: Die Frankfurter Schule. München 1993 (1988)

Wijnen-Sponselee, M.: Modernisierung des Fachhochschulunterrichts. Referat gelegentlich der deutsch-niederländischen Fachhochschultagung am 21. Oktober 1996, unveröffentl. Manuskript

Winkler, M.: Eine Theorie der Sozialpädagogik. Stuttgart 1988
Winkler, M.: Die Gesellschaft der Moderne und ihre Sozialpädagogik. In: Thiersch, H.; Grunwald, K. (Hrsg.) 1995. 155 - 183
Winkler, M.: Erziehung. In: Krüger, H.-H.; Helsper, W. (Hrsg.), Einführung in Grundbegriffe und Grundfragen der Erziehungswissenschaft. Opladen 1995. 53 - 69
Winnicott, D. W.: Von der Kinderheilkunde zur Psychoanalyse. München 1976 (1958)
Winnicott, D.W.: Reifungsprozesse und fördernde Umwelt. München 1990 (1965)
Winnicott, D.W.: Vom Spiel zur Kreativität. Stuttgart 1993 (1971)
Winnicott, D.W.: Haß in der Gegenübertragung. In: Kinderanalyse 1. 1997 (1976). 35 - 46
Wocken, H.: Ambulante Sonderpädagogik. In: Zeitschrift für Heilpädagogik 2. 1991. 104 - 111
Wocken, H.: Zukunft der Sonderpädagogik. In: Gemeinsam leben 3. 1995. 108 - 115
Wocken, H.: Hilfsschule - Schule für Lernbehinderte - Förderschule. Der Wandel einer Schule im Spiegel der Aufnahmeverfahren. In: Zeitschrift für Heilpädagogik 7. 1996. 266 - 276
Wolff, S.: Innovative Strategien qualitativer Sozialforschung im Bereich der Psychotherapie. In: Buchholz, M.; Streeck, U. (Hrsg.) 1994. 39 - 65
Woltmann, B.: Planen, Autopoiese und Sozialpädagogik. In: Bardmann, Th.M. u.a. 1991(a). 64 - 107
Wundt, W.R. (Hrsg.): Sozial und wissenschaftlich arbeiten. Freiburg 1994
Die ZEIT: Ausgabe vom 9.5.1997
Ziehe, Th.: Pubertät und Narzißmus. Frankfurt 1981 (1975)
Zulliger, H.: Heilende Kräfte im kindlichen Spiel. Frankfurt 1972 (1970)
Zulliger. H.: Schwierige Kinder. Bern 1977 (1951)
Zuriff, G.: Theoretisches Schlußfolgern und die 'Neuen Psychoanalytischen Theorien über den Säugling'. In: Psyche 12. 1993. 1153 - 1171